AF567700

MATTHIAS WEIK

Die Abrechnung

MATTHIAS WEIK

DIE ABRECHNUNG

Das einzige Buch, das Ihr Erspartes vor Umverteilung und Krisen rettet

Bibliografische Information der Deutschen Bibliothek

Die Deutsche Bibliothek verzeichnet diese Publikation in der
Deutschen Nationalbibliografie; detaillierte bibliografische Daten sind
im Internet unter www.dnb.de abrufbar.

Penguin Random House Verlagsgruppe FSC® N001967

Redaktion: Ute Gräber-Seißinger, Bad Vilbel
Umschlaggestaltung: Hauptmann & Kompanie Werbeagentur, Zürich,
unter Verwendung eines Motivs von © Kay Blaschke, München
Satz: Satzwerk Huber, Germering
Druck und Bindung: GGP Media GmbH, Pößneck
Printed in Germany

ISBN: 978-3-424-20282-3

Inhalt

Einleitung

»Ja, wir leben heute in dem besten Deutschland, das es jemals gegeben hat.«

Dr. Frank-Walter Steinmeier, Bundespräsident, beim Festakt zum Tag der Deutschen Einheit am 3. Oktober 2020[1]

Ist diese Aussage des Bundespräsidenten tatsächlich richtig? Es stellt sich die Frage: Was ist aus Deutschland geworden? Lassen die Befunde nicht eher an Heinrich Heine denken, der vor 180 Jahren seine Verzweiflung über Deutschland in die folgenden Worte fasste?

»Denk ich an Deutschland in der Nacht,
Dann bin ich um den Schlaf gebracht,
Ich kann nicht mehr die Augen schließen,
Und meine heißen Tränen fließen.«

Heinrich Heine (1797–1856), Nachtgedanken, 1843–1844

Was also ist aus Deutschland geworden? Ein Land, in dem wegen stetig steigender Mietkosten, explodierender Energiekosten und immer teuer werdender Lebensmittel mehr als 2 Millionen Menschen zu den mehr als 960 Tafeln gehen müssen.[2] Ein Land, in dem es in den 1990er-Jahren noch rund drei Millionen Sozialwohnungen gab und in dem es heute 1,1 Millionen gibt.[3] Ein Land, in dem jeder Dritte kein Geld für Weihnachtsgeschenke hat[4] und mehr als jeder Fünfte sich keine einzige Woche Urlaub im Jahr leisten kann und in dem selbst für Normalverdiener eine eigene Wohnung oftmals unbezahlbar ist.[5]

Deutschland ist ein Land geworden, in dem Gesellschaftsverächter Polizei und Rettungskräfte angreifen, in dem sich nur noch ein Drittel der Frauen und 60 Prozent der Männer nachts ohne Begleitung im öffentlichen Personennahverkehr »sehr sicher« oder »eher sicher« fühlen und mehr als jede zweite Frau »häufig« oder »sehr oft« bestimmte Straßen, Parks oder Plätze meidet.[6] Die Bundesrepublik belegt auf dem globalen Kriminalitätsindex den 43. Platz, Freibäder müssen von Security und die Eingänge von Weihnachtsmärkten von Polizisten mit Maschinenpistolen bewacht werden.[7]

Was ist aus dem einstigen Land der Dichter und Denker geworden, in dem sich keine einzige Universität unter den 49 besten Universitäten der Welt befindet? Ein Land, in dem Privatschulen boomen und der Anteil Jugendlicher ohne grundlegende schulische Fähigkeiten dem ifo Institut für Wirtschaftsforschung zufolge bei 23,8 Prozent liegt.[8]

In dem »besten Deutschland, das es jemals gegeben hat«, herrscht bei über 2,4 Millionen Arbeitslosen branchenübergreifend ein akuter Fachkräftemangel. Dort liegen Eltern im Dezember 2022 mit ihren Kindern auf Krankenhausfluren, da kein ausreichendes Personal zur Stelle ist. Ohne schnelle Verbesserungen droht der Pflegekollaps nicht nur in Krankenhäusern, sondern auch in Altenheimen. Es ist ein Land, in dem in den letzten zwei Jahrzehnten Millionen un- und geringqualifizierte Menschen einwanderten, während Hunderttausende Hochqualifizierte auswanderten – drei Viertel der Auswanderer haben eine Hochschulausbildung.[9]

Wir leben in einem Land, in dem nur 48 Prozent der Menschen denken, dass man seine Meinung frei sagen könne[10], in dem politische Eliten ihre Bürger und die Wirtschaft erst in die Abhängigkeit Russlands und schlussendlich in ein energiepolitisches Desaster getrieben haben und offenkundig mit Vehemenz weiter treiben. In einem Land, dessen »Energiewende« seinen Bürgern und der Wirtschaft jahrelang mit die höchsten Strompreise weltweit beschert und dem Wirtschaftsstandort Deutschland geschadet hat – mit dem Resultat, dass im November und Dezember 2022 der meiste Strom durch die als CO_2-Dreckschleudern bekannten Kohlekraftwerke erzeugt wurde. Mit einer Politik, die Fracking verbietet, aber Fracking-Gas in rauen Mengen importiert, die gegen Gas- und Ölbohrungen in Nord- und Ostsee ist, aber Nordseeöl aus Norwegen importiert und die Atomkraftwerke abschaltet, während Wirtschaftskonkurrenten neue Atomkraftwerke bauen, die aber Atomstrom auch zukünftig aus den Nachbarländern zu importieren beabsichtigt. Wir erleben Politiker, die eine Gaspreisbremse feiern, durch die es weder mehr Gas auf dem Markt gibt noch die Nachfrage nach dem in Deutschland knappen und in großem Umfang benötigten Gut senkt, geschweige denn für mehr Gas sorgt.

Wir leben in einem Land, in dem zahlreiche Politiker von der Vision beseelt sind, die Welt zu retten, und mit moralisch erhobenem Zeigefinger versuchen, ebendiese zu bekehren. Denen offenkundig nicht klar ist, dass Deutschland weder politisch noch gemessen an der Bevölkerungszahl eine Rolle spielt – und auch in puncto CO_2-Emissionen nicht, mit 1,85 Prozent Gesamtanteil am globalen Ausstoß.

Der Wirtschaftsstandort des einstigen Exportweltmeisters kann kein einziges Unternehmen unter den wertvollsten 100 börsennotierten Unternehmen der Welt mehr vorweisen und verliert im internationalen Vergleich kontinuierlich an Attraktivität.[11] Dies aufgrund der viel zu hohen Energiepreise, einer bröselnden logistischen Infrastruktur (Straßen, Brücken, Schienen, Schleusen), einer unzureichenden digitalen Infrastruktur, eines grassierenden Bürokratie-Irrsinns, sehr hoher Steuern und Abgaben, hoher Arbeitskosten für Unternehmer einerseits und im international Vergleich niedrigen Nettolöhnen andererseits.

Deutschland ist zu einem Land geworden, das bei der Digitalisierung des öffentlichen Dienstes schlechter abschneidet als Griechenland, sich dafür aber nach der Volksrepublik China das größte Parlament weltweit gönnt und in Zeiten knapper Kassen das Kanzleramt in Berlin für knapp 800 Millionen Euro Baukosten zu einem Protzbau erweitert, der global seinesgleichen sucht.[12]

Deutschland hat Preissteigerungen zu verzeichnen wie seit 1951 nicht mehr.[13] Die Saat der irrsinnigen Gelddruckpolitik der Europäischen Zentralbank (EZB) ist in Form einer von ihr mit angefachten immensen Inflation aufgegangen. Der Staat entschuldet sich auf Kosten der Bürger und profitiert obendrein nicht nur kraft der Umsatzsteuer von den steigenden Preisen. Die Kaufkraft des Euro schwindet sukzessive, und die Sparguthaben, Altersvorsorge zahlloser Bürger, werden tagtäglich pulverisiert. Jahrzehntelang war die Geldwertstabilität das höchste Gut der Bundesbank. Diesen Kernauftrag erfüllt die EZB nicht einmal ansatzweise. Sie erhält faktisch bankrotte Staaten Südeuropas am Leben und macht Struktur- anstatt Geldpolitik. Von Geldwertstabilität ist beim Euro nichts mehr zu sehen. Allein in den letzten fünf Jahren hat der Euro gegenüber dem US-Dollar über 10 Prozent und gegenüber dem Schweizer Franken mehr als 15 Prozent seines Wertes verloren. Einerseits verkommt er zu einer Weichwährung, andererseits ist der US-Dollar nach wie vor unumstritten die dominierende Währung auf dem Weltmarkt für Gas, Öl und zahlreiche weitere Waren. Für ein rohstoffarmes Land wie Deutschland bedeutet ein schwacher Euro dementsprechend importierte Inflation.

Die Rechnung bezahlt der Steuerzahler. In Deutschland herrscht eine der höchsten Steuer- und Abgabenlasten weltweit.[14] Bereits heute arbeiten die Bürger im Durchschnitt bis

Mitte Juni nicht für die eigene Existenz, sondern stattdessen für das Gemeinwesen.[15] Im Jahr 2021 umfasste der Bundeshaushalt die Summe von rund 498,6 Milliarden Euro.[16] Knapp 13,7 Prozent davon flossen im selben Jahr ins Ausland – das meiste davon an die Europäische Union (EU).[17] Mit rund 47 Prozent stammte fast die Hälfte aller europäischen Nettozahlungen aus der Bundesrepublik.[18] In den vergangenen 21 Jahren wurden aus dem Hochsteuerland Deutschland 212 Milliarden Euro mehr an die EU – und somit indirekt auch an zahlreiche Niedrigsteuerländer – überwiesen, als zurückflossen.[19] Dennoch werden von Politikern, insbesondere von jenen, die in ihrer beruflichen Laufbahn selbst nicht allzu viel zum Bruttosozialprodukt beigetragen haben, kontinuierlich weitere Steuererhöhungen gefordert, um die Umverteilung weiter voranzutreiben.[20] Dies kann und wird auf Dauer nicht funktionieren.

Nein, wir leben nicht »in dem besten Deutschland, das es jemals gegeben hat«. Ganz im Gegenteil, wir leben in einem Land, in dem zusehends eine Minderheit aus linken, rechten, religiösen und sonstigen Extremisten, Fundamentalisten, Aktivisten, Ideologen, Klimawandelleugnern sowie Weltuntergangsanhängern und Populisten jeglicher Couleur versucht, uns zu erklären, wie wir zu essen, zu sprechen und zu schreiben, zu wohnen und zu heizen, zu fahren und zu reisen, zu glauben und schlussendlich zu leben haben. Damit dies nicht so bleibt, muss sich einiges in der Bundesrepublik Deutschland ändern – und zwar gravierend. Findet die Veränderung nicht statt, dann heißt die Devise: Deutschland, rette sich, wer es sich noch leisten kann.

Mit hoher Wahrscheinlichkeit geht es vielen Menschen in der Bundesrepublik Deutschland, wenn sie den gegenwärtigen Zustand und die äußerst trüben Zukunftsaussichten des einstigen Landes der Dichter und Denker betrachten, ähnlich wie Heinrich Heine vor 180 Jahren. Egal ob Energie, Inflation, Euro-Verfall, Infrastruktur, Bildungsmisere, Gesundheitssystem, Fachkräftemangel, Migration, Steuer- und Abgabenwahnsinn … Der Wirtschaftsstandort Deutschland und somit seine Bürger stehen vor riesigen Problemen und Herausforderungen. Das Versagen der Politik und staatlicher Institutionen ist nicht mehr wegzudiskutieren. Jetzt ist guter Rat teuer, und die Bürger fragen sich, ob überhaupt noch Hoffnung für den einstigen Exportweltmeister besteht und ob es tatsächlich so düster aussieht, wie viele befürchten.

In diesem Buch wird aufgezeigt, wie es so weit kommen konnte, welches die Gründe für die gegenwärtige Misere sind und wie man jetzt am besten handeln sollte. Zunächst werden in den Kapiteln 1 bis 7 die folgenden Fragenkomplexe behandelt:

- Warum ist der Wirtschaftsstandort Deutschland in Gefahr? Wie steht es um Deutschlands Schlüsselindustrien? Warum funktioniert das Geschäftsmodell des ehemaligen Exportweltmeisters Deutschland nicht mehr? Diese Fragen sind Gegenstand der beiden ersten Kapitel.
- Im dritten Kapitel werden die Folgen des Infrastrukturdesasters für die Bürger und Unternehmen beleuchtet – eines Desasters, das sich an einer Vielzahl von Faktoren vom Digitalisierungsgrad und den Bildungschancen über die Qualität des Gesundheits- und Pflegewesens und die Ausstattung der Wirtschaft mit Fachkräften bis zur Belastung von Bevölkerung und Wirtschaft mit einem Übermaß an Bürokratie, Besteuerung und Lebenshaltungskosten ablesen lässt.
- In den Kapiteln 4 und 5 kommen die Folgen von Deutschlands verfehlter Energiepolitik zur Sprache, die sich unter anderem in einer gewachsenen Abhängigkeit von China äußern. Warum kann Deutschland nicht mehr ohne China?
- Kapitel 6 ist den Konsequenzen des Ukrainekriegs und der mit ihm einhergehenden Sanktionen für die Bürger und die Wirtschaft gewidmet, Kapitel 7 den Folgen und Gefahren der EU- und der EZB-Notenbankpolitik für die Bürger und den Wirtschaftsstandort Deutschland.

Die Folgerungen aus der Analyse in den Kapiteln 1 bis 7 münden unweigerlich in der Frage, ob es eine ernst zu nehmende Option sein könnte, das Land zu verlassen, um die individuelle Existenz zu sichern. Diese Option wird in Kapitel 8 analysiert und diskutiert. Das Buch schließt mit der Vorstellung von Lösungsvorschlägen, die Deutschland neue Perspektiven eröffnen.

1
Wirtschaftsstandort Deutschland

Ende 2022 stammte kein einziges der wertvollsten 100 Börsenunternehmen mehr aus Deutschland. 62 stammen aus den USA mit acht Unternehmen unter den Top 10. 15 stammten aus China. Alle Länder Europas kommen zusammen ebenfalls auf 15 Unternehmen. Fünf davon kommen aus Frankreich, vier aus Großbritannien, drei aus der Schweiz und jeweils eines aus Dänemark, Irland und den Niederlanden. Im Jahr 2007 war Europa noch die dominierende Weltregion an den Börsen. Damals kamen 46 der 100 größten Unternehmen aus Europa, aus den USA waren es lediglich 32 und aus Asien nur 17.[21]

Der Industriestandort Deutschland verliert kontinuierlich an Attraktivität und Wettbewerbsfähigkeit, und dem Land droht eine Deindustrialisierung von nie da gewesenem Ausmaß. Laut der Prüfungs- und Beratungsorganisation EY legte die Zahl der ausländischen Investitionsprojekte in Europa im Jahr 2021 um 5 Prozent zu. Frankreich und Großbritannien verzeichneten einen Zuwachs. In Großbritannien stieg die Zahl der ausländischen Investitionsprojekte um 2 Prozent auf 993, in Frankreich sogar um 24 Prozent auf 1222. In Deutschland hingegen haben ausländische Investoren ihr Engagement deutlich reduziert: Die Zahl der von ausländischen Unternehmen in Deutschland angekündigten Investitionsprojekte sank im Vergleich mit 2020 um 10 Prozent auf 841.[22] Was steckt hinter dieser Entwicklung?

Der »Länderindex Familienunternehmen« untersucht mittels objektiv messbarer Daten die wichtigsten Standortfaktoren für Familienunternehmen. Hierbei werden sechs Themenfelder in den Blick genommen: das Feld Steuern, der Komplex Arbeitskosten, Produktivität, Humankapital, die Felder Regulierung und Finanzierung und die Felder Infrastruktur und Institutionen sowie Energie. Wie die Ranglisten der Indexwerte von 21 Industrienationen für die Jahre 2018 und 2020 zeigen, ist Deutschland binnen kurzer Zeit um drei Plätze auf Rang 17 abgerutscht.[23]

Der einstige Exportweltmeister erreichte bereits im Jahr 2020 die schlechteste Position in der Geschichte des Länderindex. Auf den Spitzenplätzen liegen die USA, Großbritannien und die Niederlande. Aufgrund von *hohen Unternehmenssteuern* erzielte Deutschland im Feld Steuern die schlechtesten Werte und lag auf dem vorletzten Platz vor Schlusslicht Japan. In der Kategorie *Arbeitskosten, Produktivität, Humankapital* weist Deutschland (Rang 18) der Studie zufolge »deutliche Standortschwächen« auf.[24]

Im Länderindex 2022 ist Deutschland abermals um einen weiteren Platz abgerutscht und befindet sich mit 47,93 Punkten lediglich kurz vor Ungarn mit 47,52 Punkten. Schlusslichter sind Spanien und Italien. Ganz oben stehen die USA (62,59 Punkte), gefolgt von Kanada, Schweden, Schweiz, Dänemark und dem Vereinigten Königreich. Insbesondere in den Kategorien *Steuern* (Rang 21), *Arbeitskosten, Produktivität, Humankapital* (Rang 19), *Regulierung* (Rang 19), *Energie* (Rang 18) sieht es für den Wirtschaftsstandort Deutschland desaströs aus.[25]

Eine Untersuchung der Wirtschaftsprüfungsgesellschaft KPMG bestätigt all dies. KPMG hatte 360 Finanzvorstände deutscher Tochtergesellschaften internationaler Konzerne aus den USA, China, Japan und Europa befragt. Ausländische Konzerne sehen den Wirtschaftsstandort Deutschland zunehmend kritisch und fahren ihre Investitionen zurück. Nur noch 59 Prozent der befragten Konzernvorstände stuften die *logistische Infrastruktur* (Straßen, Brücken, Schienen) unter den Top 5 in der EU ein. Als größtes Investitionshemmnis nannten die befragten Konzernvorstände eine unzureichende *digitale Infrastruktur.* Neun Prozent gaben an, dass sie »die schlechteste in der EU« sei, für weitere 24 Prozent zählt sie »zu den fünf schlechtesten in der EU«.[26]

Einer Untersuchung des Berliner European Center for Digital Competitiveness (ECDC) zufolge verlor die Bundesrepublik 2020 in Sachen digitale Wettbewerbsfähigkeit weiter an Boden. Nur Albanien schnitt in Europa schlechter ab. Auch im Kreis der Gruppe der Sieben (G7) befindet sich Deutschland vor Japan auf dem vorletzten Platz.[27] Laut Telekom-Chef Timotheus Höttges schneidet Deutschland bei der Digitalisierung des öffentlichen Dienstes schlechter ab als Griechenland.[28]

Laut der oben genannten KPMG-Untersuchung ist Deutschland zu teuer – bei *Strom, Steuern* und *Arbeitskosten.* Bei Industriestrom war Deutschland mit Kosten von 18,18 Cent pro Kilowattstunde zum Zeitpunkt der Studie 2021 bereits Spitzenreiter in der EU und damit Schlusslicht bei der Benotung in der Untersuchung. Das deutsche Steuersystem wurde von den Managern als »nicht wettbewerbsfähig« eingestuft.[29] Nicht ohne Grund warnte KPMG-Bereichsvorstand Andreas Glunz, »ein weiteres Anwachsen von Regulierung und Bürokratie infolge der geplanten EU-Umweltgesetzgebung« sei eine Bedrohung für den Investitionsstandort Deutschland.[30] Nur noch jeder dritte Befragte zählte Deutschland zu den Top-5-Standorten mit einem innovationsfördernden Umfeld.[31] Mit dem Wegfall des billigen Gases aus Russland und den daraus resultierenden rasant steigenden Energiekosten dürfte heute die Attraktivität des Standorts Deutschland noch wesentlich geringer sein als zu Zeiten der Untersuchung. Diese Bedenken bestätigte der Vorsitzende der EY-Geschäftsführung, Henrik Ahlers, im Dezember 2022: »In den USA können Industrieunternehmen derzeit deutlich günstiger produzieren, der Krieg ist für sie weit weg, eine Gaskrise muss dort niemand fürchten.«[32] Clemens Fuest, Chef des ifo Institut – Leibniz-Institut für Wirtschaftsforschung an der Universität München e. V. befürchtet: »Wir müssen davon ausgehen, dass wir auf absehbare Zeit etwa doppelt so viel für Gas zahlen könnten wie die USA. Das hat enorme Folgen für unsere Wettbewerbsfähigkeit und wird uns Wohlstand kosten.« [33]

Die Produktion in Deutschland wird teurer

Der Wirtschaftsstandort Deutschland wird insbesondere im Vergleich mit seinen großen Wirtschaftskonkurrenten USA und China immer teurer und verliert folglich an Konkurrenzfähigkeit. Dies zeigt allgemeinverständlich der *Produzentenpreisindex (PPI;* Abbildung 1). Der Index »misst die Preisentwicklung bei den Waren und Dienstleistungen, die von den im Inland tätigen

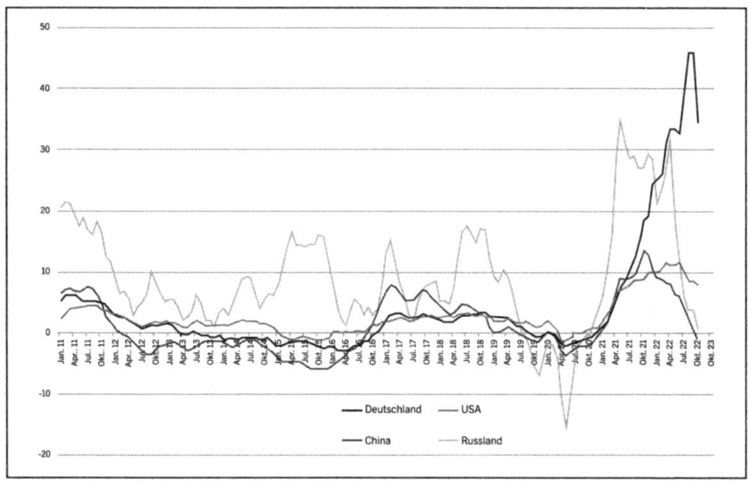

Abbildung 1: Prozentuale Veränderungen der Erzeugerpreise ausgewählter Länder im Jahresvergleich
Quelle: https://www.querschuesse.de/wp-content/uploads/2022/11/u2074.webp

Unternehmen hergestellt bzw. erbracht und im In- oder Ausland verkauft werden.«[34]

Die Produzentenpreise der gewerblichen Wirtschaft sind im September 2022 in Deutschland (+45,8 Prozent) im Vergleich mit den USA (+8,7 Prozent) und China (+2,3 Prozent) geradezu explodiert. Im Oktober 2022 ging der Anstieg mit einem Plus von 34,5 Prozent im Vergleich zum Vorjahresmonat leicht zurück.

Hauptverantwortlich für den Anstieg der gewerblichen Erzeugerpreise im Vorjahresvergleich (Abbildung 2) waren zweifelsfrei die Preisentwicklungen bei Energieträgern.[35] Bis dato hat sich der Wirtschaftsstandort Deutschland klar als Verlierer des gegenwärtigen Wirtschaftskriegs zwischen den USA und der EU einerseits und Russland andererseits herauskristallisiert.

Auch bei den *Importpreisen* war in den ersten drei Quartalen 2022 ein immenser Aufwärtstrend zu verzeichnen. Allein in den Monaten September und Oktober 2022 stiegen die Einfuhrpreise im Vergleich mit dem jeweiligen Vorjahresmonat um 29,8 Prozent beziehungsweise 23,5 Prozent.[36]

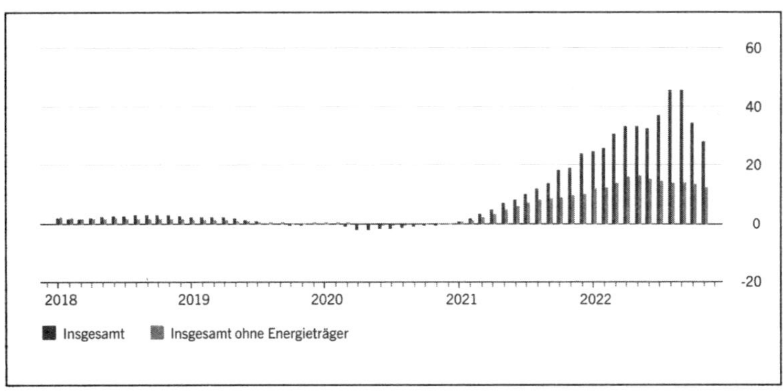

Abbildung 2: Prozentuale Veränderungen der Erzeugerpreise in Deutschland
Quelle: https://www.destatis.de/DE/Presse/Pressemitteilungen/2022/12/PD22_550_61241.html

Maßgeblich dazu beigetragen haben insbesondere die steigenden Gas- und Ölpreise. Wird sich diese Preisentwicklung nicht abschwächen, so wird energieintensive Produktion in Deutschland aufgrund mangelnder Wettbewerbsfähigkeit zukünftig nicht mehr stattfinden. Folglich wird sie mitsamt ihren Arbeitsplätzen unwiederbringlich verschwinden und zukünftig in Ländern mit wesentlich geringeren Energiekosten wie beispielsweise den USA, China oder Indien stattfinden. Der Zenit der deutschen Industrie ist mittlerweile überschritten – die fetten Jahre sind vorbei. Dies verdeutlicht unter anderem der *Industrieproduktionsindex.*

Dieser Index erfasst die Gesamtheit aller Güter, die im industriellen Sektor (ohne Berücksichtigung der Bauwirtschaft) erwirtschaftet werden.

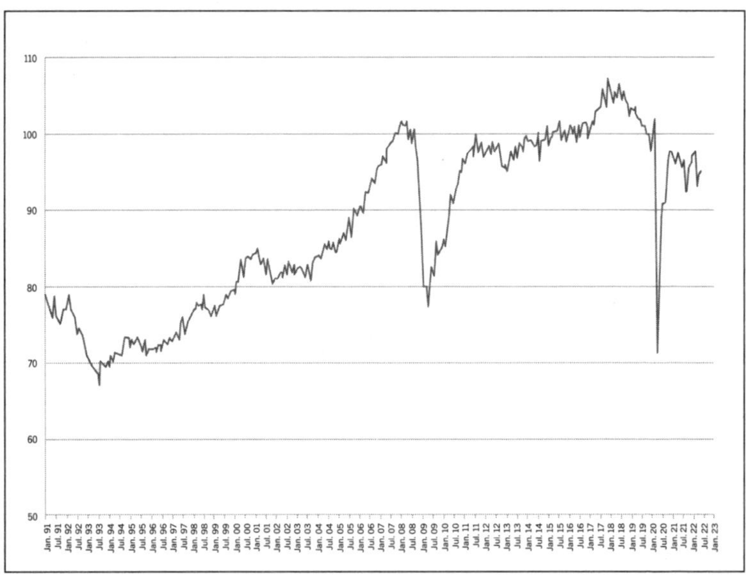

Abbildung 3: Entwicklung des Industrieproduktionsindex in Deutschland (2015 = 100)
Quelle: https://www.querschuesse.de/deutschland-industrieproduktion-mai-2022/

Er ist der Indikator für den Zustand der güterproduzierenden Wirtschaft eines Landes. In Deutschland befand sich die Industrieproduktion im Herbst 2022 auf dem Niveau von 2014.[37]

Ob Deutschland wieder das Niveau von 2018 erreichen wird, ist aus den in den folgenden Kapiteln dieses Buches angeführten Gründen ganz erheblich zu bezweifeln. Hilfreich ist es, einen Blick auf die zwei größten Schlüsselindustrien Deutschlands zu werfen: die chemische Industrie und die Automobilindustrie.

Chemische Industrie: Deutschlands Schlüsselindustrie braucht Energie

> *»Die Zukunft der Chemie in Deutschland steht auf dem Spiel.«*
>
> Markus Steilemann, Vorstandschef des Kunststoffherstellers Covestro und Präsident des Verbands der Chemischen Industrie (VCI) im Dezember 2022[38]

Die Warnung von Markus Steilemann hat es in sich, denn die chemische Industrie ist eine der Säulen des Wirtschaftsstandorts Deutschland. Ohne sie funktioniert in Deutschland nicht mehr viel. Nach Automotive und Maschinenbau bildet sie den drittgrößten Wirtschaftszweig in Deutschland. Im Jahr 2022 betrug die Zahl der betrieblich Beschäftigten in der deutschen Chemie- und Pharmaindustrie rund 473.000.[39] Hinzu kommt etwa eine halbe Million Arbeitsplätze bei Zulieferern und Dienstleistern.

Am Beginn zahlloser Produktionsprozesse steht die besonders energieintensive Basischemie. Produkte der Basischemie werden weiterverarbeitet unter anderem zu Kunst- und Klebstoffen, Lacken, Düngemitteln, Waschmitteln, Kosmetika, Hygieneprodukten und Pharmazeutika. Die chemische Industrie benötigt, abgesehen von einer guten Infrastruktur und hochqualifizierten

Arbeitskräften, insbesondere eines: *Energie,* vorwiegend *Strom* und *Gas.* Mit einem Anteil von 15 Prozent in Deutschland ist sie der größte industrielle Verbraucher von Erdgas. Sie verbraucht insgesamt knapp 140 Terawattstunden (TWh) Gas im Jahr. Etwas mehr als ein Viertel davon werden als Rohstoff, die restlichen 73 Prozent für die Erzeugung von Dampf und Strom eingesetzt.[40]

Laut der Initiative *Chemie im Dialog (CID)* ist Gas der mit Abstand wichtigste Energieträger in der chemischen Industrie. 2021 verbrauchte beispielsweise der Chemiekonzern BASF allein am Standort Ludwigshafen so viel Gas wie die gesamte Schweiz.[41] Ist diese Energie nicht vorhanden oder im internationalen Vergleich zu teuer, so hat die chemische Industrie am Wirtschaftsstandort Deutschland langfristig keine sonderlich großen Überlebenschancen.

Wolfgang Große Entrup, Hauptgeschäftsführer des Verbands der Chemischen Industrie (VCI), sagt: »Die Kosten für Strom, Öl und Gas machen in der chemischen Industrie rund 12 Prozent der Produktionskosten aus … In der Grundstoffchemie ist der Anteil mit rund 16 Prozent noch höher. Bei einzelnen Chemikalien, zum Beispiel Ammoniak oder Chlor, liegt der Anteil sogar bei mehr als 70 Prozent.«[42]

In Deutschland und auch in Europa ist die Produktion von Düngemitteln mittlerweile aufgrund der hohen Preise für Gas praktisch nicht mehr konkurrenzfähig. Unternehmen zahlten im September 2022 für Erdgas knapp sechs Mal so viel wie ihre Mitbewerber, die in anderen Weltregionen produzieren. In Europa hängen von der Düngemittelproduktion direkt und indirekt ungefähr 70.000 Arbeitsplätze ab. Im September 2022 waren 70 Prozent der Produktionskapazitäten für Düngemittel in Europa bereits abgeschaltet.

Profiteure sind Staaten, in denen das Gas wesentlich billiger ist. Insbesondere am Persischen Golf werden gerade zahlreiche neue Anlagen gebaut. Nicht zu vergessen ist, dass Russland der weltgrößte Produzent und Exporteur von Dünger und Ammoniak ist.[43] Ob es sinnvoll ist, sich von solchen Staaten abhängig zu machen, gilt es zu überlegen. Große Entrup bringt es wie folgt auf den Punkt: »Die in die Höhe geschossenen Energiepreise treffen unsere Branche brutal. Die Lieferverträge vieler Mittelständler laufen bald aus. Die neuen Konditionen werden etliche Unternehmen vor unlösbare Probleme stellen. Viele Mittelständler stehen mit dem Rücken zur Wand. Gerade im internationalen Wettbewerb können viele die Preise nicht mehr weitergeben und planen deswegen Schritt für Schritt bereits, ihre Produktion einzustellen.«[44] Schätzungen des VCI zufolge hat sich die Produktion von Deutschlands Chemieindustrie 2022 bereits um sechs Prozent verringert. Rechnet man den Pharmabereich heraus, waren es sogar zehn Prozent. Insbesondere in der zweiten Jahreshälfte 2022 beschleunigte sich der der Niedergang. Dort waren laut VCI Abschläge auf Monatsbasis in einer Größenordnung von gut 20 Prozent zu verzeichnen.[45] Einer Mitgliederbefragung des VCI zufolge haben bereits Ende 2022 knapp 40 Prozent der Unternehmen die Produktion gedrosselt oder planen diesen Schritt mit dem Ziel, Energie zu sparen und noch größere Verluste zu vermeiden.

Ohne chemische Vorprodukte sieht es also in der Automobil- und Elektronikindustrie, in der Landwirtschaft, der Nahrungsmittelbranche, der Metallindustrie, im Sektor Bauwesen oder Papier, in der Glas- und Keramikindustrie düster aus. Die Folgen eines kompletten Stillstands aufgrund von Energiemangel in der chemischen Industrie wären für den Standort Deutschland verheerend. Eine Abwanderung der chemischen Industrie aufgrund zu hoher Energiekosten würde Deutschlands Abhängigkeit von anderen Ländern noch verschärfen. Bleiben die Energiekosten in Deutschland wesentlich höher als in anderen Ländern, so ist eine Abwanderung langfristig nicht aufzuhalten.

Automobilindustrie: Deutschland auf dem absteigenden Ast

Die Automobilindustrie ist die größte Branche des Verarbeitenden Gewerbes in Deutschland. Sie ist, gemessen am Umsatz, der wichtigste Industriesektor. Im Jahr 2021 erwirtschafteten die Unternehmen der Branche knapp 411 Milliarden Euro und beschäftigten ungefähr 786.000 Arbeitskräfte.[46] Mehr als zwei Drittel (2021 rund 66,8 Prozent) der in Deutschland produzierten Fahrzeuge werden ins Ausland exportiert.[47]

Unverkennbar ist die Automobilindustrie in Deutschland ein äußerst wichtiger Faktor für Wohlstand und Beschäftigung. Die goldenen Zeiten der Automobilproduktion am Standort Deutschland haben hingegen ihren Zenit längst überschritten. In Deutschland werden immer weniger Fahrzeuge produziert. Dem Ifo-Präsidenten Fuest zufolge hat die Automobilbranche ihre Produktion in Deutschland seit 2018 dramatisch zurückgefahren: »Ein Drittel der Produktion ist weg, und ob sie zurückkommt, weiß niemand«.[48] Im Jahr 2018 sank die deutsche Pkw-Produktion im Vorjahresvergleich um 9,4 Prozent, 2019 um 9 Prozent, 2020 *um 24,7 Prozent und 2021 um 11,7 Prozent* – und insgesamt sank sie auf den tiefsten Stand seit 1975. 2022 wuchs sie zwar im Vergleich zum Vorjahr um 10,8 Prozent an; dennoch ist sie von früheren Höchstständen noch meilenweit entfernt – und wird diese mit sehr hoher Wahrscheinlichkeit auch nie wieder erreichen.[49]

Im September 2022 befragte der Verband der Automobilindustrie (VDA) 103 Zulieferer sowie Bus-, Anhänger- und Aufbautenhersteller. Zehn Prozent davon meldeten bereits Einschränkungen der Produktion. Bertram Brossardt, Hauptgeschäftsführer der Vereinigung der bayerischen Wirtschaft (vbw), erwartet, dass, sobald die hohen Strompreise erst einmal voll durchschlagen, die Produktion in vielen Unternehmen unren-

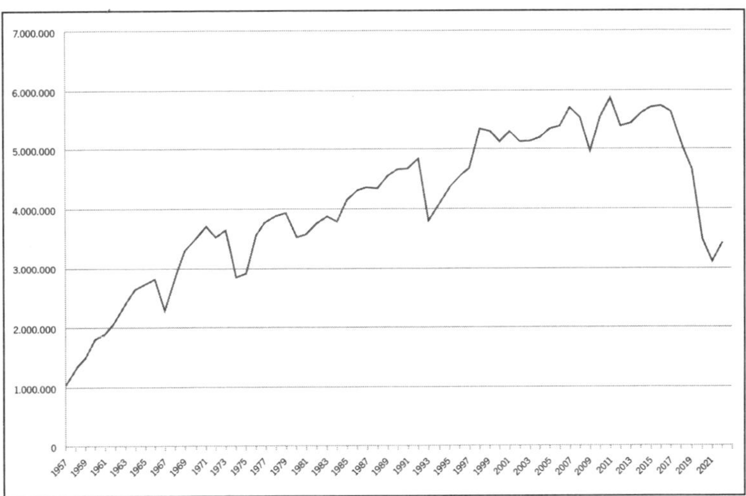

Abbildung 4: Deutschland Pkw-Jahresproduktion in Einheiten
Quelle: https://www.querschuesse.de/deutschland-pkw-produktion-dezember-2022/

tabel wird. Er sagt: »Das halten die Betriebe nicht lange durch. Das betrifft nicht nur energieintensive Betriebe, sondern die Breite der Wirtschaft.«[50] Im Herbst 2022 hat sich die Stimmung in der Automobilbranche laut einer Umfrage des Deutschen Industrie- und Handelskammertags (DIHK) weiter verschlechtert. Aufgrund der Energiekosten reduzierten im November 2022 bereits 16 Prozent der Automobilhersteller ihre Produktion; 17 Prozent beabsichtigten, ihre Produktion zu verlagern. 43 Prozent der Autobauer und 49 Prozent der Zulieferer bezeichneten ihre Finanzlage als problematisch.[51] Dennoch wird in Deutschland ein Kampf gegen die eigene Schlüsselindustrie geführt, der weltweit seinesgleichen sucht.

Der Kampf gegen das Auto in Deutschland

Der ideologisch motivierte Kampf gegen das Auto wird in der Bundesrepublik Deutschland mit unverminderter Härte geführt. Insbesondere in Berlin *(Volksentscheid Berlin autofrei*[52]*)* ist dies zu beobachten.[53] In Berlin dürfen der Senatsverkehrsverwaltung zufolge ab Januar 2023 Fahrräder kostenlos auf Autoparkplätzen abgestellt werden. Weiterhin wurde Anfang Dezember 2022 angekündigt, dass gleichzeitig die Parkgebühren für Autos erhöht werden. Die Berliner Senatsverkehrsverwaltung begründet ihren Schritt damit, dass so mehr Sicherheit auf Fußwegen geschaffen werde.

Des Weiteren brauchten laut Verkehrssenatorin Bettina Jarasch (Bündnis 90/Die Grünen) Autos schlicht zu viel Platz »in so einer dichten Stadt«.[54] Ob es sich hierbei um eine vernünftige Verkehrspolitik handelt und ob es sinnvoll ist, den Zorn zwischen den Verkehrsteilnehmern zu schüren, wenn laut Christian Böttger, Professor für Wirtschaftsingenieurwesen an der Hochschule für Technik und Wirtschaft Berlin (HTW), Radfahrer möglicherweise vorsätzlich Parkplätze blockieren, ist zu bezweifeln.[55] Der Grünen-Fraktionschef Werner Graf geht sogar noch weiter und verkündete im Januar 2023: »Wir wollen als Grüne in den nächsten zehn Jahren die Parkplätze in Berlin halbieren.«[56]

Nichtsdestoweniger schreitet die Präferenz für das Auto in Deutschland immer weiter voran. Die *ZEIT* schreibt im November 2022: »Trotz Klimakrise nimmt die Zahl der Pkw pro Einwohner weiter zu. Sogar dort, wo der ÖPNV gut ausgebaut ist.« Sie belegt diese Aussage mit einer interaktiven Deutschlandkarte.[57] Selbst den größten Autogegnern in Berlin muss klar sein: Sollte die Autoindustrie tatsächlich erheblich schrumpfen, sollten die Autobauer ihre Produktion zusehends ins Ausland verlagern oder gar ihr Headquarter und somit ihren Steuersitz ins Ausland verlegen[58] oder sukzessive in Gänze abwandern und sollte kraft des Länderfinanzausgleichs (allein zwischen 1995 und 2021 hat Berlin über 75 Milliarden Euro erhalten) wesentlich weniger Geld aus den Autoländern Bayern und Baden-Württemberg Richtung Berlin fließen, so würden in Berlin sprichwörtlich die Lichter ausgehen.

Die Bedeutung von Dienstwagen für die Automobilbranche

Teile der Politik plädierten 2022 dafür, die Dienstwagenregelung abzuschaffen und das 9-Euro-Ticket beizubehalten.[59] Striche man das sogenannte Dienstwagenprivileg, so kämen Steuermehreinnahmen von 3 bis 5 Milliarden Euro zusammen.

Die Konsequenzen für Gewerbetreibende sowie für die deutsche Automobilindustrie und deren Beschäftigte wären jedoch fatal. Die Dienstwagenregelung sichert das Überleben der deutschen Premiumhersteller. Audi, BMW und Mercedes leben zu einem nicht unerheblichen Teil von gewerblichen Zulassungen. Nach Angaben des Forschungsinstituts Center Automotive Research (CAR) sind knapp 40 Prozent der Premiumzulassungen in Deutschland betrieblich begründet.[60] Andere Studien ergeben, dass zwei von drei Neuzulassungen von Pkw auf das Konto gewerblicher Halter gehen (siehe Abbildung 5).

Bekanntlich wird nur mit Premiumfahrzeugen richtig Geld verdient. Lediglich Premiumfahrzeuge lassen sich in Deutschland aufgrund der hohen Produktionskosten noch wirtschaftlich herstellen. Demzufolge hat eine fallende Nachfrage nach diesen Fahrzeugen mittelfristig massive Auswirkungen auf die Beschäftigtenzahl bei Autobauern und ihren Zulieferern. Der schwäbische Automobilproduzent Mercedes-Benz hat trotz einer Produktionsverlagerung nach Ungarn angekündigt, die A- und B-Klasse auslaufen lassen zu wollen.[61] Dienstwagen sind normalerweise Leasingfahrzeuge. Nach Leasingende landen sie zumeist auf dem Gebrauchtwagenmarkt und werden von Privatleuten erworben, welche sich häufig einen vergleichbaren Neuwagen nicht leisten können.

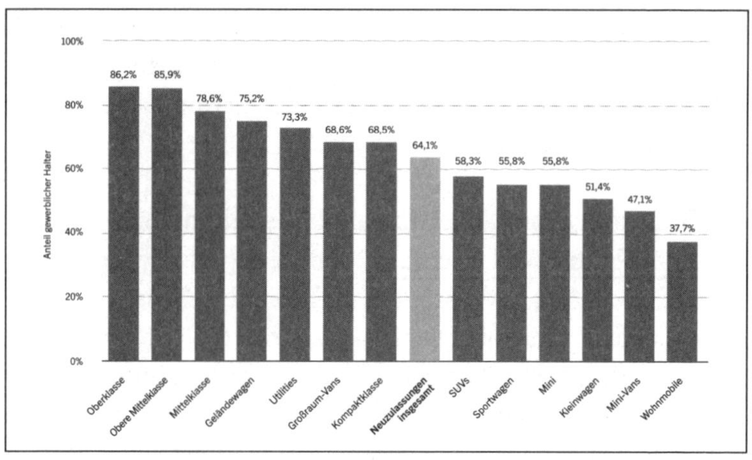

Abbildung 5: Anteil gewerblicher Halter an den Neuzulassungen von Pkw in Deutschland nach Segment, Januar bis Juli 2022
Quelle: https://de.statista.com/statistik/daten/studie/1191701/umfrage/anteil-gewerblicher-halter-an-den-pkw-neuzulassungen-in-deutschland-nach-segment/

Dasselbe gilt für die knapp 400.000 Fahrzeuge der deutschen Autovermieter. Zumeist landen diese bereits nach sechs bis zwölf Monaten im Handel.

Wer bei Dienstwagen nur an Oberklassefahrzeuge von Firmenlenkern, Politikern und sonstigen Topverdienern denkt, verkennt die Komplexität des Sachverhalts. Gefahren werden Dienstwagen in sehr viel größerem Umfang von Außendienstlern, Servicetechnikern oder Handwerkern. Ohne Dienstwagen wird die Tätigkeit im Außendienst oftmals unwirtschaftlich. Folglich werden dann beispielsweise nicht nur Handwerker, sondern auch Hausbesuche im Pflegebereich teurer. Abgesehen davon muss die Nutzung eines Dienstwagens mit Verbrennungsmotor monatlich 1 Prozent vom Bruttolistenpreis versteuert werden. Rabatte gibt es derzeit noch für Elektrofahrzeuge und Plug-in-Hybride, wenn sie nicht mehr als 50 Gramm CO_2-Ausstoß pro km oder eine elektrische Reichweite von mindestens 60 Kilometer haben.[62] Die Entfernung zum Arbeitsort muss ebenfalls versteuert werden, selbst dann, wenn vorwiegend im Homeoffice gearbeitet wird. Die Abschaffung der Dienstwagenregelung hätte mit hoher Wahrscheinlichkeit drastische Folgen für eine von Deutschlands Schlüsselindustrien und würde sich gesamtwirtschaftlich betrachtet bitter rächen.[63] Doch auch aus Fernost droht Deutschlands Schlüsselindustrie Ungemach.

Autos aus China für Deutschland

Noch ist China der mit Abstand wichtigste Markt für deutsche Automobilhersteller und ein Riesengeschäft. Im Jahr 2021 wurden etwa 37,4 Prozent aller Fahrzeuge der Hersteller Volkswagen, Daimler und BMW in China abgesetzt.[64] VW verkaufte rund 40 Prozent seiner Fahrzeuge im Reich der Mitte.[65] Doch diese Verhältnisse können sich schnell ändern.

Deutschlands Autobauer haben nicht nur mit Gegenwind aus Teilen der Bevölkerung und der Politik zu kämpfen, sondern auch mit gewaltigen Konkurrenten. Diese produzieren zu wesentlich niedrigeren Löhnen, bei laxeren Umweltvorschriften und mit wesentlich günstigerer Energie. Obendrein befinden sie sich zumeist unter der staatlichen Kontrolle einer Supermacht.[66] Die einst belächelten Autobauer aus dem Reich der Mitte sind auf einem unaufhaltsamen Vormarsch.

Noch kauft Deutschland unter anderem Konsumgüter aus China und verkauft im Gegenzug hochpreisige Luxusautos dorthin. Noch baut kaum jemand bessere Benzin- und Dieselmotoren als Deutschlands Autobauer. Das Geheimnis des Erfolgs von Deutschlands Autoherstellern und des Produktionsstandorts Deutschland ist der Antrieb. Doch diese Zeiten könnten mit dem Aufkommen der Elektroautos vorüber sein.

Bereits im Oktober 2022 wurde in den Medien verkündet, dass Deutschlands größter Autovermieter Sixt 100.000 E-Autos beim chinesischen Autobauer BYD in China kaufen wird.[67] Im Jahr 2022 verkaufte BYD bereits knapp 911.140 E-Autos. Der Volkswagen-Konzern verkaufte 572.100 und Branchenprimus Tesla 1.313.851.[68] Es ist davon auszugehen, dass dies erst der Beginn der Eroberung des deutschen Markts durch chinesische E-Auto-Hersteller sein wird. Stephan Wöllenstein, ehemaliger China-Chef des Volkswagen-Konzerns, stellte Ende 2021 fest, dass es die chinesische Autoindustrie nach einer jahrzehntelangen Aufholjagd mit der des Westens aufnehmen könne. »Bei Elektroautos, beim autonomen Fahren und bei der Konnektivität sind nun einige chinesische Anbieter mindestens gleichauf«, wie er sagt.[69]

Der Automobilproduzent der Zukunft wird China sein. Die *Financial Times* bestätigt diese These in ihrem Artikel von Robin Harding, Asien-Redakteur, vom 1. Juni 2022: »Elektrofahrzeuge beschleunigen die sich abzeichnende Dominanz Chinas als Autoexporteur.«[70] Harding zufolge war die Eröffnung des Tesla-Werks in Schanghai, des ersten vollständig in ausländischem Besitz stehenden Werks im größten Automarkt der Welt, im Jahr 2019 ein Durchbruch für Elektrofahrzeuge und ausländische Automobilhersteller. Sie markiert den Beginn eines noch größeren Trends: des Aufstiegs Chinas zu einem Autoexporteur. Dieser Trend wird einhergehen mit einer grundlegenden Neuordnung der Struktur der weltweiten Produktion, und er wird eine neue Welle der Deindustrialisierung in Europa auslösen. Während China noch vor einigen Jahren fast gar nichts exportierte, waren es im Jahr 2021 bereits eine halbe Million Elektrofahrzeuge.

Im Zuge der Umstellung des Automarkts auf Elektroautos könnte Europa im Automobilsektor bald ein Handelsdefizit mit China aufbauen.[71] Zum gleichen Ergebnis kommt die Unternehmensberatung PwC in ihrer 2022 veröffentlichten Branchenanalyse. Dort heißt es: »China wird zum E-Auto-Exporteur … Während chinesische Hersteller immer mehr BEVs (*battery electric vehicle,* englische Abkürzung für rein elektrisch angetriebene Autos, Anm. d. A.) in Europa verkaufen, verlagern sowohl europäische als auch amerikanische Hersteller ihre BEV-Produktion zunehmend nach China.« Der PwC-Studie zufolge könnte Europa bereits 2025 einen Importüberschuss von mehr als 221.000 Fahrzeugen (Verbrenner und Elektroautos) erreichen. 2015 hatte Europa noch einen Exportüberschuss von 1,7 Millionen Autos zu verzeichnen.[72]

Sobald Elektromotoren Verbrennungsmotoren ersetzt haben, wird China mit hoher Wahrscheinlichkeit den Markt dominieren. Laut *Financial Times* hätte eine Verlagerung der Automobilproduktion noch größere Auswirkungen als die Abwanderung der Stahl-, Elektronik- oder Schiffbauindustrie in der Vergangenheit. Im Gegensatz zu Fahrzeugen mit Verbrennungsmotoren sind Elektrofahrzeuge hochtechnologisch, aber bei Weitem nicht so komplex. Der Antriebsstrang eines Elektrofahrzeugs (Batterie und ein Motor) ist im Vergleich mit dem eines Fahrzeugs mit Verbrennungsmotor (Kurbelwelle, Kolben, Kraftstoffpumpen, Turbolader) wesentlich einfacher. Folglich erfordert der Bau eines Verbrennungsmotors ein umfassendes technisches Fachwissen und ein umfangreiches Netz von Zulieferern. Zwar erfordert die Montage von Elektrofahrzeugen zahlreiche Fertigkeiten des traditionellen Automobilbaus, sie lässt sich aber laut Harding mit der Montage von Elektroartikeln vergleichen.

Bei der Produktion von Solarmodulen und Unterhaltungselektronik dominiert der Standort China bereits heute aus Kostengründen unbestritten. Zweifellos besteht noch immer die Möglichkeit, beispielsweise ein Fernsehgerät von Philips oder Sony zu kaufen. Diese Geräte werden jedoch nicht mehr in Holland oder Japan produziert, sondern am kostengünstigeren Wirtschaftsstandort China. Nicht nur die *Financial Times* befürchtet, dass dieses Schicksal auch den berühmten Automobilmarken blühen könnte.

Des Weiteren besteht die Möglichkeit, dass sich der Wert von Elektrofahrzeugen zusehends auf die Software verlagert, mit der sie betrieben werden. Ein leuchtendes Beispiel hierfür ist die Unterhaltungselektronik. Der taiwanische Konzern Foxconn beispielsweise produziert für Apple etwa die Hälfte aller iPhones weltweit in Zhengzhou in China.[73] In diesem Fall könnte sich Deutschland in der vertrauten, deprimierenden Lage befinden, die es bereits bei Elektroartikeln tagtäglich erlebt: Produkte aus chinesischer Produktion, betrieben mit amerikanischer Software. Für das Szenario, dass sich Elektroautos, aus welchen Gründen auch immer, zukünftig nicht durchsetzen werden, hat das Reich der Mitte bereits vorgesorgt.

Verbrennungsmotor und Elektromotor in China

Während Deutschland und Europa alles auf die Karte »Elektromotoren« setzen und der Verkauf von Neuwagen mit Verbrennungsmotor voraussichtlich ab 2035 in der EU nicht mehr möglich ist,[74] fährt China zweigleisig.[75] Im Juli 2022 senkte die chinesische Regierung den Steuersatz für Fahrzeuge mit Verbrennungsmotoren mit bis zu 2 Litern Hubraum von 10 auf 5 Prozent. Auf sogenannte New Energy Vehicles (reine Elektroautos und Plug-in-Hybride) wird keinerlei Steuer erhoben.[76] Mit der Steuersenkung schwindet der Vorteil für die Elektromobilität.

Laut Alexander Timmer von der Beratungsfirma Berylls Group werden Dieselfahrzeuge und Benziner bis 2030 das Rückgrat der chinesischen Mobilität bilden. Ein Anteil von rund 300 Millionen Autos des chinesischen Fahrzeugbestands (71 Prozent) wird mit einem Verbrennungsmotor als Hauptantriebseinheit unterwegs sein. Als ein Grund für die anhaltende Nachfrage gibt Timmer das Bedürfnis nach bezahlbarer Mobilität der immer größer werdenden Zahl chinesischer Autofahrer an. Offenkundig setzen deutsche Automobilproduzenten in

China weiterhin auf klassische Antriebe. Mercedes kann dank des Anteilseigners Geely Verbrennungsmotoren in China fertigen lassen, und auch Audi beabsichtigt, weiterhin Modelle mit klassischem Antriebsstrang anzubieten.[77]

Wie oben erwähnt, dürfen in der EU noch bis 2035 Benziner, Diesel- oder Hybridfahrzeuge zugelassen werden.[78] Danach sind bei Neufahrzeugen nur noch Elektrofahrzeuge erlaubt. China hingegen hat ein Verbot von Verbrennern ausgeschlossen. Die deutschen Automobilhersteller mit Ausnahme von BMW stellen die Entwicklung neuer Motoren für Benzin- und Dieselfahrzeuge noch in diesem Jahrzehnt ein.[79] Ob die Elektrostrategie der deutschen und europäischen Automobilhersteller aufgeht und ob Verbrennerverbote in großen Ländern wie den USA, Indien, Russland sowie in den Ländern Südamerikas und Afrikas und Südostasiens tatsächlich kommen werden, wird die Zukunft zeigen. Ferner gilt es zu beachten, dass dann, wenn die Energiepreise in Deutschland, aber auch in Europa, weiterhin hoch bleiben sollten (was zu erwarten ist), weder Deutschland noch Europa im internationalen Wettbewerb bei der besonders energieintensiven Batterieproduktion für Elektroautos gegen den Produktionsstandort China mit seiner billigeren Kohle- und Kernkraft eine Chance hat. Geht die Elektrostrategie nicht auf, so werden die deutschen und die europäischen Firmen ihren Wettbewerbsvorteil in puncto Führerschaft als Herstellerinnen moderner und hochqualitativer Verbrenner unwiederbringlich verspielen. Der Automobilstandort China und chinesische Autobauer werden mit Sicherheit die Lücke schließen.

Thomas Koch ist Leiter des Instituts für Kolbenmaschinen am Karlsruher Institut für Technologie (KIT). Er sieht als Konsequenz eines Verbrennerverbots für deutsche Unternehmen und die Forschung die Einstellung von Entwicklungsaktivitäten. Dies wiederum werde dazu führen, dass Firmen und Fachkräfte in Regionen abwandern, in denen die Technologie nicht geächtet wird, das heißt beispielsweise nach China, Japan und in die USA. »Dort entwickelt man die Technologie weiter«, so Koch. »Was folgt, ist ein dramatischer und massiver Know-how-Verlust in Deutschland. Den haben wir bereits die letzten Jahre, und wir sind dabei, die Weltmarktführerschaft abzugeben. China hat uns bei der Verbrennungsmotorentechnologie eingeholt, wenn nicht sogar in manchen Bereichen bereits überholt. Die Chinesen schwingen sich auf, der größte Pkw-Motorenhersteller der Welt zu werden und in Zukunft Europa zu beliefern. Schon heute müssen chinesische Zulieferer ertüchtigt werden, um die Produktion in Deutschland sicherzustellen. Das ist eine Katastrophe.«[80]

Solarindustrie in Deutschland – ein mahnendes Beispiel

Ein eindrucksvolles Beispiel dafür, wie schnell die günstigere Konkurrenz aus China ganze Industrien vernichten kann, bietet die Solarindustrie. Im Jahr 2010 war Deutschland in der Solarindustrie weltweit führend. Acht der zehn größten Solarunternehmen der Welt stammten damals aus Deutschland. Heute ist von der einstigen Marktführerschaft nichts mehr übrig geblieben. Unter den Top-30-Unternehmen befindet sich kein einziges Unternehmen aus Deutschland mehr.[81]

Billiger Strom und niedrige Löhne in China haben das Reich der Mitte zum Marktführer gemacht.[82] Deutsche Unternehmen konnten ihre Produkte nicht günstiger herstellen als die Konkurrenz aus China. Nicht zu verkennen ist, dass die stromintensive Produktion von Solarpaneelen in China großenteils auf Kohlestrom basiert.[83] In Anbetracht der exorbitant hohen Strompreise in Deutschland und des extrem niedrigen Strompreises in China[84] sowie zusätzlich von wesentlich niedrigeren Arbeitslöhnen ist klar, warum Deutschlands einst führende Solarindustrie in die Knie ging. Von den einst 133.000 Arbeitsplätzen in der Solarbranche im Jahr 2010 waren 2015 nur noch 31.600 übrig. In nur fünf Jahren schrumpfte die Branche um 100.000 Arbeitsplätze.[85] Mit SolarWorld ging der letzte große deutsche Hersteller von Solarzellen 2018 pleite.[86]

2
Deutschlands Geschäftsmodell funktioniert nicht mehr

> *»Ich mache mir große Sorgen, dass wir, wenn wir jetzt nicht handeln, ganze Industriestränge verlieren – gerade in der Grundstoffindustrie … Das würde eine noch viel höhere Abhängigkeit von Asien und vor allem China bedeuten.«*
>
> Gerald Haug, Präsident der Nationalen Akademie der Wissenschaften Leopoldina, Oktober 2022[87]

Die Sorge Gerald Haugs ist mehr als berechtigt. Der Welthandel hat Deutschland reich gemacht. Das Geheimnis des Erfolgs war es, aus günstig erworbenen Rohstoffen und Vorprodukten kraft menschlicher Intelligenz, einer guten Infrastruktur, Top-Unternehmen und billiger Energie hochwertige Produkte zu fertigen. Wenn Energie jedoch im internationalen Vergleich am Wirtschaftsstandort Deutschland viel teurer oder im Extremfall kaum noch verfügbar ist, dann helfen auch die besten Spezialisten und die fortschrittlichste Unternehmensinfrastruktur nicht mehr weiter.

Laut einer Umfrage des Bundesverbands der Deutschen Industrie (BDI) vom August 2022 sehen bereits 58 Prozent des industriellen Mittelstands starke oder existenzielle Herausforderungen. BDI-Präsident Siegfried Russwurm formuliert es so: »Die Substanz der Industrie ist bedroht. Die Lage ist für viele

Unternehmen schon jetzt oder in Kürze toxisch, nicht nur wegen des Gasmangels, sondern vor allem wegen der aberwitzigen Preissteigerungen.«[88]

Deindustrialisierung

Das Wort Deindustrialisierung ist in Deutschland mittlerweile in aller Munde. Das Thema ist bereits knapp 80 Jahre alt, hatte aber in früheren Zeiten vollkommen andere Gründe. Damals tobte der vom Deutschen Reich angezettelte Zweite Weltkrieg. Der ehemalige amerikanische Finanzminister Henry Morgenthau schlug in einer Denkschrift im Jahr 1944 vor, dass Deutschland zerstückelt und die Wirtschaftsregionen an Rhein und Ruhr sowie die Nordseeküste internationalisiert werden sollten. »Im Zuge der völligen Entwaffnung und Abrüstung Deutschlands und großer Reparationsleistungen (auch durch Zwangsarbeit) sollten nach dem Morgenthau-Plan Industriebetriebe demontiert, die Bergwerke stillgelegt und zerstört werden. Bei Kontrolle der ganzen Wirtschaft auf 20 Jahre würde Deutschland ein Agrarstaat sein.«[89]

So weit ist es glücklicherweise nicht gekommen. Hingegen findet seit Jahrzehnten eine schleichende Abwanderung der deutschen Industrie statt. Dem Statistischen Bundesamt zufolge ist der Anteil der Waren ausländischen Ursprungs an den deutschen Exporten von ungefähr 10 Prozent im Jahr 1990 auf bereits 24,5 Prozent im Jahr 2021 gestiegen.[90] Tendenz weiter steigend.

Lars Klingbeil, SPD-Bundesvorsitzender, äußerte sich im November 2022 wie folgt: »Die Gefahr einer De-Industrialisierung in Deutschland ist real. Die Lieferketten sind stellenweise gebrochen, wir haben *Fachkräftemangel* und *hohe Energiepreise*. Deswegen treffen manche Unternehmen Investitionsentscheidungen gegen Deutschland.«[91]

Besser kann man die Gründe für eine drohende Deindustrialisierung kaum zusammenfassen. Deutschland steht erstmals vor der ernsthaften Gefahr einer immensen Deindustrialisierung. Knapp jedes fünfte Unternehmen beabsichtigte bereits Ende Oktober 2022, energieintensive Geschäftsfelder in Deutschland aufzugeben.[92] Markus Steilemann, Präsident des Verbands der Chemischen Industrie (VCI), bezeichnet die Lage als »dramatisch« und teilt »die Sorge vor einer Deindustrialisierung«, und laut Nikolas Stihl, Vorsitzender des Beirats der Stihl Holding AG & Co. KG und des Aufsichtsrats der Stihl AG zufolge ist die Gefahr einer Deindustrialisierung nicht von der Hand zu weisen.[93]

Tanja Gönner, Hauptgeschäftsführerin des BDI, sagte im November 2022, dass derzeit »jedes vierte deutsche Unternehmen über eine Produktionsverlagerung ins Ausland nachdenke … Die hohen Energiepreise und die schwächelnde Konjunktur treffen die deutsche Volkswirtschaft mit voller Wucht und belasten unsere Unternehmen im Vergleich zu anderen internationalen Standorten sehr. Das deutsche Geschäftsmodell steht enorm unter Stress.«[94]

Im Oktober 2022 erklärte der nach Umsatz größte Chemiekonzern der Welt BASF, dass er sich in Europa »dauerhaft« verkleinern müsse, da die hohen Energiekosten die Region zunehmend wettbewerbsunfähig machten. Die Erklärung erfolgte, nachdem BASF einen Monat zuvor den ersten Teil seiner neuen 10-Milliarden-Euro-Anlage für Kunststofftechnik in China eröffnet hatte. Martin Brudermüller, Vorstandsvorsitzender der BASF SE, sagt dazu: »Der europäische Chemiemarkt ist seit etwa einem Jahrzehnt nur schwach gewachsen, und der deutliche Anstieg der Erdgas- und Strompreise im Laufe dieses Jahres setzt die Wertschöpfungsketten der Chemieindustrie unter Druck.«[95] Im Dezember 2022 war es bereits so weit, dass fast jeder vierte Betrieb in der Chemieindustrie Kapazitäten ins Ausland verlagert und jedes zehnte Unternehmen hierzulande Anlagen stilllegt – und zwar dauerhaft.[96]

Zahlreiche Traditionsbetriebe, welche zum Teil die Kaiserzeit, den Ersten Weltkrieg, die Weimarer Republik, das Dritte Reich und den Zweiten Weltkrieg überlebt haben, mussten schließen oder werden vermutlich für immer schließen müssen. Das *Handelsblatt* schrieb im Dezember 2022, dass laut einer Studie des Softwaredienstleisters Lexware unter 2800 Kleinunternehmen und Solo-Selbstständigen bereits jeder vierte Kleinunternehmer aufgrund von Inflation, hohen Energiepreisen und Fachkräftemangel ans Aufhören denke.[97]

Es ist davon auszugehen, dass es aufgrund der nicht mehr kalkulierbaren, viel zu hohen Energiepreise und der immer weiter steigenden Lohn- und Personalkosten zu immer mehr Insolvenzen beziehungsweise Geschäftsaufgaben von Unternehmen am Standort Deutschland und folglich zu einer Deindustrialisierung kommen wird.

Der Deutschland-Monitor der Deutsche Bank Research brachte es im Oktober 2022 knallhart auf den Punkt: »Wenn wir in etwa zehn Jahren auf die aktuelle Energiekrise zurückblicken werden, könnten wir diese Zeit als Ausgangspunkt für eine beschleunigte Deindustrialisierung in Deutschland betrachten.«[98]

… und die Folgen

Eine Deindustrialisierung hätte für Deutschland aufgrund des noch immer hohen Anteils der Industrie an der Wirtschaftsleistung drastische Auswirkungen. Im Jahr 2022 arbeiteten in Deutschland allein in Betrieben des Verarbeitenden Gewerbes mit 50 und mehr Beschäftigten knapp 5,5 Millionen Menschen.[99] Hinzu kommen weitere Millionen Arbeitsplätze, die direkt oder indirekt vom Verarbeitenden Gewerbe abhängen. Obendrein bestreitet die Industrie den Großteil der Ausgaben deutscher Unternehmen für Forschung und Entwicklung.[100] Auch die Arbeitnehmervertreter haben die Brisanz des Themas mittlerweile erkannt. Yasmin Fahimi, Vorsitzende des Deutschen Gewerkschaftsbunds (DGB): »Es ist wirklich nach wie vor existenzbedrohend, was sich derzeit in der Industrie abspielt.« ... »Je tiefer die Schnitte in die Wertschöpfungskette werden, je mehr Unternehmen der Wertschöpfungskette Deutschland verlassen, desto dramatischer wird der Dominoeffekt sein«, sagte Fahimi. »Und das ist keine Frage von zwei, drei Jahren. Das ist eine Frage von ein bis drei Quartalen in 2023. Das muss allen politisch Verantwortlichen klar sein.«[101]

Fakt ist: Die explodierenden Energiekosten setzen nicht nur die Bürger, sondern auch Deutschlands große und mittelständische Unternehmen immens unter Druck. Das Wirtschaftsmodell Deutschland steht und fällt mit günstiger Energie. Ohne sie ist der Standort Deutschland für viele Wirtschaftszweige nicht mehr wettbewerbsfähig. Große Unternehmen mit hohem Energieverbrauch werden die Produktion in Länder mit günstigeren Energiepreisen verlegen; Unternehmen, denen diese Möglichkeit nicht offensteht, werden schließen müssen. Laut *Business Insider* zahlt die deutsche Industrie inzwischen im Großhandel für 2023 einen Gaspreis, der um den Faktor acht höher liegt als in den USA.[102]

Bereits Ende September 2022 schrieb das *Handelsblatt,* dass Washington deutsche Firmen mit billiger Energie und niedrigen Steuern lockt. Der Gouverneur von Oklahoma, Kevin Stitt, sagte: »Wir hatten zuletzt in elf von 14 Quartalen die niedrigsten Energiekosten der USA.« Pat Wilson, Wirtschaftsminister von Georgia, argumentiert: »Unsere Energiekosten sind niedrig und die Netze stabil.« Der Kohleausstieg sei ferner beschlossene Sache, bis 2024 nehme Georgia zwei neue Kernkraftwerke ans Netz. Wilson: »Unternehmen, die nach Georgia kommen, verringern ihren Klimafußabdruck«.[103]

Ob es in Anbetracht dieser für den Wirtschaftsstandort Deutschland dramatischen Situation tatsächlich zielführend ist, nicht alle möglichen Energieressourcen auszuschöpfen, sondern stattdessen aus politisch-ideologischen Gründen die Preise mit über Staatsschulden finanzierten Rettungsschirmen zu reduzieren, wird die Zukunft zeigen.

Deutschlands Geschäftsmodell kommt abhanden, ohne dass ein Ersatz in Reichweite wäre. Gelingt es nicht, rasch günstige Energie zu beschaffen, so werden die Folgen für den Wirtschaftsstandort Deutschland und somit auch für seine Unternehmen und seine Bürger desaströs sein.

Weitere wichtige Faktoren für die Attraktivität eines Wirtschaftsstandorts – nicht zuletzt auch aus der Sicht hochqualifizierter Arbeitskräfte – sind die Infrastruktur- und die Steuerpolitik.

3
Infrastrukturdesaster Deutschland

»Wir erneuern unsere Infrastruktur zu wenig, bauen zu wenig dazu und sind zu wenig innovativ. Wir schauen zu, wie uns die wichtigsten Wettbewerber auf der Welt – als da sind die USA und China – links und rechts überholen.«

Nikolas Stihl, Vorsitzender des Beirats der Stihl Holding AG & Co. KG und des Aufsichtsrats der Stihl AG, im Dezember 2022[104]

Auf potenzielle Investoren warten in Deutschland marode Straßen, Brücken, Schienennetze, Weichen, Wasserwege und Schleusen. Es warten mit die höchste Steuer- und Abgabenquote weltweit, mit die höchsten Strompreise weltweit, schlechte Internetanbindungen, unpünktliche Züge[105] und hochnotpeinliches Chaos an Flughäfen wie beispielsweise im Sommer 2022. Bereits an anderer Stelle habe ich auf die gravierenden Mängel in der Infrastruktur in Deutschland hingewiesen.[106] Auch knapp zehn Jahre später lassen sich keine wesentlichen Veränderungen zum Besseren feststellen. Deutschland lebt nach wie vor von der Substanz. Im Folgenden werden die Probleme bei der Digitalisierung, in der Bildung, im Gesundheitswesen und in puncto Bürokratie in Deutschland näher beleuchtet.

Standortfaktor Digitalisierung

> *So schneiden wir etwa bei der Digitalisierung des öffentlichen Dienstes schlechter als Griechenland ab.«*
>
> Timotheus Höttges, Vorstandsvorsitzender der Deutschen Telekom AG, August 2022[107]

Vernichtender kann eine Kritik vonseiten eines Topmanagers kaum ausfallen. Deutschland hat den Anschluss verloren.

Wie ist das möglich? Wie kann es sein, dass im wirtschaftsstärksten EU-Land noch immer gefaxt anstatt vernetzt wird? Warum hat Deutschland beim Breitbandausbau völlig versagt?[108] Wie konnte es sein, dass selbst Filmaufnahmen von der Ahrtalkatastrophe von Polizeihelikoptern nicht umgehend weitergeleitet werden konnten, weil die Datenmengen zu groß waren und deshalb die Daten »irgendwo in der Dienststelle hinterlegt« wurden?[109] Wie kann es sein, dass Bürger und Unternehmen gigantische Mengen an Zeit im Umgang mit Ämtern aufwenden müssen, während massenhafte Prozesse in zahllosen Ländern längst digitalisiert sind? Was ist in Deutschland schiefgelaufen, wenn der Deutschlandfunk im September 2021 noch schreibt: »Nach drei Corona-Wellen und 17 Monaten Pandemie sind die Gesundheitsämter immer noch auf Faxgeräte angewiesen, um die Kontakte der Deutschen nachzuverfolgen.«[110]

Wie kann es sein, dass sich beispielsweise Estland, eines der Netto-Empfängerländer in der EU, in nur wenigen Jahrzehnten von einer ehemaligen Sowjetrepublik zu einer der fortschrittlichsten digitalen Gesellschaften der Welt entwickelt hat, während die Ämter und Behörden des langjährigen Exportweltmeisters und größten Nettozahlers der EU, Deutschland, sich noch immer in der digitalen Steinzeit befinden?

Das Beispiel Estlands

Estland zeigt, wie man Digitalisierung besser machen kann.[111] Während die letzte Bundestagswahl in Deutschlands Hauptstadt Berlin an Peinlichkeit nicht zu überbieten war und in Teilen wiederholt werden muss, wählte Estland als erstes Land der Welt sein Parlament über das Internet, führte eine elektronische Volkszählung online durch und hat die elektronische Staatsbürgerschaft für Ausländer eingeführt.[112]

Was hat Deutschland falsch und Estland richtig gemacht? *Business Insider* hat die Geheimnisse des Erfolgs beschrieben. Sie lauten, kurz zusammengefasst, folgendermaßen:[113]

1. Clever in digitale Technologien investieren, die zur Kostensenkung beitragen.
2. Jedem Bürger das Recht auf einen persönlichen Code zur Identifizierung verleihen.
3. Lokale IT-Firmen unterstützen.
4. Staatliche Bildungsprogramme im Bereich der digitalen Kompetenz anbieten.
5. Personenbezogene Daten systematisch schützen.

Digitalisierung muss bei den Jüngsten anfangen. Genau hier gibt Deutschland – und geben insbesondere Deutschlands staatliche Schulen – ein im globalen Wettbewerb erbärmliches Bild ab.

Digitalisierungsmisere an deutschen Schulen

Während im Jahr 2021 die Stadtstaaten Berlin, Hamburg und Bremen den besten Zugang zum Internet boten (neun von zehn Schulen dort verfügen über Leitungen mit einer Kapazität von mindestens 100 Megabit pro Sekunde), konnten in Sachsen-Anhalt lediglich 52 Prozent der Schulen einen schnellen Internetanschluss vorweisen.

Wesentlich gravierender gestaltet sich das Hardware-Problem. Nach Angaben des *Informationsdiensts des Instituts der deutschen*

Wirtschaft (iwd) gaben noch Mitte 2021 mehr als die Hälfte der Lehrkräfte in Deutschland an, keinen Zugang zu einem vom Arbeitgeber gestellten digitalen Endgerät zu haben. Das hat selbstredend Konsequenzen für den Unterricht. Untersuchungen der Deutsche Telekom Stiftung zufolge verwendeten lediglich 39 Prozent der Lehrkräfte im Unterricht täglich digitale Medien. Hierbei zeigt sich ein deutliches Gefälle zwischen den einzelnen Bundesländern (siehe Abbildung 6). In Bayern nutzten zwei Drittel der Lehrkräfte täglich digitale Medien, in Hamburg war dies bei nicht einmal jeder sechsten Lehrkraft der Fall.[114]

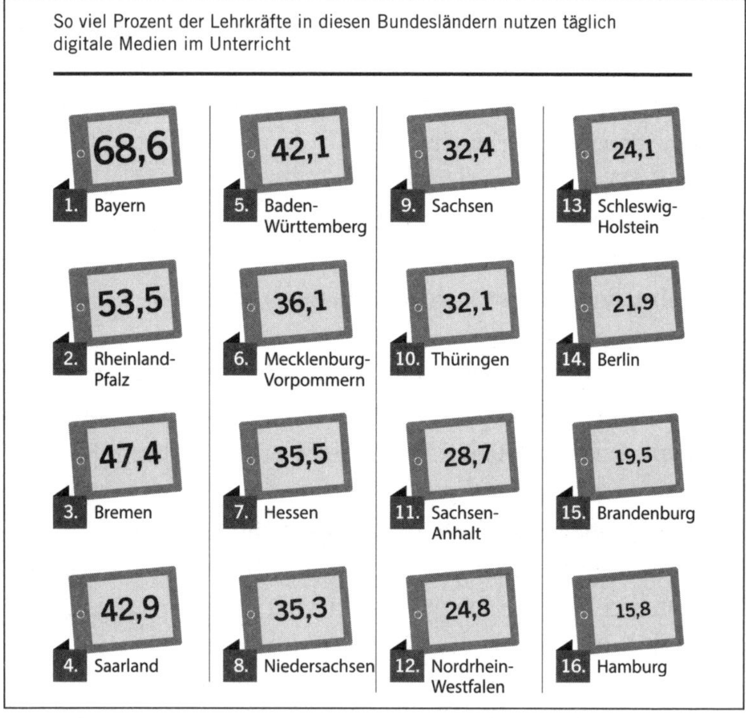

Abbildung 6: Mediennutzung im Unterricht nach Bundesländern
Quelle: https://www.iwd.de/artikel/schwaechen-im-deutschen-bildungs-system-555669/?utm_source=organic&utm_medium=tw&utm_campaign=post&utm_content=bildungsmonitor-2022

Untermauert wird Deutschlands Rückstand in puncto Digitalisierung im schulischen Bereich durch eine im September 2020 veröffentlichte Sonderauswertung der PISA-Studie von 2018. Die Auswertung ergab, dass Deutschland innerhalb der OECD auf den hintersten Plätzen rangiert. Bezüglich der Verfügbarkeit effektiver Online-Lernplattformen erreichte Deutschland von allen 78 teilnehmenden Ländern lediglich Rang 66.[115]

Während in Ländern wie beispielsweise Singapur oder Dänemark mehr als 90 Prozent und in den USA und Australien knapp 75 Prozent der Schulen bereits über moderne Online-Lernplattformen verfügten, waren es in Deutschland lediglich knapp über ein Drittel. Deutschland befand sich deutlich unter dem OECD-Mittel von 54 Prozent. Desaströs sah es auch bezüglich der digitalen Ausbildung der Lehrkräfte aus. Im Kreis der 78 teilnehmenden Länder landete Deutschland auf Platz 76.

Als Bankrotterklärung lässt sich die folgende Aussage von OECD-Bildungsdirektor Andreas Schleicher bezeichnen: »Weniger als 44 Prozent der Schulleiter in Deutschland halten ihre Lehrkräfte für technisch und pädagogisch kompetent, um neue Technologien sinnvoll in das Unterrichtsgeschehen zu integrieren.«[116]

Wie man die Digitalisierung im Schulbereich wesentlich besser voranbringen kann, zeigt abermals Estland. Das Land gehört zu den führenden Bildungsnationen in Europa. Die estnischen Schulen sind bereits seit 1999 an das Internet angeschlossen. Folglich konnte auch im Zuge der Corona-Pandemie der Unterricht problemlos in die virtuelle Welt verlagert werden. Auch Dänemark ist Deutschland weit voraus. Knapp 91 Prozent der Schüler in Dänemark nutzen im Unterricht täglich digitale Medien. Fast jede Schule ist im Besitz einer Lernplattform. Obendrein wird digitaler Unterricht von der Regierung begrüßt und findet flächendeckend statt.[117] Die Größe des digitalen Desasters, in dem wir stecken, spiegelt sich wider in der Aussage der damaligen Bundeskanzlerin Angela Merkel im Juni 2013: »Das Internet ist für uns alle Neuland.«[118]

Standortfaktor Bildungsmöglichkeiten

> *»Es gibt nur eins, was auf Dauer teurer ist als Bildung, keine Bildung.«*
>
> John F. Kennedy, 35. Präsident der Vereinigten Staaten, 1917–1963[119]

Trefflicher lässt sich die immense Bedeutung von Bildung kaum beschreiben.

Was haben Elon Musk (Tesla), Bill Gates (Microsoft), Mark Zuckerberg (Meta, vormals Facebook), Larry Page und Sergey Brin (Google), Jeff Bezos (Amazon), Jack Dorsey (ehemals Twitter) und Brian Acton (WhatsApp-Mitgründer) gemeinsam? Sie haben allesamt private US-amerikanische Eliteuniversitäten besucht, die zu den 20 weltweit besten Universitäten zählen.[120]

Deutschland ist bildungstechnisch Mittelmaß

Das einstige Land der Dichter und Denker hat längst auch in puncto Bildung den Anschluss an die Weltspitze verpasst. Keine einzige Universität in Deutschland befindet sich unter den globalen Top-49-Universitäten, und keine Universität in der EU befindet sich unter den Top 25, hingegen sieben in Europa – fünf in Großbritannien und zwei in der Schweiz. Die aufstrebende Wirtschaftsmacht China kann bereits fünf Universitäten im Kreis der Top 50 vorweisen. Die USA allein beheimaten 17 der Top-50-Universitäten.[121]

Hat ein Land bildungstechnisch den Anschluss verpasst, so sieht es für die Zukunft nicht vielversprechend aus. Folglich kann es nicht verwunderlich erscheinen, dass keiner der Tech-Giganten wie beispielsweise Amazon, Apple, Google, Meta, Microsoft oder Tesla aus Deutschland stammt. Wenn für die klügsten Köpfe keine adäquaten Universitäten zur Verfügung stehen, dann werden mit hoher Wahrscheinlichkeit zahlreiche davon Deutschland den Rücken kehren.

Jedoch beginnt die Misere nicht erst an den Universitäten, sondern bereits an den Schulen. Der Anteil der Jugendlichen ohne grundlegende schulische Fähigkeiten (entsprechend der untersten PISA-Kompetenzstufe) liegt in Deutschland laut ifo Institut bei 23,8 Prozent (siehe auch Abbildung 7).[122]

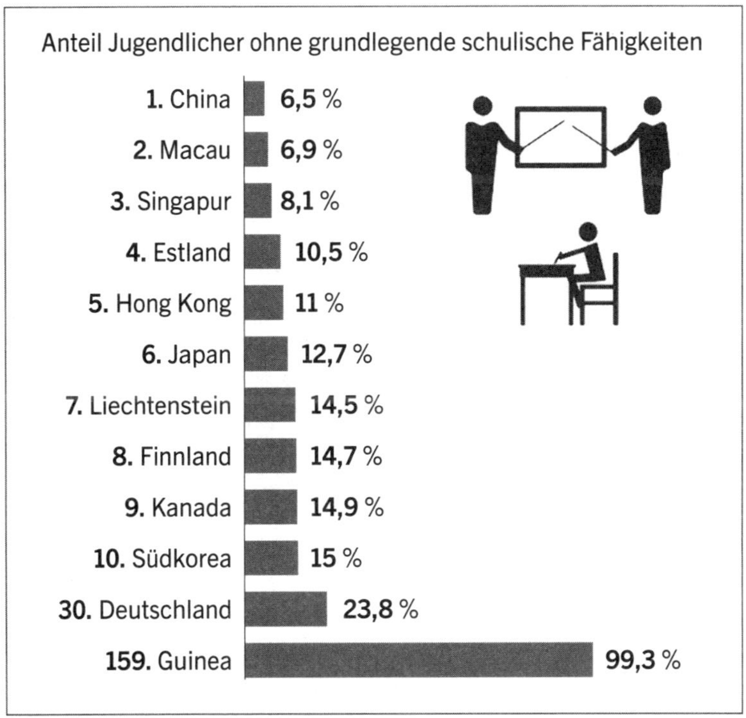

Abbildung 7: Anteil der Jugendlichen ohne grundlegende schulische Fähigkeiten in ausgewählten Ländern
Quelle: https://www.ifo.de/pressemitteilung/2022-11-18/zwei-drittel-der-jugendlichen-weltweit-haben-keine-grundlegenden

Das Niveau an Deutschlands Schulen sinkt

Das Institut zur Qualitätsentwicklung im Bildungswesen (IQB) prüfte im Jahr 2021 die Bildungskompetenzen von Viertklässlern in Deutsch und Mathematik. Knapp 27.000 Schüler der vierten Jahrgangsstufe aus über 1400 Schulen beteiligten sich an der Studie. Die Ergebnisse sind ernüchternd. »Der Anteil der leistungsstarken Schülerinnen und Schüler, die den Regelstandard erreichen oder übertreffen, hat in beiden Fächern abgenommen. Zugleich hat der Anteil der Schülerinnen und Schüler, die den Mindeststandard nicht erreichen und damit ein hohes Risiko für einen weniger erfolgreichen Bildungsweg aufweisen, in allen Kompetenzbereichen teils deutlich zugenommen.«[123] Laut Kultusministerkonferenz (KMK) hat sich der negative Trend seit 2016 sogar noch verstärkt.

Als wichtigen Grund für die Verschlechterung wurden laut der Studie die Schulschließungen während der Corona-Pandemie genannt.[124] Heinz-Peter Meidinger, Präsident des Deutschen Lehrerverbands, sieht als eine entscheidende Ursache für den Leistungsabfall an Grundschulen den in den letzten zehn Jahren um über 50 Prozent gestiegenen Anteil von Schülern mit Migrationshintergrund. Je höher der Anteil von Kindern mit Migrationshintergrund oder aus anderen Kulturkreisen, desto niedriger sei tendenziell das Leistungsniveau, so Meidinger. Es werde zu wenig getan, um solche Kinder bereits vor Beginn der Schule sprachlich zu fördern. »Wenn ein großer Teil der Klasse dem Unterricht überhaupt nicht mehr folgen kann, muss die Lehrkraft die Ziele natürlich absenken. Auch das Leistungsniveau der Kinder ohne Migrationshintergrund sinkt dann.«[125]

Der Informationsdienst des Instituts der deutschen Wirtschaft (iwd) schreibt: »Langfristig dürfte die Schulqualität zum zentralen Problem werden. Denn die Kompetenzen von Viertklässlern in Deutsch und Mathematik haben sich von 2016 bis 2021 laut aktuellem Bildungstrend des Instituts zur Qualitätsentwicklung im Bildungswesen verschlechtert. Dazu nehme der Anteil der Kinder mit großen Lernlücken und die Ungleichheit der Bildungschancen zu.«[126] Dies bestätigt das, wovor zahlreiche Lehrer seit geraumer Zeit warnen. Meidinger formuliert treffend: »Statt nämlich mehr Geld und Ressourcen in schulische Förderung und echte Leistungssteigerung zu investieren, werden die Leistungsanforderungen abgesenkt. Die letztliche Folge ist eine schleichende, aber scheinbar unaufhaltsame Entwertung der Abschlüsse … Die Politik feiert dann immer bessere Ergebnisse, sinkende Sitzenbleiberquoten und die Flut an Einserabituren als Ergebnis ihrer tollen Bildungspolitik, was natürlich Quatsch und letztendlich ein Selbstbetrug ist.«[127]

Anstatt das Niveau an den Schulen nach unten so anzupassen, dass auch ja jeder mitkommt und es Eins-Komma-Abschlüsse hagelt[128], ist auch eine Förderung der geistigen Eliten erforderlich. Koste es, was es wolle. Deutschland ist bekanntlich nicht mit Rohstoffen gesegnet. Als Konsequenz dessen muss vehement in Bildung investiert werden, und zwar auch in Elitenförderung. Andernfalls wird die Beseitigung des Fachkräftemangels in Deutschland mit Gewissheit erheblich erschwert. Da jedoch bis dato der Staat Eliten offensichtlich nicht ausreichend fördert, ist es nicht verwunderlich, dass der Boom der Privatschulen unvermindert anhält. Jene, die es sich leisten können, schicken ihre Kinder immer öfter auf private Schulen.

Privatschulen boomen – die Mittel- und Oberschicht setzt sich ab

Bereits 2019 titelte Deutschlandfunk Kultur: »Boom der Privatschulen. Die Mittel- und Oberschicht setzt sich ab.«[129] Immer mehr Eltern verlieren – oftmals berechtigterweise – das Vertrauen in staatliche Schulen und greifen teilweise tief in die Taschen ihres bereits versteuerten Geldes, um ihrem Nachwuchs die beste Schulausbildung zu ermöglichen. Obwohl Deutschland weltweit zu den Ländern mit der höchsten Steuer- und Abgabenlast zählt, sehen immer mehr Eltern die besten Schulen nicht mehr in Staatshänden (Abbildung 8).

Unstreitig ist, dass immer mehr Eltern in Deutschland ihre Kinder auf eine Privatschule oder auf eines der über 250 Internate schicken. Die Preisspanne der Gebühren ist weit. Manche Schulen verlangen knapp 1200 Euro pro Monat, während andere wesentlich höhere Gebühren ansetzen. Das exklusivste Internat in Deutschland ist die Schule Schloss Salem. Mit 600 Schülern aus aller Welt ist es auch das größte Internat in Deutschland. Kosten pro Jahr: 48.300 Euro. Die teuerste Schule in der Schweiz ist Le Rosey. Das Internat mit seinen zwei Standorten, für die warmen Monate im Château du Rosey am Genfersee und im Winter in Chalets im Ski-Resort Gstaad. Kostenpunkt: 97.000 Euro pro Jahr. Die exklusivste Schule Österreichs ist die

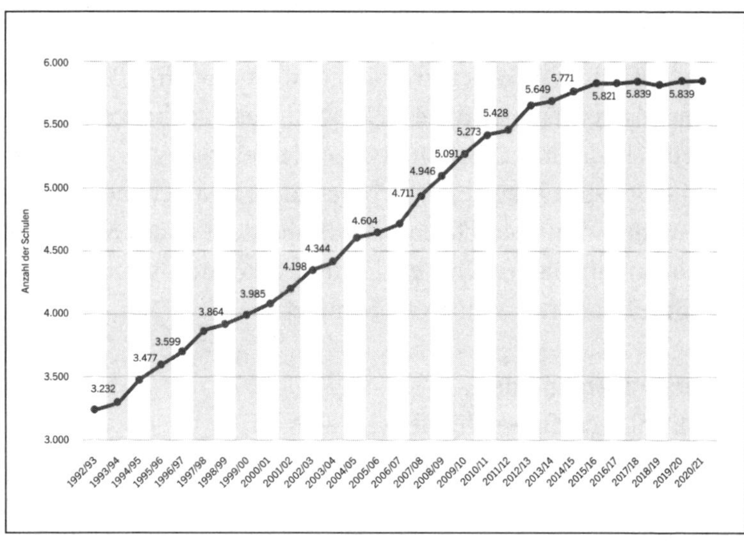

Abbildung 8: Zahl der privaten Schulen in Deutschland 1992/93 bis 2020/21
Quelle: https://de.statista.com/statistik/daten/studie/954564/umfrage/private-schulen-in-deutschland/

Privatschule St. Gilgen International School am Wolfgangsee. Jahreskosten 53.500 Euro.[130] Wenn der Geldbeutel der Eltern über den Ausbildungsgrad der Kinder bestimmt, dann ist dies der Super-GAU für ein Land ohne Bodenschätze, dessen Erfolg auf dem Hirnschmalz seiner Bürger basiert.

Standortfaktor Gesundheits- und Pflegewesen

»An einem Großteil der Tage sind die Kliniken so voll, dass keine Kinder mehr aufgenommen werden können und neue Fälle in andere Kliniken verlegt werden müssen.«

Jörg Dötsch, Präsident der Deutschen Gesellschaft für Kinder- und Jugendmedizin (DGKJ), Ende November 2022[131]

Deutschlands Gesundheits- und Pflegewesen darbt

Dazu eine Momentaufnahme aus dem Herbst 2022: Eltern liegen mit ihren Kindern auf Krankenhausfluren, Mütter müssen den Gesundheitszustand ihrer Kinder im Ernstfall selbst überwachen, da kein ausreichendes Personal zur Stelle ist.

Ende November 2022 führte die Deutsche Interdisziplinäre Vereinigung für Intensiv- und Notfallmedizin (DIVI) eine bundesweite Umfrage unter Kinderkliniken durch. Dieser Umfrage zufolge stand lediglich in zwei von 100 Häusern noch jeweils ein Intensiv-Kinderbett zur freien Verfügung. Die Uniklinik Augsburg und ein Nürnberger Klinikum bestätigten dem Bayerischen Rundfunk, dass die »Bettenkapazität ausgeschöpft« sei, und der Direktor des Klinikums Dortmund, Dominik Schneider, schrieb auf Twitter: »Kinderkliniken überall randvoll!«

Der Fachkräftemangel an Deutschlands Krankenhäusern lässt sich nicht mehr wegdiskutieren. Allein in der Kinderkrankenpflege fehlen laut Schneider deutschlandweit etwa 3000 Pflegekräfte. Dem Vorsitzenden der Deutschen Krankenhausgesellschaft (DKG) Gerald Gaß zufolge konnten im Jahr 2021 8000 Arbeitsplätze auf den Intensivstationen und 14.000 Stellen für examinierte Pflegefachkräfte in den Kliniken nicht besetzt werden.[132]

In den Zeiten kurz nach dem Ausbruch der Corona-Pandemie wurde symbolisch für Pflegekräfte Beifall geklatscht. Zahllose Politiker sprachen den großen Personalmangel im Pflegebereich an. Abgesehen davon waren bereits 2015 laut *Süddeutscher Zeitung* im Zuge der Grippewelle Kliniken überlastet, ebenso wie 2017 laut dem *Deutschen Ärzteblatt* (»Grippewelle sorgt für überlastete Kliniken«) und 2018 laut dem *SPIEGEL* (»Grippe legt Krankenhäuser und Ämter lahm«).[133] Geändert hat sich kaum etwas. Zu nachhaltigen Verbesserungen, geschweige denn einer angemessenen Bezahlung ist es bislang nicht gekommen.

Die opta data Zukunfts-Stiftung und das Institut für Zukunftspsychologie und Zukunftsmanagement (IZZ) der Sigmund Freud PrivatUniversität Wien führten in den Jahren 2021 und 2022 im Auftrag der Stiftung Universitätsmedizin Essen eine Studie durch, der zufolge der Pflegekollaps droht, sollten nicht schnelle Verbesserungen in Kraft treten. Im Rahmen der Studie wurden mehr als 200 Pflegekräfte interviewt. Das Ergebnis ist ernüchternd. 87,4 Prozent der Befragten erwarten, dass die Belastungen in der stationären Pflege künftig weiter zunehmen werden. 24 Prozent betrachten die zu erwartende medizinische Kompetenz und neue Verantwortungen als zusätzliche Strapaze. In puncto Digitalisierung erwarten 36 Prozent eine Überforderung und mehr Zeitaufwand aufgrund von zu komplexer Software und zu langsamen Geräten. 21 Prozent gaben bei der Frage nach Belastungsgrenzen die unzureichenden Fachkenntnisse des Nachwuchses durch die aktuelle Ausbildung an. Der Leiter der Studie, Prof. Dr. Thomas Druyen, sieht die Politik in der Verantwortung: »Es wäre naiv zu übersehen, dass die längst bekannten Phänomene dieses Pflegedesasters politische und ökonomische Ursachen haben. Das Schicksal von Pflegenden und Gepflegten wird auf dem Krankenhausmarkt und in der Gesundheitsindustrie spekulativ zerrieben. Vor diesem Hintergrund ist es ein Wunder, mit welcher Hingabe sich die meisten Pflegekräfte ihren existenziellen Aufgaben widmen. Das eigentliche Drama steckt in jenem Wertedefizit, das eine Gesellschaft aufweist, wenn sie den Dienst am Menschen nicht belohnt, sondern bestraft.«[134]

Was ist vor diesem Hintergrund von Gesundheitsminister Karl Lauterbachs folgender Aussage zu halten, getwittert im Juni 2019? »Jeder weiß, dass wir in Deutschland mindestens jede dritte, eigentlich jede zweite, Klinik schließen sollten. Dann hätten wir anderen Kliniken genug Personal, geringere Kosten, bessere Qualität, und nicht so viel Überflüssiges. Länder und Städte blockieren.«[135]

Die Zahl der Krankenhäuser in Deutschland ist seit 1991 um 23 Prozent auf schätzungsweise 1.855 gesunken.[136] Ob aber mit der kontinuierlichen Schließung von Krankenhäusern der Mangel an Ärzten und Pflegekräften behoben wird, ist zu bezweifeln. Bereits im September 2022 hatten 40 Prozent der Kliniken in Deutschland Liquiditätsprobleme.[137] Erhalten die Kliniken nicht zeitnah Unterstützung, so wird das Krankenhaussterben in Deutschland rapide weitergehen. Folglich wird das Gesundheitssystem mehr und mehr leiden – und somit auch die Attraktivität des Wirtschaftsstandorts Deutschland. Viele Beiträge landen noch immer in der Verwaltung anstatt dort, wo sie bitter benötigt werden. Quirin Graf Adelmann stellt die berechtigte Frage: wozu es 103 gesetzliche Krankenkassen braucht, deren Leistungen identisch sind. Seiner Meinung nach braucht es keine Kasse unter zwei Millionen Mitgliedern. Er rechnet vor, dass bei knapp 280 Milliarden Euro Einnahmen aller GKVs im Jahr 2021 und fünf Prozent Verwaltungskosten – ungefähr 14 Milliarden

Euro – das Einsparpotenzial gut 2 Milliarden Euro pro Jahr beträgt nebst Verkaufseinnahmen nicht mehr benötigter Verwaltungsgebäude (etwa 5 Milliarden Euro); insgesamt ungefähr sieben Milliarden Euro.[138]

Alt zu werden kann in Deutschland bitter werden

Niemand kommt um das Altwerden herum, und mit einer nicht unerheblichen Wahrscheinlichkeit ist ein alter Mensch auf fremde Hilfe angewiesen. Folglich bestimmt auch der Aspekt Altenpflege die Attraktivität eines Landes und Wirtschaftsstandorts.

Indes sieht es in Deutschland in der Altenpflege besonders düster aus. Einem Forschungsbericht im Auftrag des Bundesarbeitsministeriums zufolge zählt die Altenpflege zu den Branchen, die zukünftig bei der Besetzung von Stellen die meisten Probleme haben werden.[139] Aufgrund des demografischen Wandels steigt der Bedarf an Pflegeplätzen und somit Pflegekräften kontinuierlich. Nach Angaben des Statistischen Bundesamts waren Ende 2021 in Deutschland 8,3 Millionen Menschen zwischen 15 und 24 Jahre jung, hingegen 18 Millionen älter als 65 Jahre.[140]

Bis 2026 sind in der Altenpflege rund 61.300 zusätzliche Stellen zu besetzen. Ferner wechseln in diesem Zeitraum 15.900 Beschäftigte in den Ruhestand und müssen ersetzt werden. Folglich liegt der Bedarf allein in den nächsten vier Jahren bei insgesamt etwa 77.200 Pflegekräften.[141] Aus dem Bericht wird ersichtlich, dass die in Deutschland nachwachsenden Fachkräfte bei Weitem nicht ausreichen, um den erwarteten Bedarf zu decken. Zwar können die aus dem Bildungssystem austretenden Fachkräfte die aus dem Erwerbsleben ausscheidenden ersetzen, den zahlenmäßig deutlich höheren zu erwartenden Mehrbedarf können sie jedoch nicht decken.[142]

Beschämend ist es für Deutschland als eines der reichsten Länder der Welt, dass für viele Menschen die Vorstellung, in ein Pflegeheim gehen zu müssen, so abschreckend wirkt, dass sie demgegenüber einen begleiteten Suizid vorziehen würden. Eine repräsentative Umfrage im Auftrag der Stiftung Patientenschutz ergab, dass sich 30 Prozent der Befragten in einer solchen Pflege-Notsituation eher um eine begleitende Suizidbeihilfe bemühen würden. Stiftungsvorstand Eugen Brysch bringt es auf den Punkt: »Die Entscheidung ›lieber tot als Pflegeheim‹ muss ein Weckruf für die Bundesregierung sein.« Brysch fordert vollkommen zu Recht, dass die Altenpflege »zukunftssicher, generationsgerecht und Würde wahrend« umzubauen ist. »Doch bisher herrschen hier Mangelverwaltung und zu viel politische Ignoranz.«[143]

Standortfaktor Bürokratie

> *»Das Tempo der Bundesregierung beim Bürokratieabbau ist so langsam, dass man ihr beim Gehen die Schuhe besohlen könnte.«*
>
> Birgit Homburger, ehemalige Vorsitzende der FDP-Bundestagsfraktion[144]

Deutschlands Bürokratie macht den Standort unattraktiv. Das Zitat Birgit Homburgers ist aktueller denn je. Bereits vor der Coronakrise galt Deutschlands Bürokratie als lahm. Mit der Coronakrise wurden die Schwachstellen in puncto Digitalisierung und Ineffizienz des deutschen Bürokratiemonsters gnadenlos und für jedermann ersichtlich aufgedeckt.

Ein Beispiel: Nicht nur die Opfer der tödlichen Ahrflut, sondern auch der Staat selbst, in diesem Fall die Kreisverwaltung, sind mit hohen bürokratischen Hürden konfrontiert. Cornelia Weigand, Landrätin in Bad Neuenahr-Ahrweiler: »Gemeinsam mit den Kommunen müssen wir bis zum 30. Juni 2023 mehr als

2600 Einzelanträge für den Aufbau der kommunalen Infrastruktur gestellt haben. … Für den Aufbau muss alles jeweils einzeln beantragt werden.« Geld steht aus dem milliardenschweren Wiederaufbaufonds reichlich zur Verfügung. Jedoch ziehen sich die Auszahlungen oftmals hin, und die Formulare überzeugen durch Kompliziertheit. Es müssen Bescheinigungen erbracht und seitenlange Anträge ausgefüllt werden.[145] Ein besonders drastisches Beispiel ist der Streit um einen 90.000 Tonnen schweren Haufen Dreck, den Lastwagen und Bagger nach der Flut am Ufer der Ahr aufgetürmt haben. Lediglich dann, wenn die Kreisverwaltung Ahrweiler punktgenau Rechenschaft über die Herkunft der Erdmassen ablegt, ist das Land Rheinland-Pfalz gewillt, die Kosten zu übernehmen. Faktisch will das Land exakt wissen, aus welcher Ortschaft das aufgeschüttete Material kam. Der Bürgermeister der zuständigen Verbandsgemeinde Altenahr, Dominik Gieler (CDU), bezeichnet diese Arbeitsweise als »Absurdistan im Ahrtal«.[146]

Kanzleramt – Protzbau in Krisenzeiten

Um all den bürokratischen Absurditäten in Deutschland Einhalt zu gebieten, sehen Teile der Politik die Lösung offenkundig in der opulenten Erweiterung des Kanzleramts in Berlin, einem Protzbau auf Steuerzahlerkosten mitten in Krisenzeiten.

»Dann zieht man halt einen Pullover an. Oder vielleicht noch einen zweiten Pullover. Darüber muss man nicht jammern, sondern man muss erkennen: Vieles ist nicht selbstverständlich.« Mit dieser Aussage vom 11. Oktober 2022 hat Bundestagspräsident und Ex-Finanzminister Wolfgang Schäuble zweifellos recht. In harten Zeiten einer sich abzeichnenden Rezession, von Rekordverschuldung, Coronakrise, hoher Inflation und explodierender Energiekosten, muss der Gürtel enger geschnallt werden. Dies bedeutet, Kosten zu senken und zu sparen. Dasselbe sollte auch von der Politik zu erwarten sein.

Folglich lässt sich die pompöse Erweiterung des Kanzleramts in Berlin in der heutigen Zeit kaum als sonderlich vertrauensbildende Maßnahme bewerten. Dementsprechend kann der gigantische Ausbau des Kanzleramts in der gegenwärtigen wirtschaftlichen Lage bei manch einem Bürger mit hoher Wahrscheinlichkeit für Irritationen sorgen. Bereits heute ist das Kanzleramt in Berlin rund acht Mal größer als das Weiße Haus, zehnmal größer als Downing Street No. 10 und drei Mal größer als der Élysée-Palast in Paris.[147] Die Kosten für die Erweiterung laufen bereits aus dem Ruder. Dennoch wird die Bürofläche im Bundeskanzleramt auf 50.000 Quadratmeter verdoppelt.[148] Die Bundesrepublik hat bereits das zweitgrößte Parlament der Welt nach dem nationalen Volkskongress in China.[149] Bald entsteht auf Kosten der Steuerzahler in Berlin die größte Regierungszentrale der westlichen Welt. Ein neuer Tempel der Macht. Während die Bürger zum Sparen und zur Bescheidenheit angehalten sind, weht im politischen Berlin augenscheinlich ein anderer Wind.

Die geplante Erweiterung wird erwartungsgemäß teurer als ursprünglich angenommen. Nach einst angedachten 446 Millionen Euro wird heute bereits über 777 Millionen Euro spekuliert. Ob das schlussendlich reichen wird, ist keinesfalls klar.[150] Zweifler werden mit hoher Wahrscheinlichkeit recht behalten. Bereits das alte Bundeskanzleramt kann nicht als preiswert bezeichnet werden.[151] Zum Neubau gibt die Regierung auf die Frage, welche Kosten für den Erweiterungsbau pro Quadratmeter Nutzfläche geplant seien, die folgende Antwort: »Derzeit findet die baufachliche Prüfung der Entwurfsunterlage Bau durch das Bundesministerium für Wohnen, Stadtentwicklung und Bauwesen (BMWSB) statt. Anschließend erfolgt die haushaltsmäßige Anerkennung durch das Bundesministerium der Finanzen (BMF) sowie die Genehmigung durch den Haushaltsausschuss des Deutschen Bundestages. Erst hiernach können verlässliche Kosten sowie Nutzflächen benannt werden. Derzeit wird von

Gesamtkosten in Höhe von 600 bis 640 Millionen Euro ausgegangen.«[152] Der Bundesrechnungshof hat das Projekt mehrfach heftig kritisiert und geht von einer sehr viel höheren Summe aus.

Laut Bundeskanzleramt herrscht »akuter Büromangel«. Im Oktober 2022 wurde bereits von 777 Millionen Euro und von Baukosten je Quadratmeter Nutzfläche in Höhe von 31.517,46 Euro gesprochen. Offenkundig soll es an nichts fehlen. Schon allein für die Verglasungen, den Sonnenschutz der Wintergärten und Befahranlagen zur Glasreinigung werden 14 Millionen Euro veranschlagt, 2,8 Millionen Euro für eine Kita für zwölf bis fünfzehn Kinder. Laut Rechnungshof entspricht Letzteres heruntergerechnet dem Dreifachen eines normalen Kindergartenplatzes. Für den Hubschrauberlandeplatz auf einem 23 Meter hohen Turm werden 10 Millionen Euro beziffert. Vergleichbare öffentliche Bauten wie beispielsweise der Neubau des Innenministeriums (6499 Euro pro Quadratmeter), das Humboldt Forum (15.265 Euro pro Quadratmeter) und die Erweiterung des Marie-Elisabeth-Lüders-Hauses (11.443 Euro pro Quadratmeter) wurden wesentlich preiswerter gebaut. Dass im Zuge des Projekts auch mehr als 200 große, teilweise mehr als 60 Jahre alte Bäume, unter anderem Eichen, Linden, Robinien, Ahornbäume, Buchen und Pappeln, verschwinden sollen, ist ein anderes Thema.[153] Die endgültige Planung endet im Jahr 2023. Im Anschluss daran beginnen die Bauarbeiten. Dem Bausenator Andreas Geisel (SPD) zufolge wird der Erweiterungsbau die Raumnot des Bundeskanzleramts beenden.

Unter der CDU-Kanzlerschaft Angela Merkels zwischen 2005 und 2021 wurde die Zahl der Mitarbeiter von 460 auf 750 erhöht. Von keinem anderen Kanzler wurde das Amt dermaßen personell aufgebläht wie von Angela Merkel. Dies sind ausschließlich die Beamten und Angestellten im »Kernbereich«. Hinzu kommen bei der Beauftragten für Kultur und Medien weitere 370 und im Bundespresseamt weitere 2900 Planstellen. Insgesamt ist der Bereich des Kanzleramts auf 4.106 Mitarbeiter angeschwollen.[154] Als die Bundesrepublik 1949 gegründet wurde, waren für das Kanzleramt 118 Stellen ausgewiesen.[155] Im Haushaltsplan der letzten Regierung standen knapp 25.200 Stellen allein für den Kernbetrieb der 14 Bundesministerien plus 960 Stellen im Kernbereich von Kanzler- und Bundespräsidialamt. In Merkels Amtszeit entstanden knapp 4600 zusätzliche Stellen.[156]

Auch unter der gegenwärtigen Ampelregierung setzt sich der Stellenzuwachs in den Ministerien und den nachgeordneten Behörden des Bundes unvermindert fort. Mit der Verabschiedung des Haushalts 2023 Ende November 2022 wurden weitere 4769 Posten beschlossen. Damit erhöht sich die Zahl der in zwölf Monaten Ampelregierung geschaffenen Stellen auf 10.356. Im Kanzleramt und in den 15 Ministerien gibt es mehr Mitarbeiter als während der Regierungszeit Angela Merkels. Insgesamt gibt es inzwischen mit 16 Ministern so viele wie nie zuvor; hinzu kommen 37 Parlamentarische Staatssekretäre und 41 Beauftragte.[157] Dort steigt der Stellenbestand seit dem Regierungswechsel um 1742 auf 27.707. Im Jahr 2014 waren für die Arbeit in den Ministerien noch knapp 22.000 Stellen ausreichend. In naher Zukunft wird sich der über den Bundeshaushalt finanzierte gesamte Personalbestand auf 299.488 belaufen. Kostenpunkt pro Jahr: 38,6 Milliarden Euro.[158]

Grundsteuer – wenn der Staat an sich selbst scheitert

Für mehr als 35 Millionen Immobilien und Grundstücke war 2022 eine extra Steuererklärung erforderlich. Dem Finanzministerium zufolge handelt es sich bei der Grundsteuerreform um »eines der größten Projekte der Steuerverwaltung in der Nachkriegsgeschichte«. 36 Millionen betroffene Bürgerinnen und Bürger müssen wesentlich mehr Daten angeben als zuvor. Ursprünglich bis zum 31. Oktober 2022 mussten Eigentümer von Häusern, Wohnungen und Grundstücken in Deutschland eine

Erklärung beim zuständigen Finanzamt einreichen, in der sie Angaben zu ihrem Grundbesitz machen. Ins Werk gesetzt werden sollte all das über das Portal Elster, mit dem auch die Einkommensteuererklärung eingereicht werden kann. Zu den abgefragten Daten gehören etwa die Flurnummer, das Baujahr, die Wohnfläche und der Bodenrichtwert.

Je nach Bundesland werden verschiedene Informationen verlangt. Der Grund hierfür liegt an den unterschiedlichen Berechnungsmodellen der Länder. Auf der Basis der angegebenen Daten wird die neue Grundsteuer berechnet, die erstmals 2025 erhoben werden soll.[159] Das staatliche Steuerportal Elster war dem großen Andrang infolge der Grundsteuerreform nicht gewachsen. Die Grundsteuerreform sorgt für ein einer globalen Wirtschaftsmacht wie Deutschland unwürdiges Chaos. Finanzämter sind völlig überfordert, Eigentümer verwirrt, genervt und sauer. Begründet wurde die optimierungswürdige Performance folgendermaßen: »Aufgrund enormen Interesses an den Formularen zur Grundsteuerreform kommt es aktuell zu Einschränkungen bei der Verfügbarkeit.«[160] Die *Tagesschau* fasst das Debakel mit den Worten der Rentnerin Monika Heuer folgendermaßen zusammen: »Das Komplizierte ist erst mal, das Steuerprogramm Elster zu installieren. Was mich erstaunte: Dass bei uns in Deutschland die Zugangsdaten noch per Post versendet werden.« Deshalb musste sie tagelang warten, bis sie mit dem Programm überhaupt erst einmal loslegen konnte. »Und vorher hat man erst noch ganz viele E-Mails mit Hinweisen bekommen, die teilweise ganz unverständlich waren.«[161]

Kai Warnecke von der Interessenvertretung Haus und Grund: »Der Staat in Gestalt der Finanzämter fordert dazu auf, Unterlagen von anderen staatlichen Behörden zusammenzustellen und dann noch zu digitalisieren. Wenn das alles so einfach wäre, könnte die Finanzverwaltung das ja selbst machen und nicht den Bürger dafür einsetzen. Es ist in Teilen schon sehr zynisch, was man von den Finanzverwaltungen und auch den Finanzministerien hört.«[162]

Fristverlängerung für Staat und Bürger

Auch die rund 11.000 Kommunen in Deutschland müssen jeweils Tausende von Grundsteuererklärungen abgeben. Besonders absurd ist, dass im Herbst 2022 bereits die ersten Gemeinden kapitulierten und eine Fristverlängerung erhielten – die die Regierung dem Steuerzahler vorerst verwehrt hatte. Wenn es der öffentlichen Hand – in diesem Fall den Kommunen – nicht möglich ist, ihre Grundsteuererklärungen fristgerecht einzureichen, sie aber gleichzeitig von den Bürgern erwartet, dass sie die Frist einhalten, kann durchaus die Frage gestellt werden, in welche Richtung sich Deutschland entwickelt. Im Oktober 2022 wurde schlussendlich die Abgabefrist für Bürger um drei Monate verlängert. Martin Greive und Jan Hildebrand vom *Handelsblatt* fassten den Irrsinn treffend zusammen: »Grundsteuer: Jetzt scheitert der Staat auch an sich selbst.«[163] Mitte Januar 2023 wurde bekannt, dass die Bundesregierung die Grundsteuererklärungen für ihre sämtlichen Liegenschaften offenbar erst Ende September 2023 abschließen will.[164] Ob es auch zu einer weiteren Fristverlängerung für die Bürger und Unternehmen kommt, ist nicht klar.

»Bürokratie vernichtet Jobs, verhindert neue Technologien und Innovationen. Bürokratie ist wie eine Hydra, schlägt man ihr zwei Köpfe ab, wachsen drei nach. Dem Abbau von unsinnigen Regelungen muss Priorität eingeräumt werden, damit die Wirtschaft nicht davon erdrosselt wird.«[165] Treffender als mit diesen Worten Thomas Sigmunds vom *Handelsblatt* lässt sich die Bürokratiemisere in der Bundesrepublik kaum beschreiben.

Deutschland muss massiv Bürokratie abbauen. Andernfalls verliert der Wirtschaftsstandort Deutschland im globalen Wettbewerb immer weiter an Attraktivität. Ein weiterer Faktor, der den Wirtschaftsstandort Deutschland im internationalen Vergleich die Attraktivität raubt, ist die viel zu hohe Steuerlast für Unternehmen und Leistungsträger.

Standortfaktor Steuern und Abgaben

> *»Es gibt kein Land auf der Welt, in dem es offenbar schwerer ist, Steuern zu senken, als zu erhöhen. Das gibt es nur in Deutschland.«*
>
> Guido Westerwelle (FDP), ehemaliger Bundesaußenminister, auf dem Dreikönigstreffen 2010[166]

Auch die oben zitierte Aussage Guido Westerwelles ist aktueller denn je. Die *ZEIT* berichtete am 13. Januar 2020, dass der Bund trotz der schwachen Konjunktur 2019 erneut einen Milliardenüberschuss erwirtschaftet hat. »Wir hatten ein bisschen Glück, und natürlich haben wir auch gut gewirtschaftet«, kommentierte der damalige Finanzminister Olaf Scholz (SPD) das Jahresergebnis.[167]

Doch hat der Staat wirklich »gut gewirtschaftet«? Oder hat er schlicht und einfach von seinen Bürgern viel zu hohe Steuern und somit letztlich zu viel Lebenszeit genommen? Im Jahr 2021 schöpfte der Staat 39,5 Prozent der gesamten Wirtschaftsleistung (und somit 1,6 Prozentpunkte mehr als 2020) über Steuern und Sozialbeiträge ab.[168] Im Jahr 2023 wird der *WirtschaftsWoche* zufolge bei den Sozialbeiträgen sogar die 40-Prozent-Grenze gerissen.[169]

Sehr viele Menschen arbeiten, weil sie es müssen, und nicht, weil sie es wollen. In Deutschland würden knapp 63 Prozent das Konzept der Viertagewoche bei vollständigem Lohnausgleich begrüßen – 14 Prozent sogar auch ohne Ausgleich. An Zuspruch gewinnen sowohl die Viertagewoche als auch Teilzeit-Arbeitsmodelle.[170] Ein sehr großer Teil der arbeitenden Bevölkerung tauscht folglich seine Lebenszeit gegen Geld, um sich das Leben leisten zu können. Davon profitiert auch der Staat.

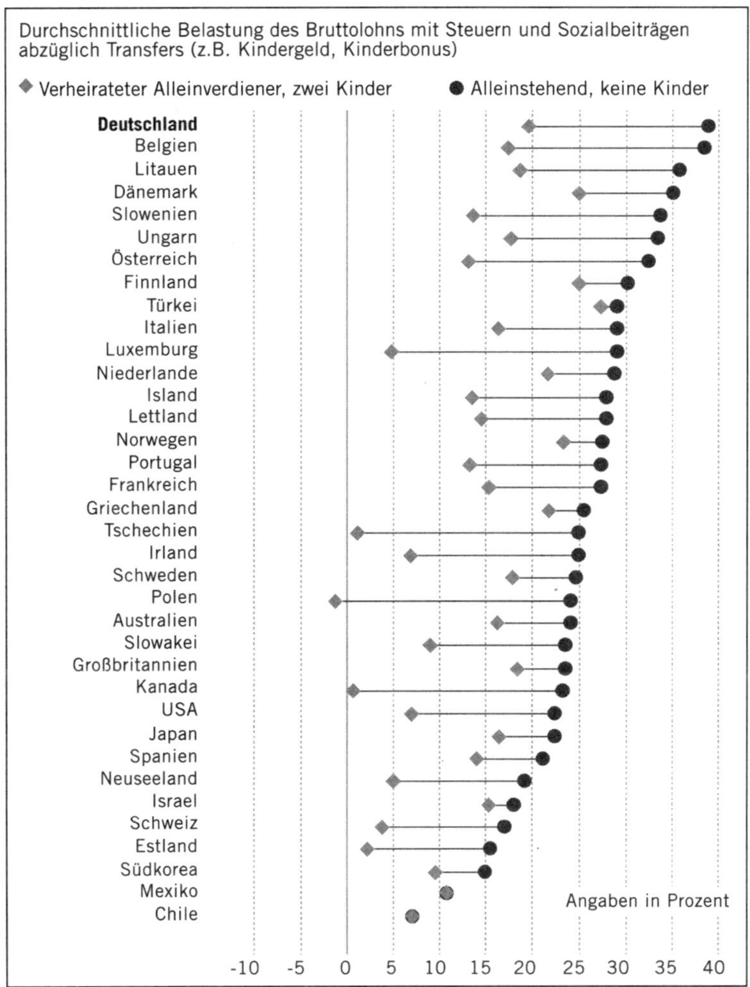

Abbildung 9: Durchschnittliche Belastung des Bruttolohns mit Steuern und Sozialbeiträgen abzüglich Transfers (z.B. Kindergeld)
Quelle: Jahr 2020; https://www.welt.de/wirtschaft/article230744905/Steuern-und-Sozialabgaben-Niemand-zahlt-mehr-als-der-deutsche-Single.html

Einkommensbelastungsquote bei 53 Prozent

Der Steuerzahlergedenktag 2022 fiel auf den 13. Juli. Der vom Bund der Steuerzahler Deutschland ausgerufene Steuerzahlergedenktag ist der Tag im Jahr, bis zu dem – nach Angaben des Vereins – der durchschnittliche Steuerzahler nicht für seinen individuellen Bedarf, sondern für Steuern und Abgaben gearbeitet hat. Grundlage dieser Prognose ist die vom Deutschen Steuerzahlerinstitut des Bundes der Steuerzahler berechnete Einkommensbelastungsquote. Sie betrug 2022 runde 53 Prozent (siehe auch Abbildung 10).[171]

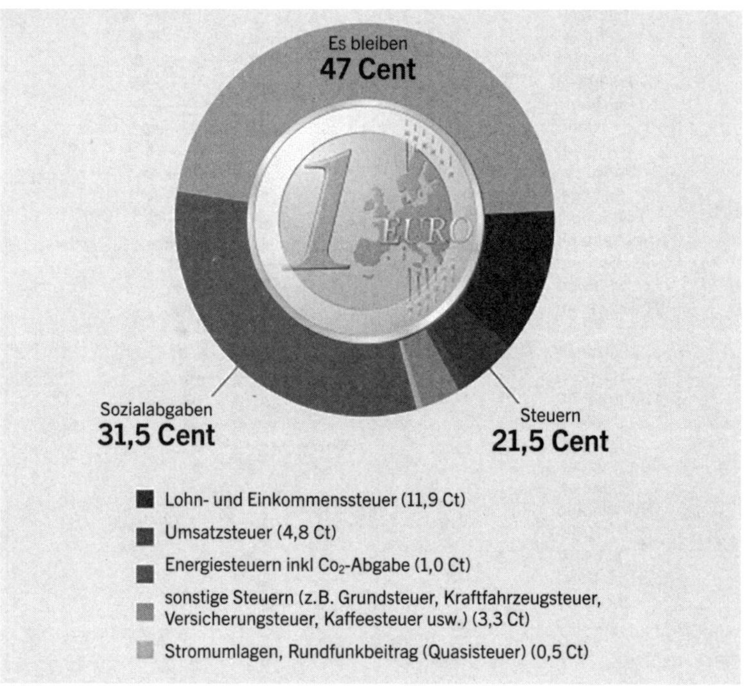

Abbildung 10: So viel bleibt von einem Euro – durchschnittliche Belastung eines Haushalts in Deutschland mit Steuern und Abgaben
Quelle: https://www.mit-bund.de/content/steuerzahlergedenktag-am-13-juli-mit-ruft-zu-entlastungen-auf

Der Bund der Steuerzahler bringt das Problem folgendermaßen auf den Punkt: »Rechnerisch bedeutet das, dass dieser Durchschnittshaushalt die ersten 194 der 365 Tage des Jahres 2022 für öffentliche Kassen arbeitet.«[172] Dies bedeutet im Umkehrschluss, dass dann, wenn die Steuerbelastung geringer wäre, der Steuerzahler entweder mehr Lebenszeit für sich selbst und/oder seine Liebsten haben oder mehr sparen und folglich früher mit der vielleicht ungeliebten Arbeit aufhören und exakt das machen könnte, was er möchte.

Der frühere Bundestagspräsident und Ex-Finanzminister Wolfgang Schäuble sagte in einem Interview im Oktober 2022: »Mir macht Sorge, dass so viele Deutsche gerade lieber weniger arbeiten wollen: zum Beispiel in Teilzeit und nie am Wochenende. Das wird nicht funktionieren.«[173] Allerdings fragt es sich, ob manche Bürger vielleicht auch deshalb nicht mehr arbeiten wollen, weil sie dann zwar mehr verdienen würden, aber auch mehr Steuern bezahlen müssten, es jedoch vorziehen, mehr frei verfügbare Lebenszeit zu haben.

In Deutschland wird der für den größten Teil der Einkommensbezieher relevante Spitzensteuersatz von 42 Prozent bereits bei einem Jahresgehalt von 58.597 Euro fällig.[174] Ab einem Einkommen von 277.826 Euro greift der sogenannte Reichensteuersatz in Höhe von 45 Prozent.[175] Ganz anders sieht es in den klassischen Einwanderungsländern aus. In den USA greift der Spitzensteuersatz in Höhe von 37 Prozent für Einkommensteile oberhalb von 539.900 US-Dollar (565.950 Euro).[176] Die entsprechenden Werte für Australien lauten 45 Prozent und 180.000 australische Dollar (115.627 Euro),[177] für Kanada 33 Prozent und 216.511 kanadische Dollar (150.593 Euro),[178] für Neuseeland 39 Prozent und 180.000 neuseeländische Dollar (106.939 Euro).[179]

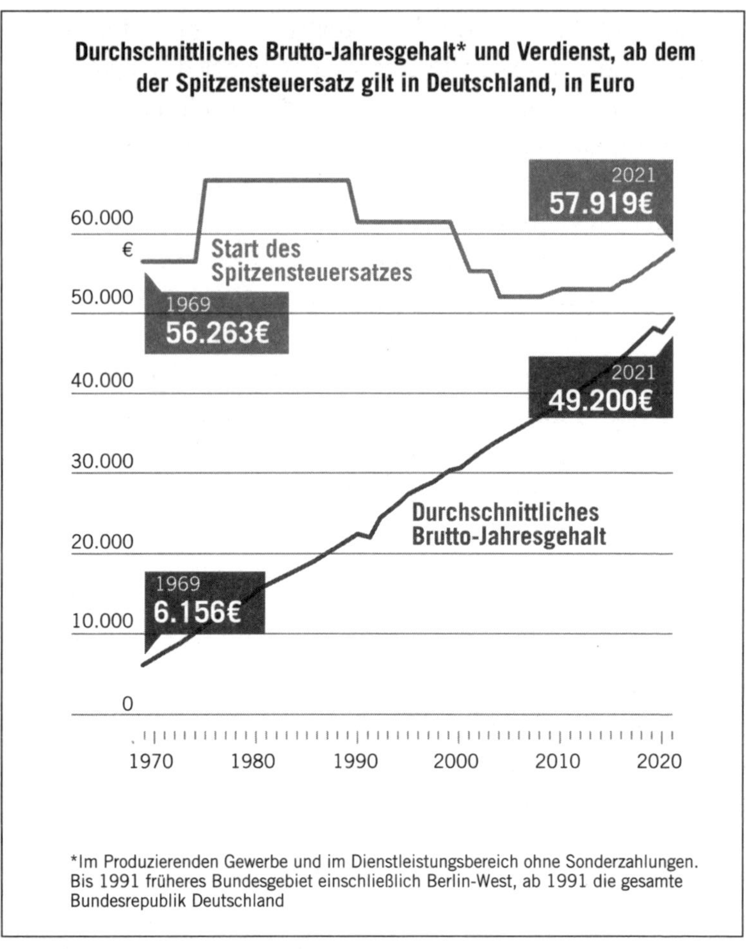

Abbildung 11: Durchschnittliches Brutto-Jahresgehalt und Verdienst, ab dem der Spitzensteuersatz gilt in Deutschland, in Euro*
Quelle: https://www.thepioneer.de/graphics/land-der-spitzensteuerzahler

Deutschland: Viel Brutto für wenig Netto

Im internationalen Vergleich sind Arbeitskräfte für den Arbeitgeber in Deutschland wesentlich teurer, ohne dass der Arbeitnehmer davon auch nur ansatzweise profitiert. Folglich sind

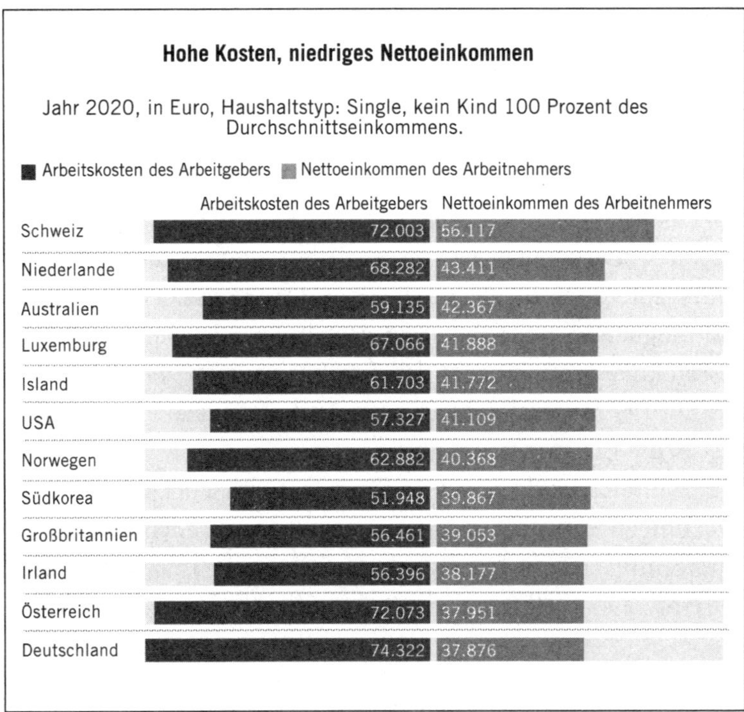

Abbildung 12: Arbeitskosten im internationalen Vergleich
Quelle: https://www.facebook.com/lab.neos.eu/posts/wie-hoch-die-arbeitskosten-nettoeinkommen-der-durchschnittsverdiener_innen-in-de/1632260466977608/

beide Parteien mit einer sogenannten Lose-lose-Situation konfrontiert (siehe Abbildung 12).

Unverkennbar machen hohe Arbeitskosten den Wirtschaftsstandort Deutschland für Arbeitgeber unattraktiv – und niedrige Nettoeinkommen der Arbeitnehmer für dringend benötigte Fachkräfte aus dem Ausland ebenso.

Milliarden Euro fließen vom Hochsteuerland Deutschland in EU-Niedrigsteuerländer

In Bulgarien und Rumänien werden Einkommen einheitlich mit 10 Prozent besteuert, in Estland mit 20 Prozent, in Ungarn mit 15 Prozent.[180] Wenn angesichts dessen Milliarden Euro aus dem EU-Hochsteuerland Deutschland in EU-Niedrigsteuerländer wie diese fließen, dann kann dies bei manch einem fleißigen Steuerzahler in Deutschland durchaus für Verwunderung sorgen und möglicherweise schwer zu vermitteln sein.[181] Im Jahr 2021 flossen knapp 13,7 Prozent des Bundeshaushalts (498,6 Milliarden Euro)[182] ins Ausland, der Löwenanteil davon an die EU, der Rest in die Entwicklungshilfe.[183]

In zahlreichen EU-Ländern mit erheblich niedrigeren Steuerbelastungen kann ein gut oder sehr gut verdienender Bürger in wesentlich kürzerer Zeit erheblich mehr sparen und früher mit einer eventuell ungeliebten Arbeit aufhören, oder er kann

Land	Einkommensteuer
Bulgarien	Flat Rate 10 %
Estland	Flat Rate 20 %
Kroatien	20 % und 30 %
Lettland	20 % – 31 %
Litauen	20 % und 27 %
Malta	max. 35 %
Polen	17 % und 32 %
Rumänien	Flat Rate 10 %
Slowakei	19 % und 25 %
Ungarn	Flat Rate 15 %
Zypern	20 % bis 35 %

Tabelle 1: Körperschaft-Steuersätze in den EU-Ländern
Quelle: https://www.wko.at/service/steuern/Steuersaetze_in_den_EU-Laendern.html

sich einen höheren Lebensstandard leisten als jemand, der in Deutschland steuerpflichtig ist.

Ähnlich ist der Sachverhalt für Unternehmer. Während der durchschnittliche Unternehmer im Jahr 2021 in Deutschland knapp 30 Prozent Steuern zahlen musste, musste der Kollege in Luxemburg oder Irland – bei einem Körperschaftsteuersatz von bisher 12,5 Prozent und bald 15 Prozent (Ausnahme »kleine« Firmen mit einem Jahresumsatz bis 750 Millionen Euro zahlen weiterhin 12,5 Prozent) – erheblich weniger tief in die eigene Kasse greifen.[184] Folglich hatte er, wenn er ein exportorientiertes Unternehmen besaß, einen Wettbewerbsvorteil. In den übrigen Fällen musste er immerhin wesentlich weniger seiner knappen Lebenszeit investieren, um den gleichen Betrag im Geldbeutel zu haben.[185]

Dementsprechend kann es durchaus befremdlich wirken, dass Gelder aus dem Hochsteuerland Deutschland in EU-Länder fließen, in denen Unternehmen und Bürger nicht einmal ansatzweise vergleichbar hoch besteuert werden. Zweifellos kann die Europäische Union ohne einheitliche Steuersätze für Unternehmen und Privatpersonen als eine ungerechte Illusion betrachtet werden.

Schenkung- und Erbschaftsteuer

Schon die Besteuerung in Gänze bereits einmal versteuerten Vermögens mittels einer Schenkung- und Erbschaftsteuer an sich kann als fragwürdig betrachtet werden. Deshalb gibt es beispielsweise selbst in den EU-Ländern Estland, Lettland, Malta, Österreich, Rumänien, Schweden, Slowakei und Slowenien keine Erbschaftsteuer. Auch in Australien, Neuseeland, China, Indien, Schweiz, Andorra, Türkei, Singapur und Norwegen wird keine Erbschaftsteuer erhoben.

In Deutschland scheiden sich an der Schenkung- und Erbschaftsteuer die Geister. »Der Staat braucht Steuereinnahmen durch Erbschaft- und Schenkungsteuer als Einnahmequelle. Sie müssten meiner Ansicht nach stärker herangezogen werden«, so Marcel Fratzscher, Leiter des Deutschen Instituts für Wirtschaftsforschung, Ende November 2022 in einem Interview mit *BR24*.[186] Fratzscher geht noch weiter und stellt folgende steile These auf: »Eine Erbschaft ist ein großes Glück, warum sollten nicht mehr Menschen dieses Glück haben? Wir als Gesellschaft sollten überlegen, wie wir möglichst vielen Menschen gute Startchancen im Leben geben.«[187] Im Umkehrschluss bedeutet dies, es als Glück zu bezeichnen, wenn Eltern dafür zur Kasse gebeten werden, dass sie oftmals hart gearbeitet und viel Lebenszeit und Energie dafür verwendet haben, ihren Kindern, mit denen sie deshalb nur wenig Zeit verbringen konnten, ein besseres oder vielleicht sogar sehr gutes Leben zu ermöglichen. Der Bundestagsabgeordnete Tim Klüssendorf (SPD) schlägt in dieselbe Kerbe und behauptet, dass es sich beim Erbe um leistungsloses Einkommen handelt. Diese Aussage ist erstens vollkommener Unfug, da es sich beim Erbe um kein Einkommen handelt, es können beispielsweise höchstens Mieteinnahmen durch eine geerbte Immobilie fließen.[188] Zweitens haben oftmals die Erblasser sehr viel Leistung erbracht. Diese Thesen *können* als Schlag ins Gesicht eines jeden Leistungsträgers bewertet werden und steigern mit Sicherheit nicht die Attraktivität des Wirtschaftsstandorts Deutschland.[189]

»Die Höhe der Freibeträge und die Steuerklasse, nach der die Erbschaftsteuer bzw. Schenkungsteuer ermittelt wird, hängen ab vom Verwandtschaftsverhältnis zwischen dem Erblasser/Schenker und dem Erben/Beschenkten. Die Steuerschuld entsteht am Tag der wirtschaftlichen Bereicherung. Bei Erbschaften ist das der Todestag des Erblassers, bei Schenkungen der Tag der Schenkung. Wenn also zum Beispiel Aktien vererbt werden und deren Kurs nach dem Todestag des Erblassers steigt, gilt trotzdem der Kurs am Todestag.«[190]

Höhe Erbschaft-/Schenkungsteuer?

Für Erbschaften und Schenkungen gelten folgende Freibeträge abhängig von der jeweiligen Steuerklasse.

	Freibetrag (§ 16 ErbStG)	**Steuerklasse (§ 15 ErbStG)**
für Ehepartner und Lebenspartner einer eingetragenen Lebenspartnerschaft	500.000 €	I
für Kinder und Enkelkinder, deren Eltern verstorben sind, sowie für Stief- und Adoptivkinder	400.000 €	I
für Enkelkinder	200.000 €	I
Urenkel; für Eltern und Großeltern beim Erwerb durch Erbschaft	100.000 €	I
für Eltern und Großeltern beim Erwerb durch Schenkung, für Geschwister, Kinder der Geschwister, Stiefeltern, Schwiegerkinder, Schwiegereltern, geschiedene Ehepartner und Lebenspartner einer aufgehobenen Lebenspartnerschaft	20.000 €	II
für alle anderen Empfänger einer Schenkung oder Erbschaft	20.000 €	III

Tabelle 2: Erbschaft und Schenkung: Wie hoch sind die Freibeträge und welche Steuerklasse gilt?
Quelle: https://www.steuertipps.de/anlegen-vererben-spenden/themen/freibetraege-bei-der-erbschaftsteuer-und-schenkungsteuer

Lediglich das, was nach Abzug der Freibeträge vom Vermögenswert übrig bleibt, ist erbschaft- bzw. schenkungsteuerpflichtig. Jeder steuerpflichtige Erwerb wird auf volle 100 Euro nach unten abgerundet. Die Steuersätze der Erbschaft- und Schenkungsteuer sind – ebenso wie die persönlichen Freibeträge – abhängig von den Steuerklassen und obendrein progressiv gestaffelt.

Wert des steuerpflichtigen Erwerbs bis einschließlich	Steuersatz in der Steuerklasse		
	I	II	III
75.000 €	7 %	15 %	30 %
300.000 €	11 %	20 %	30 %
600.000 €	15 %	25 %	30 %
6.000.000 €	19 %	30 %	30 %
13.000.000 €	23 %	35 %	50 %
26.000.000 €	27 %	40 %	50 %
über 26.000.000 €	30 %	43 %	50 %

Tabelle 3: Wie hoch ist die Erbschaft- / Schenkungsteuer?
Quelle: https://www.steuertipps.de/anlegen-vererben-spenden/themen/freibetraege-bei-der-erbschaftsteuer-und-schenkungsteuer

Mit sehr hoher Wahrscheinlichkeit wird das Verschenken (Schenkungsteuer) und Erben (Erbschaftsteuer) in Deutschland in Zukunft nicht günstiger. Teuer kann es zukünftig für Erben von Immobilien werden, wenn der Entwurf des sogenannten Jahressteuergesetzes 2022 vom 10. Oktober 2022 den Bundestag und den Bundesrat passiert. Hierbei geht es um die steuerliche Bewertung von Immobilien. Nach Angaben von Experten ist aufgrund der veränderten steuerlichen Bewertung von Eigentumswohnungen und Einfamilienhäusern in vielen Fällen von einer deutlichen Erhöhung der Erbschaft- und Schenkungsteuer auszugehen. Experten befürchten einen Anstieg von 20, 30 oder gar 50 Prozent.[191]

Während in Deutschland bis zu 50 Prozent Erbschaftsteuer fällig werden, wird in vielen Ländern, wie bereits angemerkt, keine Erbschaftsteuer erhoben. Dementsprechend haben die Steuerpflichtigen am Wirtschaftsstandort Deutschland einen in manchen Fällen nicht unerheblichen Standortnachteil. Das bietet jenen Steuerpflichtigen, die ein zukünftiges größeres Erbe erwarten, einen Anlass, über eine Wohnsitzverlegung in ein Land ohne Erbschaftsteuer nachzudenken. Für jene Glücklichen mit großem oder sehr großem Vermögen ist es monetär gesehen oftmals ökonomisch wesentlich sinnvoller, die Arbeit ruhen zu lassen und gemeinsam mit den künftigen Vererbenden in ein Land ohne Schenkung- und Erbschaftsteuer auszuwandern.

Weitere Steuern und Abgaben

In Deutschland gibt es mehr als 40 verschiedene Steuerarten und bekanntlich mit die höchste Steuer- und Abgabenlast weltweit. Es ist davon auszugehen, dass zukünftig die Steuer- und Abgabenlast weiter steigen wird und neue Steuern und Abgaben eingeführt werden. Sicher ist bereits, dass die Beiträge zur gesetzlichen Krankenversicherung 2023 auf einen neuen Rekordwert steigen werden. Der Pflichtanteil wird um 0,3 Punkte auf durchschnittlich 16,2 Prozent des Bruttolohns angehoben.[192] Damit wird das Ende der Fahnenstange mit hoher Wahrscheinlichkeit noch lange nicht erreicht sein.

Monika Schnitzer, Mitglied des Sachverständigenrats zur Begutachtung der gesamtwirtschaftlichen Entwicklung, meint, dass man »über einen Energie-Soli nachdenken« möge.[193] EZB-Chefvolkswirt Philip Lane wiederum hat sich dafür ausgesprochen, einkommensschwache Gruppen zu unterstützen: »Es stellt sich die große Frage, ob nicht ein Teil dieser Unterstützung durch Steuererhöhungen für die Bessergestellten finanziert werden sollte.«[194] Ende Oktober 2022 äußerte Alexander Rodnyansky, Wirtschaftsberater von Präsident Wolodymyr Selenskyj, dass die Ukraine jeden Monat 4 bis 5 Milliarden Dollar für ihren Haushalt brauche. Rodnyansky: »Wir glauben, dass Deutschland etwa 500 Millionen Dollar (rund 506 Millionen Euro) pro Monat übernehmen könnte, vor allem mit Blick auf das Jahr 2023.« Die Reaktion der SPD-Bundesvorsitzenden Saskia Esken: »Zur Finanzierung eines handlungsfähigen, solidarischen Staates, der die Gesellschaft in unserem Land zusammenhält, den Wiederaufbau in der Ukraine unterstützt und gleichzeitig nicht die Augen vor der globalen Hungerkrise verschließt, müssen wir eine solidarische Vermögensabgabe der Superreichen endlich umsetzen.«[195]

Selbstverständlich benötigt jeder Staat Steuern, und zweifellos zahlen die meisten diese nicht gerne. Es darf jedoch die Frage gestellt werden, wann Maß und Mitte verloren gehen. Ist es noch gerecht, wenn man als Leistungsträger die Hälfte seines Arbeitslebens nicht für sich selbst arbeitet, sondern für andere? Wie lange kann die Politik noch an der Steuer- und Abgabenschraube drehen, bis die Leistungsträger genug haben, weil sie immer mehr ihrer Lebenszeit für andere aufbringen und folglich immer länger arbeiten müssen? Hochqualifizierte Leistungsträger sind international ebenso willkommen wie Bürger, die über ein gewisses Vermögen verfügen. Wenn die Politik die Steuern und Abgaben kontinuierlich weiter erhöht, dann werden mit hoher Wahrscheinlichkeit immer mehr hochqualifizierte Leistungsträger und Wohlhabende die Bundesrepublik verlassen, weil sie nicht mehr gewillt sind, den Umbau des Landes von einer Leistungs- in eine Umverteilungsgesellschaft zu finanzieren. Dennoch treibt die gegenwärtige Politik eben diesen Umbau unvermindert voran.

Umverteilungs- statt Leistungsgesellschaft

Die Welt befindet sich in einem globalen Leistungswettbewerb. Länder, Systeme und Wirtschaftsstandorte konkurrieren gegeneinander und buhlen um die besten Talente und Leistungsträger. Wer clever ist, mit der richtigen Idee, gepaart mit Risikobewusstsein und harter Arbeit, zum richtigen Zeitpunkt am richtigen Ort ist, kann auch heute noch ein beträchtliches Vermögen bilden. Insbesondere in den USA und Asien, aber auch in Europa sind in den letzten Jahrzehnten teilweise riesige Vermögen entstanden.

Im politischen Deutschland weht jedoch in einigen Parteien ein anderer Wind. Unverkennbar lautet seit geraumer Zeit die Devise in Deutschland: Vermögen umverteilen, anstatt Vermögensbildung zu fördern. Kurzum, Umverteilung statt Leistung. Der Vermögensforscher Markus Grabka vom Deutschen Institut für Wirtschaftsforschung (DIW) in Berlin nennt das Kind beim Namen: »Es ist die stiefmütterlich in der Vergangenheit behandelte Vermögensbildungspolitik in Deutschland. Es wurden zu wenig Anreize gesetzt, Vermögen gezielt aufzubauen«.[196] Gefordert wird von einigen stattdessen Umverteilung mit der Begründung, dass Deutschland ein reiches Land sei.

Interessanterweise wird dies zumeist von jenen Politikern gefordert, welche mit ihrer eigenen Biografie größtenteils wenig beziehungsweise überhaupt nichts kraft eigener Arbeitsleistung zu dem vielbesagten Reichtum Deutschlands beigetragen haben.[197] Die SPD diskutierte Anfang November 2022 ihre neue Programmatik und kam zu dem Ergebnis, dass sie Besserverdiener und Besitzer größerer Vermögen künftig deutlich stärker zur Kasse bitten will.[198] Ob das Konzept höherer Sozialabgaben für jene, die arbeiten (mit Ausnahme derer, die aus berechtigten Gründen aufstocken), und höherer Sozialleistungen für jene, die nicht arbeiten (mit Ausnahme von Rentnern), vom Ende her gedacht ist, ist zu bezweifeln. Wenn ein Spitzenpolitiker der gegenwärtigen Kanzlerpartei (und zur Zeit seiner Aussage der Mitregierungspartei) die Kollektivierung von Großunternehmen mit der Begründung fordert, ohne Kollektivierung sei eine Überwindung des Kapitalismus nicht denkbar, fragt es sich, ob dies die Attraktivität des Wirtschaftsstandorts Deutschlands steigert und ob es sich hierbei um eine Ankündigung für die Zukunft handelt.[199]

Sozialstaat: Zukünftig nicht mehr finanzierbar

Der mit Abstand größte Posten im deutschen Bundeshaushalt ist mit 161,08 Milliarden Euro der Posten für Soziales (siehe Abbildung 13).

Wenn in einem rohstoffarmen Land fast acht Mal so viel Steuergeld an das Bundesministerium für Arbeit und Sozia-

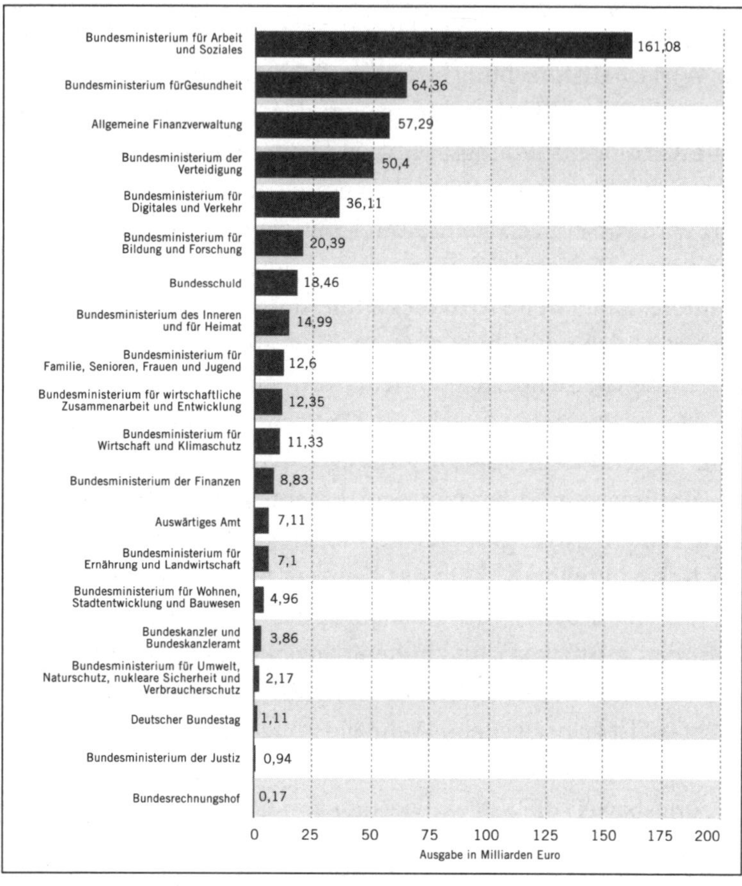

Abbildung 13: Ausgaben im deutschen Bundeshaushalt nach Ressorts im Jahr 2022, in Milliarden Euro
Quelle: https://de.statista.com/statistik/daten/studie/449433/umfrage/bundeshaushalt-ausgaben-nach-ressorts/

les fließt wie an das Bundesministerium für Bildung und Forschung, dann spricht dies Bände für den Wirtschaftsstandort und die Zukunft Deutschlands.

Wie Abbildung 14 zeigt, steigen die Kosten für den Sozialstaat kontinuierlich und rapide an. Es bedarf keiner sonderlich großen volkswirtschaftlichen Kenntnisse, um zu erkennen, dass der deutsche Sozialstaat dauerhaft unfinanzierbar wird.

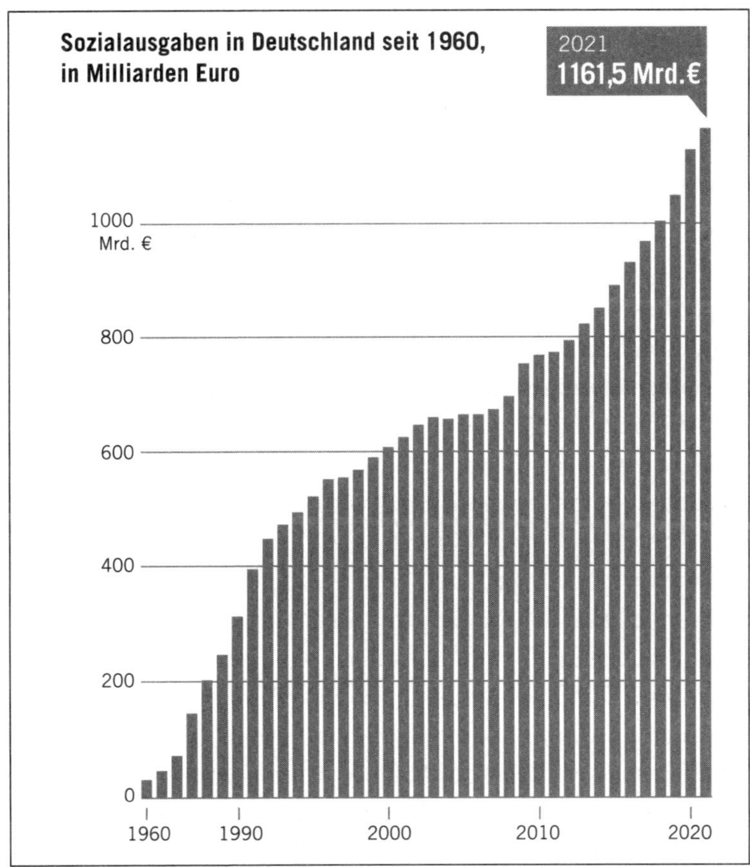

Abbildung 14: Sozialausgaben in Deutschland seit 1960, in Milliarden Euro
Quelle: https://www.thepioneer.de/graphics/sozialstaat-der-ausbau

Die einzige Möglichkeit, um den Sozialstaat zukünftig auf solch einem hohen Niveau, insbesondere in Zeiten einer möglichen drohenden Rezession, am Laufen zu halten, bleibt vor dem Hintergrund der Schuldenbremse – sofern sie eingehalten wird – nur noch in Gestalt eines noch tieferen Griffs in die Taschen der Steuerzahler.

Bürgergeld – wenn Arbeiten sich nicht mehr lohnt?

Immer mehr Bürger stellen sich im Zuge der Diskussion um das sogenannte Bürgergeld die Frage, ob sich Arbeiten überhaupt noch lohnt. Im Bundesministerium für Arbeit und Soziales ist man sich sicher, dass das »geplante Bürgergeld … mehr Sicherheit, mehr Respekt und mehr Freiheit für ein selbstbestimmtes Leben [bedeutet]. Es geht um Würde und Wertschätzung in dieser Gesellschaft.«[200]

Ob dies tatsächlich der Fall ist, wird die Zukunft zeigen. Die Bundesregierung aus SPD, Bündnis 90/Die Grünen und FDP führt nach Stationen im Bundestag und Bundesrat zum 1. Januar 2023 das neue Bürgergeld ein, welches die Hartz-IV-Regelungen ablösen wird. Das Schonvermögen steigt auf 40.000 Euro und für jede weitere Person im Haushalt nochmals um 15.000 Euro. Eine Familie mit zwei Kindern kann trotz 85.000 Euro Spar- und Barvermögens, weiteren Vermögens, das der Altersvorsorge dient, zwei Kraftfahrzeugen und selbst genutzten Wohneigentums gleichzeitig Transferleistungen beziehen. Dies gilt für die ersten zwei Jahre. Ab Januar 2023 dürfen Empfänger staatlicher Leistungen in ihrer Wohnung bleiben. Miete, Heizkosten und Nebenkosten werden vom Staat übernommen. Ein Umzug in eine günstigere Wohnung könnte erst nach zwei Jahren drohen. Verletzt ein Bürgergeldbezieher seine Mitwirkungspflichten, so gibt es Sanktionen. Diese sind folgendermaßen gestaffelt: beim ersten Verstoß 10 Prozent Kürzung für einen Monat, bei einem zweiten Verstoß 20 Prozent Kürzung für zwei Monate, für weitere Verstöße 30 Prozent Kürzung für drei Monate. Die Sanktionen enden nach Erfüllung der Pflicht.[201]

Zweifellos erhalten viele der 3,8 Millionen Hartz-IV-Bezieher in Deutschland Geld vom Staat, weil sie sonst mit hoher Wahrscheinlichkeit in Deutschland nicht überleben könnten. Menschen, die harte Schicksalsschläge hinnehmen mussten, sollen selbstverständlich in einer Solidargemeinschaft unterstützt werden. Doch offenkundig gibt es auch zahlreiche Bürger, für die die Unterstützung nicht gedacht ist. Im Zuge einer Untersuchung des DIW in Kooperation mit der Ruhr-Universität Bochum wurden 560 Langzeitarbeitslose in acht Jobcentern befragt. 41 Prozent stimmten der These zu, dass es »viele Hartz-IV-Bezieher gibt, die das System ausnutzen«. Weitere 24 Prozent stimmten »eher« zu, lediglich 10 Prozent »eher nicht« oder »gar nicht«.[202]

Der Bundesrechnungshof kritisiert, dass der Gesetzentwurf von Antragsstellern keine Auflistung der vorhandenen Vermögenswerte einfordert. »Mit dem Verzicht auf jegliche Angaben eröffnet die geplante Änderung Mitnahme- und Missbrauchsmöglichkeiten.« Die Rechnungsprüfer beziffern die zusätzlichen Lasten für die Steuerzahler allein für 2023 auf 5 Milliarden Euro.[203]

Die Ampelparteien SPD, Bündnis 90/Die Grünen und FDP dulden offenkundig keinerlei Kritik am Bürgergeld. Sie haben den Vorschlag abgelehnt, einen Vertreter des Bundesrechnungshofs zur öffentlichen Anhörung zum geplanten Bürgergeld im November 2022 hinzuzuziehen.[204] Ob sich mit dem Bürgergeld die Motivation zum Arbeiten bei jenen erhöht, welche erkennbar kein Interesse an Arbeit haben oder eine Tätigkeit am Fiskus vorbei präferieren oder sonstigen, nicht gesetzeskonformen Tätigkeiten nachgehen, wird die Zukunft zeigen.

Kritiker bemängeln, dass sich insbesondere in Zeiten explodierender Mieten und Energiepreise Arbeit in Deutschland nicht mehr lohnt. Für manch einen mag dies durchaus der Fall sein. Hans Peter Wollseifer, Präsident des Zentralverbands des Deutschen Handwerks (ZDH), bringt es auf den Punkt: »Viele fragen sich, warum soll ich morgens um 7 Uhr schon arbeiten, wenn derjenige, der das Bürgergeld bezieht, fast das Gleiche bekommt.« Er vertritt die Meinung, »dass sich für mehr Menschen als bisher das Nicht-Arbeiten mehr lohnt als das Arbeiten«.[205]

Mithilfe des Rechners https://www.buerger-geld.org/rechner/ kann ein jeder berechnen, ob sich die tägliche Arbeit noch lohnt. Für Geringverdiener lohnt sie sich spätestens dann nicht mehr, wenn Beziehern von Bürgergeld in Zeiten exorbitant hoher Energiekosten die Kosten für Unterkunft zuzüglich Nebenkosten erstattet werden, die der Geringverdienende heutzutage überhaupt nicht mehr aufbringen kann.

Standortfaktor Fachkräftemangel

Laut einer Studie des Instituts für Arbeitsmarkt- und Berufsforschung (IAB) vom November 2022 nimmt demografisch bedingt das Erwerbspersonenpotenzial ohne Berücksichtigung von Zuwanderung bis 2035 um 7 Millionen ab. Der Hauptgrund hierfür sind die geburtenstarken Jahrgänge der sogenannten Babyboomergeneration, welche vor ihrem Eintritt in den Ruhestand stehen. IAB-Forscher Enzo Weber, einer von vier Autoren der Studie, sagt: »Bis 2035 verliert Deutschland durch den demografischen Wandel ein Siebtel des Arbeitsmarkts.«[206]

Zahllose Unternehmer aus den unterschiedlichsten Sparten, egal ob klein, mittel oder groß, berichten bereits heute über einen zumeist massiven Mangel an qualifizierten Arbeitskräften. Wie kann das angesichts einer Arbeitslosenquote von 5,4 Prozent (2,454 Millionen Menschen, Stand Dezember 2022) überhaupt sein?[207] Warum herrscht dennoch in der Bundesrepublik ein solch eklatanter Mangel? Anfang August 2022 meldete das ifo Institut, dass sich im Juli 2022 rund 49,7 Prozent aller Unternehmen in Deutschland vom Fachkräftemangel beeinträchtigt sehen.[208] 2022 fehlten in Mathematik, Informatik, Naturwissenschaften und Technik – kurz: MINT – mehr als 340.000 Arbeitskräfte. Obendrein ist die Zahl der Studienanfänger in diesen Fächern seit 2017 von knapp 200.000 auf etwa 170.000 gesunken. In den MINT-Ausbildungsberufen nehmen die Engpässe ebenfalls zu.[209]

Deutschland ist für IT-Experten unattraktiv

Insbesondere im zukunftsträchtigen IT-Bereich sieht es rabenschwarz aus. Laut dem Branchenverband Bitkom fehlt für die Digitalisierung der Wirtschaft immer mehr Personal. Branchenübergreifend fehlen IT-Fachkräfte. Zu Jahresbeginn 2022 berichtete Bitkom von 96.000 offenen Stellen für IT-Fachkräfte.[210] Ende 2022 waren es Statista zufolge bereits 137.000 IT-Fachkräfte.[211] Die Boston Consulting Group erwartet unter Bezugnahme auf den *Future of Jobs*-Report, dass Deutschland bis zum Jahr 2030 rund 1,1 Millionen Fachkräfte in Informatik und Mathematik fehlen werden.[212]

Der 19-jährige David Colombo aus Dinkelsbühl, der als sogenannter Tesla-Hacker bekannt geworden ist, bringt zahlreiche Gründe für die Misere in Deutschland vor. Colombo hackte sich neben Tesla auch in die Systeme von Red Bull ein und meldete dem US-Verteidigungsministerium eine Schwachstelle. Nach seinem Tesla-Hack bekam er zahlreiche Einladungen aus der ganzen Welt, Deutschland ausgenommen. Colombo stellt Deutschland ein verheerendes Zeugnis aus. Einige seiner Aussagen bestätigen, was zahllose Experten denken. Colombo nennt zahllose Beispiele. Während man in Deutschland auf Ämtern kostbare Zeit verbrennt, um ein Visum zu beantragen, kann man dies beispielsweise in Dubai zügig online erledigen.

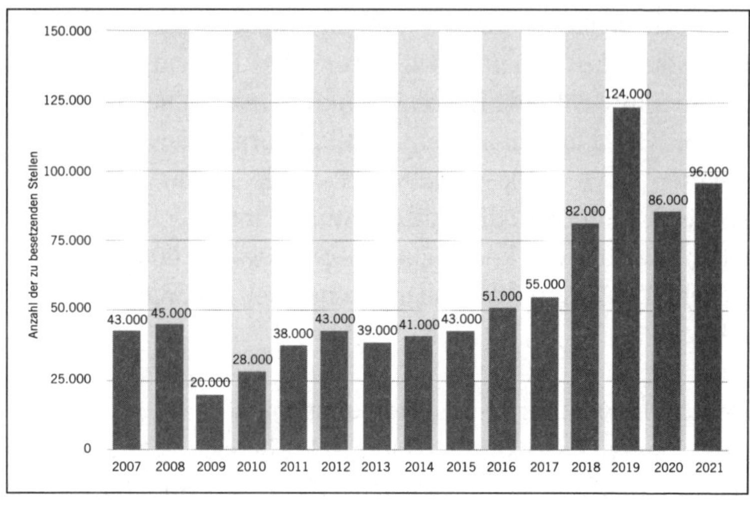

Abbildung 15: Zahl der offenen Stellen für IT-Fachkräfte in Unternehmen in Deutschland, 2007 bis 2021
Quelle: https://de.statista.com/statistik/daten/studie/165928/umfrage/jahresvergleich-der-offenen-stellen-fuer-it-fachkraefte/

Einen der Gründe, warum zum Beispiel das kleine Israel in puncto IT so weit vorne ist, sieht Colombo darin, dass jeder Volljährige zum Militärdienst muss. »Dort krabbeln die Wehrpflichtigen jedoch nicht nur über Felder und falten ihre Hemden auf DIN A4, sondern ganz viele landen in den Tech- und Intelligence-Units, also Cybersecurity, und werden darauf getrimmt.« Das Ergebnis ist ein Land voller junger Leute mit Expertise. Laut Colombo stehen dort Innovationen im Vordergrund, nicht die Bürokratie.

Seiner Ansicht nach ist jeder, wer in Deutschland gründet, wirklich verrückt. Er begründet den Fachkräftemangel der deutschen Industrie mit einem nicht mehr zeitgemäßem Mindset und überholten Unternehmenskulturen. Menschen wie Colombo wollen weder acht Stunden täglich irgendwo im Anzug sitzen noch sich mit Politik, Hierarchien und den ganzen damit verbundenen Regeln auseinandersetzen. Colombo: »In Tel Aviv sitzen die IT-Fachkräfte in Flipflops am Strand und arbeiten trotzdem effizient, manchmal halt auch nachts, dafür aber nicht tagsüber. Diese Flexibilität hast du hier vielerorts nicht.« Für ihn steht die Arbeit – die Projekte und das Ergebnis – im Vordergrund. Für Top-Ausbildungen im IT-Bereich in Deutschland sieht Colombo ebenfalls schwarz, da die Speerspitze der deutschen IT-Szene bei den aktuellen Bedingungen »niemals in die Lehre gehen [würde]. Da fehlt es … an Personal und Geld.«[213]

Abbildung 15 zeigt unmissverständlich, dass auch die gegenwärtige Migrationspolitik den Fachkräftemangel im IT-Bereich niemals geschlossen hat.

Deutschland benötigt dringend Fachkräfte

Auch im Handwerk ist sprichwörtlich »Not am Mann«. Der Zentralverband des Deutschen Handwerks (ZDH) geht von schätzungsweise rund 250.000 fehlenden Handwerkerinnen und Handwerkern aus. Franz Xaver Peteranderl, Präsident des Bayerischen Handwerkstags, sagte im Juli 2022: »Wenn wir bei der Nachwuchs- und Fachkräfteversorgung nicht schnellstmöglich gegensteuern, droht nicht nur ein Scheitern der Energiewende, sondern auch ein massiver Wirtschaftseinbruch, ein Verlust an Wertschöpfung und Wohlstand.«[214]

Allein um die Energiewende voranzutreiben, werden für den Ausbau der Solar- und Windenergie laut dem Institut der deutschen Wirtschaft (IW) aktuell rund 216.000 Fachkräfte benötigt. Dies ergab eine 2022 veröffentlichte Studie des Kompetenzzentrums Fachkräftesicherung (KOFA) am IW. Dringend benötigt werden der Studie zufolge knapp 17.000 Elektrik-Fachkräfte. Diese seien das »Nadelöhr der Energiewende«. Ferner fehlen 14.000 Experten in der Sanitär-, Heizungs- und Klimatechnik sowie ungefähr 13.600 Informatiker. Auch beim Nachwuchs sieht es schlecht aus. Im Jahr 2021 waren 14.760 Ausbildungsplätze in den relevanten Berufen der Solar- und Windenergie nicht besetzt.[215]

Wie bereits weiter vorn in diesem Buch beschrieben, ist auch der Fachkräftemangel im Pflegebereich, sei es in Krankenhäusern oder in Altenheimen, nicht mehr wegzudiskutieren. Laut dem ehemaligen Arbeitsagentur-Chef Detlef Scheele sind pro Jahr 400.000 Zuwanderer notwendig, um die Lücken auf dem deutschen Arbeitsmarkt zu schließen. Wen er meinte, machte Scheele unmissverständlich klar. Fachkräfte sollten nach Deutschland kommen: Akademiker, Pfleger, aber auch Klimatechniker und Logistiker.[216] Ob diese Lücke mit der gegenwärtigen Migrationspolitik geschlossen wird, ist fraglich.

Migration

Beim Thema Migration ist zwischen Arbeitsmigration und Flüchtlingen zu unterscheiden. Abbildung 16 zeigt die größten Bevölkerungsgruppen auf, die zwischen 2014 und 2022 nach Deutschland kamen.

Die größte Gruppe stammt aus der Ukraine, gefolgt von jenen aus Syrien, Rumänien, Polen, Bulgarien und Afghanistan.[217]

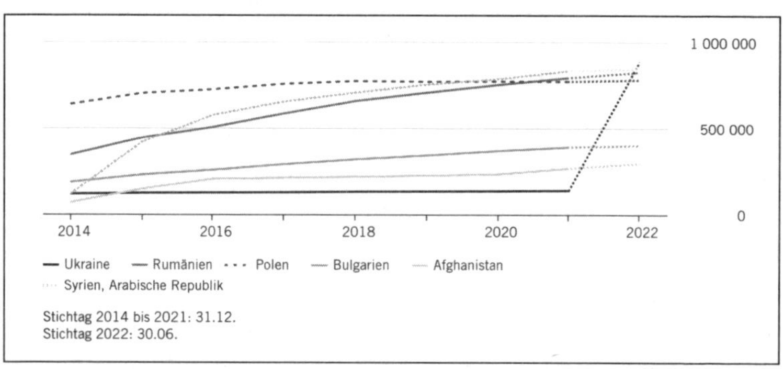

Abbildung 16: Immigration in Deutschland, 2014 bis 2022
Quelle: https://www.destatis.de/DE/Presse/Pressemitteilungen/2022/11/PD22_N069_12_13.html

Flucht

Ende 2021 waren dem Global Trends Report des UNO-Flüchtlingshilfswerks UNHCR zufolge 89,3 Millionen Menschen auf der Flucht – und die Zahlen steigen kontinuierlich weiter an.[218] Die Menschen flüchten vor Krieg, Terror, politischer Verfolgung, aber auch aufgrund von ökologischen Krisen, Armut oder Chancenlosigkeit.

Das Bundesamt für Migration und Flüchtlinge (BAMF) schreibt auf seiner Webseite zur Asylberechtigung: »Asylberechtigt und demnach politisch verfolgt ist eine Person, die im Falle der Rückkehr in ihr Herkunftsland einer schwerwiegenden Menschenrechtsverletzung ausgesetzt sein wird, aufgrund ihrer Rasse (der Begriff ›Rasse‹ wird in Anlehnung an den Vertragstext der Genfer Flüchtlingskonvention verwendet), Nationalität, politischen Überzeugung, religiösen Grundentscheidung oder Zugehörigkeit zu einer bestimmten sozialen Gruppe (als bestimmte soziale Gruppe kann auch eine Gruppe gelten, die sich auf das gemeinsame Merkmal der sexuellen Orientierung gründet), ohne eine Fluchtalternative innerhalb des Herkunftslandes oder anderweitigen Schutz vor Verfolgung zu haben … Bei der Einreise über einen sicheren Drittstaat ist eine *Anerkennung* der Asylberechtigung ausgeschlossen. Dies gilt auch, wenn eine Rückführung in diesen Drittstaat nicht möglich ist, etwa weil dieser mangels entsprechender Angaben der Asylantragstellenden nicht konkret bekannt ist. Als *sichere Drittstaaten* bestimmt das Asylgesetz die Mitgliedsstaaten der Europäischen Union sowie Norwegen und die Schweiz.«[219]

So viel zur Asylberechtigung nach Artikel 16 a des Grundgesetzes.

Dem gegenüber steht die Aussage von Mattias Tesfaye, wonach »die Hälfte der Asylbewerber in Europa … in keiner Weise schutzbedürftig [ist], und es sind mehrheitlich junge Männer«.[220]

Nun ist Mattias Tesfaye keineswegs ein rechtspopulistischer Schreihals. Er ist Sohn eines äthiopischen Flüchtlings, war selbst Maurer und linkes Gewerkschaftsmitglied und ist seit dem 27. Juni 2019 Minister für Ausländer- und Integrationsangelegenheiten in Dänemark. Tesfaye ist Mitglied der Socialdemokraterne, der *sozialdemokratischen Partei* Dänemarks. Die Socialdemokraterne ist die Schwesterpartei der SPD in Deutschland. Ausgerechnet der Sozialdemokrat Tesfaye, der selbst afrikanische Wurzeln hat, vertritt gegenwärtig mit die wohl härteste Einwanderungspolitik Europas. Er begründet diese in einem Interview mit der *Neuen Zürcher Zeitung* folgendermaßen: »Wenn Sie den historischen Hintergrund betrachten, ist es völlig normal für linke Politiker wie mich, nicht gegen Migration zu sein, aber darauf zu bestehen, dass sie unter Kontrolle ist. Falls sie das nicht ist – und sie war es nicht ab den 1980er-Jahren –, zahlen Schlechtverdiener und schlecht gebildete Leute den höchsten Preis für eine Integration, die nicht funktioniert. Es sind nicht die reichen Quartiere, die am meisten Kinder integrieren müssen. Vielmehr müssen Gebiete, in denen die klassischen sozialdemokratischen Wähler und Gewerkschafter leben, mit den größten Problemen umgehen.«[221]

Die schwedische sozialdemokratische Politikerin Ylva Johansson, EU-Kommissarin für Inneres in der Kommission von der Leyen, sieht den Sachverhalt bezüglich der Flüchtlinge, die über die Mittelmeerroute kommen, ähnlich: »Wir müssen bedenken, dass eine deutliche Mehrheit der Menschen, die heute über diese zentrale Mittelmeerroute ankommen, keinen internationalen Schutz braucht.« Laut Johansson wollten viele dieser Menschen in der EU vor allem Geld verdienen.[222]

Tesfaye zufolge verursacht es »einen Haufen Probleme und Kosten«, wenn diese Menschen abgelehnt werden. Seiner Ansicht nach sollten Asylberechtigte nach humanitären Kriterien bestimmt werden. »Wenn wir Flüchtlingen helfen wollen, müssen wir sie im Rahmen von UNO-Programmen in Europa und in Dänemark ansiedeln, und wir müssen sehr viel mehr Geld in internationale Programme investieren. Das heutige Asylsystem ist Teil des Problems, nicht der Lösung.«

Laut Tesfaye sind einige Minister und Kollegen in Europa gegen die Politik Dänemarks, und andere würden, wenn sie könnten, dasselbe tun. Dänemark hat einige Punkte der europäischen Gesetzgebung ausgeklammert. Dies ermöglicht es dem Land, Asylgesuche in Drittstaaten zu prüfen. Tesfaye zufolge ist dies in Deutschland, Schweden und anderen Ländern nicht möglich, weil sie keine entsprechenden Klauseln haben. Laut Tesfaye nimmt die Kriminalitätsrate in Dänemark ab, der Bildungs- und der Beschäftigungsgrad steigen dagegen. Ferner sinkt die Zahl der Gebiete, die als »Ghettos« eingestuft werden, dramatisch. Er sei sich absolut sicher, dass Dänemark dieselben Integrationsprobleme hätte, wenn es die gleichen Einwanderungszahlen wie seine Nachbarn (beispielsweise Schweden[223]) hätte. Dänemark strebe ein internationales Asylsystem an, in dem den Leuten in der Nähe von Konfliktgebieten geholfen wird, und beabsichtige gleichzeitig, Flüchtlinge in Europa anzusiedeln. Tesfaye will sichergehen, »dass die Leute, die in Kopenhagen landen, wirklich Flüchtlinge sind, die von der UNO ausgewählt worden sind – und nicht von Menschenschmugglern«.[224] In den Monaten August bis November 2022 wurden in Dänemark 905 Asylanträge gestellt.[225] In Deutschland waren es im selben Zeitraum 114.804.[226]

Eines sollte jedoch einem jeden klar sein: Solange der Westen und auch China weiterhin arme Länder insbesondere im rohstoffreichen Afrika ausplündern, wird der Strom an Wirtschaftsflüchtlingen niemals abreißen, sondern immer größer werden.

Gekommen sind zumeist keine dringend benötigten Fachkräfte

Innerhalb der EU hat sich in zahlreichen Ländern der Wind in puncto Migration gedreht. Egal ob in Frankreich, Schweden oder Italien, Rechtspopulisten mit ihren Parteien sind auf dem Vormarsch. In Anbetracht der gegenwärtigen Situation ist davon auszugehen, dass sie zukünftig noch wesentlich stärker und an Macht hinzugewinnen werden.

Mehr als 1,2 Millionen syrische Kriegsflüchtlinge haben in der Europäischen Union einen Asylantrag gestellt (Stand Ende 2021). In Deutschland leben rund 846.000 Syrer. Der Großteil von ihnen ist als Flüchtling gekommen.[227] Dies sind knapp 70 Prozent aller in der EU lebenden Syrer. Im Frühjahr 2016 behauptete der Präsident des DIW Marcel Fratzscher: »Viele der Geflüchteten werden die Renten der Babyboomer zahlen.«[228] Fratzschers Behauptung hat sich viele Jahre später offenkundig nicht bewahrheitet. Die *ZEIT* schrieb am 14. Juli 2021: »Fast zwei Drittel aller erwerbsfähigen Syrerinnen und Syrer leben in Deutschland ganz oder teilweise von Hartz IV. Mit 65 Prozent war ihr Anteil im März 2021 deutlich höher als unter Ausländern aus anderen Hauptherkunftsländern.[229] Beispielsweise waren lediglich 5404 der seinerzeit 818.000 Menschen Ärzte.[230]

Zwei weitere Beispiele: Wie aus einer Statistik der Bundesagentur für Arbeit (BA) hervorgeht, bezogen 37,1 Prozent der Somalierinnen und Somalier im erwerbsfähigen Alter in der gleichen Zeit Hartz-IV-Leistungen. Unter den Afghanen lag der Anteil bei 43,7 Prozent.[231]

Im Februar 2022 hatten laut BA syrische Migranten eine Beschäftigungsquote von 37 Prozent. Bei den Menschen aus anderen Asylherkunftsländern beträgt die Quote 40 Prozent, bei Bürgern aus EU-Staaten 61 Prozent.[232]

Die seit 1889 erscheinende US-Zeitung *The Wall Street Journal* veröffentlichte im Dezember 2022 den Artikel: »Deutschland fehlt es an Arbeitskräften, aber seine Migranten haben es schwer, Arbeit zu finden«. *The Wall Street Journal* schreibt, dass in den USA Ausländer mit größerer Wahrscheinlichkeit einen Arbeitsplatz haben als Einheimische. Sie sieht das Hauptproblem darin, dass viele Flüchtlinge für den hochqualifizierten Arbeitsmarkt in Deutschland schlecht geeignet sind und Deutschland für viele von ihnen schlicht und ergreifend keinen Arbeitsplatz hat. Sie geht davon aus, dass auch weiterhin eine große Zahl von Asylbewerbern kommen werden, die Deutschland nicht beschäftigen kann, und die die Reihen der Sozialhilfeempfänger auffüllen oder die Kriminalitätsstatistik ankurbeln werden, in der sie bereits überrepräsentiert sind.[233] Es gilt zu hoffen, dass die Amerikaner nicht recht behalten werden.

Im Jahr 2021 lagen die Kosten des Bundes für Flüchtlinge und Asyl laut Statista bei 21,6 Milliarden Euro. Sie unterteilten sich folgendermaßen:

- Fluchtursachenbekämpfung – 9,8 Milliarden Euro;
- Aufnahme, Registrierung und Unterbringung im Asylverfahren – 1 Milliarde Euro;
- Integrationsleistungen – 2,3 Milliarden Euro;
- Sozialtransferleistungen nach Asylverfahren – 5,4 Milliarden Euro;
- flüchtlingsbezogene Entlastungen Länder/Kommunen – 3 Milliarden Euro.[234]

In den besagten 21,6 Milliarden Euro sind zahlreiche weitere Kosten nicht enthalten, beispielsweise für medizinische Behandlungen oder für die zahlreichen Verwaltungsrichter, die zusätzlich benötigt wurden, um die Klagen gegen abgewiesene Asylanträge zu bearbeiten.[235]

Anteil der Sozialleistungsempfänger ohne deutsche Staatsangehörigkeit steigt

Im Jahr 2015 hatten drei Viertel der Hartz-IV-Bezieher einen deutschen Pass.[236] Im Jahr 2020 gingen von 13 Milliarden Euro knapp 2,6 Milliarden Euro an Bürger aus anderen EU-Ländern und 6 Milliarden Euro an Menschen aus den acht wichtigsten Asyl-Herkunftsländern – darunter Syrien (3,4 Milliarden Euro), Afghanistan (870 Millionen Euro) und Irak (825 Millionen Euro). In der Zeit von 2007 bis 2020 hat sich die Summe, die deutsche Haushalte beziehen, von knapp 30 Milliarden Euro auf 22,3 Milliarden Euro verringert. Dem Bundesarbeitsministerium zufolge kam 2020 knapp jeder zehnte Leistungsberechtigte aus Syrien.[237] Im Herbst 2022 lag der Anteil der Empfänger der Sozialleistung Hartz IV ohne deutsche Staatsangehörigkeit laut dem Fernsehdirektor des WDR, Jörg Schönenborn, bei über 40 Prozent und laut der *Frankfurter Allgemeinen Zeitung (FAZ)* bei 45 Prozent.[238] Bereits vor der Entscheidung von Bund und Ländern, Flüchtlingen aus der Ukraine direkten Zugang zur Betreuung in Hartz IV zu gewähren, lag der Anteil ausländischer Bezieher von Hartz IV laut *FAZ* bei 38 Prozent.[239]

Im November 2022 belief sich die Zahl arbeitslos gemeldeter Ausländer dem Bayerischen Staatsministerium des Innern, für Sport und Integration zufolge deutschlandweit auf 900.000.[240]

Nach Luxemburg das höchste Kindergeld innerhalb der EU

Durchaus kontrovers wird auch das im europäischen Vergleich hohe Kindergeld in Deutschland diskutiert. Laut Bundesagentur für Arbeit kann Kindergeld auch über Ländergrenzen hinweg gezahlt werden, zum Beispiel an Deutsche im Ausland oder ausländische Staatsangehörige in Deutschland. Anspruch auf deutsches Kindergeld haben laut BA Besitzer einer ausländischen Staatsangehörigkeit, die eine der folgenden Voraussetzungen erfüllen:

- Staatsbürger eines Mitgliedslands der Europäischen Union (EU), des Europäischen Wirtschaftsraumes (EWR) oder der Schweiz oder
- Staatsangehörigkeit eines der folgenden Staaten: Algerien, Bosnien-Herzegowina, Kosovo, Marokko, Montenegro, Serbien, Tunesien oder Türkei;

- darüber hinaus in Deutschland sozialversicherungspflichtig beschäftigt oder Bezieher von Arbeitslosengeld beziehungsweise Krankengeld;
- Besitz einer gültigen Niederlassungs- oder Aufenthaltserlaubnis, mit der in Deutschland gearbeitet werden darf;
- unanfechtbar anerkannter Flüchtling und Asylberechtigter.[241]

In Deutschland gilt mit 219 Euro pro Kind nach Luxemburg (265 Euro für ein Kind, 530 Euro für zwei Kinder) das höchste Kindergeld innerhalb der EU (siehe auch Tabelle 4).

Deutschland		Frankreich		Griechenland		Italien		Niederlande	
Kinderzahl	Kindergeld	Kinderzahl	Kindergeld	Kinderzahl	Kindergeld	Jahreseinkommen	Kindergeld	Kinder unter	66,13 €
1. Kind	219 €	1 Kind	– €	1 Kind	5, 87€	Jahreseinkommen der Eltern bis 11.422,98 €	250,48€	6 Jahren	
2. Kind	219 €	2 Kinder	120,32 €	2 Kinder	18 €			Kinder von 6–11 Jahren	80,30 €
3. Kind	225 €	3 Kinder	274,47 €	3 Kinder	40 €	Jahreseinkommen zwischen 27.693,04 € und 30.403,39 €	38,73 €		
jedes weitere Kind	250 €	4 Kinder	420,62 €	4 Kinder	40 €			Kinder von 12–17 Jahren	94,47 €
				jedes weitere Kind	8,07€	Jahreseinkommen ab 43.962,05 €	keine Zahlungen mehr		

Tabelle 4: Kindergeld in ausgewählten Ländern der EU
Quelle: https://de.wikipedia.org/wiki/Kindergeld#Internationaler_Vergleich

Falsche Anreize

Der Präsident des BAMF Hans-Eckard Sommer warnte bereits 2019 vor »falschen Anreizen« für potenzielle Flüchtlinge. Bei einer Veranstaltung des Nürnberger Presseclubs sagte er: »Man sollte beispielsweise vorsichtig sein mit zu schnellen Beschäftigungsmöglichkeiten für Flüchtlinge ... Die Asylbewerber sind alle sehr vernetzt und haben alle Handys.« Finden sie bald nach ihrer Ankunft in Deutschland einen Job, würden sie das meist sofort Verwandten und Freunden in der Heimat mitteilen. Dadurch könnten bei diesen unter Umständen falsche Hoffnungen geweckt werden.

Sommer hält den großen Anteil von Flüchtlingen, die in einem anderen EU-Land anerkannt seien, aber später trotzdem nach Deutschland kämen, für problematisch.[242] Die *Neue Zürcher Zeitung* schreibt: »Innerhalb Europas ist es besonders attraktiv, nach Deutschland zu ›flüchten‹, auch wenn man gar nicht asylberechtigt ist. Denn wer erst einmal im Verfahren ist, wird vom Staat voll alimentiert und mit sehr hoher Wahrscheinlichkeit selbst dann nicht ausgeschafft, wenn der Asylantrag abgelehnt ist. Andere europäische Länder sind weniger spendabel – und mitunter froh über die deutsche Willkommenskultur. So lassen etwa Griechenland und Italien Migranten großzügig nach Deutschland weiterreisen, obwohl sie eigentlich zuständig wären.«[243]

Eine Steigerung der Attraktivität Deutschlands für Einwanderer aufgrund des Bürgergeldes kann also nicht ausgeschlossen werden. Gemessen am durchschnittlichen Lebensstandard in Deutschland bedeutet das Bürgergeld zweifellos einen bescheidenen Betrag. Setzt man diesen Standard jedoch in Relation zu den teilweise sehr armen Herkunftsländern, aus denen zahlreiche Flüchtlinge kommen, sowie zu den Ländern, welche sie auf ihrem Weg nach Deutschland durchreist haben, so bedeuten die Sozialleistungen in Deutschland einen immensen Wohlstandszuwachs.

Mit dem Bürgergeld erhöhen sich auch die Leistungen für Flüchtlinge sowie abgelehnte Asylbewerber. Pro Erwachsenen steigt der Regelsatz von 449 auf 502 Euro. Eine Familie mit drei Kindern erhält laut *WELT* knapp 2000 Euro; außerdem übernimmt der Staat die Kosten für Wohnung, Heizung, Gesundheitsversorgung sowie verschiedene Teilhabeleistungen. Mit ihrer Anerkennung als Flüchtlinge werden Asylbewerber in Deutschland einheimischen Grundsicherungsbeziehern gleichgestellt. Oft geschieht dies bereits sieben Monate nach der Einreise.

Die Rate der Ablehnungen von Asylbewerbern war der *WELT* zufolge in den letzten Jahren höher als die Anerkennungsrate. Abgelehnten Asylbewerbern (nicht Schutzberechtigten) wurde zumeist eine Duldung gewährt. Die Bezüge nicht schutzberechtigter Geduldeter steigen in der Regel nach anderthalb Jahren auf das übliche Grundsicherungsniveau. Die geltende Rechtslage lautet nach einer Darstellung des Paritätischen Wohlfahrtsverbands: »Nach einem 18-monatigen Aufenthalt muss das Sozialamt automatisch die sogenannten Analogleistungen erbringen. Das bedeutet: Die Betroffenen bleiben zwar nach wie vor formal leistungsberechtigt nach dem Asylbewerberleistungsgesetz, aber es werden nahezu sämtliche Vorschriften der ›normalen‹ Sozialhilfe des Sozialgesetzbuches auf sie angewandt (höhere Regelbedarfe, Krankenversicherungskarte ohne Einschränkungen beim Behandlungsanspruch, höhere Einkommens- und Vermögensfreibeträge, ausdrückliche Anwendung der Mehrbedarfe).«[244]

Anders ist der Sachverhalt bezüglich abgelehnter Asylbewerber beispielsweise in Frankreich (kein Anspruch auf Grundsicherung, Sonderregelungen wie zum Beispiel eine temporäre Aufenthaltserlaubnis für Erkrankte), den Niederlanden und Luxemburg, wo lediglich für Unterkunft und Essen gesorgt wird. In Griechenland erhalten nach dem Abschluss des Verfahrens weder anerkannte noch abgelehnte Asylbewerber Sozialleistungen.[245] Laut der baden-württembergischen Migrationsministerin Marion Gentges (CDU) wurden bereits mit der Ausweitung von Sozialleistungen durch die aus SPD, Bündnis 90/Die Grünen und FDP bestehende Bundesregierung für Geflüchtete Fehlanreize gesetzt. Gentges: »Es gibt bei uns mehr Sozialleistungen als in anderen Ländern. Und deshalb treffen wir auch häufig

Menschen, die bereits in anderen Staaten Schutz gefunden hatten, die aber aus wirtschaftlichen Gründen weitergereist sind.«[246]

Joachim Walter (CDU), seines Zeichens Landrat von Tübingen und Präsident des Landkreistags Baden-Württemberg: »Ohne den sogenannten Rechtskreiswechsel und die damit verbundenen höheren Sozialleistungen wären wir als Kommunen nicht jetzt vor die Situation gestellt, Notunterkünfte vorzubereiten und bereitzustellen.«[247] CSU-Generalsekretär Markus Blume vertrat im Jahr 2018 in einem Interview mit der *WELT AM SONNTAG* die These: »Die Asylbewerberleistungen müssen grundsätzlich auf Sachleistungen umgestellt werden.« Geld- anstatt Sachleistungen seien ein gewaltiger »Pullfaktor«.[248] Ob dies tatsächlich der Fall ist, ist weder bewiesen noch widerlegt.

Neue Flüchtlingswelle

In keinem anderen EU-Land wurden 2021 so viele Asylanträge gestellt wie in Deutschland.[249] Laut EU-Statistik wurden 2021 insgesamt 30 Prozent mehr Anträge gestellt. Von insgesamt 648.000 in der EU gestellten Asylanträgen wurden knapp 191.000 in Deutschland gestellt. Menschen aus Syrien bildeten mit 117.000 die größte Gruppe von Antragsstellern, gefolgt von Afghanistan (102.000). 70 Prozent der Gesuche entfielen auf Männer. Die Hälfte aller Bewerber war zwischen 18 und 35 Jahren alt. Laut der Asylagentur der Europäischen Union (EUAA) stammten knapp 23.600 Anträge – zwei Drittel mehr als 2020 – von unbegleiteten Minderjährigen.[250]

Nicht auszuschließen ist, dass dann, wenn in der Türkei im Zuge der Wahlen im Jahr 2023 die Opposition an die Macht kommt, viele Syrer sich auf den Weg nach Europa und insbesondere nach Deutschland machen werden. Mehr als 4 Millionen Syrer sind in die Türkei geflüchtet. Im türkischen Wahlkampf wird laut *FAZ* massiv gegen Syrer gehetzt. Wie es in der Zeitung heißt, verglich die ultranationalistische Oppositionsführerin Meral Aksener syrische Geflüchtete in der Türkei mit »Müll«. Sie versprach für den Fall einer Beteiligung an der Macht, dass bis September 2026 alle die Türkei verlassen haben würden, egal ob freiwillig oder unfreiwillig. Da syrische Frauen im Durchschnitt mehr Kinder gebären als türkische, müsse dies schon deshalb geschehen, um die »demographische Zusammensetzung und die türkische Identität« des Landes zu schützen. Aksener will Syrern den Zutritt zu Parks und Stränden verbieten, ihnen staatliche Leistungen entziehen und sie in Lager sperren.[251]

2022: Flüchtlingszahlen steigen kontinuierlich

Insgesamt wurden 2022 in Deutschland 244.132 Asylanträge gestellt. Das sind 27,9 Prozent mehr als im Vorjahr. Hinzu kamen etwa 1.044.000 Flüchtlinge aus der Ukraine.[252]

Im Jahr 2022 sind die Zahlen nicht nur in Deutschland (siehe Abbildung 17) rasant gestiegen. Österreich griff 2022 knapp 90.000 Menschen bei einem illegalen Grenzübertritt auf. Das sind fast so viele wie 2015.[253] Auch in Italien gingen die Zahlen erheblich nach oben. Angaben des Innenministeriums in Rom zufolge kamen dort in den ersten elf Monaten mehr als 94.000 Migranten an.

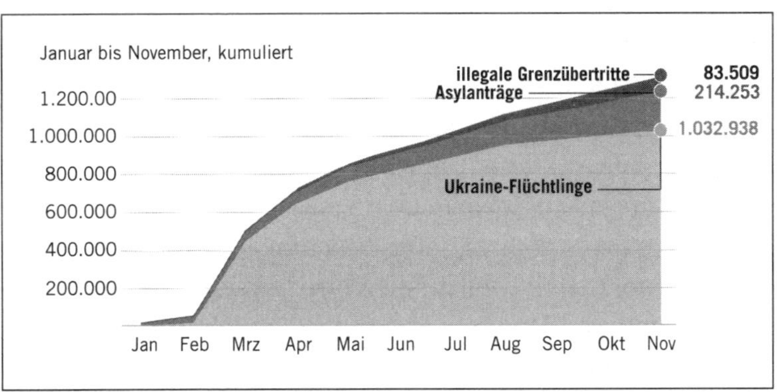

Abbildung 17: Migration nach Deutschland im Jahr 2022
Quelle: https://www.welt.de/politik/deutschland/plus242606557/Droht-ein-neues-2015-Unbegrenzte-Zuwanderung-ist-nicht-moeglich.html

Dies sind etwa 53 Prozent mehr als im entsprechenden Vorjahreszeitraum. Die zuständige EU-Kommissarin Ylva Johansson beschrieb die Situation Ende November 2022 als nicht haltbar. Sie verwies darauf, dass nur die wenigsten Ankommenden wegen politischer Verfolgung ihre Heimat verlassen.[254]

Laut Reinhard Mohr von der *WELT* erklären sich die steigenden Zahlen in Deutschland insbesondere durch das deutsche Asylrecht, zusammen mit der europäischen Flüchtlingspolitik, dem Europäischen Gerichtshof und dem internationalen Völkerrecht. Letzteres bietet praktisch keine Möglichkeit, Migration zu begrenzen, gar zu reduzieren. Ferner wurde laut Mohr die Dublin-Regelung, die die Durchführung von Asylverfahren in dem Land vorsieht, in dem zuerst europäischer Boden betreten wurde, ausgehöhlt. Sie ist folglich ebenso obsolet wie eine konsequente Abschiebung abgelehnter Asylbewerber oder die Rücküberstellung an das Erstaufnahmeland.[255]

Dem *SPIEGEL* zufolge hielten sich Mitte 2022 in Deutschland 297.219 Ausreisepflichtige auf, also Ausländer, die Deutschland verlassen müssten. Die meisten von ihnen sind geduldet. Mehrheitlich kommen diese Menschen aus dem Irak, aus Afghanistan, Nigeria, Russland, Serbien, dem Iran und der Türkei.[256] Heiko Teggatz, Bundesvorsitzender der Bundespolizeigewerkschaft und stellvertretender Vorsitzender der deutschen Polizeigewerkschaft, ist sich sicher, dass die nächste Flüchtlingskrise längst da ist. Er wirft Innenministerin Nancy Faeser (SPD) vor, das Problem auszublenden.[257] Ende Oktober 2022 wurde bekannt, dass die Schweizer Bahn ankommende Migranten, die in andere Länder reisen wollen, weiter nach Basel an die Grenze zu Deutschland und Frankreich transportiert. Dies wurde von der Polizei im Kanton St. Gallen folgendermaßen bestätigt: »Wir erlauben formell die Weiterreise.«[258] 2022 waren laut dem Bundesinnenministerium (BMI) knapp 10.000 illegale Einreisen allein aus der Schweiz zu verzeichnen.[259]

In den ersten zehn Monaten des Jahres 2022 haben bereits mehr Menschen aus anderen Ländern in Deutschland Zuflucht gesucht als in den Jahren 2015 und 2016 zusammen. Insgesamt waren es mehr als 1,2 Millionen. Bis Ende Oktober 2022 haben laut BAMF bereits rund 181.600 Menschen einen Asylantrag gestellt. Die Hauptherkunftsländer sind Syrien, Afghanistan, Türkei und Irak. Laut der *Welt* wandern die meist illegal über die Türkei oder Nordafrika nach Griechenland, Italien und Spanien ziehenden Asylbewerber von dort in der Regel früher oder später nach Norden weiter – am häufigsten nach Deutschland.[260] Hinzu kommen die Kriegsflüchtlinge aus der Ukraine, von denen Deutschland mehr als eine Million Menschen aufgenommen hat.[261] Diese erhalten – ohne Überprüfung der Bedürftigkeit – in Deutschland eine Wohnung, Heizung, Kleidung, medizinische Versorgung sowie die volle Grundsicherung.[262]

Wie viele Flüchtlinge aus der Ukraine noch kommen werden, kann heute niemand seriös vorhersagen. Seit Anfang September 2022 erhält die Bundespolizei keinen Überblick mehr über die Gesamtlage der unerlaubten Grenzübertritte, da ein interner Report der Bundespolizei zur illegalen Einwanderung nicht mehr veröffentlicht wird. Der sogenannte Migrationsanalyse-Bericht soll Beamten an den Grenzen einen Überblick zu unerlaubten Grenzübertritten geben. Dieser wird seit 2018 monatlich ins Intranet der Bundespolizei gestellt; im Oktober 2022 hingegen war dies nicht der Fall. Innenministerin Faeser wird von der Polizeigewerkschaft vorgeworfen, die »Hoheit über die Zahlen« verloren zu haben.[263]

Wiederholt sich das Dilemma, das der ehemalige Bundespräsident Joachim Gauck im September 2015 im Zug der damaligen Flüchtlingskrise in die folgenden Worte fasste? »Unser Herz ist weit, doch unsere Möglichkeiten sind endlich.«[264] Im November 2022 schlugen Bürgermeister und Landräte deutschlandweit Alarm. Die Grenzen der Aufnahme- und Unterbringungsmöglichkeiten seien erreicht oder gar überschritten – und das, obwohl der Winter noch nicht begonnen habe und voraussichtlich noch mehr Menschen aus der Ukraine würden flüchten müssen.[265]

Die *FAZ* schrieb am 3. November 2022: »Unterdessen steigt aber auch die Zahl der Asylbewerber. Widersinnig ist, dass die Koalition alles tut, um ihre Zahl noch zu erhöhen. Wenn zivilgesellschaftliche Organisationen, vom Bund ideell und finanziell unterstützt, die Bewerber im Asylverfahren künftig verstärkt beraten sollen, wird sich schnell herumsprechen, dass, wer einen Asylantrag stellt, hier bleiben darf. Gleichzeitig soll die Regelüberprüfung, ob Fluchtgründe weggefallen sind und eine Rückkehr möglich ist, abgeschafft werden. Da nicht einmal Kriminelle in der Regel ausreisen müssen, wenn sie geduldet werden, sollte die Koalition so ehrlich sein zu sagen, dass sie das Asylrecht abgeschafft hat. Es ist in dieser Form schlichtweg ein Recht auf Einwanderung.«[266]

Mythos Armutsmigration

Nach einer 2019 veröffentlichten Studie des Berlin-Instituts für Bevölkerung und Entwicklung können sich 750 Millionen Personen weltweit vorstellen, in ein anderes Land zu migrieren, sollte die Möglichkeit dazu bestehen. Dieser Wert entsprach seinerzeit rund 15 Prozent der erwachsenen Weltbevölkerung. Mit 33 Prozent ist die Migrationsneigung in den Ländern südlich der Sahara am höchsten. In Lateinamerika und der Karibik liegt sie bei 27 Prozent, in der MENA, der Nahost-Nordafrika-Region, bei 24 Prozent. In den verschiedenen Regionen Asiens beläuft sie sich lediglich auf 7 bis 8 Prozent.

Für 21 Prozent der potenziellen Migranten weltweit – das entspricht 158 Millionen Personen – sind die USA das Wunschziel. Deutschland wäre für 42 Millionen Menschen attraktiv, gefolgt von Frankreich mit 36 Millionen und dem Vereinigten Königreich mit 34 Millionen.[267] Reiner Klingholz, Leiter des Berlin-Instituts für Bevölkerung und Entwicklung: »Die Leute in den meisten armen Ländern Afrikas können sich das Auswandern nicht leisten« … »Die vielbeschworene Armutsmigration nach Europa ist also ein Mythos.«[268]

Auch zukünftig ist mit wesentlich mehr Migration aus wirtschaftlichen Gründen zu rechnen. Auf dem afrikanischen Kontinent haben nach Angaben des Bundesministeriums der Verteidigung rund 80 Prozent der Menschen keine geregelte Arbeit. Experten prognostizieren, dass der Migrationsdruck aufgrund der stetig wachsenden Bevölkerung weiter zunehmen wird. Bis 2050 dürfte sich die Bevölkerung Afrikas verdoppeln, von heute 1,3 Milliarden auf 2,6 Milliarden Menschen.[269]

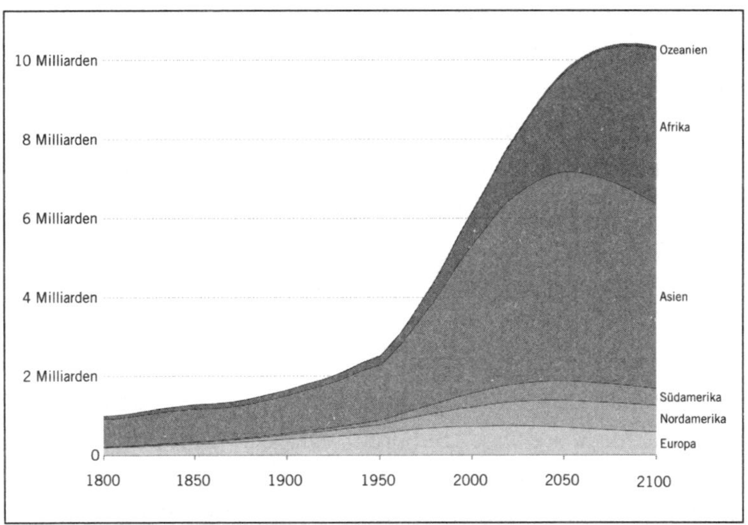

Abbildung 18: Weltbevölkerung nach Regionen, einschließlich UN-Prognosen
Quelle: https://ourworldindata.org/world-population-growth

»Brain-Drain« in Deutschland setzt sich fort

Gegenwärtig gilt Deutschland unter ausländischen Fachkräften als nicht besonders attraktiv. Hochqualifizierte Fachkräfte fühlen sich in Deutschland nicht sonderlich wohl. Einer Umfrage des größten globalen Expat-Netzwerks InterNations von Ende 2022 zufolge belegt Deutschland weit abgeschlagen den 42. von 52 ausgewiesenen Rängen.[270]

Es ist davon auszugehen, dass Deutschland auch zukünftig nicht in großem Stil hochqualifizierte Menschen anzieht. Aufgrund seines großzügigen Sozialsystems ist Deutschland einerseits attraktiv für Menschen aus dem Ausland mit geringer Bildung, andererseits ist es für hochqualifizierte zuwanderungswillige Experten mit akademischem Hintergrund wenig attraktiv. Solange in Deutschland Leistungsträger drastisch besteuert werden und solange Sozialleistungen – bei offenen Grenzen – im internationalen Vergleich hoch sind, wird weiterhin einerseits eine Zuwanderung in Deutschlands Sozialsysteme und andererseits eine Abwanderung Hochqualifizierter stattfinden.

Für Letzteres spricht, dass über drei Viertel der Auswanderer aus Deutschland eine Hochschulausbildung haben.[271] Hingegen hatten nach Angaben der Bundeszentrale für politische Bildung aus dem Jahr 2020 unter den in Deutschland lebenden Ausländern mit eigener Migrationserfahrung knapp jeder Fünfte (ohne die Personen, die 2020 noch in einer Ausbildung oder noch nicht schulpflichtig waren) keinen allgemeinen Schulabschluss und die Hälfte keinen berufsqualifizierenden Abschluss.[272]

Ungewiss ist, ob die erforderlichen hochgebildeten Nachwuchsfachkräfte durch die bereits erfolgte Migration in hohen Zahlen zu erwarten sind. Die Kultusministerkonferenz schrieb am 17. Oktober 2022, dass die Kompetenzen der Viertklässler in den Fächern Deutsch und Mathematik gegenüber den Ergebnissen aus den Jahren 2011 und 2016 bundesweit deutlich zurückgegangen seien. »Zudem fallen die Kompetenzeinbußen für Kinder mit Zuwanderungshintergrund – insbesondere für Kinder der ersten Generation, die selbst im Ausland geboren sind – überwiegend größer aus als für Kinder ohne Zuwanderungshintergrund. Bei insgesamt sinkendem Kompetenzniveau haben sich die zuwanderungsbezogenen Disparitäten in allen Bereichen verstärkt.«[273]

Obendrein werden die dringend benötigten hochqualifizierten Fachkräfte mit Sicherheit nicht nach Deutschland strömen. Schlussendlich zählt der Nettoverdienst. Betrachtet man die um Steuern und Preisniveauänderungen bereinigten Löhne, so ist Deutschland denkbar unattraktiv (siehe Abbildung 19).

Der Reallohnindex basiert auf der vierteljährlichen Verdiensterhebung. Er reflektiert die Bruttomonatsverdienste inklusive der Sonderzahlungen der vollzeit-, teilzeit- und geringfügig beschäftigten Arbeitnehmer nach Abzug des Anstiegs des Verbrau-

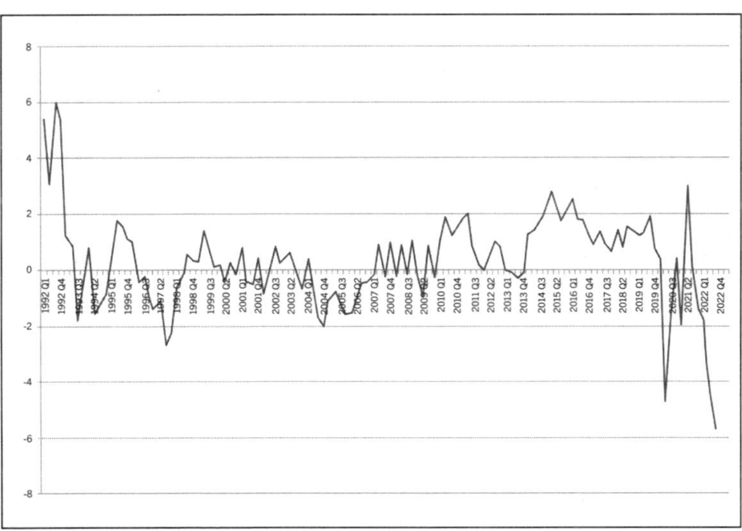

Abbildung 19: Entwicklung des Reallohnindex in Deutschland in den Jahren 1992 bis 2022 (in Prozent zum Vorjahresquartal)
Quelle: https://www.querschuesse.de/wp-content/uploads/2022/11/u2076.webp

cherpreisindex (VPI). Nominal stiegen die Löhne in Deutschland im dritten Quartal um 2,3 Prozent im Vergleich mit dem Vorjahresquartal, nach Berücksichtigung der Inflation der Verbraucherpreise hingegen fielen sie um 5,7 Prozent.[274]

Deutschland hat heute bereits die höchste Steuer- und Abgabenlast weltweit. Eine erneute große Flüchtlingswelle würde weitere, nicht unerhebliche Kosten verursachen. Aufgrund der gegenwärtigen wirtschaftlich angespannten Lage und in Anbetracht des demografischen Wandels in Deutschland wird die Steuer- und Abgabenlast mit hoher Wahrscheinlichkeit zukünftig noch weiter steigen. Dies ist nicht hilfreich, um dringend benötigte Fachkräfte nach Deutschland zu locken. Welche Fachkräfte verlassen ihre Familie, ihren Freundeskreis und ihre Heimat, um nach Deutschland einzuwandern? In ein Land, welches sich nicht gerade durch Unternehmer- und Gründerfreundlichkeit auszeichnet und Leistungsträger mit hohen Steuern und Abgaben belastet? Ein Land mit einem schlechteren Forschungsumfeld und wesentlich geringeren Löhnen als beispielsweise in den USA, der Schweiz oder Australien? Gegenwärtig verdienen Informatiker in Zürich und den USA fast doppelt so viel wie in München, wobei die Steuerlast beispielsweise in Zürich wesentlich geringer ist.[275]

Daher werden erstens auch zukünftig immer mehr bestens ausgebildete junge Menschen Deutschland den Rücken kehren. Und zweitens wird Deutschland gewiss nicht die Spitzenfachkräfte beispielsweise aus dem IT-Bereich anziehen, die dringend benötigt werden. Sollte die Politik in puncto Migration weiter wie bisher agieren und sollte Deutschland ein Hochsteuerland bleiben, so wird sich das Problem des Fachkräftemangels (übrigens nicht nur im besonders zukunftsträchtigen IT-Bereich) mit Gewissheit nicht lösen lassen. Folglich sind einschneidende Änderungen der Besteuerung von Einkommen und Unternehmen sowie eine moderne Einwanderungspolitik erforderlich.

Vorbilder für Letzteres bieten etwa die jahrzehntelang bewährten Regelungen in den klassischen Einwanderungsländern wie zum Beispiel Kanada, Australien oder Neuseeland. Diese Länder steuern ihre Migration – illegale Grenzübertritte sind nicht möglich – und berechnen nüchtern, wer dem Land dauerhaft einen Mehrwert verspricht und wer nicht. Dafür kommen aber beispielsweise in Kanada jene, welche von dem Land ausgewählt werden, in den Genuss umfangreicher Integrationsprogramme. Ein Resultat der strikten kanadischen Einwanderungspolitik (»jeder illegale Grenzübertritt hat die konsequente Abschiebung zur Folge«) ist, dass beispielsweise Migrantenkinder in Kanada, ganz anders als in Deutschland, überdurchschnittliche Bildungsabschlüsse vorweisen.[276] Alles in allem schafft die nationale Einwanderungspolitik in Kanada, Australien und Neuseeland wesentlich geringere Integrationsprobleme als etwa in Deutschland, Schweden oder Österreich.

Standortfaktor Energie

> *[Ich habe zwar] »nie daran geglaubt, dass es so was wie Wandel durch Handel [gibt], aber durchaus Verbindung durch Handel. Und insofern bereue ich Entscheidungen überhaupt nicht, sondern glaube ich, dass das aus der damaligen Perspektive richtig war.«*
>
> Angela Merkel, ehemalige Bundeskanzlerin, im Oktober 2022[277]

Mittlerweile gilt die obige Aussage Angela Merkels als äußerst umstritten. Seit dem Winter 2022 dominiert in Deutschland das Thema Energie. Die Bürger und Unternehmen spüren die Konsequenzen einer vollkommen verfehlten Energiepolitik am eigenen Leib. Die politischen Eliten haben in Deutschland ein energiepolitisches Desaster angerichtet – zuerst mit dem 2011 beschlossenen Kernenergieausstieg bis 2022, dann im Jahr 2019 mit dem Beschluss zum Kohleausstieg und schließlich generell mit der Schwerpunktsetzung auf billiges russisches Gas.

Den Atom- und Kohleausstieg und die Konzentration auf russisches Gas sowie eine schleppende Energiewende haben CDU und SPD unter der Ägide von Ex-Kanzlerin Angela Merkel zu verantworten. Die Leidtragenden dieser fragwürdigen und schlussendlich gescheiterten Energiepolitik sind die Bürger und Unternehmen Deutschlands. Jetzt besteht die Gefahr, dass die Bundesregierung sich über die Meinung zahlloser Experten und Politiker im In- und Ausland hinwegsetzt und Deutschland mit derselben Arroganz und Beratungsresistenz in eine noch wesentlich größere energiepolitische Katastrophe reitet.

Deutschlands Energiekartenhaus fällt in sich zusammen

Die völkerrechtswidrige und menschenverachtende Invasion Russlands in der Ukraine hat die bisherige Energiepolitik Deutschlands vollends ad absurdum geführt. Mittlerweile wird zusehends klar, dass ein gleichzeitiger Ausstieg aus Kernkraft und Kohle, das Setzen auf billiges russisches Gas und Wirtschaftssanktionen gegen den größten Gaslieferanten des Landes aus ökonomischer Sicht nicht sonderlich klug waren. Bereits am 18. Juli 2018, lange vor Russlands Überfall auf die Ukraine, äußerte der damalige – mit Recht hochumstrittene republikanische rechtspopulistische – US-Präsident Donald Trump in Brüssel eine Vorahnung, die sich bewahrheiten sollte: »Wenn man sich das anschaut, ist Deutschland ein Gefangener von Russland. Sie sind ihre Kohlekraftwerke losgeworden, sie sind ihre Atomkraftwerke losgeworden, sie bekommen einen großen Teil ihres Öls und Gases aus Russland.«[278] Im September 2018 wiederholte Trump seine Aussage bei der UN-Vollversammlung: »Deutschland wird vollkommen abhängig von russischer Energie werden, wenn es nicht sofort seinen Kurs ändert.«[279]

Trumps damalige Prophezeiung blieb bekanntlich ungehört. Die Reaktionen des damaligen deutschen Außenministers Heiko Maas (SPD) und des damaligen Chefdiplomaten Christoph Heusgen (ab 2005 außen- und sicherheitspolitischer Berater von Bundeskanzlerin Angela Merkel und von 2017 bis zum Juni 2021 Ständiger Vertreter der Bundesrepublik Deutschland bei den Vereinten Nationen) auf die Rede waren Kopfschütteln, Stirnrunzeln und hochmütiges Gelächter. Die US-Zeitung *Washington Post* schrieb: »Der deutsche Außenminister Heiko Maas konnte grinsend mit seinen Kollegen gesehen werden.« Heiko Maas habe am Rande der UN-Generaldebatte in New York im Gespräch mit Reportern gesagt, Trumps Anschuldigung entspreche »nicht der Realität« und es gebe »keine Abhängigkeit Deutschlands von Russland, schon gar nicht in Energiefragen«.[280]

Ob er es nicht besser wusste oder schlichtweg log, ist nicht klar. Fest steht aber, dass Maas und Heusgen (mittlerweile Vorsitzender des Stiftungskreises der Münchner Sicherheitskonferenz) und mit ihnen ganz Deutschland keine vier Jahre später von der Realität eingeholt wurden. Warum hat sich die deutsche Politik dermaßen auf Gas versteift? Und warum ausgerechnet auf solches aus Russland?

Deutschlands Präferenz für günstige russische Energie

Laut einer Studie der Bundesanstalt für Geowissenschaften und Rohstoffe (BGR) ist Erdgas der emissionsärmste fossile Energieträger. Es gilt daher, den Ausbau der erneuerbaren Energien flankierend, als ein wichtiger Baustein der Energiewende und als Brückentechnologie auf dem Weg zu einer langfristig weitgehend CO_2-neutralen Energieversorgung.[281]

Seit dem Ausbruch des Ukrainekriegs, den darauffolgenden Sanktionen des Westens und Russlands Reaktionen darauf geht der Plan der deutschen Politik nicht mehr auf. Deutschland hat sich über einen langen Zeitraum von russischem Öl und noch stärker von billigem russischen Gas abhängig gemacht. Die Anfänge reichen zurück bis in die 1970er-Jahre. Über die Jahrzehnte waren die UdSSR und später Russland ein zuverlässiger Lieferant. In den Jahren von 2011 bis 2020 stieg der Anteil russischen Gases an den gesamten deutschen Gasimporten von knapp 37 Prozent auf gut 65 Prozent.[282]

Im Jahr 2020 war Deutschland dem Energiejahresbericht von BP 2020 zufolge der mit Abstand größte Einzelkunde russischer Gaslieferungen ins Ausland. Mit 56,3 Milliarden Kubikmeter entfielen etwa ein Drittel der gesamten Ausfuhren auf Europa, über ein Viertel auf Deutschland.[283] 2021 machte Erdgas fast 27 Prozent der Energie aus, die in Deutschland verbraucht wurde. 55 Prozent des eingesetzten Erdgases wurden aus Russland importiert, knapp 30 Prozent aus Norwegen.[284]

Wenn im Zuge der Energiewende der Ausstieg aus der Kernenergie sowie aus Kohle, Gas und Öl erfolgen soll, dann muss der

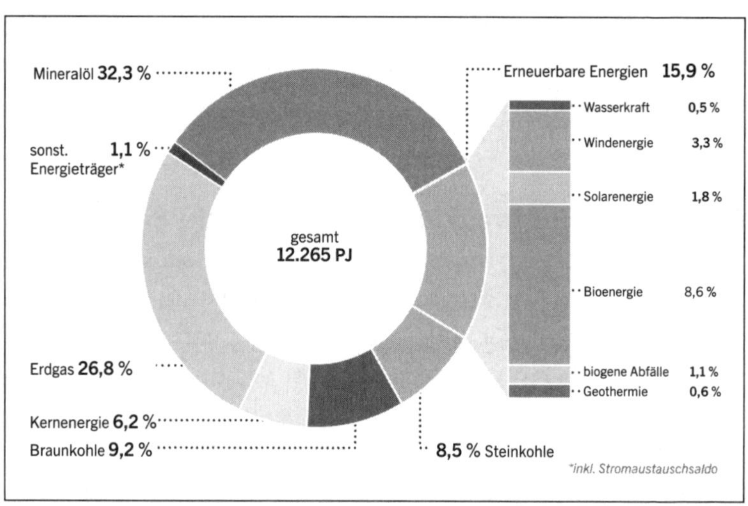

Abbildung 20: Deutschland Primärenergieverbrauch
Quelle: https://basisdaten.fnr.de/bioenergie/energiedaten

Primärenergieverbrauch,[285] der im Jahr 2021 zu rund 83 Prozent auf eben besagten Energieträgern basierte,[286] konsequenterweise aus anderen Energiequellen gedeckt werden.

Deutschlands Unternehmen haben selbstverständlich auf das billige russische Gas zugegriffen. Die Aufgabe von Unternehmen ist es bekanntlich, Waren und Dienstleistungen in bester Qualität mit den zur Verfügung stehenden Ressourcen so günstig wie möglich zu erzeugen beziehungsweise zu erbringen. Sind Grundstoffe, die die Unternehmen zur Herstellung ihrer Waren und Dienstleistungen benötigen, an einem Standort günstig und ausreichend vorhanden, so ist es folgerichtig, diese am Unternehmensstandort so intensiv wie möglich zu nutzen. Jahrzehntelang stand der deutschen Wirtschaft über Pipelines erschlossenes und als umweltschonend propagiertes russisches Erdgas zur Verfügung. Es wäre betriebswirtschaftlicher Irrsinn gewesen, wenn sich Unternehmen für eine teurere Energiequelle entschieden hätten.

Deutschlands Industrie hängt am Gashahn

Deutschlands klassische Industrie macht knapp ein Drittel der deutschen Wertschöpfung aus. Sie benötigt für ihre Produkte eine fortwährende Gasversorgung. Im Jahr 2021 wurden dem Produktionsprozess 37 Prozent der deutschen Gasimporte (entsprechend einem Wert von 14,4 Milliarden Euro) zugeführt. Allein die chemisch-pharmazeutische Branche verbraucht insgesamt 15 Prozent des deutschen Gases. BASF in Ludwigshafen etwa steht für knapp 4 Prozent des Gasverbrauchs.[287] Ein nicht unerheblicher Anteil von Deutschlands Gas kam und sollte über einen langen Zeitraum über Pipelines ins Land kommen.

Nord Stream 1 und Nord Stream 2

Bei Nord Stream handelt es sich um ein System von Unterwasser-Gasleitungen (1224 Kilometer lange Pipelinestränge), die von Russland nach Deutschland verlaufen, um Unternehmen und

Privathaushalte in Europa über einen Zeitraum von mindestens 50 Jahren mit jährlich 55 Milliarden Kubikmetern Gas zu versorgen.[288] Nord Stream 1 wurde im November 2011 in Betrieb genommen. Das Leitungssystem verläuft von Wyborg nach Lubmin bei Greifswald. Von dem damaligen Bündnis 90/Die Grünen-Fraktionschef Jürgen Trittin wurde es zu seinem Baubeginn im April 2010 als »ein Stück mehr Versorgungssicherheit« begrüßt.[289]

Nord Stream 2 wurde im September 2021 fertiggestellt. Jeder Pipelinestrang wies eine Transportkapazität von rund 27,5 Milliarden Kubikmetern Gas pro Jahr auf.[290] Die Pipeline verläuft von Ust-Luga weitgehend parallel ebenfalls nach Lubmin. Aufgrund des russischen Überfalls auf die Ukraine wurde das Genehmigungsverfahren für Nord Stream 2 im Februar 2022 gestoppt. Bereits im Juli 2022 wurde der Gasfluss in Nord Stream 1 mit Hinweis auf Wartungsarbeiten von russischer Seite unterbrochen. Danach wurde die Durchleitung mit gedrosselter Leistung wieder aufgenommen. Ende August 2022 wurde die Durchleitung vom russischen Betreiber ausnahmslos eingestellt.[291]

Spätestens mit den Anschlägen auf die Ostsee-Pipelines Nord Stream 1 und Nord Stream 2 im September 2022 ist deren Bekanntheitsgrad maßgeblich gestiegen. Noch im Dezember 2022 war unbekannt, wer Löcher in die Pipelines gesprengt und sie somit unbrauchbar gemacht hatte.

Jetzt zahlen Unternehmen und Bürger einen hohen Preis für die einseitige deutsche Energiepolitik. Dr. Hugo Müller-Vogg, ehemaliger Herausgeber der *FAZ*, formuliert treffend: »Die Regierungen unterschiedlicher Farben – Rot-Grün, Schwarz-Gelb und Schwarz-Rot – haben mit ihrem Drang, Kernkraft- und Kohlekraftwerke stillzulegen und gleichzeitig den Import von russischem Erdgas auszuweiten, Putin die Instrumente in die Hand gegeben, um uns heute politisch zu erpressen und finanziell auszupressen.«[292]

Wer mit Gas heizt, ist der Dumme

Jahrelang wurden Gasheizungen von Energieunternehmen und Installateuren als verlässliches Heizsystem angepriesen und vom Staat gefördert. Gas galt als klimafreundliche Alternative zu Kohle und Erdöl und folglich wurden in Deutschlands Häuser sehr viele Gasheizungen eingebaut. Wer bis 2019 eine Gasbrennwertheizung im Bestand einbaute, erhielt über die Programme der Kreditanstalt für Wiederaufbau 430 und 152 hohe Zuschüsse oder günstige Kredite.[293] 70 von 100 Personen in Deutschland, die sich 2021 eine neue Heizung zulegten, entschieden sich für eine Gasheizung.[294]

In der Bundesrepublik gibt es 40 Millionen private Haushalte. Ungefähr 20 Millionen davon heizen mit Gas. Anfang 2022 wurden 55 Prozent davon mit russischem Gas versorgt.[295] Das einst preiswerte Gas ist aufgrund der Sanktionen gegen Russland und Russlands Gegenmaßnahmen in Deutschland zu einem knappen und folglich teuren Gut geworden. Allein in der Zeit von Januar 2021 bis Mitte Dezember 2022 stieg der Gaspreis für Neuverträge bei einem durchschnittlichen Jahresverbrauch von 20.000 kWh auf mehr als das Vierfache.[296]

Die Gaskunden sind weder für die Misere verantwortlich, noch haben sie (insbesondere Mieter) in den meisten Fällen eine Option, den horrenden Preisen ihrer Gaslieferanten zu entgehen. Die Option des Einbaus einer neuen Heizung fällt bereits für über 50 Prozent der Bevölkerung weg, denn diese wohnt zur Miete.[297] Für welche Hauseigentümer sich die Entscheidung weg vom Gas lohnt, ist gegenwärtig kaum zu beurteilen.

Teures Gas lässt Kassen klingeln

Zwischen 2020 und 2022 haben sich laut dem Heizspiegel der gemeinnützigen Beratungsgesellschaft Co2online in Deutschland die Kosten des Heizens der eigenen Wohnung mit Öl oder Gas verdoppelt. Ferner haben sich die strombetriebenen Wärmepumpen und Holzpellets deutlich verteuert. Co2online-Geschäftsführerin Tanja Loitz: »Solch ein starker Anstieg der Heizkosten wurde seit der ersten Veröffentlichung des Heizspiegels im Jahr 2005 noch nie verzeichnet.«[298]

Da des einen Leid bekanntlich des anderen Freud ist und es in jeder Situation nicht nur Verlierer, sondern auch Gewinner gibt, stellt sich die Frage, wer von der gegenwärtigen Misere profitieren wird. Anstatt des billigen Gases aus Russland muss Deutschland jetzt teures Gas anderswo einkaufen. Während Unternehmer und Bürger unter astronomischen Preisen ächzen, klingeln anderswo die Kassen.

Laut einer Untersuchung des Energiewirtschaftlichen Instituts an der Universität zu Köln (EWI) im Auftrag des Branchenverbands Zukunft Gas werden in Zukunft voraussichtlich die USA der wichtigste Lieferant für verflüssigtes Erdgas (LNG) in Deutschland und Europa. Die Importe aus den USA stiegen in allen untersuchten Szenarien gegenüber dem Jahr 2021 deutlich an. Die Studie geht für 2030 für den Fall, dass zwischen Russland und der EU keinerlei Gas gehandelt wird, von einem USA-Anteil an den Gesamtimporten der EU von 39 Prozent aus. Dieser Wert ist jedoch nur dann realistisch, wenn bis dato genügend Verflüssigungsanlagen gebaut werden. Ferner kommt die Untersuchung zu dem Ergebnis, dass ohne russisches Gas die Großhandelspreise in Nordwesteuropa auch im Jahr 2026 noch über 90 Euro je Megawattstunde liegen könnten. »Bei einer global sinkenden Nachfrage kann jedoch das Preisniveau von 2018 auch ohne russisches Gas bis 2030 wieder erreicht werden.«[299]

Berechnungen des Münchener ifo Instituts zufolge kostet Deutschland der rasante Anstieg der Energiepreise in Summe fast 110 Milliarden Euro Realeinkommen. 35 Milliarden Euro entfallen auf das Jahr 2021, der Rest auf 2022. Diese Summe ergibt mit 3 Prozent der Wirtschaftsleistung den höchsten Realeinkommensverlust seit der zweiten Ölkrise Ende der 1970er-Jahre; damals lag er bei 4 Prozent.[300]

Großer Gewinner sind die USA

> *»Mit LNG aus den USA und anderen Ländern sind wir nicht wettbewerbsfähig. Das ist doch Augenwischerei. Den Menschen wird vorgegaukelt, es gäbe kurzfristige Lösungen. Und das ist einfach nicht wahr.«*
>
> Klaus Josef Lutz, Vorstandschef der BayWa und Präsident des Bayerischen Industrie- und Handelskammertags im November 2022[301]

Mit dieser Aussage hat Klaus Josef Lutz vollkommen recht. US-amerikanisches Flüssiggas (LNG) ist für die europäischen Endkunden wesentlich teurer als russisches Gas und ein Riesengeschäft für die Lieferanten. Es ist davon auszugehen, dass auch zukünftig aufgrund der hohen Nachfrage und des Ausbleibens Russlands als Lieferant die Preise hoch bleiben. Nach Einschätzung des Wirtschaftsmagazins *Fortune* ist die Europäische Union bereit, beinahe jeden Preis zu bezahlen, um einen Energienotstand abzuwenden. Sie sei bereit, »die Heizkosten für alle Bürger weiter in die Höhe zu treiben, um die Versorgung mit Erdgas für den kommenden Winter zu sichern«.[302]

Im Sommer 2022 kam es zu abstrusen Preisen. In der *Berliner Zeitung* hieß es im August 2022: »Es ist eine unglaubliche Arbitrage«, dass Europa laut Angaben namentlich nicht genannter EU-Beamter bereit sei, jeden Weltmarktpreis für einen Tanker mit Flüssiggas zu überbieten. Mit dieser Taktik versuche die EU, alle anderen Interessenten am Weltmarkt auszustechen. Da offenkundig zahlreiche Länder sich an diesem Irrsinn nicht beteiligen konnten, hätten EU-Staaten *Fortune* zufolge 21 Milliarden Kubikmeter aus den globalen LNG-Beständen zugekauft.[303]

Laut Laurent Segalen, einem Energie-Investmentbanker, der den Podcast *Redefining Energy* moderiert, »können Unternehmen, die in den USA Gas verkaufen wollen, ein großes Schiff füllen und es für rund 60 Millionen Dollar (etwa 59 Millionen

Euro) über den Atlantik schicken, wobei die Ladung dann in Europa rund 275 Millionen Dollar (knapp 270 Millionen Euro) einbringen würde.« … »Wir reden hier nicht über eine Marge. Es geht um einen Multiplikator«, erklärte Segalen im Gespräch mit *Business Insider* über den sogenannten Arbitragehandel. »Alles in allem ist das verrückt«, sagt er.[304]

Auch die Transportkosten gingen 2022 durch die Decke. Seit dem Einmarsch Russlands in die Ukraine am 24. Februar 2022 sind die Frachtraten für Schiffe, die verflüssigtes Erdgas transportieren, in die Höhe geschnellt. Die durchschnittlichen Kosten für das Chartern eines Schiffes für einen Tag stiegen bis Oktober 2022 von 14.300 US-Dollar auf knapp 400.000 US-Dollar.[305] Diesen Irrsinn musste im Oktober 2022 auch der Bundesminister für Wirtschaft und Klimaschutz Robert Habeck (Bündnis 90/Die Grünen) zur Kenntnis nehmen: »Einige Länder, auch befreundete, erzielen teils Mondpreise. Das bringt natürlich Probleme mit sich, über die wir sprechen müssen … Die USA haben sich an uns gewandt, als die Ölpreise hochgeschossen sind, daraufhin wurden auch in Europa die nationalen Ölreserven angezapft. Ich denke, eine solche Solidarität wäre auch zur Dämpfung der Gaspreise gut.«[306] Bundeskanzler Scholz sagte am 20. Oktober 2022 in seiner Rede im Bundestag: »Ich bin überzeugt: Länder wie die USA, Kanada oder Norwegen, die gemeinsam mit uns solidarisch an der Seite der Ukraine stehen, haben ein Interesse daran, dass Energie in Europa nicht unbezahlbar wird.«[307]

Dass Angebot und Nachfrage den Preis bestimmen und dass der Preis eines knappen Gutes steigt, ist bekanntlich das Gesetz des Marktes. Auch in Norwegen rollt der Rubel – beziehungsweise die norwegische Krone. Laut Eurostat exportierte Norwegen im Jahr 2020 Gas für 2 Milliarden Euro in die EU, 2021 bereits für 6 Milliarden Euro und im ersten Halbjahr 2022 bereits für 10 Milliarden Euro.[308] 2022 war Norwegen mit einem Anteil von 33 Prozent der wichtigste Gaslieferant für Deutschland.[309]

Wie hoch die Solidarität insbesondere der US-Gasindustrie gegenüber dem Wirtschaftskonkurrenten Europa und insbesondere Deutschland über dem Gewinn steht, wird sich zeigen.

Der Ukrainekrieg und dessen Folgen haben in Europa einen Energiehunger nach Flüssiggas ausgelöst. Nach dem Ausfall Russlands als Gaslieferant hat sich Europa zum wichtigsten Markt für die US-Unternehmen entwickelt. Laut dem Rohstoffdatenunternehmen Vortexa gingen allein im August 2022 knapp 60 Prozent der US-amerikanischen Flüssigerdgasausfuhren – das entspricht 115 Kilotonnen pro Tag – nach Europa. Im Vorjahresmonat waren es lediglich 19 Prozent beziehungsweise 35 Kilotonnen pro Tag. Bereits im Juni 2022 übertrafen laut Internationaler Energieagentur die Gaslieferungen aus den USA nach Europa diejenigen über Pipelines aus Russland.[310] Laut Refinitiv, einem US-amerikanischen Dienstleistungsunternehmen, das Wirtschaftsdaten aufbereitet, machten die Lieferungen aus den USA bis September 2022 mehr als 70 Prozent der Gaseinfuhren nach Europa aus.[311]

Der französische Präsident Emmanuel Macron fasste die Situation während einer Pressekonferenz in Brüssel im Anschluss an ein Treffen der Staats- und Regierungschefs der Europäischen Union im Oktober 2022 folgendermaßen zusammen: »Die nordamerikanische Wirtschaft trifft Entscheidungen um der Attraktivität willen, was ich respektiere, aber sie schaffen einen doppelten Standard mit niedrigeren Energiepreisen im Inland, während sie Erdgas zu Rekordpreisen nach Europa verkaufen.«[312] Darüber hinaus erlaubten die USA staatliche Hilfen von bis zu 80 Prozent in einigen Sektoren, während sie hier verboten seien, fügte er hinzu. »Es geht um die Ernsthaftigkeit des transatlantischen Handels.«[313]

Es erwirkt den Anschein, dass es wie unter Donald Trump auch unter dem aktuellen US-Präsidenten Joe Biden von der Demokratischen Partei heißt: »America first.« Das Flüssiggas aus den USA ist jedoch nicht nur teuer, sondern auch wesentlich umweltschädlicher.

Probleme bei Flüssiggas

Flüssiggas oder Liquified Natural Gas (LNG) ist durch Herunterkühlen auf –162 °C verflüssigtes Erdgas (vorwiegend Methan). Bei der Verflüssigung nimmt das Volumen des Gases um das Sechshundertfache ab. LNG eignet sich besonders durch seine hohe Energiedichte für Transport und Speicherung[314] (siehe auch Abbildung 21).

Bei LNG aus den USA und Australien handelt es sich oft um Fracking-Gas. Aufgrund von Leckagen ist LNG laut Greenpeace noch klimaschädlicher als konventionelles fossiles Gas. LNG mit hohem Fracking-Anteil aus den USA ist über sechs Mal und aus Australien rund 7,5 Mal klimaschädlicher als beispielsweise Pipeline-Gas aus Norwegen.[315]

Bezüglich des LNG-Booms werden zukünftig weitere Probleme auftreten. Beispielsweise mangelt es an LNG-Tankern. Im Jahr 2019 kostete ein LNG-Frachter rund 190 Millionen Dollar. 2022 wurden bereits 250 Millionen Dollar fällig. Global gibt es lediglich fünf Werften, die die Fähigkeit besitzen, LNG-Tanker

Transport und Nutzung von LNG

Abbildung 21: LNG-Prozesskette von der Förderung (1) bis zur Einspeisung in das Erdgasnetz
Quelle: https://www.bgr.bund.de/DE/Themen/Energie/Downloads/bgr_literaturstudie_methanemissionen_2020.pdf?__blob=publicationFile&v=2

zu bauen. Die drei mit Abstand wichtigsten Betriebe von Daewoo, Hyundai und Samsung sitzen in Südkorea. Zwei weitere sitzen in China. Frankreich, einst Marktführer beim Bau der Frachter, und Japan haben sich vor einigen Jahren aus dem Geschäft verabschiedet. Die Auftragsbücher der Koreaner sind voll, und dementsprechend sind die Wartezeiten lang. Ein 2022 bestelltes Schiff wird frühestens 2025, vielleicht auch erst 2027 ausgeliefert.[316]

Deutsche Energiepolitik: Wasch mir den Pelz, aber mach mich nicht nass

Die Partei von Wirtschaftsminister Robert Habeck ist gegen Fracking, Gas- und Ölbohrungen in Nord- und Ostsee und Verlängerungen der Laufzeiten von Atomkraftwerken. Das liest sich so:

- »Fracking ist nicht von ungefähr seit 2017 weitestgehend verboten. Insbesondere für das Grund- und Trinkwasser und durch die Durchlöcherung der geologischen Formationen im Untergrund bestehen erhebliche Gefahren«,[317] so die Partei in ihrer Website. Demgegenüber gibt es in Deutschland, insbesondere in Niedersachsen und Baden-Württemberg, schätzungsweise Ressourcen von 2,3 Billionen Kubikmeter Schiefergas. Diese Bestände würden den Gasbedarf Deutschlands für die nächsten rund 30 Jahre decken. Folglich wäre Deutschland energiepolitisch für diesen Zeitraum wesentlich unabhängiger.[318]
- »Gas- und Ölförderung in Nord- und Ostsee gefährdet die empfindlichen Ökosysteme unserer schon bis zum Anschlag belasteten Meere. Sie gehört daher abgeschafft und nicht verlängert.«[319]
- Laufzeitverlängerungen für Atomkraftwerke scheiden nach Auffassung von Bündnis 90/Die Grünen aus, weil sie »gefährlich sind und nichts zur aktuellen Versorgungssicherheit beitragen«.[320]

Andererseits soll Fracking-Gas beispielsweise aus den USA nach Deutschland geschifft und aus den Niederlanden importiert werden, Atomstrom aus den Nachbarländern kommen und beispielsweise Nordseeöl aus Norwegen importiert werden.

Michael Sauge, Autor für Wirtschaft und Politik beim *SPIEGEL*, unterstellt dem Wirtschaftsminister und Vizekanzler Habeck Doppelmoral.[321] In Anbetracht dessen muss die Frage gestellt werden, warum beispielsweise die USA für das umweltschädliche Fracking-Gas und folglich für die Schädigung ihrer eigenen Umwelt keinen entsprechenden Preis verlangen sollten?

Der Wirtschaftsstandort Deutschland benötigt günstige Energie, um wettbewerbsfähig zu bleiben – viel Energie und bezahlbare Energie. Dieser Energiebedarf wird zumindest in den nächsten Jahren nicht mit erneuerbaren Energien abgedeckt werden können. Dementsprechend wird die Politik nicht darum herumkommen, verstärkt auf Kernkraft und auch Kohle zu setzen, um die Attraktivität des Wirtschaftsstandorts Deutschland nicht noch weiter zu schädigen.

Gaspreisdeckel löst keine Probleme

> *»Energie wird deutlich teurer werden. Es rollt eine Kostenlawine auf die Leute zu. Die Gas-Großhandelspreise haben sich verzehnfacht. Würde der Staat nicht handeln, so käme das im nächsten Jahr ungebremst bei den Gaskunden an.«*
>
> Veronika Grimm, Wirtschaftsweise, im Oktober 2022[322]

Aufgrund von Russlands Invasion in der Ukraine und den daraus resultierenden Sanktionen des Westens und Russlands Antwort darauf, ist Gas in Deutschland ein knappes Gut geworden. Angebot und Nachfrage bestimmen den Preis. Dementsprechend ist der Preis für Gas in Deutschland kräftig gestiegen. Solange das Angebot an Gas, entweder durch beispielsweise Fracking in Deutschland oder ein Aufheben der Sanktionen gegen Russland, nicht vergrößert wird, werden die Preise nicht maßgeblich sinken.

Durch eine Gaspreisbremse wird es weder mehr Gas auf dem Markt geben, noch wird die Nachfrage nach dem für in Deutschland knappen Gut gesenkt. Die Gasknappheit in Deutschland mithilfe von Subventionen, und in diesem Fall sogar schuldenfinanzierten Subventionen, künstlich zu senken, kann als unsinnig betrachtet werden, wenn die Subventionen nicht mit einer massiven Ausweitung des Angebots einhergehen. Zwar werden die Bürger und Unternehmen kurzfristig vor den hohen Preisen geschützt, langfristig müssen sie jedoch die Stützungsmaßnahme mit ihren Steuergeldern bezahlen.

Werden die Bürger gegenüber der Wirtschaft durch die Subventionen bevorzugt, dann ist die Wirtschaft gezwungen, abhängig von der Höhe der Subventionen, mit Produktionsdrosselung, Produktionsstopp oder gar Schließung zu reagieren. Kurzum: Um das Energieproblem zu lösen, ist es notwendig, neue Energiequellen wie beispielsweise Fracking in Deutschland zu erschließen oder die Sanktionen gegen Russland aufzuheben. Wird das Energieangebot nicht massiv erhöht, dann ist das Geld des 200 Milliarden schweren »Doppelwumms« irgendwann weg – oder besser gesagt, woanders – und die schöne Illusion der Politik schlussendlich geplatzt. Langfristige Subventionen als Antwort auf eine von der Politik eigens verschuldeten Angebotsknappheit sind unter monetären Gesichtspunkten nicht zielführend. Die Rechnung für das energiepolitische Versagen wird zweifelsfrei beim Steuerzahler landen.

Standortfaktor Steuern und Abgaben, Teil 2

Oftmals wird die Schuld an den extrem hohen Energiepreisen von der Politik auf andere geschoben. Jedoch ist einer der Preistreiber und somit einer der Hauptverantwortlichen für Deutschlands im internationalen Vergleich extrem hohe Energiepreise die Politik selbst. Ohne die sehr hohe Besteuerung von Energie wäre Energie in Deutschland für Bürger und Unternehmen wesentlich preiswerter.

Strompreis

Bereits vor dem Ukrainekrieg gehörten die Strompreise in Deutschland zu den höchsten weltweit.[323] Unter Berücksichtigung der vergleichsweise hohen Kaufkraft lagen die Strompreise im globalen Vergleich auf Rang 15. In keinem anderen G-20-Staat war der Strom teurer.[324] Dementsprechend hatten die Deutschen weniger im Geldbeutel und die Wirtschaft im globalen Wettbewerb mit viel zu hohen Strompreisen zu kämpfen. Von 2000 bis 2020 hat sich der Strompreis für Endverbraucher in Deutschland mehr als verdoppelt (Abbildung 22).

In keinem europäischen Land kostete vor dem Ukrainekrieg der Strom so viel wie in Deutschland. Bereits im Jahr 2019 überschritten die Stromkosten in Privathaushalten die Marke von 30 Cent

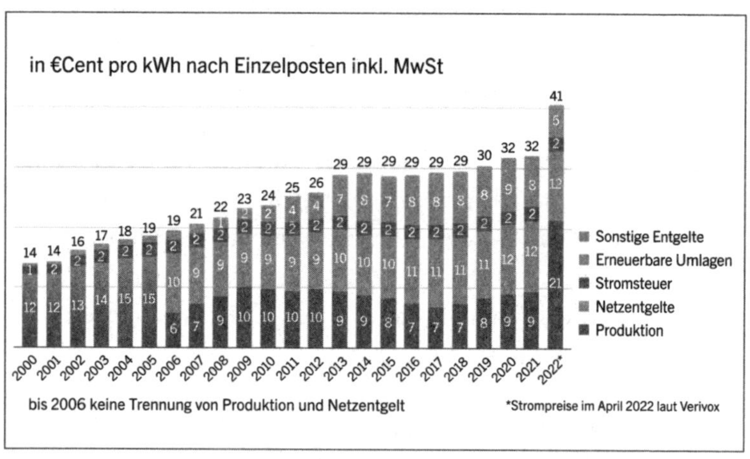

Abbildung 22: Entwicklung der Strompreise für deutsche Endverbraucher,2000 bis 2022
Quelle: https://www.tech-for-future.de/strompreisentwicklung/

pro Kilowattstunde. 2020 haben die Haushalte in Deutschland so viel für ihren Strom bezahlt wie noch nie zuvor. Nach Berechnungen des Vergleichsportals Check24 waren es rund 37,8 Milliarden Euro, gut 900 Millionen Euro mehr als 2019. 2016 war der private Verbrauch mit rund 127 Milliarden Kilowattstunden fast gleich hoch wie 2020, die Kosten aber waren um 3 Milliarden Euro geringer. Der durchschnittliche Preis pro Kilowattstunde sei in diesem Zeitraum von 27 Cent auf rund 30 Cent gestiegen.[325]

Nicht wegen der häufigeren Nutzung des Homeoffice in der Coronakrise, sondern wegen der im Strompreis enthaltenen Umlagen und Steuern ist der Preis gestiegen. Laut den Zahlen der Bundesnetzagentur machten die Umlagen und Steuern 2020

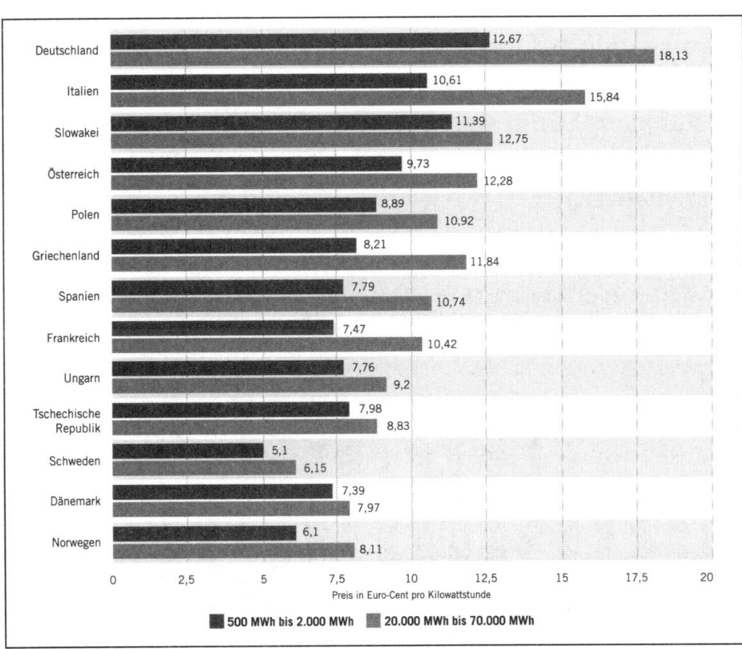

Abbildung 23: Strompreise für Industriekunden in ausgewählten europäischen Ländern nach Verbrauchsmenge, 2021
Quelle: https://de.statista.com/statistik/daten/studie/151260/umfrage/strompreise-fuer-industriekunden-in-europa/

mehr als drei Viertel der Stromrechnungen der Privathaushalte aus. Deutschland hatte 2020 nach Angaben des EU-Statistikamts Eurostat zusammen mit Dänemark und Belgien die höchsten Strompreise für Haushaltskunden.[326] 2020 kostete der Strom in Deutschland im Schnitt 0,31 Euro pro kWh. Bei den großen Wirtschaftskonkurrenten betrug der Preis pro kWh in Japan 0,21 Euro, USA 0,14 Euro, Südkorea 0,08 Euro, China 0,08 Euro und Indien 0,07 Euro.[327]

Auch Deutschlands Industrie war und ist im internationalen Vergleich mit extrem hohen Stromkosten konfrontiert (siehe Abbildung 23).

Die hohen Strompreise haben logischerweise Auswirkungen auf die Attraktivität und Wettbewerbsfähigkeit des Wirtschaftsstandorts Deutschland. Zweifellos war und ist die Regierung aufgrund ihrer Politik der Energiebesteuerung (siehe Abbildung 24) dafür verantwortlich, dass der Wirtschaftsstandort Deutschland im internationalen Vergleich seit Jahren an Attraktivität verliert.

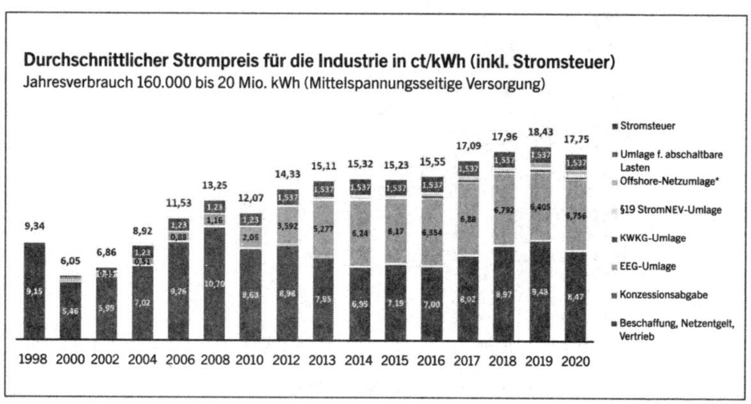

Abbildung 24: Durchschnittliche Strompreise für die Industrie in Deutschland, 1998 bis 2020
Quelle: https://www.kwh-preis.de/strompreis-dossier-teil-3-vergleich-strompreise-industrie-und-privathaushalt

Insbesondere die EEG-Umlage verteuert den Strom extrem und schmälert somit die Attraktivität des Wirtschaftsstandorts.

Im Jahr 2004 sagte der damalige Bundesumweltminister Jürgen Trittin (Bündnis 90/Die Grünen): »Es bleibt dabei, dass die Förderung erneuerbarer Energien einen durchschnittlichen Haushalt nur rund 1 Euro im Monat kostet – so viel wie eine Kugel Eis.«[328] Knapp 20 Jahre später darf diese Aussage als blanker Unsinn bewertet werden. Der größte Anteil des Strompreises in Deutschland wurde nicht durch die privaten Anbieter, sondern durch staatlich bestimmte Abgaben definiert. Die Strompreise in Deutschland waren und sind folglich nicht zufällig so hoch, sondern politisch gewollt, um eine bis dato suboptimale Energiewende voranzutreiben. Der exponentielle Anstieg von Subventionen, regulierten Kosten und des Preises der CO_2-Emissionsrechte beruht auf politischen Entscheidungen. Zur EEG-Umlage heißt es in der Website des Bundesministeriums der Finanzen (Stand 9. November 2022): »Mit der EEG-Umlage wird der Ausbau der Erneuerbaren Energien finanziert. Betreiber von Erneuerbare Energien-Anlagen, die Strom in das Netz der öffentlichen Versorgung einspeisen, erhalten dafür eine festgelegte Vergütung. Die Übertragungsnetzbetreiber (ÜNB) verkaufen den eingespeisten Strom an der Strombörse. Da die Preise, die an der Börse erzielt werden, unter den gesetzlich festgelegten Vergütungssätzen liegen, wird den ÜNB der Differenzbetrag erstattet. Dieser Differenzbetrag (abzüglich eines Zuschusses aus dem Bundeshaushalt) wird durch die EEG-Umlage auf die Stromverbraucher umgelegt. Grundsätzlich müssen alle Stromverbraucher die EEG-Umlage bezahlen. Sie ist Teil des Strompreises.«[329]

Allerdings müssen Stromkunden seit dem 1. Juli 2022 keine EEG-Umlage mehr zahlen. Ab Januar 2023 wird die EEG-Umlage dann endgültig abgeschafft.[330]

Der Staat verdient an den hohen Strompreisen mit. 2022 setzte sich der Strompreis in Deutschland aus folgenden Teilen zusammen: 29 Prozent entfielen auf Steuern, Abgaben und Umlagen, 22 Prozent flossen in gesetzlich regulierte Netzentgelte sowie die Kosten für den Messstellenbetrieb, und 49 Prozent entfielen auf die Kosten für Stromeinkauf, Service und Vertrieb. Dementsprechend verdient der Staat mit jeder Preissteigerung prozentual mit.[331]

Zweifellos war und ist der Staat einer der Treiber des Strompreises. Somit hatten und haben einerseits die Bürger weniger Geld in der Tasche, und andererseits verlor und verliert der Wirtschaftsstandort Deutschland aufgrund seiner im internationalen Vergleich hohen Steuern und Abgaben kontinuierlich an Attraktivität, insbesondere was energieintensive Branchen angeht. Dies bedeutet, dass internationale Unternehmen sich gegen den Standort Deutschland entscheiden und nationale Unternehmen zumindest Teile ihrer Produktion ins Ausland verlagern oder die Produktion in Deutschland in Gänze einstellen.

Spritpreise

Die Bürger und die Wirtschaft ächzen nicht nur unter den hohen Strom- und Gaspreisen, sondern auch unter hohen Spritpreisen. Von der Politik werden rasch Schuldige für die im internationalen Vergleich, insbesondere im Vergleich mit unseren wirtschaftlichen Hauptwettbewerbern, hohen Spritpreise gefunden. In den USA lag der Dieselpreis pro Liter am 23.01.2023 bei 1,21 Euro, der Benzinpreis pro Liter am 23.01.2023 bei 0,92 Euro. Die Werte für China lauten am 23.01.2023 1,04 und 1,17, für Indien am 23.01.2023 1,09 Euro und 1,21 Euro. In Deutschland kostete Diesel hingegen am 23.01.2023 1,88 Euro pro Liter, Benzin am 23.01.2023 1,86 Euro pro Liter.[332] Im Grunde genommen sind weder Diesel noch Benzin teuer. Ganz im Gegenteil, sie sind sogar preiswert. Knapp zwei Drittel des Preises von Diesel und Benzin machen Steuern und Abgaben aus (siehe Abbildung 25). Somit verdient der Staat auch mit steigenden Spritpreisen maßgeblich mit.

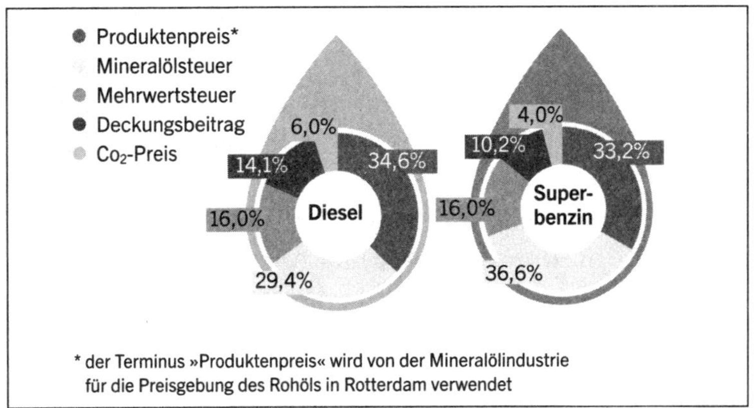

Abbildung 25: Zusammensetzung der Verbraucherpreise für Diesel und Superbenzin in Deutschland im Februar 2022
Quelle: https://de.statista.com/infografik/27022/bestandteile-des-preises-fuer-diesel-und-benzinin-deutschland/

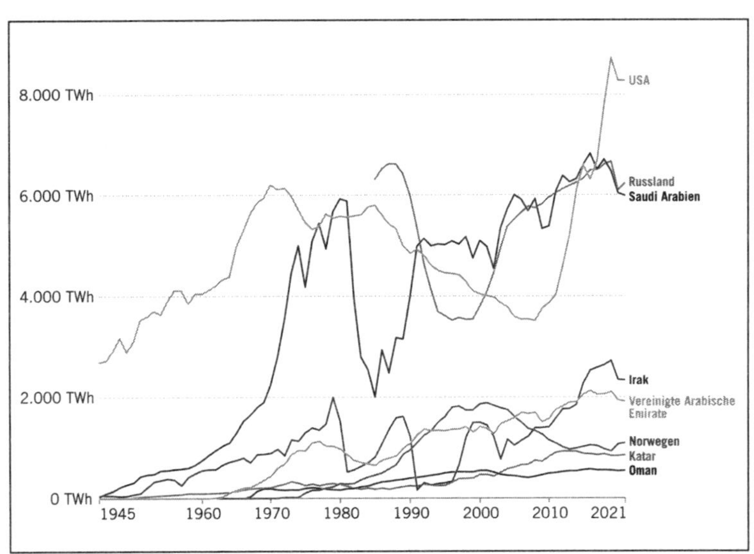

Abbildung 26: Ölproduktion in ausgewählten Ländern der Welt, 1945 bis 2021, in Terrawattstunden (TWh)
Quelle: https://ourworldindata.org/grapher/oil-production-by-country?time=1945..latest&country=QAT~OMN~SAU~NOR~IRQ~USA~ARE~RUS

Sollte die Politik die Spritpreise weiter erhöhen und sollten Deutschlands Mitbewerber wie beispielsweise China, die USA oder Indien nicht mitziehen, so wird auch dieser Faktor dazu beitragen, dass die Attraktivität Deutschlands als Wirtschaftsstandort kontinuierlich geschmälert wird. Insbesondere die USA haben mit ihrer Ölindustrie gegenüber Deutschland ein Ass im Ärmel. Haben sie doch längst Saudi-Arabien und Russland als größte Ölproduzenten der Welt abgelöst. Seit 2012 haben sie ihre Produktion beinahe verdoppelt (siehe Abbildung 26).[333]

4
Deutschlands fragwürdige Energiewende

»Die Energiewende ist ein volkswirtschaftliches Großexperiment bei laufendem Betrieb. Keine andere Industrienation hat sich jemals aus freien Stücken so großen Risiken ausgesetzt.«

Dieter Schnaas, Textchef und Autor
der *WirtschaftsWoche*, Januar 2022[334]

Dieter Schnaas hat die Brisanz für den Wirtschaftsstandort Deutschland und seine Bürger klar erkannt. Unvermindert treibt Deutschlands politische Elite eine Energiewende voran, die im größten Teil der Welt, gelinde gesagt, für Verwunderung sorgt und deren Ausgang völlig offen ist. Wie Professorin Veronika Grimm, Mitglied des Sachverständigenrats zur Begutachtung der gesamtwirtschaftlichen Entwicklung (SVR), richtig erkannt hat, sollte bei der Energiewende billiges russisches Gas als Übergangstechnologie auf dem Weg zur Klimaneutralität eingesetzt werden. Aufgrund der veränderten geopolitischen Situation geht der Plan nicht mehr auf, und Deutschland muss Gas aus aller Welt beschaffen, das teurer ist als russisches Gas.[335]

Ineffizient, kleinteilig und teuer

Das renommierte *Wall Street Journal* bezeichnete Deutschlands Energiepolitik 2019 als »dümmste Energiepolitik der Welt«, die die deutschen Haushalte und Unternehmen mit den höchsten Energiepreisen Europas belaste.[336] Der SVR bezeichnete in seinem Sondergutachten im Jahr 2019 mit dem Titel *Aufbruch zu einer neuen Klimapolitik* die mit Hunderten von Milliarden Euro finanzierte deutsche Energie- und Klimapolitik als »ineffizient, kleinteilig und teuer«.[337] Energieexperten im Ausland halten von der deutschen Energiewende augenscheinlich ebenfalls nicht allzu viel. Der Weltenergierat, bestehend aus 119 Fachleuten aus mehr als 60 Ländern, wurde bezüglich der deutschen Energiewende befragt. Insbesondere in Europa stößt sie nicht nur unter Experten auf Skepsis. Lediglich 11 Prozent der europäischen Teilnehmer betrachten die deutsche Energiewende als Blaupause für die Welt. Die Hälfte der Teilnehmer aus der EU vertritt die gegenteilige Überzeugung. Weitere 39 Prozent sagen, dass sie lediglich in Teilen als Blaupause dient. 67 Prozent der europäischen Experten erwarten eine Abschwächung der Wirtschaftskraft Deutschlands aufgrund seiner Energiepolitik bis 2030.[338]

Das Thema Sicherheit bei der Energiegewinnung muss ebenso großgeschrieben werden wie das Problem der mit Gewinnung und Verbrauch einhergehenden Treibhausgasemissionen. Dementsprechend ist es sachdienlich, sich mit Zahlen und Fakten auseinanderzusetzen. Die sichersten und saubersten Energiequellen sind laut der renommierten Online-Publikation *Our World in Data* die in Abbildung 27 zusammengefassten.

»Das eine 100% Abdeckung des Energiebedarfs mit Wind- und Sonnenenergie ohne Wohlstandsverlust möglich ist wissen viele Politiker.« So Karl Lauterbach (SPD), Bundesgesundheitsminister, am 17. Oktober 2022.[339]

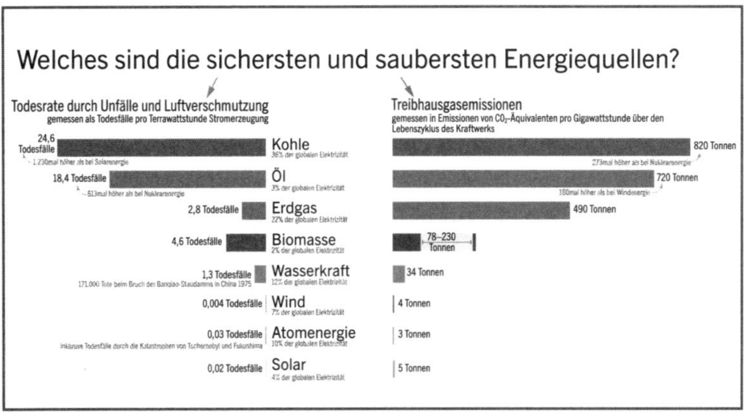

Abbildung 27: Die sichersten und saubersten Energiequellen
Quelle: https://ourworldindata.org/safest-sources-of-energy

Ob sich diese Aussage Lauterbachs für den Wirtschaftsstandort Deutschland bewahrheitet, wird die Zukunft zeigen.

Zweifellos muss im Zuge des Klimawandels auf erneuerbare Energien gesetzt werden. Ob diese jedoch den gesamten Energiebedarf der Industrienation Deutschland ohne eine damit einhergehende massive Deindustrialisierung des Landes zeitnah abdecken können, ist keinesfalls gewährleistet. Momentan können alternative Energien noch nicht einmal den Strombedarf Deutschlands abdecken. Wie weit Deutschlands Strombedarf bereits mit erneuerbaren Energien bedient werden kann, ist unter https://app.electricitymaps.com/zone/DE zu finden.

Windkraft

In Zeiten, in denen sich fossile Energie zusehends verteuert, bewegt sich der Windkraftausbau in Deutschland unter »ferner liefen«. Im Jahr 2021 wurden lediglich 484 neue Windkraftanlagen installiert, in den ersten acht Monaten des Jahres 2022 deren 313 (installierte Leistung 1309 Megawatt). Auf das Jahr hinaus gesehen ist das etwa fünf bis zehn Mal zu niedrig, um die angepeilten Ziele der Energiewende in Deutschland zu erreichen.[340]

Nicht zu vergessen ist, dass im selben Zeitraum dem Zubau an Windenergieanlagen ein Rückbau von 123 Windenergieanlagen mit einer Leistung von insgesamt 149 Megawatt gegenüberstand. Der offizielle Anspruch aus der Politik lautet auf eine installierte Leistung aus Windenergie in Höhe von 115 Gigawatt bis 2030. Das Bundesministerium für Wirtschaft und Klimaschutz schrieb hierzu in seinem Überblickspapier zum »Osterpaket« (einem umfangreichen Gesetzespaket von insgesamt mehr als 500 Seiten) vom 6. April 2022: »Bei der Windenergie an Land werden die Ausbauraten auf ein Niveau von 10 GW pro Jahr gesteigert, so dass im Jahr 2030 Windenergieanlagen an Land im Umfang von insgesamt rund 115 GW in Deutschland installiert sein sollen.«[341] Bis dato wurden lediglich 57 Gigawatt erreicht. Anstelle von 10.000 Megawatt pro Jahr wurden 1.500 Megawatt geliefert.[342]

In den ersten drei Quartalen 2022 ging die Zahl der neu genehmigten Windräder im Vorjahresvergleich um 16,2 Prozent zurück. Der Bundesverband Windenergie bezeichnet dies als besorgniserregend, da die Genehmigungen den zukünftigen Zubau darstellen.[343] Ferner gilt es zu beachten, wo Windkraftanlagen gebaut werden sollen. Bekanntlich gibt es in manchen Regionen mehr und in anderen weniger Wind.[344] Die *Neue Zürcher Zeitung* hat die Auslastung der deutschen Onshore-Turbinen sowie deren durchschnittliche Auslastung im Zehnjahresmittel im Jahr 2022 nach Bundesland berechnet (siehe Abbildung 28).[345] Welche Turbinen sich wo lohnen, mögen Experten bewerten.

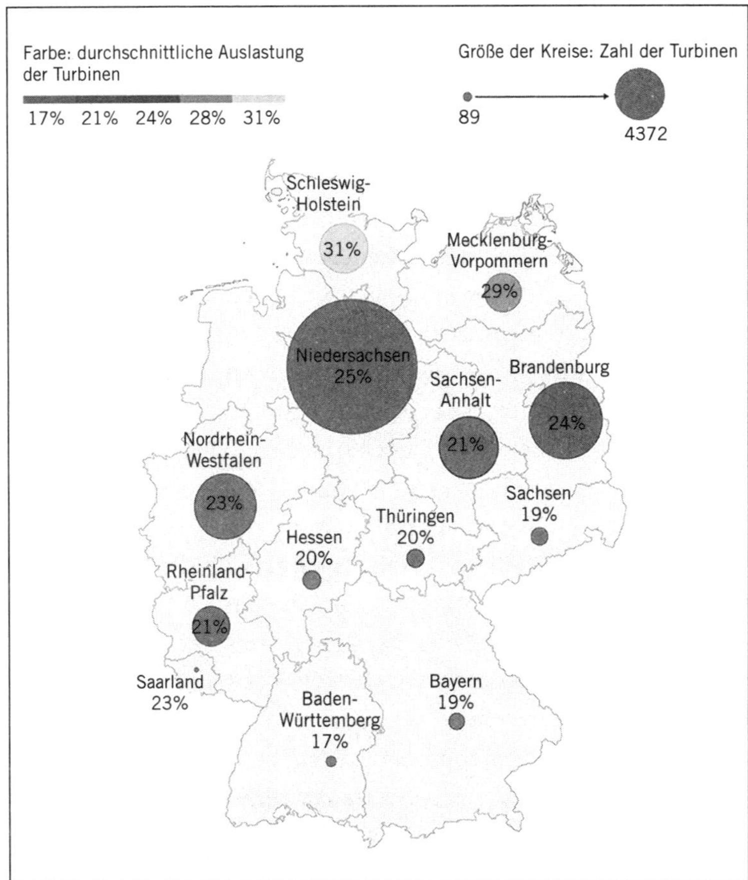

Abbildung 28: Zahl und durchschnittliche Auslastung deutscher Onshore-Turbinen im Zehnjahresmittel in Deutschland
Quelle: https://www.nzz.ch/meinung/warum-die-energiewende-nur-mit-atomkraft-funktioniert-ld.1710692

Wärmepumpen für Deutschland?

Wirtschaftsminister Habeck strebt an, dass ab 2024 zum Heizen von Häusern jährlich mindestens 500.000 neue Wärmepumpen als klimafreundlichere Alternative zur Öl- oder Gasheizung in Betrieb gehen sollen. Bis 2030 sollen es sogar 6 Millionen werden. Dadurch will die Bundesregierung eine Wärmewende bei Gebäuden, die Abkehr von fossilen Energien aus Russland und zugleich den Klimaschutz vorantreiben. Die Ampelregierung hat in ihrem Koalitionsvertrag verankert, dass neue Heizungen ab 2024 einen Anteil von 65 Prozent erneuerbarer Energie haben müssen. 2021 wurden laut Habeck in Deutschland 150.000 Wärmepumpen verbaut. Insgesamt gibt es in Deutschland rund eine Million installierte Wärmepumpen. Im Jahr 2021 betrug der Anteil an den neu installierten Heizungen rund 17 Prozent – Gasheizungen hatten einen Marktanteil von rund 70 Prozent.[346]

Ob Habecks Ziel erreichbar ist, steht in den Sternen. Die FDP-Politikerin Sandra Weeser, Vorsitzende des Bauausschusses im Bundestag, widerspricht: »Ohne zusätzliche Handwerker bleibt das Ziel, 500.000 Wärmepumpen im Jahr zu installieren, eine gut gemeinte Hoffnung.«[347] Habeck selbst setzt auf Zuwanderung aus dem Ausland.[348] Woher all die Fachkräfte kommen sollen, ist heute noch nicht klar. Bereits im Juni 2022 kamen Experten zu dem Ergebnis, dass Habecks Pläne in der Praxis nicht so funktionieren werden wie in seiner Theorie.[349] Bauphysikerin Lamia Messari-Becker zeigt gegenüber dem *SPIEGEL* auf, dass es nicht nur an einer, sondern an ganz vielen Stellschrauben hapert.[350] Habecks Wärmepumpen-Offensive ist für sie »Irrsinn«, »unbegreiflich« und »Wunschdenken« zugleich.[351] Es fehlen für eine solche Offensive schlicht und einfach Zehntausende Fachkräfte. Ferner sind die Lieferzeiten zu lang, von Engpässen in der Produktion ganz zu schweigen. Das musste das Bundeswirtschaftsministerium bereits im Juni 2022 eingestehen.

Die Deutsche Energie-Agentur (dena) führte im August 2022 eine Umfrage unter Energieeffizienz-Experten durch mit dem Ziel, einen Einblick in die vor Ort geführten Kundengespräche zu gewinnen und auf diese Weise Faktoren zu identifizieren, die einen schnellen Hochlauf von Wärmepumpen behindern. Auf die Frage, wie viel Zeit gegenwärtig für den Einbau einer Wärmepumpe geplant werden sollte, antworteten 45 Prozent der Befragten mit zwölf Monaten oder gar 18 Monaten. Weitere 9 Prozent gingen von mindestens neun Monaten aus.[352]

Die Konsequenz dessen beschreibt Messari-Becker dem *SPIEGEL* folgendermaßen: »Damit steigt die Gefahr, dass wir die Geräte bald aus Asien importieren müssen.«[353] Steigende Importe würden die nationale Produktion verdrängen und folglich Zigtausende Arbeitsplätze in Deutschland gefährden. Der Einbau von Wärmepumpen in unsanierten Gebäuden ergibt überdies gar keinen Sinn, da sie laut Messari-Becker nur dann ordnungsgemäß funktionieren würden, wenn die Bestandsbauten gut gedämmt seien. Eine Installation von Wärmepumpen in unsanierten Gebäuden hätte zur Folge, dass sie an kalten Tagen besonders viel Strom verbrauchen würden. Die Konsequenz seien explodierende Stromkosten.[354] Dies bestätigt auch Maximilian Flemming, Geschäftsführer eines Gebäudetechnikunternehmens und zugleich Obermeister der Innung für Sanitär-, Heizungs- und Klimatechnik: »Die (Wärmepumpen) funktionieren aber nun mal in vielen Bestandsgebäuden nicht gut – oder sie erzeugen exorbitante Betriebskosten. Die Politik möchte das erzwingen, aber sie kann ja die Gesetze der Physik nicht außer Kraft setzen.«[355]

Werden Ökostrom und -wärme nicht parallel ausgebaut, so sind Wärmepumpen gewiss nicht zu 100 Prozent klimaneutral, da sie bei Bedarf mit importiertem Strom aus fossilen Energien oder Kernkraft betrieben werden, wenn die erneuerbaren Energien nicht ausreichen. Gegenwärtig tragen erneuerbare Energien in Deutschland lediglich 50 Prozent zur Stromproduktion bei.

Ob es tatsächlich durchdacht ist, dass sich die Bundesregierung mit ihrer Priorisierung der Wärmepumpen auf allein diese Technologie konzentriert, ist zu bezweifeln. Messari-Becker: »Mir ist es unbegreiflich, dass immer noch angenommen wird, einzelne Technologien könnten Heilsbringer beim Thema Energie sein.«[356] Anfang Januar 2023 warnte der Präsident der Bundesnetzagentur, Klaus Müller, vor einer Überlastung des Stromnetzes in Deutschland durch die steigende Zahl privater Elektroautoladestationen und strombetriebener Wärmepumpen: »Wenn weiter sehr viele neue Wärmepumpen und Ladestationen installiert werden, dann sind Überlastungsprobleme und lokale Stromausfälle im Verteilnetz zu befürchten, falls wir nicht handeln.« Dementsprechend sieht die Netzagentur in einem Eckpunktepapier in Zeiten hoher Netzauslastung eine temporäre Stromrationierung für Wärmepumpen und Elektroautoladestationen vor. Die Netzbetreiber sollen dann zwangsweise und zentral koordiniert die Stromversorgung der Anlagen drosseln. Zum 1. Januar 2024 sollen die Pläne zur Stromrationierung laut Bericht in Kraft treten.[357]

Atomausstieg in Deutschland versus Atomboom im Ausland

Das Thema Atomkraft wird insbesondere in Deutschland kontrovers diskutiert. Teile der deutschen Politik treiben auch im Zuge der Energiekrise den Atomausstieg unvermindert voran. Bündnis 90/Die Grünen-Chefin Ricarda Lang etwa meint, Atomtechnologie sei keine Zukunftstechnologie.[358] Olaf Scholz lässt per Kanzlermachtwort die drei in Deutschland verbliebenen Kraftwerke nur bis April 2023 weiterlaufen und will sie anschließend abstellen. Währenddessen fordern andere Teile aus Politik und Wirtschaft einen Weiterbetrieb.[359] In Anbetracht der von *Our World in Data* aufgeführten Fakten (siehe hierzu Abbildung 29) wird in vielen Ländern weltweit das Thema Kernkraft durch eine vollkommen andere Brille betrachtet und folglich weiter vorangetrieben.

Selbst innerhalb der EU stößt der deutsche Atomausstieg mehrheitlich auf eher wenig Begeisterung. Die Mehrheit der EU-Länder folgt der deutschen Anti-Kernkraft-Strategie jedenfalls nicht. Ungeachtet des deutschen Atomausstiegs billigte das EU-Parlament Anfang Juli 2022 die Einstufung von Erdgas und Atomkraft als nachhaltig. Es kam nicht die erforderliche absolute Mehrheit zusammen, um den entsprechenden Vorschlag der Kommission abzulehnen. Anstelle der benötigten 353 Parlamentarier votierten nur 278 gegen den Rechtsakt zur entsprechenden Taxonomie.[360] Folglich ist die deutsche Energiepolitik noch nicht einmal innerhalb der EU mehrheitsfähig. Der langjährigste Bundestagsabgeordnete Wolfgang Schäuble (CDU) brachte es bei Markus Lanz im Dezember 2022 folgendermaßen auf den Punkt: »Und trotzdem sind wir jetzt mit der Energiepolitik in einer Lage, wo alle anderen in Europa sagen, seid ihr eigentlich wahnsinnig?« Dies nicht nur wegen der russischen Gas-Pipelines, sondern in erster Linie bezogen auf den Atomausstieg.[361]

Auch global wird oftmals nicht nur an bestehenden Kernkraftwerken festgehalten, sondern es werden weltweit 90 neue Atomreaktoren geplant.[362] Allein die Supermacht China plant 32 neue Reaktoren (siehe Abbildung 29), um auch zukünftig ihre Wirtschaft mit ausreichend Energie zu versorgen und den Standortvorteil des Landes gegenüber Konkurrenten weiter auszubauen.

Das EU-Land Polen, das gegenwärtig noch mehr als 70 Prozent seines Energiebedarfs mit Kohle deckt, schwenkt ebenfalls in Richtung Atomkraft um. Wie im November 2022 bekannt wurde, beabsichtigt Polen, neue Atomkraftwerke zu bauen, um

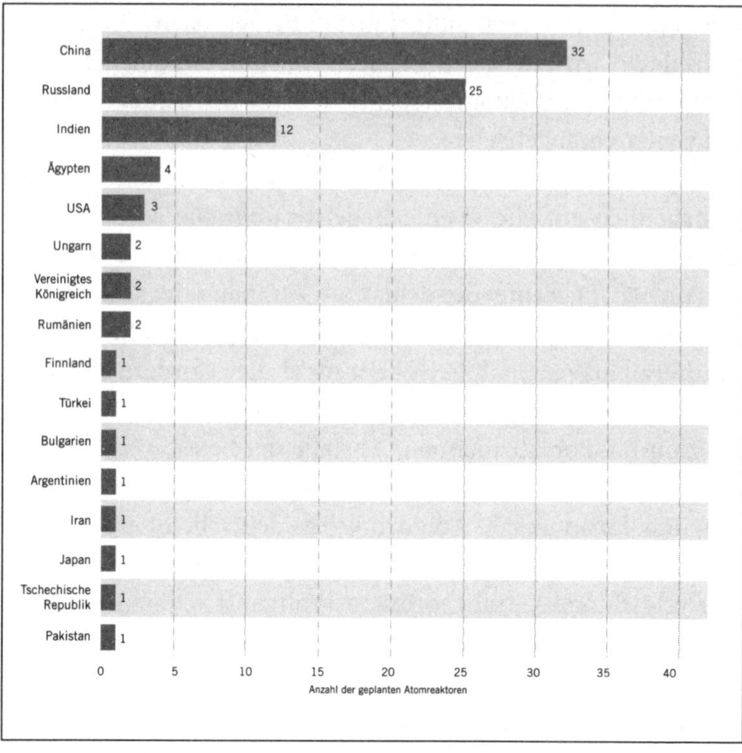

Abbildung 29: Zahl der geplanten Atomreaktoren in ausgewählten Ländern weltweit im Juli 2022
Quelle: https://de.statista.com/statistik/daten/studie/157767/umfrage/anzahl-der-geplanten-atomkraftwerke-in-verschiedenen-laendern/

die Klimaziele zu erfüllen und sich nicht von Rohstofflieferanten wie Russland erpressen zu lassen. Hierbei setzt das Land weder auf Kraftwerkstechnik aus Deutschland noch aus EU-Ländern, sondern auf solche aus Übersee. 2033 soll ein vom amerikanischen Konzern Westinghouse zu bauendes Kraftwerk ans Netz gehen. Im November 2022 unterzeichnete Polens Minister für Staatsaktiva, Jacek Sasin, zusammen mit dem südkoreanischen

Energieminister Lee Chang-yang in Seoul einen Vorvertrag für den Bau eines weiteren Kernkraftwerks.[363]

Auch die Niederlande setzen wieder auf Atomkraft, wie im Dezember 2022 bekannt wurde. Deutschlands Nachbar plant den Bau zweier neuer Atomkraftwerke, die fürderhin bis zu 13 Prozent der Stromproduktion abdecken sollen. Ministerpräsident Mark Rutte begründete die Entscheidung folgendermaßen: »Indem wir Kernenergie zu unserem Energiemix hinzufügen, werden wir die CO_2-Emissionen aus der Stromerzeugung reduzieren und uns weniger abhängig von Ländern machen, aus denen diese fossilen Brennstoffe stammen.«[364]

Schwedens konservative Regierung denkt ähnlich und beabsichtigt Schwedens Energiesicherheit zu erhöhen, indem sie den Bau zusätzlicher Atomkraftwerke zulässt.[365]

Selbst in Italien, dem einzigen weiteren großen europäischen Land, das aus der Atomenergienutzung ausgestiegen ist, wird mittlerweile die Rückkehr zur Atomkraft intensiv diskutiert.[366] Teilen von Deutschlands Politikelite könnte diese Entwicklungen mit hoher Wahrscheinlichkeit als ein Albtraum erscheinen. Jedenfalls ist verstärkt zu beobachten, dass politische Entscheidungen zusehends nicht mehr auf der Basis von Vernunft gefällt werden, sondern aus ideologischen Gründen.

Ideologie versus Realität?

> *»Ideologie ist Ordnung auf Kosten des Weiterdenkens.«*
>
> Friedrich Dürrenmatt, schweizerischer Schriftsteller (1921–1990)[367]

Es ist zu befürchten, dass Friedrich Dürrenmatt mit dieser Aussage recht hat. Im Oktober 2022 sagte selbst die schwedische Klima-Aktivistin und Gründerin der Bewegung Fridays for Future, Greta Thunberg, im Interview mit ARD-Talkmasterin Sandra Maischberger: »Wenn sie schon laufen, glaube ich, dass es ein Fehler wäre, sie (die verbleibenden Atomkraftwerke) abzuschalten und sich der Kohle zuzuwenden.«[368] Zahlreiche Anhänger Thunbergs in Deutschland sehen diesen Sachverhalt völlig anders.

Ob es in puncto Atomkraft tatsächlich immer um Klimaschutz geht – und nicht auch um Ideologie –, ist mehr als fraglich. Um den Weiterbetrieb der drei letzten verbleibenden Atomkraftwerke war 2022 eine heiße Debatte entbrannt. Im Streit zwischen Bündnis 90/Die Grünen und der FDP zur Laufzeitverlängerung der Atomkraftwerke soll Wirtschaftsminister Robert Habeck die Empfehlungen seiner eigenen Fachleute ignoriert haben. Das Nein zu längeren AKW-Laufzeiten stand offenkundig im Widerspruch zu den Einschätzungen von Fachbeamten des Wirtschaftsministeriums selbst. Laut *WELT AM SONNTAG* sei die AKW-Frage nicht ergebnisoffen geprüft worden. Habeck und Umweltministerin Steffi Lemke (Bündnis 90/Die Grünen) haben anscheinend gegen die Einschätzung der eigenen Fachleute gehandelt.[369] Wäre Klimaschutz tatsächlich das oberste Gebot, so müssten in Deutschland andere Entscheidungen getroffen werden. Der Wissenschaftsredaktion des WDR zufolge hätten sich bereits vor dem Ausbruch des Ukrainekriegs und der daraus resultierenden Energiekrise durch das Abschalten äußerst umweltschädlicher Braunkohlekraftwerke und den Betrieb von sechs Atomkraftwerken in Deutschland 69 Millionen Tonnen CO_2 einsparen lassen – per annum, wohlgemerkt.[370]

Nach Berechnungen des ifo Instituts würde eine Verlängerung der Laufzeit der letzten drei verbleibenden deutschen Atomkraftwerke bis 2030 den Strompreis merklich senken; 4 Prozent des Stroms in Deutschland könnten 2023 durch die Kernkraftwerke erzeugt werden, und folglich könnte der Strom ebenfalls um 4 Prozent günstiger sein als bei einer Abschaltung. Ifo-Stromexperte Mathias Mier dazu: »Denn Atomkraft ersetzt Erdgas nicht 1:1, sondern kurzfristig vor allem auch Kohle.«[371]

Berechnungen des Karlsruher Instituts für Technologie (KIT) zufolge verschlechtert sich zudem die CO_2-Bilanz von Elektroautos deutlich, wenn die Kernkraftwerke abgeschaltet werden und neben Strom aus Windkraft- und Solaranlagen insbesondere Kohlestrom zum Laden eingesetzt wird. Bundesverkehrsminister Volker Wissing (FDP) warnt: »Wir können im Verkehrsbereich mit der Elektromobilität nichts für den Klimaschutz tun, wenn wir Kohlestrom zum Laden nutzen.« ... »Wir organisieren gerade den Hochlauf der Elektromobilität. Wenn die Menschen erleben, dass die E-Autos nicht nur teuer sind, sondern schlecht für das Klima, wird die Transformation zum Fiasko.«[372]

Am 13. September 2022 hatten bereits die Wirtschaftsweisen vom SVR Habecks Pläne kritisiert. Die Mitglieder des SVR schrieben: Die Atommeiler sollten »zumindest bis zur nachhaltigen Überwindung der Energiekrise zunächst weiter betrieben werden«.[373] Laut einer Studie einer Ökonomengruppe der Friedrich-Alexander-Universität Erlangen-Nürnberg unter Federführung des SVR-Mitglieds Veronika Grimm vom Oktober 2022 könnten länger laufende Atomkraftwerke den Strompreis im optimistischen Szenario um rund 12 Prozent, im pessimistischen um 8,5 Prozent senken.[374] Laut *WELT AM SONNTAG* wurde im Ministerium für Wirtschaft und Umwelt errechnet, dass die Laufzeitverlängerung »pro Jahr ab 2024 etwa 25 bis 30 Millionen Tonnen CO_2-Reduktion im deutschen Strommarkt« bewirke. Das sind 20 Prozent des Einsparziels, die für die Energiewirtschaft bis 2030 vorgegeben sind.[375] Im November 2022 kamen die Wirtschaftsweisen zu folgendem Ergebnis: »Eine Laufzeitverlängerung über den 15. April 2023 hinaus würde zu einer Entspannung des Strommarkts beitragen.«[376] Die Meinung von Experten wird von Teilen der politischen Elite in Berlin offensichtlich nicht als relevant betrachtet.

Ob in Anbetracht dieser Zahlen der zeitnahe Ausstieg aus Kohle- und Kernkraft dem Erhalt des Wirtschaftsstandorts

Deutschland dient, gilt es zu überdenken. Der Ökonom und ehemalige Chef des Münchener ifo Instituts Hans-Werner Sinn stellte bereits im Jahr 2019 fest, dass die deutsche Umweltpolitik der Illusion unterliege, dass sie durch Vermeiden von Emissionen und eine Verringerung der Nachfrage das weltweite Angebot an Öl und Erdgas senken könne. Er stellte die Frage, was geschähe, wenn die Herren über die Ressourcen nicht mitspielen und ihr Öl und Gas anstatt an uns an Nicht-Kyoto-Länder verkaufen würden, die 70 Prozent des globalen CO_2 produzieren. Sinn folgerte, dass Deutschland, indem es mit seiner Sparsamkeit die Energiepreise auf dem Weltmarkt drücke, den Konsum der Amerikaner und Chinesen subventionieren würde, die dann noch mehr Spritschleudern fahren und umweltverschmutzende Fabriken hochzögen. »Wenn wir unser Klima retten wollen, muss der blinde Aktionismus gestoppt und die globale Strategie zur Beschränkung des Rohstoffangebots gefunden werden.«[377]

Offensichtlich hat sich seit 2019 nicht sonderlich viel geändert. Selten waren die Ziele der Energiewende schwerer zu erreichen als in der gegenwärtigen Situation. Gegenwärtig decken erneuerbare Energien knapp 16 Prozent von Deutschlands Primärenergieverbrauch ab. Ein Verzicht auf Kernkraft und fossile Energieträger in naher Zukunft erscheint unwahrscheinlich. Selbst beim Strom sind die fossilen Energieträger gegenwärtig nicht verzichtbar. Auch vom Gas wird Deutschland noch lange abhängig sein. Der Präsident der Nationalen Akademie der Wissenschaften Leopoldina, Gerald Haug, bringt es folgendermaßen auf den Punkt: »Wir werden noch mindestens die nächsten 20 Jahre weiterhin Erdgas brauchen« und »irgendwann wird Erdgas zu schade sein, um es zu verbrennen, aber wir brauchen es in der Grundstoffindustrie, zum Beispiel um Düngemittel oder Kunststoffe herzustellen.«[378]

Ob die Energiewende gelingen wird, steht in den Sternen. Fallen Kern-, Kohle- und Gasenergie zukünftig weg, so muss der Primärenergieverbrauch zu einem großen Teil aus Strom gedeckt werden. Abgesehen davon wird laut einer Studie des Bundesministeriums für Wirtschaft und Energie aufgrund des Verkehrssektors, elektrischer Wärmepumpen in Gebäuden und Wärmenetzen, der Erzeugung von Elektrolyse-Wasserstoff sowie der Produktion von Batterien ein erhöhter Stromverbrauch prognostiziert.[379] Wind- und Solarenergie machen gegenwärtig lediglich knapp 5 Prozent des Primärenergieverbrauchs aus.[380]

Laut einer Analyse des Energiewirtschaftlichen Instituts an der Universität zu Köln (EWI) wäre zum Ausgleich für den ins Jahr 2030 vorgezogenen Kohleausstieg ein Zubau wasserstofffähiger Gaskraftwerke mit einer Gesamtleistung von 23 Gigawatt notwendig – was rechnerisch der Leistung 23 durchschnittlicher Atomkraftwerke entspricht. Zusätzlich wäre ein jährlicher Nettozubau von 14,6 Gigawatt Photovoltaik, 2,2 Gigawatt Offshore-Wind und 3,9 Gigawatt Onshore-Wind nötig, um die Ausbauziele des Koalitionsvertrags zu erreichen. Dr. Johannes Wagner, Manager am EWI: »Der durchschnittliche jährliche Zubau von Photovoltaik und Offshore-Wind der vergangenen zehn Jahre müsste dafür mehr als verdreifacht werden«.[381]

Wie stark Deutschland insbesondere im Winter von fossilen Energien abhängig ist, hat die Zeit zwischen dem 9. November und dem 9. Dezember 2022 überdeutlich aufgezeigt (siehe Abbildung 30).

Ferner war Deutschland im November 2022 nach Polen, Rumänien, Tschechien und Bulgarien mit für die höchsten CO_2-Emissionen innerhalb der EU verantwortlich.[382]

Äußerst kritisch sieht nicht ohne Grund Klaus Josef Lutz, Vorstandschef der BayWa und Präsident des Bayerischen Industrie- und Handelskammertags, Deutschlands Energiepolitik: »Als erstes bräuchten wir eine Energiestrategie. Da sehen wir bei dieser Bundesregierung gar nichts, außer Geschwätz … Man läuft ideologisiert irgendwelchen Wunschträumen hinterher.

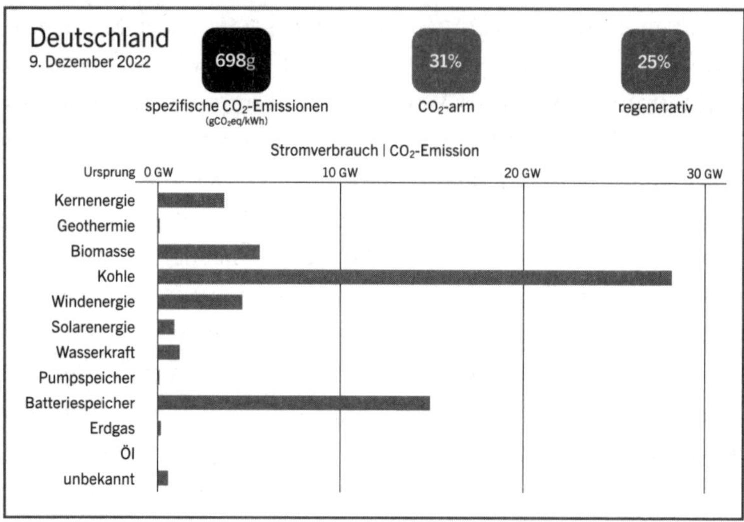

Abbildung 30: Stromverbrauch und CO_2-Emissionen nach Energieträgern in Deutschland, 9. November bis 9. Dezember 2022
Quelle: https://app.electricitymaps.com/zone/DE

Das ändert aber nichts daran, dass wir, solange sich nichts an der Speicherproblematik von erneuerbarer Energie ändert, immer eine Grundlast brauchen werden. Und das kann – wenn wir die klimapolitischen Herausforderungen berücksichtigen – nur die Atomenergie sein. Alles andere ist Wolkenkuckucksheim. Da lügt man sich in Brüssel und besonders in Berlin in die Tasche. Unsere energiepolitischen Ziele bis 2030 werden wir so jedenfalls nicht schaffen.«[383]

Befinden sich nicht nur die USA, China, Indien und Großbritannien, sondern auch ein großer Teil der EU-Staaten in puncto Energiepolitik auf dem falschen Weg? Oder ist die deutsche Politik falsch abgebogen? Worin besteht der Mehrwert für Deutschlands Bürger, wenn Deutschland seine im internationalen Vergleich sehr sicheren Kernkraftwerke abschaltet, während Deutschlands Nachbarländer weiter auf Kernkraft setzen und sogar neue Atomkraftwerke bauen? Ist Deutschlands Politik tatsächlich auf dem Pfad der Erleuchtung, oder wird es einen hohen Preis für ideologisch geprägte Entscheidungen einiger Politiker bezahlen müssen? Die Chance, dass die Mehrheit und insbesondere unsere Hauptmitbewerber irren und ausgerechnet Deutschlands Politiker alleine recht behalten werden, ist als gering einzuschätzen. Der Schaden einer gescheiterten Energiewende wäre für den Wirtschaftsstandort Deutschland und seine Bürger verheerend.

Zwar mögen zahlreiche deutsche Politiker von der Vision beseelt sein, die Welt zu retten, und mit moralisch erhobenem Zeigefinger versuchen, ebendiese zu bekehren. Dennoch sollte klar sein, wie klein und unbedeutend Deutschland nicht nur bezüglich der globalen CO_2-Emissionen ist.[384]

Deutschland oder die EU als Weltenretter?

Nach Angaben der Deutschen Stiftung Weltbevölkerung (DSW) lebten im Juli 2022 mehr als 7,96 Milliarden Menschen auf der Erde; im Dezember waren es bereits 8,04 Milliarden.[385] Mit 59,3 Prozent ist der größte Teil der Weltbevölkerung in Asien beheimatet. Die restlichen Menschen der Welt verteilen sich zu 17,5 Prozent auf Afrika, zu 9,5 Prozent auf Europa, zu 8,4 Prozent auf Lateinamerika, zu 4,7 Prozent auf Nordamerika und zu 0,5 Prozent auf Australien/Ozeanien.[386]

Zum 30. Juni 2022 lebten in Deutschland 84.080.000 Personen.[387] Damit machte die Bevölkerung Deutschlands rund 1 Prozent der Weltbevölkerung aus. Die Bewohner Chinas und Indiens machten jeweils über 18 Prozent aus, jene in den USA immerhin mit 4,32 Prozent noch das Vierfache der deutschen. Deutschland spielt also bevölkerungstechnisch gesehen keine nennenswerte Rolle. In puncto CO_2-Emissionen machte Deutschland im Jahr

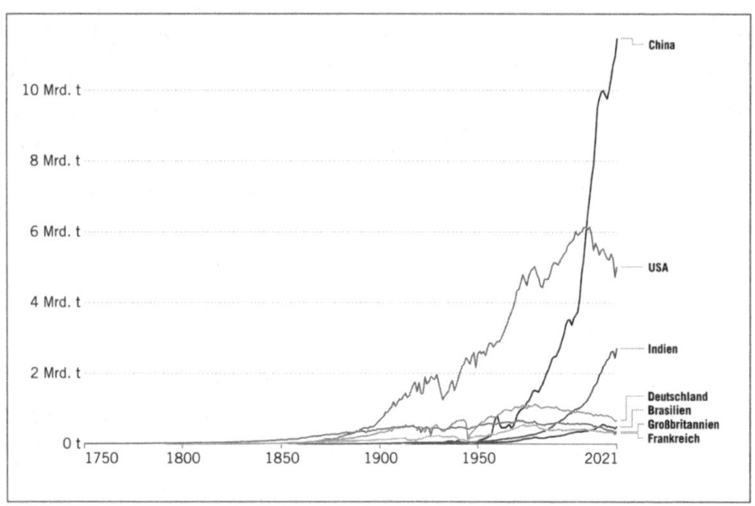

Abbildung 31: Entwicklung der CO_2-Emissionen in ausgewählten Ländern, 1750 bis 2021
Quelle: https://ourworldindata.org/co2-emissions

2020 mit 1,85 Prozent ebenfalls unter globalen Gesichtspunkten lediglich einen äußerst kleinen Anteil aus. Selbst die CO_2-Emissionen aller EU-Staaten zusammen beliefen sich 2020 mit 2,6 Billionen Tonnen auf weniger als ein Viertel der CO_2-Emissionen Chinas (30,65 Prozent) und knapp ein Zwölftel aller globalen CO_2-Emissionen.[388] Allein China, die USA, Indien und Russland waren 2020 für über 55 Prozent aller CO_2-Emissionen verantwortlich.[389]

Im Jahr 2021 sahen die Verhältnisse kaum anders aus – abgesehen davon, dass die globalen CO_2-Emissionen von 35,26 Milliarden Tonnen auf 37,12 Milliarden Tonnen anstiegen. Allein in China betrug der Zuwachs 530 Millionen Tonnen. Um diesen Zuwachs in Relation zu setzen: Die gesamten CO_2-Emissionen Deutschlands betrugen im selben Jahr 674,75 Millionen Tonnen (siehe Abbildung 31).[390]

Angesichts dieser Zahlen sollte jedem klar sein, dass Deutschland allein die Welt klimatechnisch nicht retten kann. Dafür ist es viel zu klein und sein CO_2-Ausstoß global gesehen viel zu gering. All die Bemühungen Deutschlands bewirken kaum etwas, wenn die großen Player China,[391] Indien, USA und Russland nicht mitziehen. Beteiligen sie sich nicht an der Bekämpfung des Klimawandels und reduzieren sie nicht ihren CO_2-Ausstoß, so würden sich selbst die komplette Abschaltung der deutschen Wirtschaft und ein Verbot jeglicher Verbrennungsmotoren in Deutschland auf den Klimawandel kaum auswirken. Dies hat auch der einzige grüne Ministerpräsident Winfried Kretschmann im Dezember 2022 erkannt: »Ob wir ein Tempolimit umsetzen oder nicht, ist für den internationalen Kampf gegen den Klimawandel völlig irrelevant.« … »Der Glaube, dass wir mit dem radikalsten Klimaschutz die Welt retten können, ist trügerisch.«[392]

5
China fährt energietechnisch mehrgleisig

Konträr zu Deutschland fährt der Wirtschaftskonkurrent China in puncto Energieerzeugung mehrgleisig. Im Reich der Mitte wird der Ausbau der Gewinnung von Energie aus erneuerbaren Ressourcen unvermindert vorangetrieben. Im Jahr 2022 befanden sich beispielsweise allein Photovoltaik-Anlagen mit einer Leistung von 121 Gigawatt im Bau.[393] Ferner wurden in keinem anderen Land der Welt in den letzten Jahren so viele neue Windanlagen installiert. Zwischen 2016 und 2021 hat sich die Zahl der Offshore-Windturbinen in China mehr als verzehnfacht. Obendrein befinden sich nirgendwo mehr Windparks im Bau als in China. Von den weltweit 850 im Jahr 2021 im Bau befindlichen Offshore-Parks entfallen 627 auf die chinesischen Gewässer.[394] Überdies wurde 2022 in China das größte Windrad der Welt mit einem Rotordurchmesser von 252 Metern fertiggestellt.[395]

Dennoch setzt das Reich der Mitte auch weiterhin auf Kohle, Atomkraft und Gas. In puncto Gas denkt es, anders als Teile der deutschen Politik, äußerst langfristig. Die im März 2022 von Wirtschaftsminister Habeck groß angekündigte langfristige Energiepartnerschaft mit Katar findet jetzt auf kleiner Flamme statt.[396] Ganz anders als in China. Im November 2022 unterzeichnete die China Petroleum & Chemical Corporation (Sinopec) mit Qatar Energy einen langfristigen Kaufvertrag über die Lieferung von 4 Millionen Tonnen Flüssiggas pro Jahr über einen Zeitraum von 27 Jahren.[397]

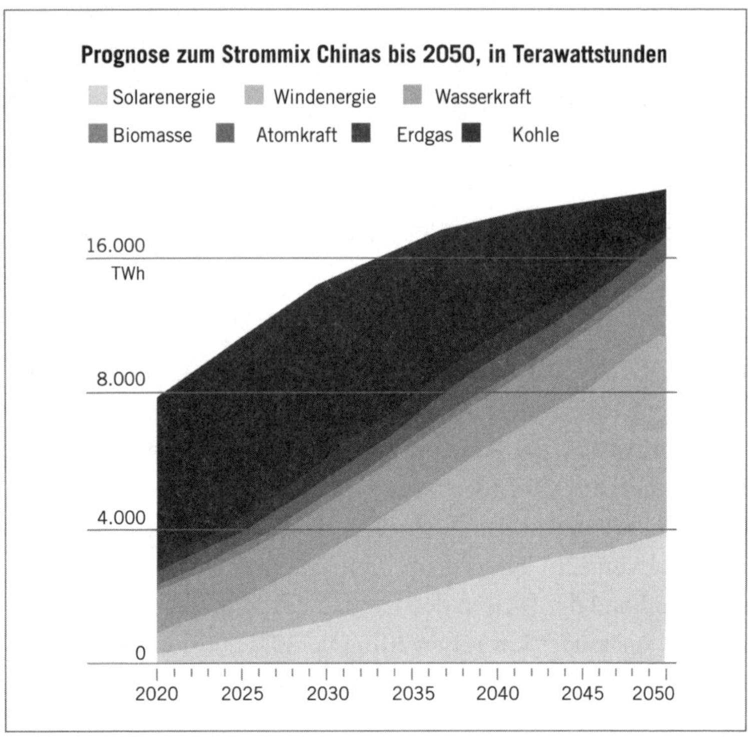

Abbildung 32: Chinas Plan zur Energiewende
Quelle: https://www.thepioneer.de/graphics/chinas-plan-zur-energiewende

Ein Ausstieg aus der Kohle steht in China ebenfalls nicht zur Debatte. Im Jahr 2020 gingen dort neue Kohlekraftwerke mit einer Leistung von 38,4 Gigawatt ans Netz. Das ist drei Mal so viel wie auf dem gesamten Rest der Welt zusammen. Im Jahr 2021 stammten ungefähr 60 Prozent des Stroms aus schmutzigen chinesischen Kohlekraftwerken. Über 200 neue Kohlekraftwerke befinden sich im Bau. 150 Kohleminen werden nun neu eröffnet.[398] Allein im ersten Quartal 2022 wurden in China Kohlekraftwerke mit einer Gesamtkapazität von 8,63 Gigawatt auf den Weg gebracht. Ferner hat die Regierung die Bergwerke im

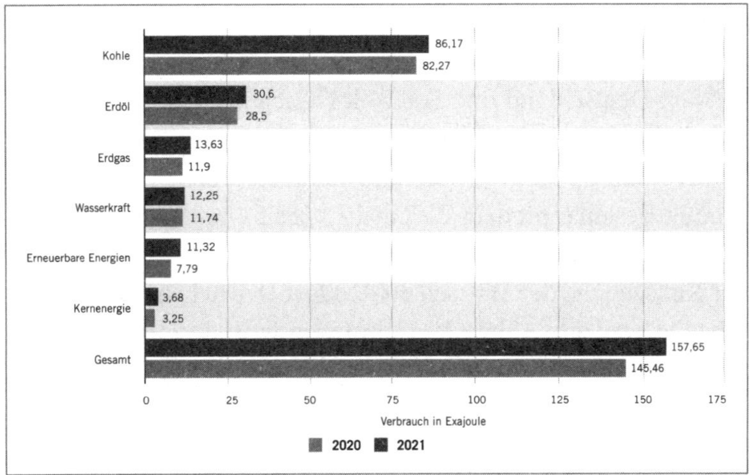

Abbildung 33: Primärenergieverbrauch in China nach Energieträgern, 2020 und 2021
Quelle: https://de.statista.com/statistik/daten/studie/42410/umfrage/primaerenergieverbrauch-von-china-nach-brennstoffen-in-oelaequivalent/

Land angewiesen, die Fördermenge im Jahr 2022 um 300 Millionen Tonnen zu erhöhen.[399]

Abbildung 32 zeigt, wie wichtig Kohle für China, die »Werkbank der Welt«, ist. Im Land wird mehr Strom allein aus Kohle erzeugt als in den USA aus allen Energieträgern zusammen und fast so viel wie in der EU und Indien zusammen.

Neben 54 bereits aktiven Atomkraftwerken plant China 32 weitere. Sie sollen innerhalb der nächsten acht bis zehn Jahre in Betrieb gehen. Im globalen Vergleich plant China somit die meisten Atomreaktoren.[400]

Das Thema Energiewende steht in China offensichtlich nicht verstärkt auf der Agenda, und Klimaprotest wird im Keim erstickt. Klimaneutralität will China erst 2060 erreichen.[401] Bis dahin wird es seinen Wettbewerbsvorteil der billigen Energie mit hoher Wahrscheinlichkeit knallhart ausnutzen und für die energieintensiven Industriezweige weiterhin ein attraktives wirtschaftliches Umfeld bleiben.

Wäre Deutschland und der Welt tatsächlich geholfen, würden sich die Verfechter des »Degrowth«[402] durchsetzen, das heißt, würden Produktion und Konsum und damit auch das Bruttoinlandsprodukt gesenkt mit dem Ziel, mehr soziale Gerechtigkeit, ökologische Nachhaltigkeit und Wohlbefinden zu schaffen?[403] Würde in der Konsequenz der Wirtschaftsstandort Deutschland massiv geschädigt, weil große Teile der Industrie aufgrund exorbitant hoher Energiepreise geschlossen oder verlagert würden – und Wohlstand woanders stattfinden würde, weil sich beispielsweise China, die Staaten Südostasiens wie Thailand, Vietnam, Indonesien, Philippinen, aber auch Indien, die USA und Russland mit hoher Wahrscheinlichkeit der Degrowth-Philosophie nicht anschließen werden? Es ist zu bezweifeln. Ebenso sollte jedem in Deutschland bewusst sein, dass ohne die »kommunistische« Supermacht China in Deutschland keine Energiewende stattfinden wird.

Deutschlands Abhängigkeit von China

> *»Unser Wohlstand beruhte auf billiger Energie aus Russland. Russisches Gas – billig und angeblich erschwinglich, sicher und stabil. Es hat sich gezeigt, dass dies nicht der Fall ist. Und der Zugang zum großen chinesischen Markt, für Exporte und Importe, für Technologietransfer, für Investitionen, für billige Waren. Ich denke, dass die chinesischen Arbeiter mit ihren niedrigen Löhnen viel besser und viel mehr zur Eindämmung der Inflation beigetragen haben als alle Zentralbanken zusammen.«*
>
> Josep Borrell Fontelles, Hoher Vertreter der EU für Außen- und Sicherheitspolitik und Vizepräsident der EU-Kommission, 10. Oktober 2022[404]

Die Bedeutung Chinas für die EU und insbesondere Deutschland lässt sich kaum besser beschreiben als mit den Worten Josep Borrells. Am deutlichsten zeigt sich die Abhängigkeit Deutschlands von China, betrachtet man die Bereiche Handel und Rohstoffe.

Handel

China hat sich binnen 40 Jahren zu einer globalen wirtschaftlichen Supermacht entwickelt und weitet seinen Machtbereich unaufhaltsam aus. Es ist der größte Handelspartner einer wachsenden Zahl von Ländern der Welt (siehe Abbildung 34). Seit 2016 ist China auch Deutschlands wichtigster Handelspartner.[405]

Rund 5.000 deutsche Firmen sind in China aktiv. Einer Studie von Jürgen Matthes vom Institut der deutschen Wirtschaft zufolge hat die deutsche Wirtschaft allein im ersten Halbjahr 2022 in China knapp 10 Milliarden Euro investiert. Wie aus einer Mitte September 2022 veröffentlichten Studie der Rhodium Group hervorgeht, suchen insbesondere Autohersteller und Chemiefirmen nach wie vor den Anschluss an den riesigen aufstrebenden chinesischen Markt. Allein die vier deutschen Konzerne VW, BMW, Mercedes und BASF bestreiten ein Drittel der europäischen Direktinvestitionen in China.[406]

Die Wirtschafts- und Handelsmacht China baut ihren Machtbereich global kontinuierlich aus und macht auch vor kritischer Infrastruktur in Deutschland nicht halt. Der Hamburger Hafen ist Deutschlands Tor zur Welt. China ist dessen größter Kunde. Allein im ersten Halbjahr 2022 kamen mehr als 1,3 Millionen Container aus China in der Hansestadt an.[407] Die chinesische Reederei Cosco übernimmt Anteile des Hafenbetreibers HHLA. Ursprünglich wollte sie sich mit mehr als einem Drittel am Hamburger Containerterminal Tollerort beteiligen. Überdies sollte sie nicht nur eine finanzielle Beteiligung erhalten, sondern auch

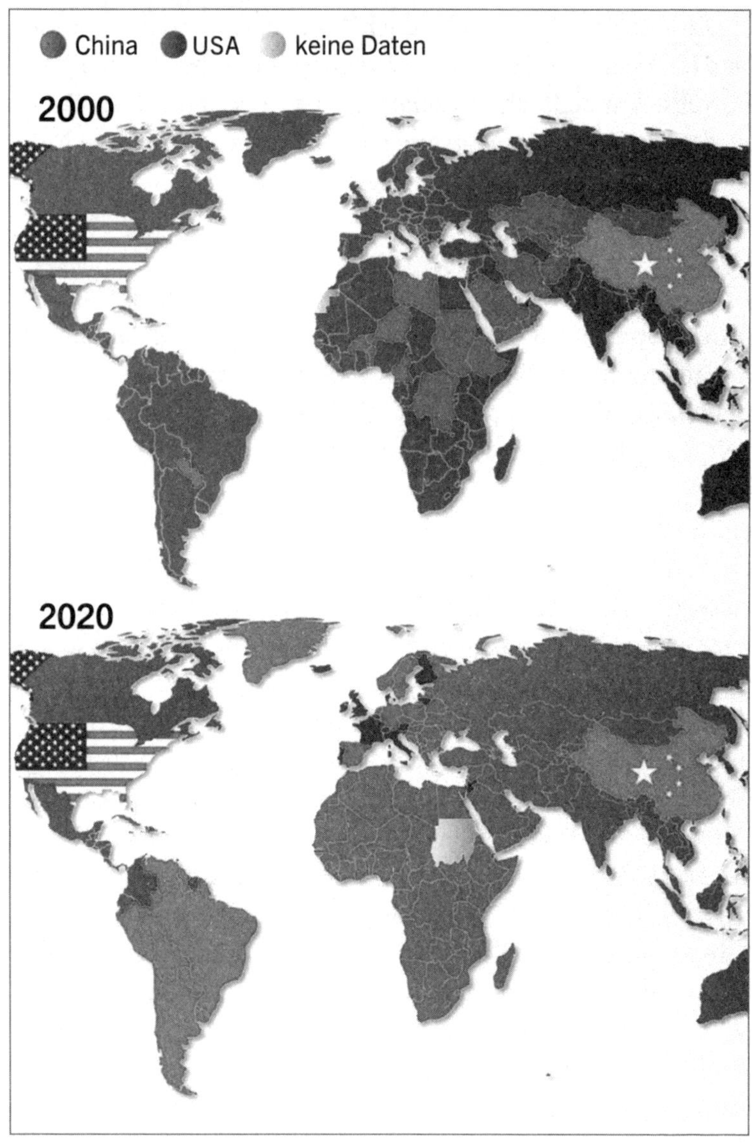

Abbildung 34: China oder die USA als größter Handelspartner, 2000 und 2020

Quelle: https://www.thepioneer.de/originals/others/articles/das-jahr-2020-vorteil-china

einen Geschäftsführer stellen und somit Mitspracherechte bei Entscheidungen gewinnen.

Laut Informationen von NDR und WDR haben alle an der Investitionsprüfung fachlich beteiligten Behörden – das Auswärtige Amt sowie das Wirtschafts-, das Innen-, das Verteidigungs-, das Verkehrs- und das Finanzministerium – das Geschäft aufgrund der veränderten geopolitischen Lage abgelehnt. Durch die Beteiligung am Containerterminal könne ein »Erpressungspotenzial« entstehen. Rolf Langhammer vom Institut für Weltwirtschaft in Kiel: »Die langfristige Strategie der Chinesen könnte natürlich darin bestehen, die Kontrolle über die gesamte Lieferkette, digital wie maritim, in Europa an sich zu reißen.« Damit könnte das Reich der Mitte einen Wettbewerbsvorteil bekommen beziehungsweise einen »Missbrauch wirtschaftlicher Macht« einleiten.[408]

Ob es vor dem Hintergrund dieser Argumente sinnvoll ist, dass Bundeskanzler Scholz den Verkauf von Teilen des Hamburger Hafens und somit kritischer Infrastruktur der Bundesrepublik an einen chinesischen Staatskonzern billigte, ist fraglich. An einen Staatskonzern, dessen Land offenkundig mit viel Geld zahlreiche ehemalige britische Kampfpiloten ins Land lockt, damit sie ihre Erfahrungen an das chinesische Militär weitergeben. Ob Scholz sich, sollte es zukünftig zu Komplikationen kommen, an die Umstände erinnern wird, wird die Zukunft zeigen.[409]

Die Chinesen haben offenbar laut Außenministerin Annalena Baerbock kein Interesse daran, dass ausländische Unternehmen ihre Infrastruktur erwerben. Baerbock Ende Oktober 2022: »China verbietet es, dass ausländische Unternehmen in deren Infrastruktur investieren können, verbietet Unternehmen, in China – im Zweifel ohne Joint-Ventures – aktiv zu sein. Und wir erlauben dann all das in unserem Land?«[410] Manfred Weber (CSU), Fraktionsvorsitzender der Europäischen Volkspartei im Europäischen Parlament, sieht den Sachverhalt ähnlich: »Die chinesische Staatsführung würde europäischen Staatsfirmen nie erlauben, ihre Infrastruktur zu kaufen.«[411]

Dies hindert China jedoch nicht an seiner Expansion, die unvermindert voranschreitet. Cosco besitzt bereits Anteile an den folgenden europäischen Häfen: Rotterdam, Zeebrugge, Antwerpen, Valencia, Bilbao, Genua, Piräus (vollständig im Besitz), Las Palmas, Neapel, Marseille. Die staatseigene chinesische Reederei China Merchants ist an den folgenden europäischen Häfen beteiligt: Nantes, Le Havre, Dunkerque, Thessaloniki, Antwerpen, Marseille, Marsaxlokk, Rotterdam. Qingdao Port hat eine Beteiligung am Hafen von Genua und die Hongkonger Reederei Hutchison an Stockholm, Gdynia, Barcelona und Rotterdam.[412]

Rohstoffe

> *»Bei kritischen mineralischen Rohstoffen wie seltenen Erden ist die Abhängigkeit, insbesondere von China, bereits wesentlich größer als die bisherige Abhängigkeit Deutschlands von russischen Energieträgern.«*
>
> Siegfried Russwurm, Präsident des Bundesverbands der Deutschen Industrie (BDI), im Oktober 2022[413]

Nicht nur Deutschland, sondern auch Europa ist abhängig von industriellen Vorprodukten und seltenen Erden. Laut dem Institut der deutschen Wirtschaft Köln (IW) ist Deutschlands Abhängigkeit von China immens (siehe Abbildung 35) – die Abhängigkeit von einem Land, das eigene Bürger überwacht, interniert und foltert und offenkundig weltweit (auch in Europa) konträr zu internationalem Recht illegale Polizeistationen betreibt.[414]

Gemäß Angaben des IW liegt der Anteil der Rohstoffweiterverarbeitung Chinas weltweit bei Lithium und Kobalt zwischen 50 und 70 Prozent und bei seltenen Erden (diese sind in vielen industriellen Anwendungen zur Herstellung von Hightech-Pro-

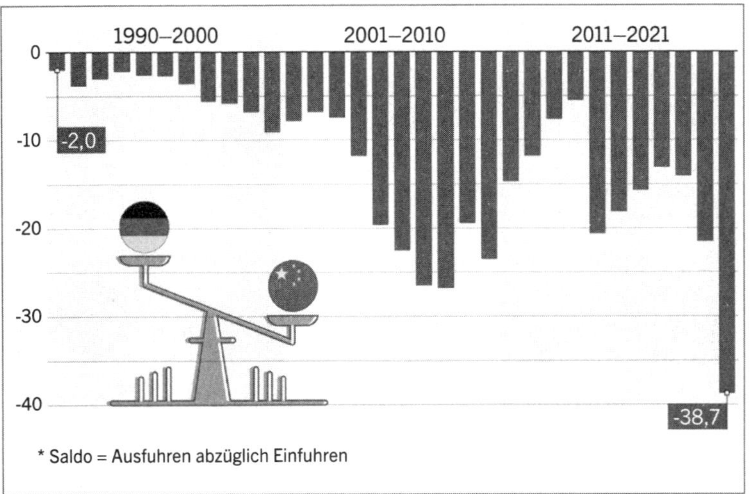

Abbildung 35: Deutscher Handelsbilanzsaldo mit China (in Milliarden Euro)
Quelle: https://de.statista.com/infografik/28563/deutscher-handelsbilanz saldo-mit-china/

dukten unerlässlich, u.a. im Windkraftanlagenbau, bei LCD/LED-Bildschirmen, in Smartphones, in Notebooks und im Solaranlagenbau) bei fast 90 Prozent.[415] Einer Analyse der EU-Kommission aus dem Jahr 2020 zufolge werden beispielsweise 65 Prozent der Rohstoffe für Elektromotoren aus China importiert.[416] Laut einem Bericht der Internationalen Energieagentur beträgt Chinas Anteil an den Produktionsstufen der Solarenergie, von der Herstellung von Polysilizium bis zu den Paneelen selbst, bereits heute über 80 Prozent. In einigen Stufen könnte der Anteil bis 2025 sogar 95 Prozent erreichen.[417] 2021 wurde in China zehn Mal so viel Geld in die Produktion investiert wie in Europa.

In einem *Papier* des *Belfer Center* for Science and International Affairs, *Harvard Kennedy School*, vom Dezember 2021 heißt es: »China hat die USA und andere Länder überholt und dominiert die wichtigsten Glieder der Lieferkette für grüne Techno-

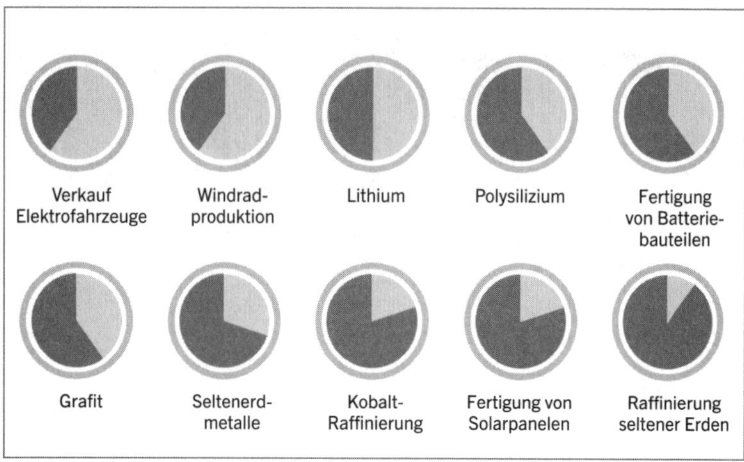

Abbildung 36: Die grüne Energie von heute ist rot
Quelle: https://www.belfercenter.org/sites/default/files/GreatTechRivalry_ChinavsUS_211207.pdf

logien, einschließlich Herstellung von Geräten, Rohstoffen und Energiespeicherung.«[418]

Die obigen Schaubilder zeigen deutlich, dass ohne China weder in Deutschland noch sonst wo eine Energiewende stattfinden kann und wird. BDI-Präsident Russwurm kurz und knapp zur Problematik seltener Erden aus China: »Ohne diese Rohstoffe wird es keine Energiewende, keine Mobilität, keine Digitalisierung, keine Industrie 4.0 geben – aber auch keinen Infrastrukturausbau und keine schlagkräftige Verteidigungsindustrie.«[419]

Wie vielschichtig und brisant die Abhängigkeit von China ist, zeigt das Beispiel der sogenannten Baumwoll-Linters. Diese stecken in den Munitionstreibladungen etwa für Gewehre und Panzer. Sie sind ein Nebenprodukt der Baumwollstoff-Erzeugung. Bekanntlich muss die Bundeswehr dringend ihre Munitionsvorräte aufstocken. Spekulationen zufolge reichen die Bestände im potenziellen Kriegsfall je nach Munitionsart lediglich für wenige Stunden bis Tage aus. China ist der wichtigste Lieferant für die

Schlüsselkomponente Baumwoll-Linters. Fast alle europäischen Hersteller beziehen Baumwoll-Linters aus China. Wie der Berliner Branchendienst Security Table weiß, wird die Herstellung von Sprengstoff und Pulver als »Teil des systemischen Wettbewerbs zwischen dem Westen und China« bezeichnet. Es heißt, dass angeblich seit Mitte 2022 Pulverproduzenten in chinesischer Hand nicht mehr an westliche Munitionshersteller liefern würden.[420]

Nicht zu verkennen ist auch die Gefahr eines engen Blocks zwischen den Supermächten China und Russland.

China und Russland

> *»China ist gewillt, seine Beziehungen zu Russland auf allen Ebenen zu vertiefen, und jeder Versuch, den Fortschritt der beiden Nationen zu blockieren, wird keinen Erfolg haben.«*
>
> Wang Yi, chinesischer Staatsrat und Außenminister, 27. Oktober 2022

Sollte es zu einem neuen Block aus der »Werkbank der Welt« und dem global bevölkerungsreichsten Land China sowie einem der größten Rohstofflieferanten und dem größten Flächenstaat der Welt Russland kommen, so würde eine gigantische Macht entstehen. Russland verfügt über reiche Rohstoffvorkommen, darunter solche von Nickel, Palladium,[421] Aluminium, Chrom, Erdöl und Erdgas, Kohle, Holz, Eisenerz, Kupfer, Platingruppenmetalle, Gold und Diamanten, Quarzsand und Wolfram.[422] China benötigt dringend Rohstoffe, Russland insbesondere Waren und Dienstleistungen. Gemeinsam vereinen die beiden Atommächte knapp 20 Prozent der Menschheit und 21 Prozent des globalen Sozialprodukts. Bereits 2022 war China nicht nur Deutschlands, sondern auch Russlands größter Handelspartner (siehe auch Abbildung 37).[423]

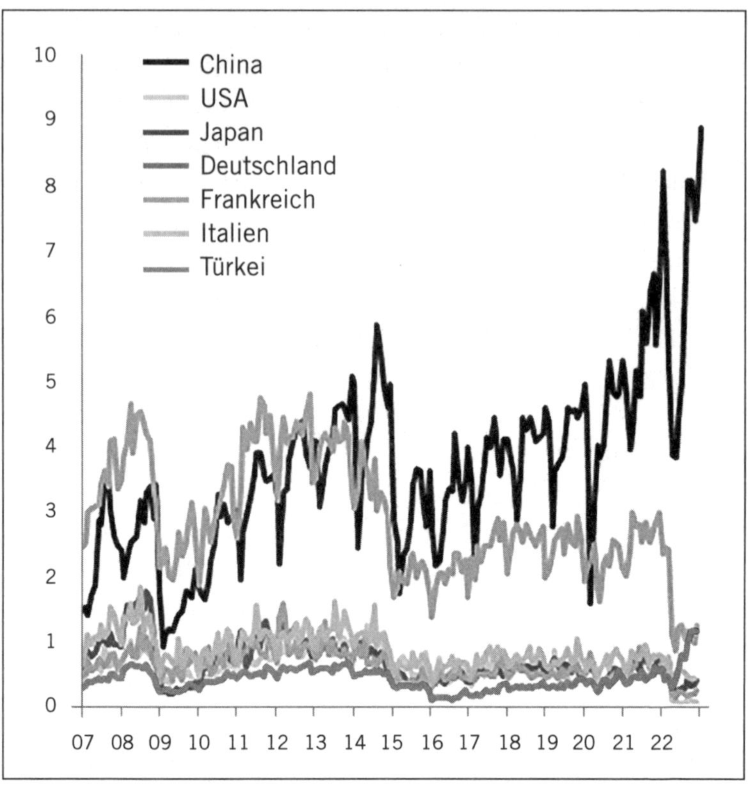

Abbildung 37: Monatliche Exporte nach Russland bis Dezember 2022 (in Milliarden US-Dollar)
Quelle: https://twitter.com/RobinBrooksIIF/status/1613845692640034817/photo/1

Sollten sich also – wonach es gegenwärtig nicht aussieht – Russland und China zusammenschließen, so würde sich die Welt quasi in zwei Blöcke aufteilen. Konsequenterweise müsste dann China ebenfalls mit westlichen Sanktionen belegt werden. Dementsprechend würden keine Lieferungen von Vorprodukten und dringend benötigten seltenen Erden aus China mehr erfolgen. Unvorstellbar wären, abgesehen von dem menschlichen Leid, die wirtschaftlichen Konsequenzen einer feindlichen Invasion Chinas in Taiwan, dem mit Abstand größten Chiphersteller der Welt. Allein die Taiwan Semiconductor Manufacturing Company (TSMC) ist mit einem Weltmarktanteil von rund 53 Prozent unangefochten die größte Chip-Auftragsfertigerin und technologisch führend. Unternehmen wie Samsung, Apple, Tesla, AMD oder Nvidia lassen ihre besten Chips bei TSMC produzieren. Selbstredend gehört auch die Automobilindustrie zu den Kunden von TSMC.[424]

Eine feindliche Invasion Chinas in Taiwan erscheint keinesfalls als abwegig. Antony Blinken, Außenminister der Vereinigten Staaten von Amerika, sagte im Oktober 2022, China habe eine »grundlegende Entscheidung getroffen, dass der Status quo nicht länger akzeptabel sei und dass Peking entschlossen sei, die Wiedervereinigung in einem viel schnelleren Zeitrahmen zu verfolgen«. Er ging nicht näher auf den Zeitplan ein und nannte auch keine anderen Details.[425]

Im Oktober 2022 sagte Außenministerin Baerbock mit Blick auf China: »Und deswegen halte ich es für absolut wichtig, dass wir uns nie wieder von einem Land so abhängig machen, das unsere Werte nicht teilt, dass wir dann in eine Situation kommen, wie wir sie mit Blick auf den Russland-Krieg jetzt sehen, dass wir in unseren Handlungsmöglichkeiten eingeschränkt sind.«[426] Der Grünen-Politiker Anton Hofreiter, Vorsitzender des Bundestagsausschusses für die Angelegenheiten der Europäischen Union, äußerte sich wie folgt: »Wir haben in einer Diktatur Rohstoffe gekauft … und haben sie mit großer Ingenieurskunst zu Produkten verarbeitet, die wir in einer anderen Diktatur verkauft haben, nämlich in China.« Das sei kein nachhaltiges Geschäftsmodell.[427]

Angesichts der aufgeführten Faktenlage sind beide Aussagen weltfremd. Wie Baerbock und Hofreiter ohne China die Energiewende vorantreiben, den Wirtschaftsstandort Deutschland erhalten und den Sozialstaat am Laufen halten wollen, entzieht sich mit hoher Wahrscheinlichkeit dem Vorstellungsvermögen rational denkender Menschen. Kurzum: Harte Sanktionen gegen China wären der Super-GAU für Deutschland.

6
Ukrainekrieg

»Ich dachte immer, jeder Mensch sei gegen den Krieg. Bis ich rausfand, dass es welche gibt, die dafür sind. Besonders die, die nicht hineingehen müssen.«

Erich Maria Remarque, Schriftsteller, 1898–1970[428]

Ob es tatsächlich weniger Kriege gäbe, wenn die Anführer der Länder an vorderster Front kämpfen würden, anstatt feige im Warmen zu sitzen, während andere den Kopf hinhalten müssen, ist nicht ausgeschlossen.

Die völkerrechtswidrige, mit nichts zu rechtfertigende und zutiefst menschenverachtende Invasion Russlands in die Ukraine am 24. Februar 2022 hat bewiesen, dass Dinge geschehen können, die zuvor als unvorstellbar galten. Entgegen den Prognosen zahlreicher Politiker und sonstiger (teils selbst ernannter) Experten eskaliert der Krieg zwischen Russland und der Ukraine. Am 21. September 2022 erreichte er mit der Teilmobilmachung Russlands eine neue Dimension. Nach russischen Angaben beläuft sich die Gesamtzahl der Reservisten, die eingezogen wurden, auf 300.000.[429] Insgesamt gibt es in Russland anscheinend 25 Millionen Reservisten.[430]

Bis dato hat der Kreml lediglich mit Atomwaffen gedroht und die USA vor »katastrophalen Folgen« gewarnt.[431] Sollte der Konflikt sich zu einem Nuklearkonflikt zwischen Russland und der NATO ausweiten, so sind die Konsequenzen für die Ukraine,

Deutschland, Europa und die Welt schwer vorauszusagen. In diesem hoffentlich niemals eintretenden Fall eines Atomkriegs wird Deutschland mit hoher Wahrscheinlichkeit kein lebenswertes Stück Erde mehr sein. Es gilt zu hoffen, dass der grausame, von Russland entfachte Krieg eher früher als später am Verhandlungstisch ein Ende nimmt. Dennoch ist es auch zu Kriegszeiten unabdinglich, dass weiterhin miteinander gesprochen und eine weitere Eskalation des Krieges unter allen Umständen verhindert wird und die Verbindung zwischen den Supermächten USA und Russland niemals abreißt.

Wie wichtig diese Kommunikation ist, zeigt ein Blick in die Geschichtsbücher. Als die Welt im Oktober 1962 für knapp 13 Tage am Rand eines atomaren Weltkriegs stand, wurde miteinander gesprochen und schlussendlich ein Kompromiss gefunden. Die Sowjetunion zog ihre Raketen aus Kuba ab, und die USA erklärten, keine weitere militärische Invasion in Kuba zu unternehmen und die amerikanischen Jupiter-Raketen aus der Türkei abzuziehen. Es gilt zu hoffen, dass der Kreml immer noch mit dem Weißen Haus spricht, ansonsten ist die gegenwärtige Situation wesentlich gefährlicher als jene im Jahr 1962.

Sanktionen: Ohne den gewünschten Effekt

> *»Sanktionen dürfen die europäischen Staaten nicht härter treffen als die russische Führung. Das ist unser Prinzip.« Niemandem sei damit gedient, »wenn wir sehenden Auges unsere wirtschaftliche Substanz aufs Spiel setzen«.*
>
> Olaf Scholz (SPD), Bundeskanzler, in der Generaldebatte des Deutschen Bundestags zum Haushalt 2022 am 23. März 2022[432]

Die Sanktionen des Westens und insbesondere deren Folgen kommen nicht überraschend. Sie wurden von Außenministerin Annalena Baerbock Anfang Februar 2022 folgendermaßen angekündigt: Für den Fall einer »russischen Aggression« habe man »eine Reihe von harten Maßnahmen« vorbereitet. »Aufgrund der engen wirtschaftlichen Verflechtung von allen Partnern, aber insbesondere auch meines Landes: Ja, wir sind auch bereit, selber dafür einen hohen wirtschaftlichen Preis zu bezahlen, denn es geht um die Sicherheit der Ukraine.«[433]

Mittlerweile setzt sich die Erkenntnis durch, dass die vom Westen verhängten Sanktionen gegen Russland bis dato nicht den gewünschten Effekt erzielt, sondern sich insbesondere für Deutschlands Bürger und seine Wirtschaft aufgrund der hohen Abhängigkeit von russischem Gas zu einem Bumerang entwickelt haben. Der Journalist Gabor Steingart formulierte im *Focus* vom 20. September 2022 treffend: »Man kann einer militärischen Herausforderung nicht dadurch entgehen, dass man den Aggressor mit Wirtschaftssanktionen belegt. Dieser Wechsel des Spielfeldes funktioniert nicht. Der politische Pazifismus wird von der angreifenden Seite unverzüglich durchschaut und als Ermunterung verstanden.«[434]

Auch nach vielen Monaten des Krieges ist der russische Präsident weder einsichtig geworden, noch wurden Russland und seine Wirtschaft so stark geschwächt, dass Putin den Krieg beendet hat. Anfang Mai 2022 sagte Annalena Baerbock bei Anne Will: »Ich will, dass Putin nie wieder einen Angriffskrieg führt«.[435] Putin schade mit dem Krieg seiner Bevölkerung. Auch das anstehende sechste Sanktionspaket Deutschlands werde dazu beitragen, Russland derart zu schädigen, dass »es volkswirtschaftlich jahrelang nicht mehr auf die Beine kommt«.[436] Mittlerweile ist die russische Wirtschaft zwar geschwächt, aber nicht zusammengebrochen. Dies belegen die Zahlen des Wirtschaftsinformationsdiensts *Trading Economics.* In der Zeit von

Januar bis September 2022 schrumpfte Russlands Wirtschaft im Jahresvergleich um 2 Prozent.[437]

Russland zählt zu den Profiteuren der weltweit hohen Rohstoffpreise. Diese kurbeln seine Exporteinnahmen massiv an. Die Einnahmen aus dem Verkauf von Gas und Öl sind laut Moskauer Regierungsangaben 2022 um knapp ein Drittel gestiegen. 2022 seien die entsprechenden Haushaltseinnahmen um 28 Prozent beziehungsweise um 2,5 Billionen Rubel im Vergleich zu 2021 gewachsen.[438] Die Folge ist, dass Russland für 2022 aufgrund der hohen Einnahmen aus dem Export von Öl, Gas und anderen Rohstoffen auf einen Rekordüberschuss in seiner Leistungsbilanz zusteuert.[439] Von Januar bis November 2022 hat sich der Leistungsbilanzsaldo von 108,6 Milliarden Dollar auf 225,7 Milliarden Dollar mehr als verdoppelt.[440]

Der russische Ökonom Oleg Izchoki, Professor an der Universität von Kalifornien in Los Angeles, hielt im November 2022 die Vorstellung für unrealistisch, dass die russische Regierung bereit sein könnte, aufgrund der Sanktionen den Krieg zu beenden. Izchoki: »Bisher ist nicht zu sehen, dass die wirtschaftlichen Probleme Russland einschränken, es begrenzen. Der Fortgang des Kriegs wird erst einmal weiter an der Front entschieden werden.«[441]

Die westliche Welt und insbesondere Deutschlands Wirtschaft und seine Bürger erleben die bitteren Konsequenzen ihrer Sanktionen in Form von exorbitant steigenden Energiepreisen. In einer freien, kapitalistisch geprägten Welt findet der Austausch von Waren und Dienstleistungen zumeist zum beiderseitigen Vorteil statt. Beispielsweise muss das relativ günstige Gas, welches Deutschland von Russland bisher erworben hat, nunmehr teuer von anderen Ländern erworben werden, um den Gasbedarf des Landes zu decken. Obendrein muss oftmals das deutlich umweltschädlichere Fracking-Gas erworben werden. Dieses muss dann Tausende Kilometer weit in europäische Nachbarländer verschifft werden, da Deutschland Ende 2022 lediglich über zwei LNG-Terminals verfügte.[442]

Die Entwicklung des Werts des Rubels gegenüber dem US-Dollar und dem Euro zeigt, dass der Rubel die Verluste, die zu Beginn des Krieges entstanden, wettgemacht hat und wesentlich stärker dasteht als vor dem Krieg (siehe Abbildung 38). Mitte Februar entsprach 1 Euro knapp 86 Rubel. Nach dem Ausbruch des Krieges schoss der Euro auf über 150 Rubel hoch, während er im weiteren Verlauf wieder nachließ und das Niveau unmittelbar vor Kriegsausbruch deutlich unterschritt.

Auch bei Gazprom, das mit 178.000 Kilometern über das längste Pipelinenetz und mit einem Anteil von rund 20 Prozent über die größten Gasreserven der Welt verfügt und zeitweise mehr Gas produzierte als alle amerikanischen Konzerne zusammen, rollte im ersten Halbjahr 2022 mit einem Rekordgewinn von 42 Milliarden Dollar der Rubel. Gazprom finan-

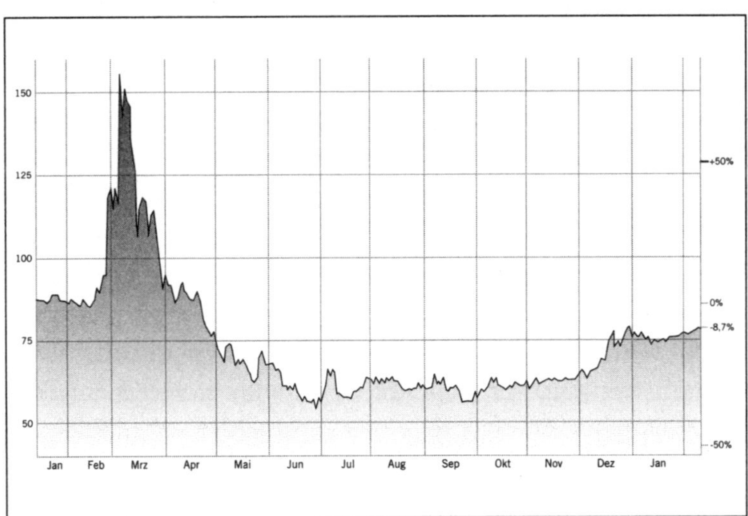

Abbildung 38: Entwicklung des Rubel im Verhältnis zum Euro im Jahr 2022
Quelle: https://www.finanzen.net/devisen

ziert nicht nur nahezu 40 Prozent des russischen Staatshaushalts, sondern auch zahllose russische Kleptokraten.[443] Zu Gazproms Kunden zählten unter anderem Energieunternehmen in Europa. In Deutschland zählten die Energieunternehmen Uniper und EnBW zu den größten Abnehmern russischen Gases.[444]

Fakt ist: Gegenwärtig leben 80 Prozent der Weltbevölkerung in Ländern, die sich nicht an den westlichen Sanktionen gegen Russland beteiligen. Weder China, Indien, Brasilien, Südafrika, Indonesien, Mexiko oder Pakistan noch das NATO-Land Türkei beteiligen sich. Diese Länder verzichten im Gegensatz zum Westen nicht auf die billige russische Energie in Form von Gas und Öl. Katrin Kamin, Ökonomin beim Kieler Institut für Weltwirtschaft: »Sanktionen führen meist zu Handelsumlenkungseffekten, Exporte werden an andere Abnehmer umgeleitet. Dies sind in der Regel Staaten, die nicht zur Sanktionskoalition gehören.« Während Deutschland unter Russlands Antwort auf die Sanktionen leidet, bauen andere Staaten gegenüber dem Westen ihre Standortvorteile aus. Kamin erklärt: »Meist profitieren diese Staaten, wie jetzt beispielsweise Indien, und nehmen dann die Güter zu günstigeren Preisen ab.«[445] Auch die Türkei betreibt weiterhin fleißig Handel mit Russland. Im September 2022 war sie bereits der zweitgrößte Importeur vor Deutschland.

Die billige Energie aus Russland erlaubt es den Unternehmen in den Ländern, welche sich nicht den Sanktionen gegen Russland angeschlossen haben, wesentlich günstiger zu produzieren. In Deutschland spüren insbesondere die energieintensiven Wirtschaftszweige wie Stahl und Aluminium sowie Chemie die explodierenden Energiepreise.[446] Aufgrund der hohen Energiepreise drosselt die deutsche Chemie- und Pharmabranche ihre Produktion kontinuierlich. Laut dem Verband der Chemischen Industrie ist die Herstellung in der Branche im dritten Quartal 2022 im Vorjahresvergleich um 10,3 Prozent geschrumpft.[447] Besonders düster sieht es für die Hersteller von Rohaluminium in

Deutschland aus. Laut dem Präsidenten des Verbandes Aluminium Deutschland Rob van Gils haben Primärhütten (Hersteller besonders energieintensiven Rohaluminiums) bereits einen großen Teil ihrer Kapazitäten außer Betrieb genommen. Wird es auf Sicht keine Lösung für sie geben, so werden sie komplett vom Netz gehen. Laut van Gils ist dann die Wahrscheinlichkeit, dass sie wieder anfahren, sehr gering.[448]

Unternehmen in Ländern, die sich nicht den Sanktionen gegen Russland angeschlossen haben, erhöhen kontinuierlich ihre Wettbewerbsfähigkeit gegenüber beispielsweise deutschen und europäischen Unternehmen. Unternehmen in Deutschland und Europa mit hohem Energiebedarf hingegen bleiben oftmals nur die folgenden Optionen: die Produktion herunterzufahren, die Produktion ins Ausland zu verlagern oder den Standort beziehungsweise das Unternehmen zu schließen.

Oftmals erweckt die Politik den Anschein, dass alle gegen Russland an einem gemeinsamen Strang ziehen und keine nationalstaatlichen Interessen mehr verfolgt werden. Dies ist jedoch nicht einmal innerhalb der EU der Fall, geschweige denn weltweit.

Griechische Tanker für russisches Öl

Am 9. Juni 2022 schrieb die *Tagesschau* in ihrer Website unter der Überschrift »Griechische Tanker für Putins Öl« Erstaunliches. Aus einem Ölembargo, das die EU-Kommission angekündigt hatte mit dem Ziel, Geschäften mit russischem Öl auf dem Seeweg die Grundlage zu entziehen, wurde nichts. In dieser Causa machte offenbar die griechische Seite der EU-Kommission einen nicht zu übersehenden Strich durch die Rechnung.

Ohne die griechischen Reeder mit ihren beträchtlichen Öltankerflotten geht auf hoher See kaum etwas im globalen Ölgeschäft. Ungefähr 27 Prozent der Tanker weltweit gehören griechischen Reedereien. Ohne griechische Tanker hätte Russland wesentlich weniger Möglichkeiten, seine globalen Ölexporte von Europa in andere Staaten zu verlagern, wie Simon Johnson, Professor am Massachusetts Institute of Technology in der ARD-Sendung *Monitor* am 9. Juni 2022 sagte.[449] Genau hier plante die EU bei ihrem Ölembargo anzusetzen. *Monitor* lag nach eigenen Angaben ein unveröffentlichter erster Vorschlagsentwurf der EU-Kommission von Mai 2022 vor. In diesem war das Verbot für Tankschiffe aus EU-Ländern vorgesehen, russisches Öl »mit Schiffen, die unter der Flagge eines Mitgliedstaats registriert sind oder sich im Eigentum eines Staatsangehörigen eines Mitgliedstaats befinden, in Drittländer zu befördern«. Jedoch wurde im finalen Text zum beschlossenen Embargo genau dieser Absatz in Gänze gestrichen.

Michelle Wiese-Bockmann, Analystin des Londoner Schifffahrt-Registers Lloyd's List, findet deutliche Worte: »Die griechischen Reedereien sind – aufgrund ihrer großen Flotte und weil sie schon lange im Geschäft sind – sehr mächtig und haben eine sehr starke Stimme in der internationalen Schiffsindustrie. Das ermöglicht ihnen, ihre Interessen auf EU-Ebene durchzusetzen.«[450] Laut Angaben des Griechischen Reederverbands EEE kontrollieren griechische Schiffseigner knapp 16 Prozent der globalen Gastankerflotte. Von den 667 LNG-Tankern, die Ende 2021 weltweit unterwegs waren, waren 105 im Besitz griechischer Eigner.[451]

Der griechische Ministerpräsident Kyriakos Mitsotakis verkündete auf einer Pressekonferenz bezüglich der Verschonung griechischer Tanker von den Sanktionen: »Es gibt keine – und das möchte ich betonen – Sanktionen gegen die griechische Schifffahrt, was den Transfer von Öl aus Russland in Drittländer betrifft.« Erdal Yalcin, Professor für internationalen Handel an der Hochschule für Wirtschaft in Konstanz, stellte fest, dass damit die Sanktionen gegen Russland weitgehend ins Leere laufen würden: »Die Möglichkeit, dass griechische Reedereien weiterhin russisches Öl befördern, bedeutet schlichtweg, dass man die Sanktionen butterweich macht.«[452] Der EU-Abgeordnete Michael Bloss (Bündnis 90/Die Grünen) gab zu: »In dem Moment, in dem griechische Reeder in ihren Profiten eingeschränkt werden, dann ist es vorbei mit dem Starksein gegen Putin.«[453]

Festzuhalten ist, dass griechische Öltanker in einem bisher noch nie da gewesenen Ausmaß Rohöl aus Russland transportieren und somit Russland helfen, seine Kassen zu füllen und eine tiefe Rezession im Land zu vermeiden.

Bekanntermaßen beteiligt sich der Großteil der Weltbevölkerung nicht an den Wirtschaftssanktionen gegen Russland. Ob der Ukraine tatsächlich geholfen wird, wenn der Wirtschaftsstandort Deutschland nachhaltig geschädigt wird, während Deutschlands Wirtschaftskonkurrenten weiter an Stärke gewinnen, ist ebenso diskussionswürdig wie die Frage, ob es ökonomisch sinnvoll ist, dem größten Energielieferanten einen Wirtschaftskrieg zu erklären, ohne zuvor Alternativen zur Verfügung zu haben. Auf der Welt gibt es gegenwärtig ausreichend preiswerte Energie. Dementsprechend gibt es in Deutschland auch keine »Energiekrise«, sondern lediglich eine von der Politik herbeigeführte Verknappung des Energieangebots, die es in vielen Ländern eben nicht gibt. Eines muss klar sein: Deutschland ist eine Exportnation, und der Wohlstand der Deutschen basiert auf internationalem Handel. Sollte die Politik zukünftig tiefgreifende Wirtschaftssanktionen gegen China durchsetzen, würde dies Teilen der deutschen Wirtschaft mit hoher Wahrscheinlichkeit das Genick brechen.

Abgesehen von den bisher aufgeführten Problemen ist Deutschland kraft seiner EU- und Euro-Mitgliedschaft mit weiteren Problemen und Gefahren konfrontiert. Eines der dominierenden Themen ist die nicht zuletzt von der Europäischen

Zentralbank (EZB) angefachte Inflation. Mit der Einführung des Euro im Jahr 1999 verlor die Bundesbank die absolute Hoheit über das Geld der Bundesrepublik. Dementsprechend ist sie, die zu D-Mark-Zeiten für Geldwertstabilität stand, zu einem zahnlosen Tiger verkommen.

7
EZB, Euro und EU – eine Gefahr für Deutschland?

»Die Inflation kommt nicht über uns als ein Fluch oder als ein tragisches Geschick; sie wird immer durch eine leichtfertige oder sogar verbrecherische Politik hervorgerufen.«

Ludwig Erhard, ehemaliger Bundeskanzler und Begründer der Sozialen Marktwirtschaft, im Jahr 1957[454]

Dieses drastische Zitat Ludwig Erhards hat bis heute seine Richtigkeit nicht verloren.

Der Präsident des Deutschen Instituts für Wirtschaftsforschung (DIW), Marcel Fratzscher, hielt selbst noch Mitte September 2021 Sorgen über die hohe Inflation für unbegründet. Er ging sogar davon aus, dass die Preisniveausteigerung im nächsten Jahr wohl wieder unter 2 Prozent liegen würde. Zudem sei die Inflation in den vergangenen Jahren eher zu niedrig gewesen. »Deshalb ist im Augenblick die Inflation eigentlich meine geringste Sorge.«[455] Nicht nur Fratzscher wurde eines Besseren belehrt.

Laut einer Umfrage im Rahmen des Statista Global Consumer Surveys im Sommer 2022 gehören steigende Lebenshaltungskosten zu den größten Problemen, mit denen die Bürger und Unternehmen der Bundesrepublik konfrontiert sind.[456] Knapp die Hälfte aller in Deutschland befragten Personen nannten die Teuerungen als schwerwiegendste Hürde für das Land. Die Inflation hat den Mangel an bezahlbarem Wohnraum (40 Prozent) sowie den Klimawandel (39 Prozent) als größte Sorge verdrängt. Für 2022 hat der Wirtschaftsstandort Preissteigerungen zu verzeichnen wie seit 1951 nicht mehr.[457]

Verbraucherpreise

Im Oktober 2022 sind die Verbraucherpreise, angetrieben von steigenden Energie- und Lebensmittelpreisen, in Deutschland, mit 10,4 Prozent, auf den höchsten Stand seit etwa 70 Jahren explodiert (siehe auch Abbildung 39).[458]

Rolf Bürkl, Experte des Nürnberger Konsumforschers GfK, stellte Ende September 2022 fest: »Viele Haushalte sind momentan gezwungen, deutlich mehr Geld für Energie auszugeben beziehungsweise für deutlich höhere Heizkostenabrechnungen zu-

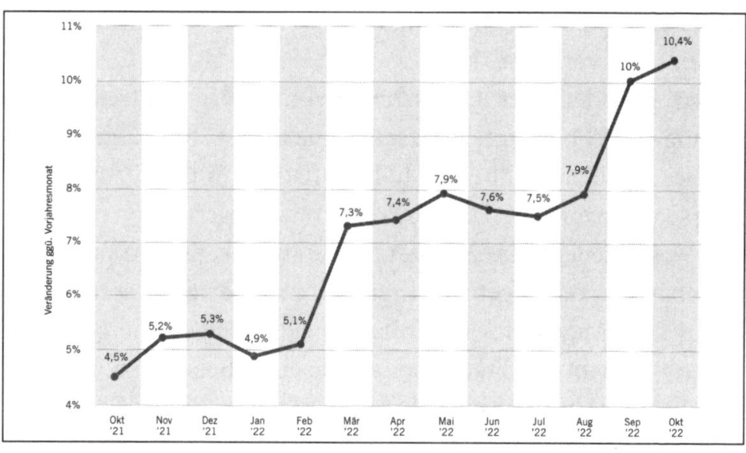

Abbildung 39: Entwicklung der Verbraucherpreise von Oktober 2021 bis Oktober 2022
Quelle: https://de.statista.com/statistik/daten/studie/1045/umfrage/inflationsrate-in-deutschland-veraenderung-des-verbraucherpreisindexes-zum-vorjahresmonat/

rückzulegen. Entsprechend müssen sie bei anderen Ausgaben, wie zum Beispiel neuen Anschaffungen, sparen.«[459] Dies ist verheerend für den Binnenkonsum. Im September 2022 hatten laut Berechnungen der Sparkassen Haushalte mit einem monatlichen Nettoeinkommen von weniger als 3600 Euro am Monatsende kein Geld mehr übrig und mussten teilweise sogar auf Ersparnisse zurückgreifen, um die laufenden Kosten zu decken.[460] Mehr als die Hälfte der privaten Haushalte konnten kein Geld mehr auf die hohe Kante legen.

Nach Angaben des Statistischen Bundesamts verfügten im Jahr 2021 27,3 Millionen von insgesamt 40,68 Millionen Haushalten in Deutschland über ein Nettoeinkommen von weniger als 3500 Euro.[461] Folglich können die Menschen in diesen Haushalten nicht mehr zusätzlich privat für das Alter vorsorgen. Somit ist Altersarmut vorprogrammiert. Dies sind besorgniserregende Nachrichten, insbesondere in Anbetracht der Warnung von Arbeitgeberpräsident Rainer Dulger im Oktober 2022: »So wie unsere Sozialversicherungen heute funktionieren, werden sie in den kommenden fünf Jahren nicht mehr funktionieren … Die Kosten werden explodieren … Die Finanzierung unseres Rentensystems steht vor dem Zusammenbruch.«[462] Demgegenüber wurde der Euroraum keinesfalls von der Inflation überrollt wie von einem nicht vorhersehbaren Tsunami.

Inflation – nicht erst seit Kriegsausbruch

»Die Inflation ist so gut wie aus dem Nichts gekommen.«

Christine Lagarde, Präsidentin der Europäischen Zentralbank, 29. Oktober 2022[463]

Diese Aussage kann nur als äußerst gewagte These betrachtet werden. Christine Lagarde ist zweifellos die größte Gelddruckerin der Europäischen Geschichte. Die Bilanzsumme der Europäischen Zentralbank (EZB) ist seit dem Beginn von Lagardes Präsidentschaft am 1. November 2019 bis zum Ausbruch des Ukrainekriegs am 24. Februar 2022 von 4,676 Billionen Euro auf 8,668 Billionen Euro in die Höhe geschossen.[464]

Niemals wurde von der EZB innerhalb eines solch kurzen Zeitraums so viel Geld »aus dem Nichts« erschaffen. Schafft die Zentralbank im Verhältnis zum Angebot an Gütern und Dienstleistungen zu viel Geld und bläht damit die effektive monetäre Nachfrage auf, so jagt mehr Geld einer gegebenen Menge an Gütern und Dienstleistungen nach. Folglich steigen die Preise. Wirtschaftsnobelpreisträger Milton Friedman: »Inflation ist immer und überall ein monetäres Problem.«[465] Inflation ist nichts anderes als die Folge eines Geldüberhangs.

Es ist möglich, mit viel billigem Notenbankgeld Probleme in die Zukunft zu verschieben. Lösen lassen sie sich so jedoch nicht. Dementsprechend war jedem rational Denkenden klar, dass die Politik der EZB langfristig zu einer nicht unerheblichen Inflation führen würde. Dies bestätigt auch Otmar Issing, ehemaliger Chefvolkswirt und ehemaliges Direktoriumsmitglied der EZB: »Es war also unvermeidlich, dass ein Festhalten an einem derart expansiven Kurs, wenn sich die Wirtschaft schon längst deutlich erholt hat, irgendwann den Preisdruck verschärfen wird.«[466]

Bereits im Herbst 2021 wurde Kritik an Lagardes Geldpolitik laut. Olivier Blanchard, Ex-Chefvolkswirt des Internationalen Währungsfonds (IWF), sprach von einem Inflations-»Monster«, das geweckt werde, und dass die immer neuen Billionen »einfach zu viel« seien. Markus Ferber (CSU), währungspolitischer Sprecher der Europäischen Volkspartei, die im EU-Parlament die größte Fraktion stellt, konfrontierte Lagarde bereits 2021 mit dem Vorwurf, dass die Bürger allmählich das Vertrauen verlören, wenn ihnen durch hohe Inflation »Monat für Monat Geldwert geraubt« werde.[467]

Summa summarum lag die Inflationsrate bereits vor Russlands Invasion in die Ukraine in Deutschland mit 4,9 Prozent weit über dem EZB-Inflationsziel von 2 Prozent, welches nach Ansicht der EZB als passend für ein stabiles wirtschaftliches Wachstum gilt.[468] Wie Abbildung 40 zeigt, war bereits vor dem Ukrainekrieg Energie der größte Preistreiber.

EZB – Brandstifterin und Feuerwehr

Gewiss ist die hohe Inflation im Euroraum auch auf die Geldpolitik der EZB zurückzuführen. Im Zuge vergangener Krisen hat die EZB immer mehr Geld in die Märkte gepumpt mit dem

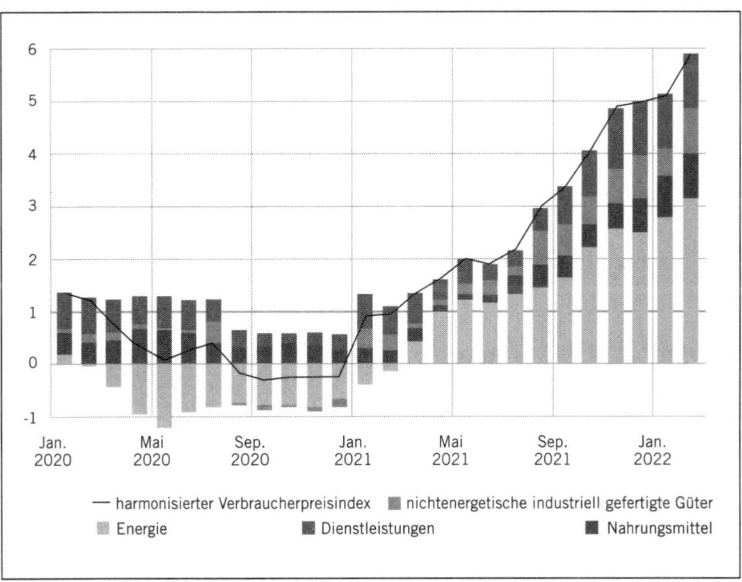

Abbildung 40: Entwicklung der Inflationsrate und ihrer Komponenten in den Jahren 2020 und 2021 in Deutschland
Quelle: https://www.intereconomics.eu/contents/year/2022/number/2/article/inflation-developments-in-the-euro-area-since-the-onset-of-the-pandemic.html

Ziel, die Nachfrage aufrechtzuerhalten und die Wirtschaft zu stabilisieren.

Die Geldmenge M1 (Bargeldumlauf ohne Kassenbestand der Kreditinstitute sowie die täglich fälligen Guthaben der Privatpersonen und Unternehmen auf Girokonten bei Banken)[469] hat sich seit dem Jahr 2000 mehr als verfünffacht. Die europäische Wirtschaftsleistung hingegen ist im gleichen Zeitraum nur um weniger als 50 Prozent gestiegen. Die erweiterte Geldmenge M3 nahm von 2008 bis August 2022 von 9 Billionen Euro auf 16,08 Billionen Euro zu. Dies ist eine Steigerung um mehr als das 1,7-Fache.[470]

Heute befindet sich die EZB, ebenso wie Johann Wolfgang von Goethes *Zauberlehrling*, in einem Dilemma. Die Staaten des Euroraums zählen zu ihren größten Schuldnern. Dementsprechend ist das Interesse an hohen Zinsen insbesondere seitens der sehr hoch verschuldeten Staaten Südeuropas äußerst gering. Die EZB und die nationalen Notenbanken haben seit

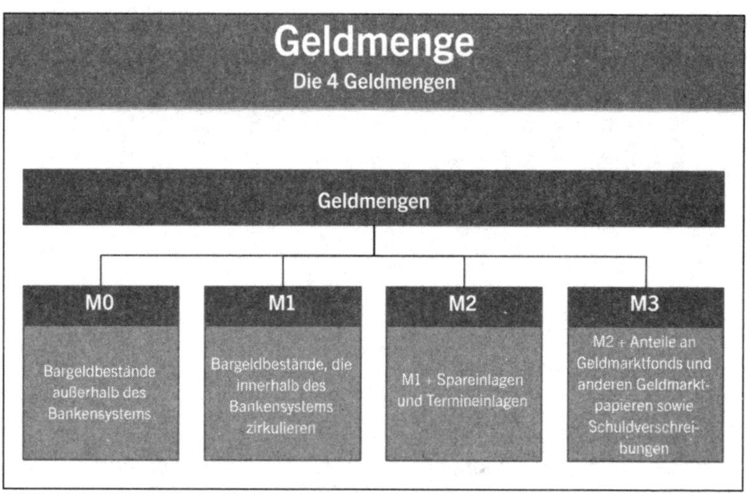

Abbildung 41: Die vier Arten der Geldmenge
Quelle: https://www.bwl-lexikon.de/wiki/geldmenge/

2015 bereits Anleihen im Volumen von über 3,2 Billionen Euro aufgekauft.[471] Würde die EZB die Zinsen drastisch erhöhen, um die Inflation zu bekämpfen, so würde sie nicht nur die Finanzierungskosten der extrem verschuldeten Länder im südlichen Teil des Euroraums wie Griechenland, Italien oder Portugal in die Höhe treiben, sondern auch die Kurswerte der Anleihen, die beispielsweise die EZB, italienische Banken und institutionelle Anleger halten, massiv unter Druck setzen. Der resultierende Abschreibungsbedarf würde voraussichtlich das Eigenkapital beispielsweise des italienischen Finanzsektors übersteigen. Hohe Zinsen innerhalb des Euroraums würden zu Finanz- und Wirtschaftskrisen und schlussendlich in den Bankrott führen.

EZB als Preistreiberin

Aufgrund der expansiven Geldpolitik der EZB in den letzten Jahren wollten Anleger ihr Geld loswerden, da sie für »verzinste« Sparprodukte kaum noch Zinsen oder gar Nullzinsen erhielten beziehungsweise Negativzinsen zahlen mussten. Sie investierten ebenso in Immobilien wie Bürger, die vor dem Hintergrund der extrem niedrigen Zinsen meinten, sich den Traum vom Eigenheim verwirklichen zu können. Folglich kannten die Immobilienpreise nur einen Weg: den Weg nach oben (siehe Abbildung 42).

Einerseits konnten sich Immobilienbesitzer über hohe Wertzuwächse freuen, doch andererseits kann sich ein Normalverdiener in zahlreichen Regionen der Bundesrepublik eine eigene Immobilie kaum noch leisten. Es ist deutlich zu erkennen, dass sich die Immobilienpreise in Deutschland beinahe analog zur Aufblähung der EZB-Geldmenge entwickelt haben.

Unbestritten hat die zum Scheitern verurteilte Politik des billigen Geldes der EZB an den Immobilienmärkten einen hefti-

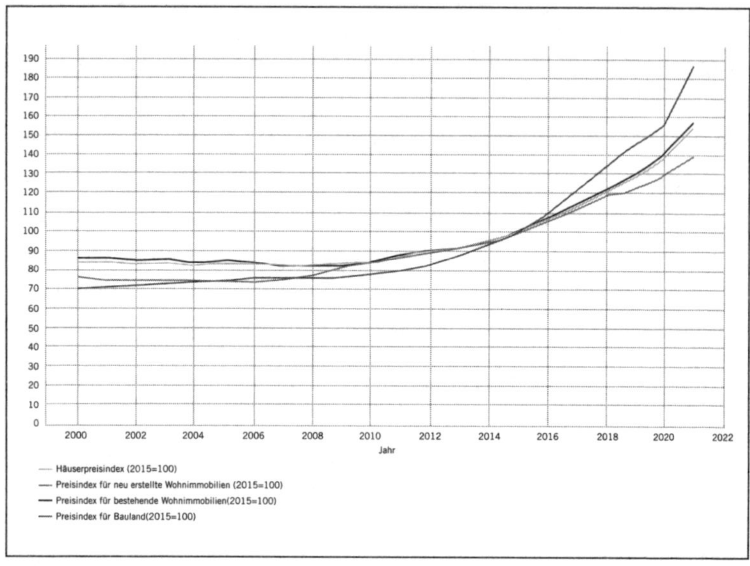

Abbildung 42: Entwicklung der Immobilienpreise in Deutschland, 2000 bis 2022
Quelle: https://www-genesis.destatis.de/genesis/online?operation=ergebnistabelleDiagramm&option=diagramm&levelindex=1&levelid=1672309566961&downloadname=61262-0001#abreadcrumb

gen Spekulationsboom ausgelöst. Darüber hinaus hat bereits vor dem Beginn des Ukrainekriegs die Inflation auch die Verbraucherpreise erreicht. Kurzum: Nach der langjährigen Inflation der Vermögenswerte (das heißt des Werts von Aktien, Immobilien, Kryptowährungen, Oldtimern, Rohstoffen) ist die Inflation schlussendlich im dritten Quartal 2022 bei jedermann im Alltag angekommen.

Inflation: Kein temporäres Phänomen

Bereits vor dem Beginn des Ukrainekriegs war davon auszugehen, dass aufgrund des demografischen Wandels zusehends Arbeitskräfte fehlen und folglich die Löhne steigen würden. Ferner führte und führt der Kampf gegen den Klimawandel – beispielsweise mittels CO_2-Besteuerung – zu höheren Preisen. Experten sprechen bereits von »Greenflation«.[472]

In Deutschland gibt es die CO_2-Steuer seit 2021. Sie wird auf alle Brennstoffe fällig, bei deren Verbrennung klimaschädliches Kohlenstoffdioxid (CO_2) entsteht. Dazu gehören beispielsweise Benzin, Diesel, Gas und Heizöl.[473] Aufgrund der Steuer werden die Brennstoffe teurer. Diese Preissteigerung ist politisch gewollt. Wirtschaftsexperten zufolge gefährden allerdings stark steigende Rohstoffpreise den geplanten weltweiten Übergang zu kohlendioxidfreier Stromerzeugung. Der Chef des Instituts der deutschen Wirtschaft, Karl Lichtblau, hat die Brisanz bereits erkannt: »Wir müssen aufpassen, dass unsere schöne Energiewende nicht am Rohstoffmangel scheitert.«[474]

Karl Lichtblau sieht insbesondere bei 22 chemischen Elementen Probleme und verweist unter anderem auf Knappheiten bei den Metallen Kupfer, Platin und Lithium. Kupfer wird beispielsweise für Windräder benötigt, Platin für die Wasserstofferzeugung und Lithium für die Produktion von Batterien. Ruchir Sharma, Chefstratege der Investmentbank Morgan Stanley, sieht ebenfalls die Gefahr einer »Greenflation« aufgrund der Teuerungswelle durch die Energiewende. Sharma sagt: »Steigende Nachfrage und sinkendes Angebot werden die Preise weiter nach oben schießen lassen.« In den kommenden Jahren könnten die ökonomischen Effekte die gesamte weltweite Klimapolitik entgleisen lassen. Das Problem von »Greenflation« liege nicht nur im aktuellen Anstieg der Rohstoffpreise, sondern auch in neuen umweltpolitischen Vorgaben, die die zukünftige Produktion etwa von Kupfer und Aluminium auf Dauer erschwerten. All das könnte kohlendioxidfreien Strom wesentlich teurer machen als bisher gedacht.[475] Dementsprechend wird die Inflation so schnell nicht abklingen. Wie die Bank of America errechnet hat, dauert es dann, wenn die Inflation jährlich über 5 Prozent

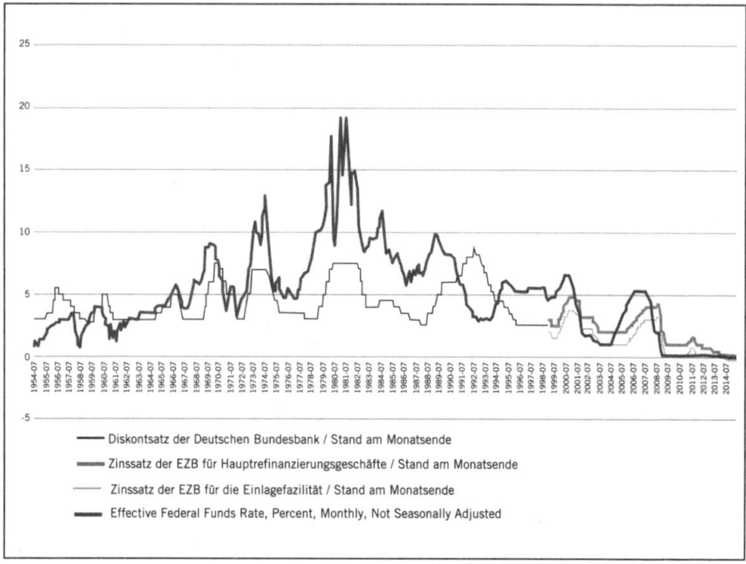

Abbildung 43: Entwicklung der Leitzinsen der Zentralbanken der USA, Deutschlands und der EU
Quelle: https://upload.wikimedia.org/wikipedia/commons/7/7f/Leitzinsen.png

lag, im Durchschnitt zehn Jahre, um sie auf 2 Prozent zurückzuführen.[476]

Bekanntlich wiederholt sich die Geschichte nie in Gänze, und die wirtschaftlichen Umstände ändern sich kontinuierlich. Wichtig zu wissen ist jedoch, dass die 1980er-Jahre in mehreren Volkswirtschaften, einschließlich denen der USA und des Vereinigten Königreichs, durch eine äußerst straffe Geldpolitik geprägt waren (siehe Abbildung 43). Es ist davon auszugehen, dass die Inflation noch über einen längeren Zeitraum erhalten bleibt. Da jedoch die Notenbanken sukzessive die Zinsen erhöhen, wird sich der Traum zahlloser Apokalyptiker von einer Hyperinflation mit hoher Wahrscheinlichkeit nicht erfüllen.

Gewinner und Verlierer

> *»Die Inflation ist eine Steuer, die nicht vom Parlament verabschiedet zu werden braucht.«*
>
> Milton Friedman, Wirtschaftswissenschaftler, Träger des Nobelpreises für Wirtschaftswissenschaften 1976 (1912–2006)

Inflation ist eine Katastrophe für Arbeitnehmer, Rentner und Sparer, da deren Einkommen mit der Teuerung nicht Schritt halten. Seit dem Ausbruch des Ukrainekriegs ist Energie ein knappes und somit teures Gut. Dementsprechend wird für immer mehr Geringverdiener, Rentner, aber auch für Teile des Mittelstands ein menschenwürdiges Leben zusehends unerschwinglich. Sollten die Winter 2023/2024 hart und lang werden und sollten die Energiepreise nicht drastisch sinken beziehungsweise sollte der Staat nicht mit Steuerzahlergeld eingreifen, so könnten im Frühjahr 2023/2024 zahlreiche Bürger vor der Frage stehen, wie sie ihre aufgeblähten Nebenkostennachzahlungen begleichen sollen. Zusätzlich frisst die Inflation seit Jahren die klassischen Ersparnisse des »kleinen Mannes« auf. Sparbuchsparer sehen tagtäglich, wie die Kaufkraft ihres Ersparten schwindet. Besitzer von Lebens- und Rentenversicherungen erleben, wie sich ihre Altersvorsorge pulverisiert. Viele der Finanzprodukte, die der Vorsorge fürs Alter dienen und welche in Zeiten geringer Inflation zumindest auf dem Papier noch attraktiv erschienen, erweisen sich in Zeiten niedriger Zinsen und hoher Inflation als ein miserables Investment.

Bereits bei einer Inflationsrate von 2 Prozent schmilzt die Kaufkraft von 1000 Euro innerhalb von fünf Jahren auf knapp 900 Euro zusammen. Folglich zahlen Menschen mit geringen und mittleren Einkommen den höchsten Preis für die Krise, da ihre Portfolios zumeist lange nicht so breit diversifiziert sind wie die von Bürgern mit höheren Einkommen und Vermögen. Die

Inflation trifft zumeist die breite Masse, da sie auf die Preissteigerungen nicht vorbereitet ist.

Dort, wo es Verlierer gibt, gibt es bekanntlich auch Gewinner. Inflation nützt Schuldnern und schadet Gläubigern. Durch die Geldentwertung schrumpft der reale Wert von Forderungen. Somit ist der größte Gewinner der Staat, denn wenn die Inflationsrate höher ist als der Zins, zu dem er sich Geld geliehen hat, dann schmelzen seine Schulden dahin. Obendrein profitiert der Staat durch höhere Steuereinnahmen, denn eine der wesentlichen treibenden Kräfte der steigenden Steuereinnahmen ist die hohe Inflation. Der Staat nimmt umso mehr ein, je höher die Preise steigen. Die Umsatzsteuer lässt die Staatskassen klingeln. Nach Angaben des Instituts der deutschen Wirtschaft Köln stiegen im März 2022 die Steuereinnahmen je Prozentpunkt Inflation nominal um schätzungsweise mehr als 10 Milliarden Euro.[477] Marcel Fratzscher, Präsident des DIW: »Der Staat ist gerade der große Gewinner der Inflation. Allein über die Umsatzsteuer nimmt er so 60 Milliarden Euro mehr ein als erwartet – in einem Jahr!«[478]

Ferner zählen zu den Profiteuren auch die Banken, da sie zumeist über kaum eigene Mittel verfügen, sich bei der EZB zu niedrigen Zinsen Geld leihen und dieses teurer weiterverleihen.

Die EZB erfüllt ihren Kernauftrag nicht

Die zentrale Aufgabe der EZB ist die Sicherung der Geldwertstabilität.[479] Folglich gilt es für sie, die Inflation im Euroraum unter Kontrolle zu bringen. In Anbetracht der drastischen Inflation innerhalb des Euroraums ist festzustellen, dass sie ihren gesetzlichen Auftrag nicht erfüllt. Die US-Notenbank Fed hat wesentlich früher mit nicht unerheblichen Leitzinsanhebungen begonnen, um die Scherben ihrer ebenfalls irrsinnigen Gelddruckpolitik zusammenzukehren und die Inflation zu bekämpfen (siehe Abbildung 44).

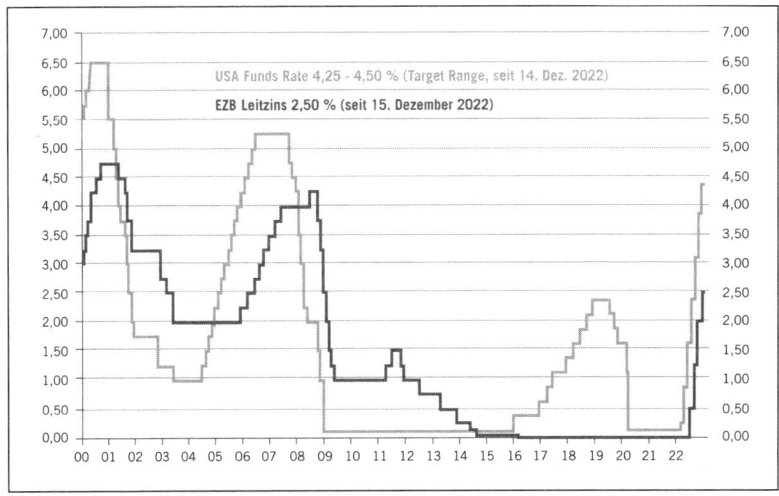

Abbildung 44: Entwicklung der Leitzinsen in den USA und im Euroraum, 2000 bis 2022
Quelle: http://www.leitzinsen.info/

Gerne schiebt die EZB den Schwarzen Peter für die ausufernde Inflation auf Corona-Lockdowns und den völkerrechtswidrigen Krieg Russlands in der Ukraine. Zweifellos heizen beide Krisen die Inflation an. Sie sind aber keinesfalls die Hauptursache. Kein anderer als die EZB selbst hat die gegenwärtige Inflation durch ihre expansive Geldpolitik maßgeblich miterzeugt. Im globalen Wettbewerb des Gelddruckens der Notenbanken übernimmt sie seit Jahren eine Führungsrolle. Jedem logisch Denkenden sollte klar sein, dass die von der EZB zu verantwortende gigantische Geldmengenausweitung in keinerlei Relation zur wirtschaftlichen Entwicklung stand und steht. Zumindest den Ökonomen der EZB hätte bekannt sein müssen, dass maßloses Gelddrucken eher früher als später zu Inflation führen wird. Jetzt muss die EZB die Zinsen deutlich erhöhen, um der Inflation Einhalt zu gebieten. Andernfalls droht eine weitere Abwertung des Euro mit entsprechenden negativen Folgen für die Importpreise.

Dank der EZB können sich die Euroländer derzeit auf Kosten der Sparer sanieren. Leidtragende sind die Bürger, die maßgeblich von der durch die EZB mit angefachten Inflation betroffen sind. Sie müssen für das bezahlen, was ihre irrsinnige Notenbankpolitik angerichtet hat – nicht wenige sogar mit ihrer wirtschaftlichen Existenz.

Struktur- statt Geldpolitik

In meinem 2012 veröffentlichten ersten Buch steht Folgendes geschrieben: »Brisanterweise beabsichtigt die EZB, auch zukünftig Anleihen von hoch verschuldeten Staaten und privaten Schuldnern zu kaufen, um die Märkte weiterhin am Leben zu halten.«[480]

Faktisch druckt die EZB Geld. Hiermit verstößt sie gegen geltendes EU-Recht. Laut Artikel 123 des Vertrags über die Arbeitsweise der Europäischen Union (AEUV), auch als Lissabon-Vertrag oder »EU-Verfassung« bekannt, ist eine Finanzierung des Staatshaushalts durch die gemeinsame Zentralbank – die über den Umweg der Anleihenkäufe der EZB seit Mai 2010 faktisch praktiziert wird – verboten.[481] Die EZB missachtet dieses Verbot. Zum Positiven geändert hat sich seit damals nichts. Anstatt ihr Mandat zu erfüllen, das heißt, das gescheiterte Ankaufprogramm von Anleihen zu beenden und die Inflation in geordnete Bahnen zu lenken, legt die EZB neue Programme auf, die offenkundig außerhalb ihres Aufgabenbereichs liegen.

Mit dem sogenannten *Transmission Protection Instrument* beabsichtigt die EZB, die Zinsdifferenzen in den Ländern des südlichen Euroraums wie beispielsweise Italien, Griechenland oder Spanien zu bekämpfen und die Zinsen in den einzelnen Ländern unter das Marktniveau zu drücken. Die Zinsdifferenzen sind jedoch keinesfalls »marktwidrig«. Sie spiegeln lediglich unterschiedliche Risikoprämien aufgrund von denkbar verschiedenen Schuldnern wider. Beispielsweise will die EZB italienische Staatsanleihen so lang aufkaufen (ohne Anforderungskriterien bezüglich der Umsetzung von Reformen in Italien), bis der Zins auf ein für die EZB akzeptables Niveau gesunken ist. Somit steht die Beurteilung eines adäquaten Zinssatzes der EZB über der Beurteilung der Märkte. Dementsprechend subventioniert die EZB die Schulden einzelner Staaten. Dies hat mit freier Marktwirtschaft nicht sonderlich viel zu tun und kann durchaus als Planwirtschaft der Notenbank bezeichnet werden.

Zwar beabsichtigt die EZB, ihre Anleihebestände nicht weiter zu steigern, garantiert ist dies jedoch nicht. Ob es sinnvoll ist, dass zukünftig beispielsweise auslaufende deutsche oder niederländische Anleihen durch griechische, italienische oder spanische ersetzt werden, gilt als fraglich. Ob es sich hierbei tatsächlich noch um Geldpolitik handelt oder doch eher um Strukturpolitik – für die die EZB kein Mandat hätte –, ist zumindest diskussionswürdig. Den Preis dafür zahlen die Bürger in Form von Inflation. Obendrein dürfte der Anreiz zu dringend erforderlichen strukturellen Reformen in Ländern wie beispielsweise Italien, den die Einebnung der Zinsdifferenzen bieten soll, mehr als gering sein.[482]

Der ehemalige Gouverneur der Bank of England, Mervyn Allister King, fasst das Versagen der Notenbanken wie folgt zusammen: »Die Zentralbanken haben die Kontrolle über die Inflation verloren. Die Regierungen haben die Kontrolle über die öffentlichen Finanzen verloren. Es ist nicht überraschend, dass die Märkte darauf reagieren. Alle Zentralbanken in der westlichen Welt haben den gleichen Fehler gemacht, und während COVID, als die Wirtschaft wegen des Lockdowns schrumpfte, beschlossen die Zentralbanken, dass es eine gute Zeit ist, viel Geld zu drucken. Das war ein Fehler, der zur Inflation führte.«[483]

Ausgiebig wird über Deutschlands Abhängigkeit von Energie und Rohstoffen, von Russland und von China diskutiert. Kaum jemand redet hingegen über Deutschlands gravierende Abhängigkeit vom Euro – und somit zugleich vom Wohl und Wehe der Euroländer.

Währungsexperiment Euro

Wie wichtig eine solide und stabile Währung ist, kann nicht oft genug betont werden. Die Stabilität und Solidität, für die die Deutsche Mark einst stand, lässt sich beim Euro nicht mehr erkennen. Der Euro wertete 2022 gegenüber dem US-Dollar und dem Schweizer Franken massiv ab. Ein Ende des Euro-Verfalls ist nicht in Sicht. Allein 2022 verlor der Euro gegenüber dem US-Dollar mehr als 6 Prozent (siehe auch Abbildung 45).[484]

Eingeführt wurde der Euro am 1. Januar 1999.[485] Am 4. Januar 1999 war er 1,62 Schweizer Franken wert.[486] Am 29. Dezember 2022 erhielt man für einen Euro lediglich noch 0,98 Schweizer Franken.[487] Fakt ist: Für ein rohstoffarmes Land wie Deutschland bedeutet eine Weichwährung importierte Inflation.

An den nationalen TARGET2-Salden lassen sich Ungleichgewichte im Handels- und Kapitalverkehr innerhalb des Euroraums ablesen. (Die Abkürzung TARGET steht für *Trans-European Automated Real-time Gross Settlement Express Transfer*

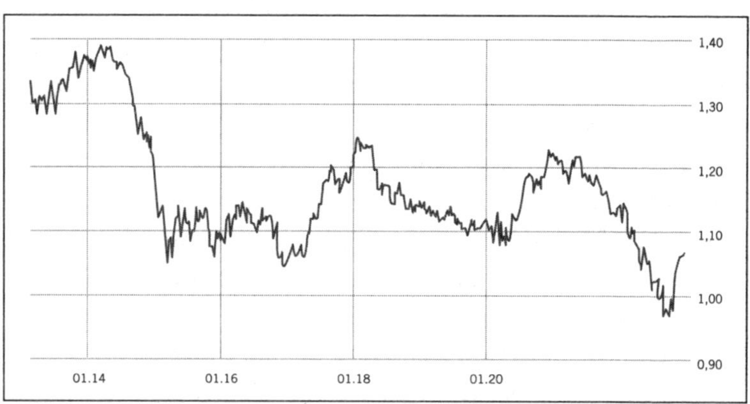

Abbildung 45: Entwicklung des Euro gegenüber dem US-Dollar, 2014 bis 2022
Quelle: https://www.wallstreet-online.de/devisen/euro-us-dollar-eur-usd-kurs#t:10y||s:lines||a:abs||v:week||ads:null

System. Hierbei handelt es sich um ein Zahlungssystem des Eurosystems, also der nationalen Notenbanken des Euroraums und der EZB.)[488] Diese Ungleichgewichte nehmen weiter zu. Die TARGET2-Forderungen der Bundesbank betrugen am 31. Dezember 2022 exakt 1.269.075.983.239 Euro (Stand 31. Dezember 2022).[489]

Angesichts dessen verwundert es nicht, dass Fachleute wie etwa Prof. Thomas Meyer, ehemaliger Chefvolkswirt der Deutschen Bank, massive Zweifel am Bestand der Währungsunion äußern: »Noch nie in der Geschichte hat eine so konstruierte Währungsunion souveräner Staaten überlebt, und es ist nicht die Frage, ob, sondern wann und wie diese Währungsunion zerfallen wird.«[490]

Da die Politik weiterhin an dem schlussendlich zum Scheitern verurteilten Währungsexperiment Euro festhält, sind zukünftig weiter steigende Forderungen der Bundesbank zu erwarten. Folglich wird Deutschland dieses Geld mit hoher Wahrscheinlichkeit niemals sehen – und der Preis für die gemeinsame Währung wird weiter steigen.

Spürbar setzt sich die Erkenntnis durch, dass es Irrsinn war, eine Weichwährung wie beispielsweise die italienische Lira mit einer soliden und stabilen Währung wie der Deutschen Mark zu verschmelzen, und dass es wenig sinnvoll war, unterschiedlich starke Volkswirtschaften wie beispielsweise Deutschland und Griechenland in ein Zins- und Währungskorsett zu zwingen. Das Währungskonstrukt Euro funktioniert ausschließlich in Form einer Transferunion. Wenn jedoch mit Deutschland die stärkste Volkswirtschaft des Euroraums und somit die Stütze des Euro sukzessive in die Knie geht, dann wird sich dies auf das Vertrauen in den Euro verheerend auswirken. Dementsprechend wird der Euro auch zukünftig weiter an Bedeutung verlieren. Anders als im *Zauberlehrling* ist die Rettung des Euro durch den Zaubermeister nicht zu erwarten. Warum die Politik in Deutschland in Anbetracht der aufgeführten Fakten noch immer am Euro festhält, ist eine offene Frage. Der Preis, den die Bürger für den Euro bezahlen müssen, wird tagtäglich höher. Ob heute die Begeisterung für den Euro noch ebenso groß ist wie bei seiner Einführung, ob es tatsächlich sinnvoll war, die harte Deutsche Mark gegen den Euro zu tauschen und sich in die Abhängigkeit der EZB zu geben, ist ebenso fraglich.

Zweifellos würde ohne das Geld der Steuerzahler aus Deutschland in der EU wesentlich weniger laufen. Seit Jahrzehnten wird es umverteilt – mittlerweile Jahr für Jahr im zweistelligen Milliardenbereich.

Deutschland, der Zahlmeister der EU

In den Jahren 2000 bis 2020 hat Deutschland über 190 Milliarden Euro mehr an die EU bezahlt als zurückbekommen. Wird das Jahr 2021 noch hinzuaddiert, so beläuft sich die Summe bereits auf über 212 Milliarden Euro.[491] Tendenz weiter steigend (siehe Abbildung 46).

Dem Institut der deutschen Wirtschaft Köln zufolge war Deutschland im Jahr 2021 innerhalb der EU mit einem Betrag von 21,4 Milliarden Euro der größte Nettozahler. Es folgen Frankreich (10,9 Milliarden Euro), die Niederlande (4,1 Milliarden Euro), Schweden (2,5 Milliarden Euro) und Dänemark (1,5 Milliarden Euro). Neben Deutschland zahlten neun weitere Staaten mehr in den EU-Haushalt ein, als sie daraus erhielten. 17 Staaten erhielten mehr und waren folglich Nettoempfänger (siehe auch Tabelle 5).

Die größten Nettoempfänger waren Polen (12,9 Milliarden Euro), Griechenland (4,7 Milliarden Euro), Ungarn (4,3 Milliarden Euro), Rumänien (4,2 Milliarden Euro) und Spanien (3,5 Milliarden Euro). Bei den Nettopositionen relativ zum

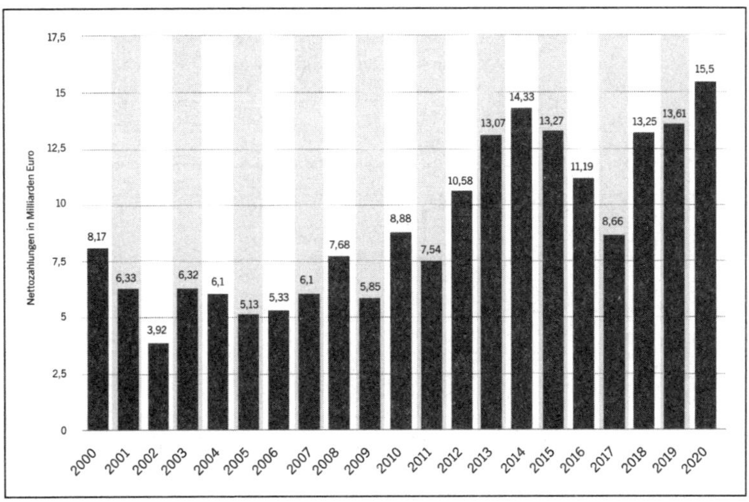

Abbildung 46: Nettozahlungen Deutschlands an die EU, 2000 bis 2020, in Milliarden Euro
Quelle: https://de.statista.com/statistik/daten/studie/988587/umfrage/nettozahlungen-von-deutschland-an-die-europaeische-union/

Bruttonationaleinkommen (BNE) war auch Deutschland größter Nettozahler (0,58 Prozent des BNE) vor den Niederlanden (0,48 Prozent), Schweden (0,46 Prozent) sowie Frankreich und Dänemark (0,43 Prozent). Die größten Nettoempfänger waren Kroatien (3,08 Prozent des BNE) vor Litauen (3,05 Prozent), Ungarn (2,89 Prozent), Bulgarien (2,84 Prozent) und Lettland (2,76 Prozent).[492]

Die Bürger Großbritanniens hatten an dieser Umverteilung offensichtlich kein Interesse mehr, denn am 23. Juli 2016 entschieden sie sich in einem Referendum gegen den Verbleib in der EU. 2021 bekamen Deutschlands Steuerzahler erstmals die Rechnung für den Brexit serviert.

Mitgliedstaat	Operativer Haushaltssaldo		
	in Millionen Euro	Anteil am BNE	Euro pro Kopf
Belgien	–1.003,32	–0,20	–86,83
Bulgarien	1.867,54	2,84	270,01
Dänemark	–1.475,93	–0,43	–252,73
Deutschland	–21.408,81	–0,58	–257,46
Estland	748,91	2,47	563,06
Finnland	–969,62	–0,38	–175,22
Frankreich	–10.945,71	–0,43	–161,78
Griechenland	4.681,62	2,57	438,41
Irland	–441,26	–0,14	–88,14
Italien	–1.475,08	–0,08	–24,90
Kroatien	1.766,98	3,08	437,77
Lettland	905,54	2,76	478,30
Litauen	1.637,41	3,05	585,69
Luxemburg	239,75	0,46	377,72
Malta	66,04	0,49	127,95
Niederlande	–4.076,28	–0,48	–233,26
Österreich	–1.289,76	–0,32	–144,39
Polen	12.924,28	2,32	341,55
Portugal	3.220,15	1,54	312,69
Rumänien	4.171,23	1,76	217,23
Schweden	–2.492,66	–0,46	–240,16
Slowakei	1.769,90	1,84	324,17
Slowenien	509,24	0,98	241,46
Spanien	3.429,27	0,28	72,35
Tschechien	3.141,05	1,37	293,51
Ungarn	4.307,24	2,89	442,64
Zypern	192,29	0,88	214,61

Tabelle 5: Operative Haushaltssalden der 27 EU-Mitgliedstaaten, 2021
Quelle: https://www.iwkoeln.de/studien/berthold-busch-bjoern-kauder-samina-sultan-nettozahler-und-nettoempfaenger-in-der-eu.html

Brexit kostet Deutschlands Steuerzahler Milliarden

Abbildung 47 verdeutlicht die Kosten des Brexits für Deutschlands Steuerzahler. Im Jahr 2021 zahlte die Bundesrepublik

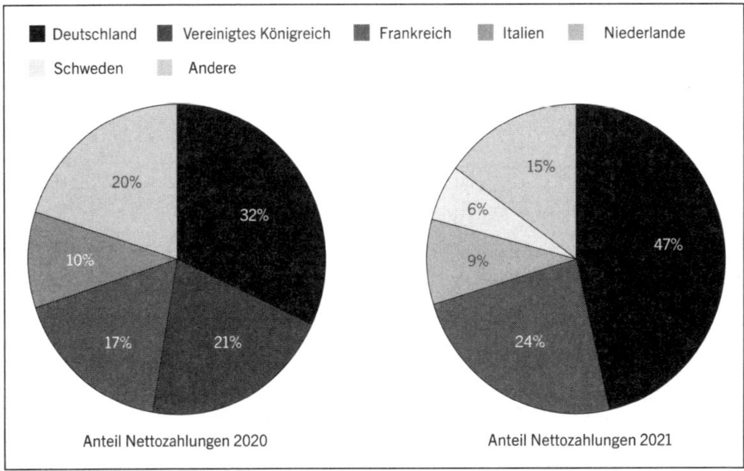

Abbildung 47: Anteile der EU-Nettozahlungen, 2020 und 2021
Quelle: https://www.focus.de/finanzen/deutschland-bleibt-der-zahlmeister-der-eu-aber-nur-auf-den-ersten-blick_id_175483296.html

21 Milliarden Euro netto an die EU, das heißt rund 40 Prozent mehr als im Jahr zuvor. Nachdem die Briten die EU verlassen haben, ist der deutsche Steuerzahler für die EU wichtiger geworden als jemals zuvor. 2021 stammten rund 47 Prozent aller europäischen Nettozahlungen aus der Bundesrepublik.[493] Rutscht Deutschlands Wirtschaft in eine Rezession, so gibt es folglich auch in Brüssel weniger Geld zum Umverteilen.

Eine der Hauptgefahren für die Stabilität des Euroraums und somit der EU ist Italien, das Land mit der drittgrößten Volkswirtschaft in der EU. Italien ist der klassische Verlierer des Euro, und die politische Stimmung im Land beginnt zu kippen. Jedem sollte klar sein, dass mit der Einführung des Euro Italiens Probleme auch zu Deutschlands Problemen geworden sind. Dies lässt sich nicht nur an den abstrakten TARGET2-Forderungen der Bundesbank ablesen, sondern auch für jeden ersichtlich am Verfall des Euro.

Italien – der für Deutschland gefährliche Verlierer des Euro

Jahrzehntelang wurde Italien von Christdemokraten, Kommunisten oder Sozialisten regiert.[494] Doch diese Zeiten sind vorbei. Ende September 2022 hat Italien wieder einmal gewählt. Der *SPIEGEL* schrieb: »Rechtsradikale Giorgia Meloni kann künftig mit einer absoluten Mehrheit Italien regieren.«[495]

Nach Italiens Wahl

Mit dem Wahlsieg Melonis befindet sich Deutschlands Regierung in einer misslichen Lage. Handelt es sich bei der neuen Regierungschefin in Italien tatsächlich um eine Rechtsradikale (was ganz augenscheinlich der Fall ist), so unterstützt die Bundesrepublik indirekt durch die Bundesbank als Anteilseigner der EZB ein von Rechtsradikalen geführtes Land. Folglich wäre der Kampf der Politik gegen Rechtsextremismus in Deutschland (Nancy Faesers (SPD) Aktionsplan gegen rechts: »Unsere Demokratie ist wachsam und wehrhaft. Wir schützen unsere Demokratie im Äußeren wie im Inneren. Die größte extremistische Bedrohung für unsere Demokratie ist der Rechtsextremismus… Wir werden die Finanzaktivitäten rechtsextremistischer Netzwerke aufklären und unterbinden.«[496]) vollkommen unglaubwürdig, wenn die EZB und somit auch die Bundesbank andererseits Italien weiterhin stützt. Dessen ungeachtet dürfte der Erhalt der EU und des Währungsexperiments Euro weiterhin über allem stehen. Koste es, was es wolle – monetär und politisch.

Über den Ausgang der Wahl wurde viel berichtet, jedoch kaum etwas darüber, warum die Bürger Italiens so gewählt haben. Offenkundig haben nicht nur sozial abgehängte Italiener die »Postfaschistin«[497] Giorgia Meloni gewählt, denn das Median-Nettovermögen[498] liegt in Italien wesentlich höher als in Deutschland.[499] Auch andere Indikatoren stützen diesen Befund. So beträgt nach Angaben der OECD für das Jahr 2021 das Rentenniveau in Italien 81,7 Prozent dessen, was vor dem Renteneintritt netto verdient wurde. Die entsprechenden Werte lauten für Frankreich 74,4 Prozent und für Deutschland 52,9 Prozent. Nicht zuletzt in puncto Eigenheimquote stehen die Bürger Italiens wesentlich besser da. Die Eigenheimquote lag 2020 in Italien bei 72 Prozent, in Deutschland hingegen nur bei 50,4 Prozent.[500] All dies deutet darauf hin, dass die Mehrheit der italienischen Gesellschaft die bisherige Politik nicht mehr mittragen wollte.

Das ehemalige Weichwährungsland Italien, welches über Jahrzehnte die italienische Lira beispielsweise gegenüber der stabilen Deutschen Mark abgewertet hat, um die Wettbewerbsfähigkeit des Landes zu erhalten, ist nach wie vor der klassische Verlierer des Euro. Innerhalb der Eurozone hat Italien keine Möglichkeit gefunden, wettbewerbsfähig zu werden.[501] Seit Jahrzehnten sind in Italien die Ausgaben des Staates höher als seine Einnahmen – mit der Konsequenz einer Rekordverschuldung von über 2,7 Billionen Euro, entsprechend 150 Prozent des BIP. Deutschland steht bei 68 Prozent. Laut den EU-Konvergenzkriterien/Maastricht-Kriterien darf der öffentliche Schuldenstand nicht mehr als 60 Prozent des BIP betragen.[502] Weitere Probleme stellen sich in Gestalt einer ausufernden Bürokratie, einen zerfallenden Infrastruktur und einer an der Staatskasse vorbei agierenden Schattenwirtschaft, deren Umfang sich auf rund 20 Prozent des BIP beläuft.[503] Nicht zu vergessen die Steuermoral der italienischen Bürger.

1100 Milliarden Euro Steuerausstände

Die Steuerhinterziehung kostet Italien jedes Jahr knapp 100 Milliarden Euro. Im Jahr 2021 deklarierten mehr als die Hälfte der Italiener ein Bruttoeinkommen von weniger als 15.000 Euro, 10 Millionen Italiener zahlten überhaupt keine Steuern. Rund 90 Prozent des Aufkommens aus der Erhebung der Einkommensteuer stammen von Angestellten und Rentnern, also jenen, die bei der Steuererklärung nicht täuschen können. Lediglich

35.000 Steuerpflichtige geben an, mehr als 300.000 Euro brutto per annum zu verdienen. Dies »im Land der Ferraris und der Villen am Meer«, wie die italienische Zeitung *Corriere della Sera* scharfzüngig anmerkte.[504] Hinzu kommt eine mangelnde Zahlungsmoral bei der Begleichung der Steuerrechnungen. Ernesto Maria Ruffini, Direktor der italienischen Steuerverwaltung, sagt: »19 Millionen Steuerpflichtige – also fast die Hälfte – sind mit den Zahlungen im Verzug, und das oft seit vielen Jahren.« Mitte 2022 waren 150 Millionen Rechnungen offen, das sind knapp acht pro säumigem Steuerzahler. Laut Ruffini beträgt das Volumen der Steuerausstände 1100 Milliarden Euro.[505] Wann die nächste Steueramnestie in Italien kommt, steht noch nicht fest. Dass sie kommt, dessen scheinen sich viele Italiener sicher zu sein.

Fakt ist: Der italienische Staat wäre ohne den Euro und die EZB bereits längst bankrott. Lediglich die langjährige Nullzinspolitik und die Programme zum Aufkauf von Schuldtiteln, die an den Kapitalmärkten kaum Nachfrageinteresse erzeugten, halten den italienischen Staat finanziell am Leben. Die Konsequenzen ihrer eigenen verfehlten Italien-Politik spürt die EZB jetzt am eigenen Leib. In Anbetracht der grassierenden Inflation müsste sie rasch und drastisch die Zinsen erhöhen. Dies hätte allerdings zur Folge, dass den Italienern der Saft des billigen Geldes genommen wird. Im Jahr 2022 ließ sich beobachten, wie sauer Investoren selbst geringe Zinserhöhungen der EZB aufstießen: Sie verlangten schlicht satte Risikoaufschläge. Nimmt die EZB weiterhin Rücksicht auf Italien, so wird sie den Verfall des Werts des Euro gegenüber dem US-Dollar und damit die Inflation weiter vorantreiben.

Italien benötigt niedrige Zinsen. Jedoch werden private Investoren keine niedrig verzinslichen italienischen Anleihen kaufen. Folglich gibt es bei niedrigen Zinsen faktisch keinen Marktzugang, und die EZB wird auch zukünftig die Käuferin bleiben. Somit besteht auch zukünftig in Italien keinerlei Anreiz für harte strukturelle Reformen, und deshalb wird sich auch weiterhin in Italien nichts ändern.

Der deutsche Ökonom Daniel Stelter vertritt die Meinung, dass eine über Zwangshypotheken organisierte Vermögensteuer in Höhe von 10 Prozent die italienische Staatsverschuldung um ein Drittel reduzieren würde, eine Vermögensteuer in Höhe von 15 Prozent um 50 Prozent.[506] Obendrein besitzt Italien die drittgrößten Goldreserven weltweit. Auch diese könnten zur Schuldentilgung verwendet werden. Bei einem Volumen von mehr als 2451,8 Tonnen und einem Kilopreis von knapp 57.300 Euro (Stand Januar 2023) kommt jedenfalls eine stattliche Summe zusammen.[507]

Dass eine Vermögensteuer in Italien kommen oder der Goldschatz verkauft wird, ist äußerst fraglich, solange der europäische Steuerzahler Italien wirtschaftlich über Wasser hält. Von der gegenwärtigen Regierung sind solche Maßnahmen mit Gewissheit nicht zu erwarten. Folglich muss maßgeblich auch der deutsche Steuerzahler Italien wirtschaftlich am Leben erhalten, und es dürfte lediglich eine Frage der Zeit sein, bis die deutsche Politik sogenannten Eurobonds, also einer Vergemeinschaftung von Schulden, zustimmen wird.

Nach der Analyse der gegenwärtigen Situation stellt sich manch einer die alles entscheidende Frage: In Deutschland bleiben und immer mehr abgeben? Oder etwa doch der Heimat den Rücken kehren?

8
Bleiben oder auswandern?

»Schimpflich ist es, nicht zu gehen, sondern sich treiben zu lassen und mitten im Wirbel der Dinge verblüfft zu fragen: Wie bin ich bloß hierher gekommen?«

Seneca, römischer Dichter und Philosoph (etwa 1–65)[508]

Die fetten Jahre sind in der Bundesrepublik endgültig vorbei. Daher ist es unabdingbar, sich aktiv um die eigene Zukunft und die der Familie zu kümmern. Zukünftig blühen uns immer weniger staatliche Leistungen für immer höhere Steuern und Abgaben jeglicher Art. Dementsprechend befassen sich immer mehr Bürger mit der Frage, ob es besser ist, auszuwandern oder doch zu bleiben?

Soll man tatsächlich die Heimat verlassen oder das Beste aus der gegenwärtigen Situation in der Heimat machen?

- Was spricht dafür, zu bleiben?
- Welche Möglichkeiten gibt es, in Deutschland zu bleiben, ohne gnadenlos abkassiert zu werden?
- Was spricht dafür, auszuwandern? Wenn ja, wohin?
- Worauf ist beim Auswandern zu achten?
- Für wen lohnt sich Auswandern und für wen nicht?
- Welche Länder haben Zukunft? Welche Länder sind einigermaßen autark? Wo kommt man noch rein? Und wie?

All diese Fragen werden in diesem Kapitel eingehend erörtert.

Bleiben

»Ohne Heimat sein heißt leiden.«

Fjodor Michailowitsch Dostojewski,
russischer Schriftsteller (1821–1881)[509]

In der Ferne ist es zumeist zu Beginn nicht einfach. Daher verlassen auch nur sehr wenige ihre Heimat und ziehen es vor zu bleiben. Entscheidet man sich für den Verbleib in der Heimat, so hat man zwei Optionen.

Option 1: In Deutschland bleiben und nichts ändern

Diese Option ist die mit Abstand schlechteste und teuerste. Warum? Weil Steuern und Abgaben mit sehr hoher Wahrscheinlichkeit in Zukunft weiter steigen werden und ferner die Inflation mit Gewissheit in naher Zukunft nicht auf 2 Prozent zurückgehen wird. Obendrein besteht die Möglichkeit, dass die EU und Deutschland in eine Rezession beziehungsweise eine Stagflation abrutschen – eine wirtschaftliche Stagnation bei gleichzeitiger Inflation. Nicht zuletzt besteht die Gefahr, dass der Euro weiter abwertet und schlussendlich scheitern wird.

Option 2: In Deutschland bleiben und agieren

Folglich ist es angebracht, sich aktiv mit der Zukunft zu befassen und sich um sein Erspartes beziehungsweise gegebenenfalls sein Unternehmen zu kümmern. Aufgrund der gegenwärtigen unsicheren wirtschaftlichen Situation ist es sinnvoll, Schulden zu bezahlen, sich auf Bargeld und Sachwerte zu konzentrieren, und zwar international.

Liquidität – Euro, US-Dollar, Schweizer Franken

Liquidität – Mittel wie Bargeld und Bankguthaben, aber auch Edelmetalle, welche sich leicht und schnell umtauschen lassen –

ist in der gegenwärtigen Zeit unabdingbar. Das gilt einerseits für den alltäglichen Gebrauch und andererseits für den Handel an den Märkten. Wenig sinnvoll ist es indes, sich auf den Euro zu versteifen. Dasselbe gilt im Kontext der Anlageländer bezüglich der Bundesrepublik Deutschland.

Euro – eine Währung mit Abwertungspotenzial

All jene, die in Deutschland ihren Haupt- oder Zweitwohnsitz haben, benötigen selbstverständlich ein Bankkonto in Deutschland – sinnvollerweise nicht bei einer Onlinebank, sondern einer Bank mit direktem Ansprechpartner. Obendrein sind Bargeldbestände keinesfalls verkehrt – einerseits zu Hause, andererseits in einem Schließfach, sei es bei der Bank oder bei einem bankenunabhängigen Anbieter von Schließfächern.

Wie lange noch Bargeld in unbegrenzter Höhe in Deutschland abgehoben werden darf, kann niemand seriös vorhersagen. Ferner ist nicht bekannt, ob das Bargeld mit der Einführung des digitalen Euro verschwinden wird. Die Bundesbank schreibt in ihrer Website: »Ende 2023 wird das Eurosystem dann entscheiden, ob es mit dem digitalen Euro in die Realisierungsphase eintritt. Diese könnte drei Jahre in Anspruch nehmen. Sie umfasst die Entwicklung und Erprobung technischer Lösungen und Regelwerke, die für die Ausgabe eines digitalen Euro erforderlich sind. Unabhängig davon, wie diese Entscheidungen ausfallen, klar ist: Das Eurosystem wird auch künftig Bargeld anbieten. Der digitale Euro ergänzt das Bargeld, er ersetzt es nicht.«[510]

Dass die nächste Eurokrise kommen wird, ist mehr als wahrscheinlich. Dementsprechend sollte der Akzent von Bar- und Giralgeld nicht allein auf Euro liegen, sondern auch auf US-Dollar und Schweizer Franken.

Weltwährung US-Dollar

Der US-Dollar gilt seit jeher als klassischer »sicherer Hafen«. Internationale Investoren betrachten den US-Dollar noch immer als die sicherste Währung weltweit. Diese Position konnte der Euro dem US-Dollar nie streitig machen, und er wird es auch in naher Zukunft nicht können. Der US-Dollar ist nach wie vor die weltweit dominierende Währung und wird es voraussichtlich auch noch eine Zeit lang bleiben. Wie lange genau, kann niemand sagen.

Mehr als 50 Prozent der globalen Devisentransaktionen wurden im ersten Quartal 2022 in US-Dollar abgewickelt. Auf Rang 2 steht der Euro abgeschlagen mit knapp 19 Prozent.[511] Von einer Weltwährung kann gegenwärtig beim Euro also keinesfalls die Rede sein – und mit äußerst hoher Wahrscheinlichkeit auch zukünftig nicht. Der Grund dafür ist, dass der Wirtschaftsstandort Europa kontinuierlich an Relevanz verloren hat und unter anderem aufgrund seiner Energie- und Steuerpolitik auch weiterhin verlieren wird.[512]

Angesichts des Kriegs in der Ukraine, von dem Europa wesentlich unmittelbarer betroffen ist, der im Vergleich mit den USA wesentlich größeren Abhängigkeit von Energieexporten und der Probleme der EZB sowie der südlichen Euroländer besteht die Gefahr, dass der Euro zukünftig weiter abwerten wird. Rutschen nicht nur die Euroländer, sondern auch Deutschland als Hauptsäule des Euro in eine Rezession oder scheitert gar die Energiewende in Deutschland, so wird dies drastische Konsequenzen für den Euro haben. Dementsprechend ist auch langfristig eine Aufwertung des US-Dollar gegenüber dem Euro keinesfalls unwahrscheinlich. Wie lange noch problemlos Kapital ins Ausland transferiert werden kann, das heißt, ob und in welcher Form es zukünftig zwecks Verhinderung des Abflusses von Kapital zu Kapitalausfuhrbeschränkungen kommt, liegt in den Händen des Gesetzgebers.

Für Unternehmen sowie für Privatpersonen ist es also durchaus sinnvoll, eines oder mehrere Fremdwährungskonten zu führen, wahlweise auch bei einer Bank außerhalb des Euroraums. Barbestände in US-Dollar und Schweizer Franken im Schließfach können insbesondere aufgrund der wenig Positives bergenden Zukunftsaussichten für den Euroraum nicht falsch sein.

Schweizer Franken

Die Schweiz hat den Vorteil, weder Mitglied der EU noch Teil des Euroraums zu sein. Somit ist sie weder ein Teil der »Haftungsunion«, noch unterliegt sie den Entscheidungen der EZB. In Anbetracht der vergleichsweise geringen Inflation in der Schweiz – im November 2022 belief sie sich auf knapp unter 3 Prozent[513] (Deutschland 10 Prozent[514]) – und aufgrund der wesentlich solideren finanziellen Lage sowie der besseren Zukunftsaussichten dürfte der Schweizer Franken mittelfristig gegenüber dem Euro eher an Stärke gewinnen. Dementsprechend kann er eine weitere interessante Beimischung zum Fremdwährungsportfolio, bestmöglich mit einem Konto in der Schweiz oder in Liechtenstein, darstellen.[515]

Aktien, Fonds, Exchange Traded Funds

Kein langfristig ausgelegtes Portfolio kommt um Aktien, Exchange Traded Funds (ETFs) und Fonds herum. Die positiven Wertentwicklungen der Aktienindizes Dow Jones, S&P 500, DAX und MSCI World in den letzten Jahrzehnten sind nicht von der Hand zu weisen.[516]

Dennoch gilt es zu beachten, dass dank des vielen billigen Geldes der Notenbanken die Märkte immens »aufgepumpt« wurden (siehe Abbildung 48). Mit zunehmender Liquidität stiegen die Kurse.

Sollten die Notenbanken tatsächlich beginnen, die Zinsen massiv zu erhöhen und folglich die Liquidität zu senken, so kann

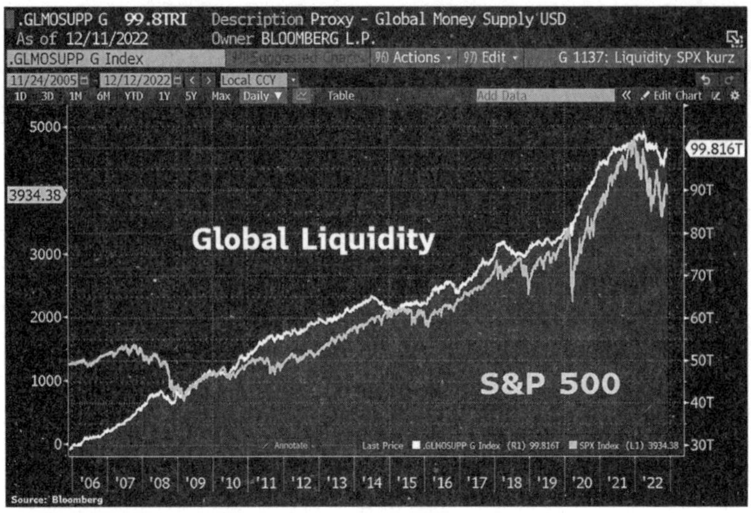

Abbildung 48: Entwicklung der weltweiten Liquidität und des S&P 500, 2006 bis 2022
Quelle: Bloomberg
https://twitter.com/Schuldensuehner/status/1602067556264730626/photo/1

man davon ausgehen, dass es zu erheblichen Korrekturen an den Märkten kommen wird. Werden sie hingegen im Jahr 2023 keine weiteren Zinsschritte mehr unternehmen oder gar zu ihrer Politik des billigen Geldes zurückkehren, so werden die Märkte weiter durch die Decke gehen.

Davon ausgehend sollten Anlagen unter Berücksichtigung eines langfristigen Anlagehorizonts von zum Beispiel mehr als zehn Jahren betrachtet werden. Sinnvoll ist es, zur Glättung der Einstiegskurse Investitionen nicht auf einen einzigen Zeitpunkt zu konzentrieren, sondern sukzessive vorzunehmen. Dies kann eigenhändig oder in Form eines Sparplans geschehen. Nicht verkehrt ist ein Depot außerhalb der EU, beispielsweise in der Schweiz oder in Liechtenstein. Wie überall gilt auch bei Aktien, Fonds und ETFs die Devise Risikostreuung.

Aktien

»Eine Aktie ist ein Anteil an einem Unternehmen, das Aktiengesellschaft oder kurz AG heißt. Wer eine Aktie kauft, wird dadurch als Aktionär Miteigentümer des Unternehmens.«[517]

Die Geburtsstunde der Aktie schlug am 20. März 1602 in Amsterdam. Dort wurde die Handelsgesellschaft Vereenigde Oost-Indische Compagnie (VOC), ein Zusammenschluss von Amsterdamer Gewürzhändlern, gegründet. Die Händler finanzierten ihre Schiffsflotte mittels Ausgabe von Namenspapieren, deren Besitzer in einem Register geführt wurden. Im Jahr 1604 stachen die ersten VOC-Schiffe in See. Sie importierten Gewürze aus Indien und Indonesien und Tee, Seide und Porzellan aus China. Wirtschaftshistorikern zufolge waren die Aktien die ersten »dividendentragenden Papiere«.[518]

Als Aktionär eines Unternehmens partizipiert man an dessen Erfolg und Misserfolg. Als Kleinaktionär ist man dem Wohl und Wehe des Managements ausgeliefert. Investiert man lediglich in einen oder wenige Werte, so ist das Risiko vergleichsweise groß. Da durch sie das Risiko wesentlich breiter gestreut wird, erfreuen sich Fonds und ETFs einer großen Popularität. Dementsprechend ist es sinnvoll, als Kleinanleger Fonds und ETFs zu wählen. Auch bei diesen wiederum ist eine breite Streuung empfehlenswert.

Fonds

Ein Investmentfonds sammelt das Geld vieler Anleger. Dieses Geld wird von einem Fondsmanager stellvertretend für die Anleger an den Finanzmärkten investiert. Der Vorteil von Fonds besteht in der Risikostreuung. Fonds investieren nicht nur in eine Aktie (Aktienfonds) oder in eine Anleihe (Rentenfonds), sondern in sehr viele zugleich.

Bei Fonds besteht die Wahl zwischen einzelnen Anlageregionen und -ländern, Währungen, Branchen, Anlageklassen und

Anlageinstrumenten. Ferner ist es sinnvoll, die Kosten zu vergleichen. Diese setzen sich zusammen aus

- dem Ausgabeaufschlag (einer einmaligen volumenabhängigen Gebühr, die beim Kauf von Investmentfonds anfällt) und
- den laufenden Kosten (Total Expense Ratio beziehungsweise Positionen wie Verwaltungsvergütung und Transaktionskosten).

Zusätzlich fällt die Depotgebühr für die Depotbank an.

Wichtig ist es, vor dem Kauf die Wertentwicklung zu vergleichen. Zwar sagt die Vergangenheit letztlich nichts über die Wertentwicklung in der Zukunft aus, jedoch ist sie ein guter Indikator dafür, wie das Fondsmanagement in der Vergangenheit gearbeitet hat.

Der Börseninformationsdienst *wallstreet:online* weist die erfolgreichsten Fonds der letzten sechs Monate bis zehn Jahre nach.[519] Eine Alternative sind die unter Investoren zusehends an Popularität gewinnenden ETFs.

Exchange Traded Funds

Ein ETF ist ein börsengehandelter Indexfonds, der die Wertentwicklung bekannter Marktindizes punktgenau abbildet. Mit ETFs kann man einfach und preiswert in Aktien, Anleihen, Rohstoffe, Edelmetalle, Immobilien oder in den Geldmarkt investieren mit dem Ziel, langfristig Vermögen aufzubauen. ETFs vereinen die Vorteile von Aktien und Fonds auf sich.

Generell gilt es, zwischen physischen und synthetischen ETFs zu unterscheiden. Physische ETFs investieren direkt in die Werte, die der nachgebildete Index enthält, synthetische ETFs demgegenüber mittels eines Tauschgeschäfts. Bei Letzteren besteht die Gefahr des sogenannten Kontrahentenrisikos, das heißt einer möglichen Pleite der Partnerbank. Sicherheitsbedürftige Anleger ziehen physische ETFs vor.[520]

Aktien, Fonds und ETFs gehören potenziell in jedes Portfolio. Für Laien eignen sich Fonds und ETFs besser, da die Risikostreuung breiter gefächert ist beispielsweise als bei einem einzelnen Wert in Gestalt einer Aktie. Zum langfristigen kontinuierlichen Vermögensaufbau eigen sich Fonds- beziehungsweise ETF-Sparpläne.[521]

Gold – die Lebensversicherung für das Portfolio

Gold wird von den Notenbanken mehr denn je als der bevorzugte Wertspeicher betrachtet. Allein in den ersten drei Quartalen 2022 beliefen sich die Goldkäufe auf insgesamt 673 Tonnen. Das ist mehr als im gesamten Rekordjahr 1967.[522]

Gold ist bekanntlich kein Investment, sondern eine elementare Versicherung – oder besser gesagt, die Lebensversicherung für jedes Portfolio. Goldbesitz ist dementsprechend nicht für gute Zeiten gedacht, sondern für schlechte. Es war und ist ein adäquates Mittel gegen die irrsinnige Gelddruckpolitik der Notenbanken schlechthin.

Seit dem 1. Januar 2002, als die Deutsche Mark ihre Eigenschaft als gesetzliches Zahlungsmittel verlor, ist der Goldpreis um rund 475 Prozent (Stand: 16. Januar 2023) gestiegen (Abbildung 49). In den vergangenen 20 Jahren belief sich die jährliche Steigerung des Goldpreises auf 8,6 Prozent, in den vergangenen 30 Jahren auf 6,4 Prozent. Folglich hat zuerst die Deutsche Mark und nach der Währungsunion der Euro kontinuierlich an Kaufkraft gegenüber dem Gold verloren. Jedoch kann es 2023 durchaus zu Korrekturen kommen, sollten die Notenbanken die Zinsen weiter erhöhen. Sollten sie hingegen zu ihrer Politik des billigen Geldes zurückkehren, so wird dies die Entwicklung des Goldpreises enorm anheizen.

Zweifellos ist Gold in physischer Form (Barren oder Münzen, am besten ab einer Unze) nach wie vor das »Must-have«, der Wertspeicher eines jeden Anlegers. Die Freiheit des anonymen

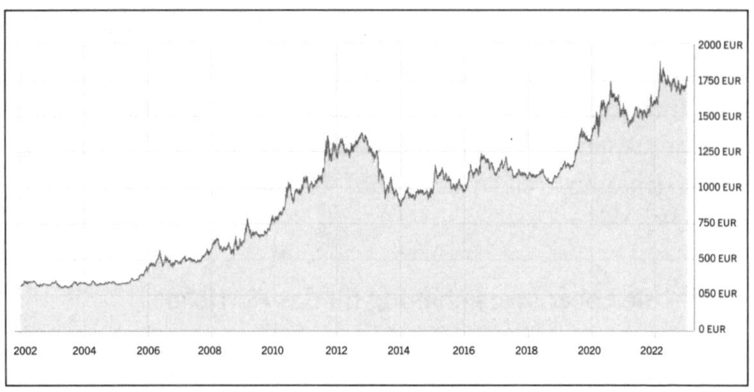

Abbildung 49: Entwicklung des Goldpreises seit Anfang 2002
Quelle: https://www.gold.de/kurse/goldpreis/

Erwerbs von Edelmetallen (Gold, Silber, Platin, Palladium) im sogenannten Tafelgeschäft bis 2000 Euro pro Person und Händler ist in Deutschland nach wie vor gegeben. In der Schweiz liegt die Obergrenze für einen anonymen Erwerb bei 14.999 Schweizer Franken, in Österreich bei 9999 Euro. Wichtig zu wissen ist, dass pro Person und Auto (bei Bus, Bahn, Schiff, Flugzeug gilt pro Person) aus Deutschland lediglich bis zu 10.000 Euro aus- und eingeführt werden dürfen. Ausfuhren jenseits dieser Grenze müssen angemeldet werden.

Wie lange der anonyme Erwerb von Edelmetallen noch möglich ist und ob es in Deutschland oder innerhalb der EU zu einem Goldverbot kommen könnte, ist ungewiss. Ausgeschlossen sind Handelsbeschränkungen oder gar -verbote nicht. Dementsprechend ist es sinnvoll, insbesondere im Rahmen von Tafelgeschäften Edelmetallpositionen im In- sowie im Ausland (außerhalb der EU) auf- beziehungsweise auszubauen. Eine Unze (31,1 Gramm) Gold in Münz- oder Barrenform ist bereits ab 1777 Euro (Stand 23. Januar 2023) zu haben. Alle zertifizierten Edelmetallhändler sind unter https://www.gold.de/ zu finden.

Silber, Platin, Palladium – Edelmetalle als Beimischung

Die Edelmetalle Silber, Platin und Palladium können ein sinnvolles Investment für größere Portfolios darstellen. Allerdings konnte keines der drei Metalle mit der Entwicklung des Goldpreises seit dem 1. Januar 2002 mithalten.[523]

Auch hier sind der physische Erwerb und die Lagerung in einem eigenen Bankschließfach beziehungsweise in einem bankenunabhängigen Schließfach außerhalb der EU sinnvoll. Von Zollfreilagern ist abzusehen, da es ratsam ist, immer selbst die Hand auf den eigenen Edelmetallen zu haben.

Silber, Platin und Palladium sollten ebenso wie Gold ausschließlich bei serösen zertifizierten Händlern erworben werden. Silber ist das günstigste aller Edelmetalle. Eine Unze Silber gibt es bereits für rund 28 Euro. Für eine Unze Platin werden knapp 1300 Euro und für eine Unze Palladium rund 2100 Euro fällig. (Stand 23. Januar 2023).

Diamanten – extrem hohe Wertdichte

Diamanten eignen sich insbesondere in den heutigen Zeiten als Beimischung zum Portfolio. Sie zeichnen sich durch eine immense Wertdichte, eine positive Wertentwicklung und eine hohe Liquidität aus.

Beim Kauf sind die folgenden Punkte zu beachten:

- Karat oder Gewicht (Carat),
- Farbe (Color) – die beste Farbe ist D (hochfeines Weiß),
- Reinheit (Clarity) – bestenfalls lupenrein (IF oder F),
- Schliff (Cut) – bestenfalls exzellent.

Jeder infrage kommende Diamant sollte mit einem Zertifikat des Gemological Institute of America (GIA) ausgestattet sein und von einem seriösen Händler erworben werden. In Deutschland beträgt die Mehrwertsteuer auf Diamanten 19 Prozent, in Österreich 20 Prozent, in der Schweiz 7,7 Prozent. Ferner können Diamanten in der Schweiz im anonymen Tafelgeschäft bis zu einem Wert von 14.999 Schweizer Franken erworben werden.

Bitcoin: Kein digitales Gold

Von Juli 2020 bis September 2022 kannte der Bitcoin-Kurs, abgesehen von ein paar wenigen Korrekturen, nur den Weg nach oben. Man setzte große Hoffnungen auf ihn als das »digitale Gold« und Alternative zu Gold. Ende 2022 hat sich deutlich gezeigt: Bitcoin ist alles, aber gewiss kein digitales Gold (siehe Abbildung 50).

Von zahllosen »Experten« wurde Bitcoin vehement als das digitale Gold, der digitale Wertspeicher, das Investment der Zukunft propagiert und angepriesen. Es wurde im Jahr 2022 von einem Bitcoin-Kurs von 100.000 Dollar fantasiert und von Bitcoin als Weltwährung geträumt.[524] Ende des Jahres 2022 war von dem einstigen, offenkundig mit durch das billige Geld der Notenbanken angefachten Hype nicht mehr viel zu sehen.

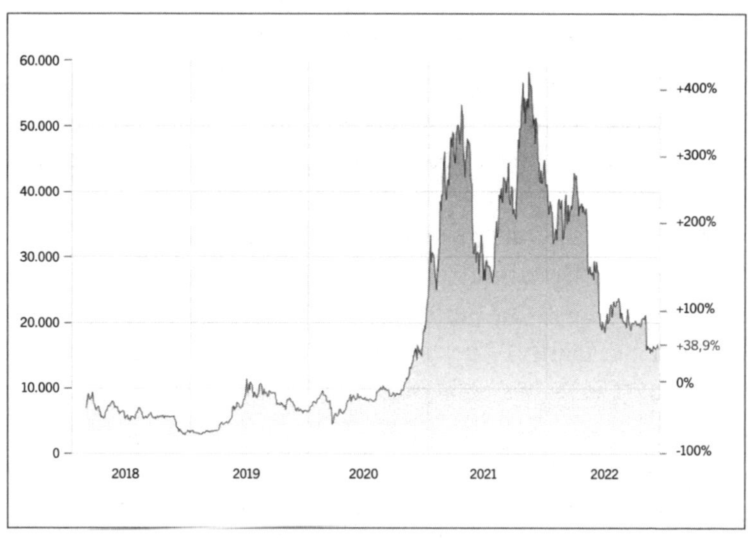

Abbildung 50: Entwicklung des Bitcoin-Preises, 2018 bis 2022, in Euro
Quelle: https://www.finanzen.net/devisen/bitcoin-euro-kurs

Zusehends setzt sich die Erkenntnis durch, dass der Bitcoin die ihm zugedachte Funktion eines Wertspeichers nicht erfüllt, insbesondere in Krisenzeiten nicht. Bitcoin ist ein hochspekulatives Investmentvehikel, mit dem man viel Geld gewinnen und ebenso auch verlieren kann. Die Zeit des *cheap money* ist bis auf Weiteres vorbei. Nicht nur die Aktienmärkte korrigierten in Anbetracht der hohen Inflation, steigender Zinsen und steigender Anleiherenditen nach unten, sondern auch Bitcoin & Co. Krypto-Pleiten wie bei FTX, Luna oder Celsius verspielten zusätzlich Vertrauen in Kryptowährungen.

Bitcoin sowie die Kryptowährungen Ethereum, Cardano, Ripple & Co. haben seit den Hochständen im November 2021 einen eklatanten Absturz erlebt. Im November 2021 betrug die Gesamtmarktkapitalisierung des globalen Kryptomarktes 3,08 Billionen Dollar. Zwölf Monate später war sie auf unter 808 Milliarden Dollar nach unten gerauscht.[525] Bereits vor dem Ausbruch des Ukrainekriegs war der Bitcoin von seinem Hoch im November 2021 von 58.323 Euro auf 32.994 Euro abgestürzt. Ende 2022 stand er bei 15.440 Euro.

Weder der Bitcoin noch die anderen großen Kryptowährungen sind das vielbesagte digitale Gold. Es handelt sich um Anlageobjekte mit hochgradig schwankendem Wert, dessen Entwicklung sich praktisch kaum seriös vorhersagen lässt. Die Konsequenz dessen ist, dass Anlagen in Bitcoin & Co. bei einem Crash an den Märkten nicht nur nicht vor Verlusten schützen. Stattdessen erhöhen sie das Verlustrisiko.

Nassim Nicholas Taleb ist Ehrenprofessor für Risikoanalyse am Polytechnischen Institut der New York University und Gastprofessor für Marketing an der London Business School, außerdem ehemaliger Professor an der University of Massachusetts Amherst, außerordentlicher Professor für Mathematik am Courant Institute der New York University und Fakultätsmitglied an der Wharton School.[526] Einst befürwortete Taleb den Bitcoin. Im Jahr

2018 schrieb er in seinem Vorwort zu dem Buch *The Bitcoin Standard*[527] von Saifedean Ammous, dass Kryptowährungen der Ausweg aus den wiederkehrenden Finanzkrisen seien. Heute steht er dem Bitcoin wesentlich skeptischer gegenüber. Er bezeichnete ihn gar als »ansteckende Krankheit«. Ferner bezeichnete er all jene, die auf die Digitalwährung setzen würden, als »Trottel«. Obendrein betonte er die Fragilität der Spekulationsblase, die platzen werde.[528] 2021 veröffentlichte Taleb ein sogenanntes Black Paper unter dem Titel *Bitcoin, Währungen und Zerbrechlichkeit.* Darin erläutert er, warum Kryptowährungen im Allgemeinen und der Bitcoin im Besonderen aus finanz- und wirtschaftswissenschaftlicher Sicht keine tatsächliche Währung, keinen Wertspeicher und auch keinen Inflationsschutz darstellen. Taleb warnte all jene, die im Bitcoin eine Möglichkeit sehen, ihr Geld sicher zu verwahren. Er sieht einen gravierenden Unterschied zu Gold. Die Frage, warum der Wert des Bitcoins sich auf null belaufe, erklärt Taleb in dem Black Paper folgendermaßen: »Gold und andere Edelmetalle kommen weitgehend ohne Wartung aus, sie zerfallen nicht über einen historischen Horizont und benötigen auch keine Wartung zur Wiederauffrischung ihrer physischen Eigenschaften über einen längeren Zeitraum. Kryptowährungen benötigen ein ununterbrochenes Interesse an ihnen.«[529]

Ob Taleb recht behalten wird, wird die Zukunft zeigen. Da bekanntlich niemand in ebendiese blicken kann, können weder eine technische Analyse der Wertentwicklung noch sonst ein Modell oder »Experte« seriös vorhersagen, wie sich Bitcoin & Co. langfristig, insbesondere in Zeiten höherer Zinsen, weiterentwickeln werden. Ob sie ihren Tiefpunkt Ende 2022 erreicht haben oder nicht, ist folglich Kaffeesatzleserei.

Sollte der Bitcoin sich in Zukunft tatsächlich zu einer ernst zu nehmenden Konkurrenzwährung entwickeln, so ist fraglich, ob dies zum Beispiel die USA, China und die EU stillschweigend hinnehmen werden. Ob sich beispielsweise ein Verbot auf den

Kauf und Verkauf von Waren und Dienstleistungen gegen Bitcoin in den Ländern USA und China sowie innerhalb der EU positiv auf die Entwicklung des Bitcoins auswirkt, wird ebenfalls die Zukunft zeigen.

Virtuelle Währungen werden rechtlich weder als (Fremd-) Währungen noch als Kapitalanlage behandelt. Stattdessen gelten sie als »sonstige Wirtschaftsgüter«. Dennoch können Gewinne und Verluste aus Kryptowährungen für die Steuererklärung relevant sein. Wird eine Kryptowährung innerhalb der Jahresfrist mit einem Gewinn verkauft, so handelt es sich dabei um einen Spekulationsgewinn, der der regulären Einkommensbesteuerung unterliegt.[530]

Alles in allem eignen sich Anlagen in hochspekulativen Kryptowährungen wie Bitcoin & Co. für jene Anleger, welche mit extremen Schwankungen leben können und das investierte Geld als Spielgeld betrachten.

Unter langfristig orientierten Anlegern stoßen Sparpläne, das heißt die Anlage gleichbleibender monatlicher Beträge über einen längeren Zeitraum, auf große Resonanz. Für Bitcoin-Investoren sind sogenannte Cold Wallets – physische Speichermedien, dazu zählen beispielsweise Paper Wallets oder Hardware Wallets – sinnvoll. Wer seine Kryptowährungen bei einer Kryptobörse führt, überlässt seine Anlagen der Börse. Geht die Börse pleite, so gehen die Anlagen in die Insolvenzmasse. Mit anderen Worten: Die Einlagen sind nicht wie bei einer klassischen Bank geschützt.

Hochwertige Uhren

Von Januar 2021 bis April 2022 gingen die Preise hochwertiger Uhren kontinuierlich aufwärts (siehe Abbildung 51). Anschließend kam es zu nicht unerheblichen Korrekturen. Langfristig konnte das exotische Investment jedoch eine teilweise sehr gute Wertentwicklung verzeichnen. Beispielsweise kostete das Edelstahlmodell der Rolex Daytona in den 1970er-Jahren knapp über 600 Euro. Heute ist die Uhr mehr als 25.000 Euro wert. Als Kapitalanlage sind Armbanduhren nur für langfristig denkende Anleger empfehlenswert.

Bei hochwertigen Uhren (mindestens 10.000 Euro) als Kapitalanlage ist es ratsam, sich auf die führenden Markenhersteller wie Patek Philippe, Rolex, Vacheron Constantin, Audemars, Piguet sowie A. Lange & Söhne und auf einzelne Modelle zu konzentrieren.

Zweifellos handelt es sich bei hochpreisigen Uhren um ein äußerst mobiles Investment mit einer sehr hohen Wertdichte. Eine Uhr als Anlageobjekt sollte äußerst selten getragen werden und bestenfalls in einem sicheren Schließfach liegen – bei einer Bank, bankenunabhängig oder im Sinne einer internationalen Diversifikation in einem Schließfach im Ausland. Luxusuhren sind zwar langlebig konzipiert, dennoch unterliegt ihre Technik, wie jedes andere mechanische System auch, einem Verschleiß.

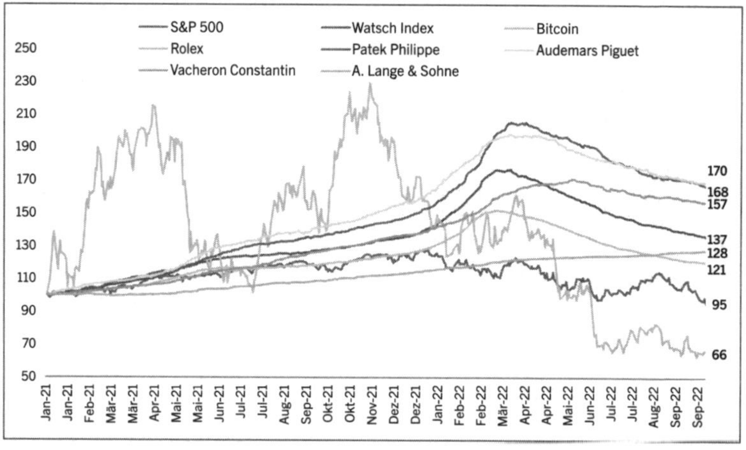

Abbildung 51: Wertentwicklung ausgewählter Uhren im Vergleich, 2021 bis September 2022
Quelle: https://www.fratellowatches.com/rolex-prices-watchcharts/#gref

Folglich müssen Uhren ebenso wie ein Auto regelmäßig alle fünf bis sechs Jahre von einem Fachmann gewartet werden (Uhrenrevision). Bei Uhren der mittleren Preiskategorie beziffert sich der Preis für eine Revision auf einige Hundert Euro, bei hochpreisigen Modellen wie etwa solchen von Patek Philippe kann schnell ein vierstelliger Betrag fällig werden.

Beim Kauf zu beachten sind vor allem die folgenden Punkte:

- **Manufaktur.** Elementar ist die Reputation und Exklusivität des Herstellers. Besonders Schweizer Hersteller sind bei Anlegern begehrt.
- **Auflage.** Je limitierter die Auflage, desto begehrter ist die Uhr. Oftmals gehen limitierte Auflagen mit einer handwerklichen Exklusivität einher. Diese bieten die zusätzliche Chance einer Wertsteigerung.
- **Uhrwerk.** Wie überall gilt: Je hochwertiger, umso besser. Erfahrungsgemäß haben mechanische Uhrwerke die größte Chance auf eine Wertsteigerung.
- **Material.** Seltene und hochwertige Metalle und Materialien können, müssen aber nicht, zur Wertsteigerung beitragen.
- **Special Features.** Eigenschaften, die die Uhr von anderen unterscheiden – beispielsweise Gravuren, Dekorationen oder exklusive Funktionen wie ein ewiger Kalender –, unterstreichen den Wert.
- **Zustand.** Die Uhr sollte keine Gebrauchsspuren zeigen und bestenfalls noch originalverpackt und ungetragen sein. Desto besser der Zustand der Uhr, desto höher der Wiederverkaufswert. Für Laien ist der Unterschied zwischen »gut erhalten« und »exzellent« kaum ersichtlich. Beim Kauf einer hochpreisigen gebrauchten Uhr ist es sinnvoll, diese zuvor von einem zertifizierten Experten beurteilen zu lassen.
- **Papiere.** Es empfiehlt sich, nur Uhren mit Originalbox inklusive Zubehör (Herstellerzertifikat und eine von einem offiziellen Konzessionär gestempelte Garantieerklärung) zu erwer-

ben. Ohne Unterlagen und Originalbox sinkt der Wiederverkaufswert rapide.

- **Rabatte.** Achtung bei Rabatten. Der Wert einer Uhr mit einer hohen Rabattierung gegenüber der Preisempfehlung wird nur mit vergleichsweise geringer Wahrscheinlichkeit zukünftig steigen.
- **Recherchieren.** Recherche und Preisabgleich sind unabdinglich. Für den Gebrauchtmarkt ist chrono24.de ein sehr gutes Tool.
- **Kaufen.** Nur bei seriösen zertifizierten Händlern kaufen. Niemand kann seriös vorhersagen, wie sich der Wert einer bestimmten Uhr entwickeln wird. Dennoch ist gegenwärtig davon auszugehen, dass hochwertige Armbanduhren auch zukünftig bei Herren als Schmuckstück gelten werden.

Immobilien zur Eigennutzung in Deutschland

Ein schuldenfreies Dach über dem Kopf kann mit Sicherheit nicht verkehrt sein. Steigende Zinsen und sich eintrübende Konjunkturaussichten sowie eine hohe Inflation, die die Kaufkraft der Haushalte schmälert, sorgen dafür, dass der Boom an den Immobilienmärkten ausläuft.

Im Verlauf des Jahres 2022 haben sich die Zinsen für Immobilienkredite auf 4 Prozent vervierfacht. Eigenkapitalschwache Kaufinteressenten können sich die entsprechenden Kreditraten zumeist kaum noch leisten.[531] Im dritten Quartal 2022 sanken laut einer Auswertung von 700 Banken die Preise für Wohnungen und Häuser gemessen am Vorquartal bereits um 0,7 Prozent.[532] Im September 2022 lag das Neugeschäft deutscher Banken mit Immobiliendarlehen an Privathaushalte und Selbstständige mit einem Volumen von 16,1 Milliarden Euro auf dem niedrigsten Stand seit 2014.[533] Im Dezember 2022 sank der Europace German House Price Index[534] zum wiederholten Mal (Abbildung 52).

Die Schweizer Bank UBS meldete Mitte Oktober 2022, dass »in den nächsten Quartalen mit erheblichen Preiskorrekturen zu rechnen« sei.[535] Allianz Research prognostizierte im Dezember 2022, dass die Immobilienpreise in Deutschland im Jahr 2023 um 8 Prozent sinken.[536] Auch eine Studie des Deutschen Instituts für Wirtschaftsforschung bestätigt das Risiko starker Preiskorrekturen am deutschen Immobilienmarkt. DIW-Studienautor Konstantin Kholodilin: »Wir stehen in Deutschland zwar nicht vor dem Platzen einer riesigen Immobilienpreisblase … Wir werden also keine Krise wie in den USA oder in Spanien während der Finanzkrise erleben – aber Preiseinbrüche von bis zu zehn Prozent bei Eigentumswohnungen und Eigenheimen sind durchaus möglich.«[537]

Ein Grund für diese Prognose ist die außerordentliche Kluft zwischen der Entwicklung der Preise für Eigenheime und Eigentumswohnungen auf der einen und der Mietpreisentwicklung auf der anderen Seite (siehe Abbildung 53). Im letzten Jahrzehnt haben sich beispielsweise die Preise für Einfamilien- und

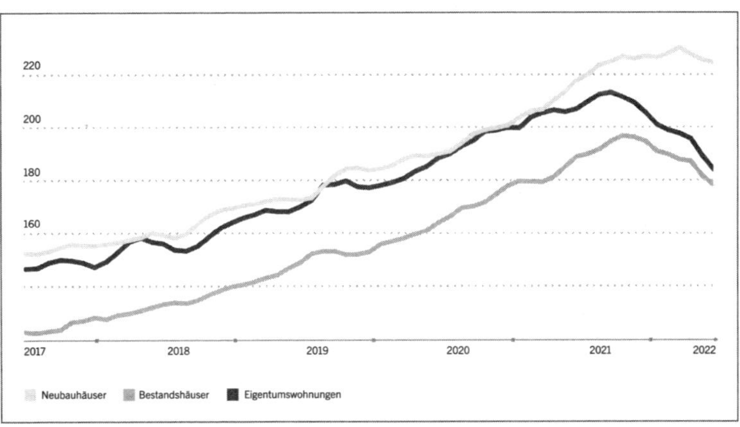

Abbildung 52: Entwicklung des Hauspreis-Index (EPX), 2017 bis 2022
Quelle: https://report.europace.de/index-epx-mean/

Reihenhäuser in etwa verdoppelt. Im selben Zeitraum wurden Eigentumswohnungen um rund 150 Prozent teurer, Baugrundstücke um ungefähr 130 Prozent. Die Mieten stiegen jedoch durchschnittlich nur um 56 Prozent. In Deutschlands Großstädten kostete zuletzt eine Immobilie so viel wie 28 Jahresmieten.[538]

Die Stimmung in der Baubranche in der Bundesrepublik ist bereits schlecht. Nach Jahren des Booms werden zusehends Bauprojekte aufgrund von Inflation, höheren Zinsen, der Energiekrise, fehlender Rohstoffe und Fachkräfte storniert. Das Ziel der Ampelregierung von 400.000 neuen Wohnungen pro Jahr, davon 100.000 öffentlich geförderte, ist somit fernab der Realität.[539] Der Sprecher des Gesamtverbands der deutschen Wohnungswirtschaft, Axel Gedaschko, rechnete für 2022 mit nur rund 250.000 neu gebauten Wohnungen in Deutschland. Für 2023 sagt Gedaschko den Neubau von ungefähr 200.000 Wohnungen voraus, für »2024 dann noch weniger«.[540]

Mit Vorsicht sollten ältere Immobilien betrachtet werden. Laut einer Analyse der Beratungsgesellschaft EY rollt auf Immobilienbesitzer eine gewaltige Kostenlawine zu. Sollen die

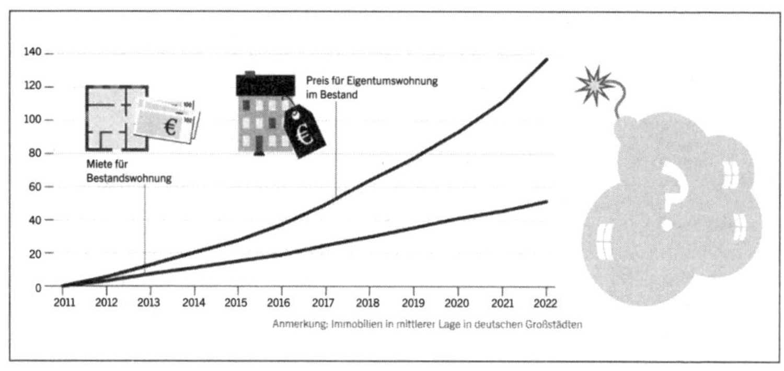

Abbildung 53: Preise für Wohneigentum und Mieten, 2011 bis 2022 Veränderung in Euro je Quadratmeter gegenüber 2011, in Prozent
Quelle: https://www.diw.de/de/diw_01.c.860152.de/immobilienpreise_steigen_weiter_____erhoehtes_risiko_fuer_preiskorrekturen.html

Klimaschutzziele für den Gebäudesektor bis 2030 und 2045 erreicht werden, so müssen enorme Finanzmittel für mehr Effizienz, neue Heizungen, Energieerzeugung und Speicher investiert werden. EY beziffert die erforderlichen Sanierungskosten allein bei Wohngebäuden auf 3 Billionen Euro. Wenn jedoch die Bau- und Materialkosten weiter steigen und die Vorgaben des Gesetzgebers für eine energetische Sanierung im Bestand noch strenger werden, dann könnten auch mehr als 3 Billionen Euro fällig werden. Jan Ohligs, Partner und Immobilien-Finanzierungsspezialist bei EY: »Nur ein kleiner Teil des Gebäudebestands ist in den letzten 20 Jahren voll modernisiert worden und entspricht damit den Ansprüchen, die ab 2030 oder sogar bis 2045 gelten sollen … Wir schätzen deshalb, dass etwa 80 Prozent aller Gebäude noch einmal saniert werden müssen.«[541]

Sollten sich also immer weniger Bürger die aufgerufenen Preise leisten können, so droht die Blase zu platzen. Spannend wird es am deutschen Wohnimmobilienmarkt in den nächsten vier bis sechs Jahren, wenn für zahllose Kreditnehmer die Anschlussfinanzierung ansteht. Sollten die Zinsen längerfristig hoch bleiben beziehungsweise weiter steigen, so wird voraussichtlich eine nicht unerhebliche Zahl von Kreditnehmern vor immense und oftmals nicht lösbare Probleme gestellt. Dementsprechend gilt es gegenwärtig, einen Immobilienerwerb generell und insbesondere unter einem erheblichen Einsatz von Fremdkapital gut zu überdenken.

Immobilien als Geldanlage in Deutschland

Immobilien als Geldanlage in Deutschland sind mittlerweile ein heikles Thema und können langfristig betrachtet kritisch gesehen werden. Zwar wurde der sogenannte Mietendeckel, das Gesetz zur Mietenbegrenzung im Wohnungswesen in Berlin (MietenWoG Bln), des rot-rot-grünen Berliner Senats vom Bundesverfassungsgericht als mit dem Grundgesetz unvereinbar gekippt. Jedoch bedeutet das nicht, dass das Urteil für alle Ewigkeit gelten wird.[542]

Bei einem Wechsel des Eigentümers eines alten Gebäudes besteht kraft Gebäudeenergiegesetz (GEG) seit 2020 eine Sanierungspflicht – für Käufer und Erben gleichermaßen. Das bedeutet, dass eine sogenannte Nachrüstpflicht in Kraft tritt, sobald ein neuer Eigentümer ins Grundbuch eingetragen wird. Laut Gisela Kienzle, Architektin in Landshut und Beraterin für die Verbraucherzentrale Bayern, haben Eigentümer zwei Jahre Zeit, Heizkessel sowie die Dämmung bestimmter Rohre und der obersten Geschossdecke auszutauschen beziehungsweise nachzubessern.[543]

Es gibt mehr und mehr Gesetze und Vorschriften. Das Gesetz zur Einsparung von Energie und zur Nutzung Erneuerbarer Energien zur Wärme- und Kälteerzeugung in Gebäuden, kurz: Gebäudeenergiegesetz (GEG), bildet den gesetzlichen Rahmen für Neubauten und Sanierungen im Hinblick auf den sparsamen Einsatz von Energie in Gebäuden und auf die Nutzung erneuerbarer Energien. Einem attraktiven älteren Renditeobjekt hingegen kann es schnell die Attraktivität nehmen.[544] Dasselbe gilt für das Ende 2019 verkündete und seit dem 1. Januar 2021 geltende Gesetz über einen nationalen Zertifikatehandel für Brennstoffemissionen (Brennstoffemissionshandelsgesetz – BEHG). Darunter fällt auch eine CO_2-Steuer auf Öl und Gas. Je höher die CO_2-Erzeugung beispielsweise durch das Heizen ist, desto höher sind die Kosten. Seit dem 1. Januar 2023 trägt die CO_2-Steuer für Immobilien nicht mehr allein der Mieter; stattdessen wird sie zwischen Mietern und Vermietern aufgeteilt. Je nach Dämmung, Bausubstanz oder Heizungsart wird der Großteil der Steuerschuld entweder der Seite des Mieters oder der des Vermieters zugewiesen. Bestimmend soll der energetische Zustand des Gebäudes sein. Ein Stufenmodell sieht Zuzahlungen bis zu 90 Prozent für Vermieter vor.[545]

Welche zusätzlichen Anforderungen, Steuern und Abgaben zukünftig auf Vermieter zukommen, kann heute niemand sagen. Möglicherweise wird die Spekulationsfrist beim Verkauf von Immobilien angepasst.

Spekulationsteuer auf Immobilien

Wenn bei einem Immobilienverkauf ein Gewinn erzielt wird, wird auf den Betrag, der sich als Gewinn ergibt, gemäß § 22, Nr. 2 in Verbindung mit § 23 des Einkommensteuergesetzes eine Steuer fällig, da private Veräußerungsgeschäfte wie der Verkauf von Wertpapieren, aber auch von Immobilien grundsätzlich steuerpflichtig sind. Voraussetzung ist, dass der Verkauf innerhalb der sogenannten Spekulationsfrist stattfindet, das heißt innerhalb einer bestimmten Zeitspanne zwischen dem Kauf und dem Verkauf. Die Dauer der Frist hängt davon ab, ob die Immobilie eigengenutzt oder vermietet wurde. Bei einer eigengenutzten Immobilie beträgt die Spekulationsfrist drei, bei einer vermieteten zehn Jahre.[546]

Es ist keinesfalls gesichert, dass die Steuerfreiheit nach Ablauf der Spekulationsfrist Bestand haben wird. Liegt doch genau hier eine Goldgrube für den Staat – und spiegelbildlich dazu eine Mine für Immobilieneigentümer und Immobilieninvestoren, die planen, ihre Immobilie zu veräußern. In welche Richtung der Wind wehen könnte, war in den Bundestagswahlprogrammen des Jahres 2021 von SPD, Grünen und der Linken zu lesen. SPD: »Wir werden die bislang nach einer Zehn-Jahres-Frist geltende Steuerfreiheit für Veräußerungsgewinne nicht selbst genutzter Grundstücke abschaffen und einen Planungswertausgleich einführen, um leistungslose Bodenwertgewinne der Allgemeinheit zukommen zu lassen.«[547] Die Grünen gingen noch weiter und schrieben in ihrem Bundestagswahlprogramm unter der Rubrik *Mehr Steuergerechtigkeit schaffen:* »Wir werden die bislang nach einer Zehn-Jahres-Frist geltende Steuerfreiheit für Veräußerungsgewinne von Grundstücken und Immobilien abschaffen.«[548] Die Linke schrieb in ihrem Programm: »Private Immobilienverkäufe dürfen auch nach zehn Jahren bis auf einen individuellen Freibetrag nicht mehr steuerfrei sein.«[549]

Sollte die Steuerbefreiung nach Ablauf der Spekulationsfrist durch den Gesetzgeber in Zukunft aufgrund knapper Kassen abgeschafft werden, so könnte sich eine gute Anlage – insbesondere für langjährige Eigentümer, die den Verkauf einer Immobilie erwägen – ohne jegliches Eigenverschulden in eine schlechte Anlage verkehren.

Mögliche Enteignungen

Im Jahr 2021 hat sich die Berliner Bevölkerung im Rahmen eines Volksentscheids für die Enteignung großer Wohnungsgesellschaften ausgesprochen. Dieser Entscheid war rechtlich nicht bindend und wurde von der Politik auch bisher nicht umgesetzt. Er war jedoch ein Fingerzeig, in welche Richtung sich der Wind in Deutschland drehen kann. Im Jahr 2021 wurde noch von großen Wohnungsgesellschaften gesprochen. Ob zukünftig auch von größeren Immobilieneigentümern oder Eigentümern mehrerer Immobilien gesprochen wird, ist unklar.

Im Dezember 2022 hielt eine vom Berliner Senat eingesetzte Expertenkommission eine Enteignung großer Wohnungsunternehmen für grundsätzlich möglich.[550] Im Januar 2023 hielt der Bürgermeister und Senator für Kultur und Europa in Berlin, Klaus Lederer (Die Linke), es für möglich, innerhalb eines halben bis ganzen Jahres einen Gesetzentwurf für ein Enteignungsgesetz großer Wohnungsunternehmen rechtssicher und sauber vorzubereiten und dann auch im Senat zu beschließen.[551] Die Schere zwischen Arm und Reich geht in Deutschland immer weiter auseinander. Angenommen, es würden immer mehr Menschen von der Mittelschicht in die Unterschicht abrutschen und der ehemalige Siemens-Chef Joe Kaeser behielte recht mit seiner 2016 getroffenen Aussage, wonach die Digitalisierung die Mittelschicht vernichten wird und von zehn Menschen aus der Mittelklasse einer aufsteigt, während neun absteigen. In diesem Fall könnten zukünftig die folgenden Aussagen des damaligen Juso-Vorsitzenden und mittlerweile zum Generalsekretär der SPD aufgestiegenen Kevin Kühnert durchaus Realität werden: »Ich finde nicht, dass es ein legitimes Geschäftsmodell ist, mit dem Wohnraum anderer Menschen seinen Lebensunterhalt zu bestreiten ... Konsequent zu Ende gedacht, sollte jeder maximal den Wohnraum besitzen, in dem er selbst wohnt.«[552]

Sollten die Vorstellungen Kevin Kühnerts eines Tages aufgrund einer übergroßen Unterschicht, die nichts mehr zu verlieren hat, in Deutschland mehrheitsfähig werden, so wären Investments in »Betongold« in der Bundesrepublik endgültig als überholt zu betrachten.

Für Investoren mit einem größeren Vermögen kann eine Anlage in eine oder mehrere Immobilien außerhalb der EU durchaus eine interessante Option zur weiteren Diversifikation des eigenen Portfolios darstellen.

Immobilien als Geldanlage im Ausland

Eine Immobilie als Anlage im Ausland sollte nicht auf Kredit finanziert werden und nicht mehr als ein Drittel des Gesamtvolumens des Portfolios ausmachen. Ein Immobilienerwerb im Ausland sollte lediglich in einem politisch stabilen Land mit einer intakten Demokratie und wenig Korruption sowie einem »intakten« Immobilienmarkt in Erwägung gezogen werden.

In manchen Ländern können Immobilien nur noch unter erschwerten Bedingungen erworben werden. Der Vorteil einer Immobilie im Ausland (außerhalb der EU): Sollten Steuern und Abgaben auf Immobilien in Deutschland oder der EU steigen, so muss dies nicht automatisch auch im Ausland der Fall sein. Ferner ist eine weitere Abwertung des Euro gegenüber dem US-Dollar und dem Schweizer Franken keinesfalls ausgeschlossen.

Wer den Erwerb einer Auslandsimmobilie erwägt, der sollte zuvor die folgenden Fragen für sich beantworten:

- Was ist der Zweck der Immobilie? Ferienimmobilie? Kapitalanlage? Exitstrategie?
- Kann ich mir neben dem Kaufpreis auch den Unterhalt (Instandhaltung sowie Steuern und Abgaben) der Immobilie leisten?
- Wer kümmert sich bei eigener Abwesenheit um die Immobilie (Instandhaltung, Vermietung)? Insbesondere für Apartments, aber auch für Häuser gibt es Full-Service-Agenturen, die sich um alles kümmern.

Selbstredend sollte man eine Immobilie besichtigen, bevor man sich zu ihrem Kauf entschließt. Im Zweifel ist die Hinzuziehung eines unabhängigen Experten (Sachverständigen) keinesfalls verkehrt. Auf der Grundlage von Plänen zu kaufen, ist oftmals nicht sinnvoll. Dasselbe gilt in Bezug auf Neubauten. Im erstgenannten Fall besteht die Gefahr einer Insolvenz des Bauträgers während der Bauphase, im zweitgenannten von Baumängeln, die erst nach einiger Zeit sichtbar werden.

Der Erwerb einer Immobilie sollte über einen renommierten Makler erfolgen. Alle Verträge sollten von einem eigens beauftragten Anwalt für Immobilienrecht geprüft werden. Eine Ausführung des Kaufvertrags in deutscher Sprache ist genauso empfehlenswert wie ein Dolmetscher, der mit juristischen Fachbegriffen vertraut ist. Vertragsabschlüsse sollten lediglich im Beisein eines seriösen Notars stattfinden.

Die Steuerthematik kann sich oftmals von der deutschen unterscheiden. Es gilt zu prüfen, welche Arten von Steuern (Grunderwerbsteuer, Grundsteuer, Liegenschaftsteuer, Wohnsteuer, Wertzuwachssteuer, Gemeindesteuern, Stempelsteuern) zu entrichten sind. Bei einer Vermietung der Auslandsimmobilie unterliegen die Mieteinnahmen der deutschen Einkommensteuer. Möglicherweise müssen die Einkünfte aber auch in dem Land versteuert werden, in dem sich die Immobilie befindet.

Im Folgenden einige Optionen für Immobilienanlagen in attraktiven Immobilienmärkten außerhalb der EU.

Schweiz

Anders als in vielen internationalen Immobilienmärkten ist in der Schweiz noch kein Werteverfall zu verzeichnen.[553] In der Schweiz können EU-Bürger mit Aufenthaltsgenehmigung sowie nachgewiesenem Wohnsitz Immobilien bewilligungsfrei erwerben. Personen mit Wohnsitz im Ausland können Ferienimmobilien und Gewerbeimmobilien in der Schweiz erwerben. Für den Erwerb einer Ferienwohnung benötigen sie eine Bewilligung.

Zu beachten ist, dass es bei Ferienwohnungen kantonal unterschiedliche, bewilligungsfrei erwerbbare Kontingente gibt. Die Ferienimmobilie (Wohnung oder Wohneinheit in einem Apartment-Hotel) muss sich in einem Fremdenverkehrsort befinden. Die Vermietung der Ferienimmobilie ist auf periodischer und nichtpermanenter Basis erlaubt (maximal sechs Monate pro Jahr). Es darf höchstens eine Ferienimmobilie pro Familie (Ehemann und Ehefrau und/oder minderjährige Kinder) erworben werden. Ab dem 18. Lebensjahr kann das Kind beziehungsweise können die Kinder eines Eigentümers eine Immobilie auf ihren Namen erwerben. Die Nettowohnfläche darf maximal 200 Quadratmeter, die Fläche des Baulands maximal 1000 Quadratmeter betragen. Ferner besteht ein Weiterverkaufsverbot für die Dauer von fünf Jahren, außer in Fällen höherer Gewalt (zum Beispiel Krankheit, Tod). In manchen Kantonen wie beispielsweise Genf oder Zürich ist der Verkauf von Ferienwohnungen an Ausländer untersagt.[554]

Bürger aus EU- und EFTA-Staaten ohne Hauptwohnsitz in der Schweiz, die im Besitz einer Grenzgängerbewilligung G sind, dürfen in der Region ihres Arbeitsorts bewilligungsfrei eine Zweitwohnung erwerben. Es gilt ein Vermietungsverbot für Zweitwohnungen, und es darf maximal eine Zweitwohnung besessen werden.

Ausländer können für die Ausübung einer Tätigkeit oder zur Vermietung ohne Einschränkungen gewerbliche Immobilien erwerben. Es gelten Einschränkungen weder hinsichtlich des Standorts noch der Zahl der erworbenen Güter. Der Käufer kann Gewerbeimmobilien in seinem eigenen Namen oder über eine schweizerische oder ausländische Rechtsstruktur erwerben. Beträgt der Aufenthalt weniger als 90 Tage als Nichterwerbstätiger (Tourist oder Pensionist) in der Schweiz, so entfällt die Notwendigkeit einer gesonderten Aufenthaltsbewilligung. Bei einem längeren Aufenthalt ist ein Beleg über ausreichende finanzielle Mittel zur Bestreitung des Lebensunterhalts erforderlich.

Beim Erwerb einer Immobilie fällt die (kantonal geregelte) Handänderungssteuer an, welche 1 bis 3 Prozent vom Kaufpreis beträgt. Ferner werden die der Immobilie zugehörigen Erträge (Mietzinseinnahmen oder Eigenmietwert) in der Schweiz besteuert.[555]

Andorra

In Andorra können Ausländer mit einer Genehmigung der andorranischen Regierung Gewerbe- und Wohnimmobilien (Wohnung oder Haus) erwerben. Allerdings gilt hierfür eine Höchstgrenze von 1000 Quadratmeter beziehungsweise einer Immobilie als Ganzheit. Im Vergleich mit der Schweiz sind die Immobilienpreise in Andorra wesentlich moderater. Der durchschnittliche Preis pro Quadratmeter für eine Wohnung im Stadtkern liegt bei 4080 Euro, für eine solche außerhalb des Stadtkerns bei 3420 Euro.[556]

Monaco

Für Anleger mit größerem Geldbeutel könnte Monaco, eines der sichersten Länder der Welt, eine interessante Option darstellen. In Monaco, einem der teuersten Immobilienmärkte weltweit, können Immobilien auch zu Investitionszwecken erworben werden. Die Preise reichen von 20.000 bis 115.000 Euro pro Quadratmeter.[557]

In Monaco gibt es keine Grundsteuern. Dies macht das Fürstentum zu einem attraktiven Platz für Immobilieninvestitionen. Käufer einer Immobilie erhalten obendrein fast problemlos einen Wohnsitz mit Aufenthaltsgenehmigung. Da global die Schere zwischen Arm und Reich weiter auseinandergehen wird, kann eine Immobilie in Monaco durchaus eine interessante Geldanlage darstellen.

Großbritannien

In Großbritannien können Ausländer oder nichtansässige Personen ohne gesetzliche Beschränkungen Immobilien erwerben. Auf Jersey hingegen gelten vollkommen andere Regeln. Hier wird streng kontrolliert, wer auf der Insel Wohneigentum erwerben darf. Eine Genehmigung wird nur dann erteilt, wenn die Person die strengen Voraussetzungen für einen Wohnsitz erfüllt.

Auch in Großbritannien fallen die Immobilienpreise. Im November 2022 sanken sie so stark wie seit über zwei Jahren nicht mehr.[558] Gemäß der offiziellen Prognose der britischen Regierung werden die Hauspreise auch in den nächsten zwei Jahren sinken, bevor sie wieder steigen werden. Wie das Office for Budget Responsibility (OBR) im November 2022 mitteilte, wird bis zum Herbst 2024 ein Rückgang um 9 Prozent erwartet.[559]

USA

In den USA können Ausländer oder nichtansässige Personen ohne gesetzliche Beschränkungen Immobilien erwerben.

Auch das Preisniveau am US-Immobilienmarkt fällt aufgrund der Notenbankpolitik.[560] Für das Jahr 2023 fallen die Prognosen äußerst unterschiedlich aus. Während Lawrence Yun, Chefökonom der National Association of Realtors, davon ausgeht, dass die Hausverkäufe 2023 um 7 Prozent zurückgehen werden und der nationale Medianpreis für Häuser um 1 Prozent steigen wird, geht Fannie Mae davon aus, dass 2023 insgesamt 3,9 Millionen bestehende Häuser verkauft und die Preise um 1,5 Prozent fallen werden.[561] Als exotische Immobilieninvestments gelten zweifellos die folgenden zwei Inseln.

Kaimaninseln

Der Kauf von Immobilien auf den Kaimaninseln (Cayman Islands) gestaltet sich relativ einfach und unkompliziert. Die Regierung garantiert das Eigentumsrecht. Es gibt keine Beschränkungen für Ausländer für den Kauf einer einzigen Immobilie.

Die Kaimaninseln haben in den letzten Jahren einen regelrechten Immobilienboom erlebt. Dem Cayman Compass zufolge haben sich in den letzten fünf Jahren in einigen Vierteln die Hauspreise teilweise fast verdreifacht. Mittlerweile beginnt sich der Immobilienmarkt zu beruhigen. Im dritten Quartal 2022 waren sowohl der Wert als auch die Zahl der Verkäufe rückläufig.[562] Der Preis für Apartments beginnt bei rund 250.000 US-Dollar.[563]

Bahamas

Auch auf den Bahamas gibt es so gut wie keine Beschränkungen für den Erwerb von Immobilien durch Ausländer. Eine Genehmigung der Regierung ist nur dann erforderlich, wenn das zu erwerbende Grundstück mehr als 5 Hektar groß ist oder es sich um ein unbebautes Grundstück handelt. Der Preis für Wohnungen beginnt bereits bei knapp 100.000 US-Dollar.[564]

Kanada, Australien und Neuseeland

In *Kanada* gilt ab Januar 2023 ein Verbot für Ausländer, Häuser zu kaufen. In Australien hingegen ist der Erwerb von Immobilien noch möglich.

Aufgrund der Größe *Australiens* ist der Immobilienmarkt und somit die Preisspanne gigantisch. Im Outback bekommt man ein Haus bereits ab 50.000 Australische Dollar, während der Durchschnittspreis für ein Haus in Darling Point in Sydney knapp 7,7 Millionen Australische Dollar beträgt.[565]

Ausländer mit einem Wohnsitz im Ausland, Personen mit vorübergehendem Wohnsitz und Inhaber von Kurzzeitvisa dürfen in Australien Investitions- und Wohnimmobilien kaufen, sofern sie vom Foreign Investment Review Board eine entsprechende Genehmigung erhalten haben. Abgesehen von der Beantragung der Genehmigung existieren strenge Regeln bezüglich der Art der zu erwerbenden Wohn- und Anlageimmobilien. Das Foreign Investment Review Board (FIRB) trägt die Verantwortung dafür, dass die meisten ausländischen Immobilieninvestitionen in neue und nicht in bestehende Wohnungen fließen. Die Idee dahinter ist, dass dann, wenn Gebietsfremde in den Bau neuer Immobilien investieren, Arbeitsplätze in der Bauindustrie entstehen und die Wirtschaft angekurbelt wird. Darüber hinaus erzielt die Regierung Einnahmen aus der Stempelsteuer und kann gleichzeitig sicherstellen, dass in Australien ansässige Personen nicht um Immobilien gebracht werden. Auch in Australien sind die Immobilienpreise im Fallen begriffen.[566] Nach Angaben der National Australia Bank werden die Hauspreise im Jahr 2023 noch weiter sinken, in einigen Bundesstaaten zwischen 2022 und 2023 um insgesamt 23 Prozent.[567]

Kraft Gesetz können Ausländer in *Neuseeland* kein Wohneigentum erwerben. Sie können jedoch eine Genehmigung für die Erschließung von Wohngrundstücken beantragen, um das Wohnungsangebot zu erhöhen.

Bis Mitte 2022 kannten die Immobilienpreise in Australien und Neuseeland nur einen Weg, den nach oben. Beide Länder standen an der Spitze des globalen Immobilienbooms. Mittlerweile brechen die Preise in Australien und Neuseeland massiv ein.[568] Wie lange der Einbruch dauern und wie stark er sein wird, kann gegenwärtig niemand seriös vorhersagen.

Langfristig denken

Längerfristig zu denken heißt, sich auch um die nächste Generation zu kümmern. Wer beispielsweise eine oder mehrere Immobilien zu besitzt und die Absicht hat, diese weiterzuvererben, sollte sich rechtzeitig mit der Thematik befassen. Das bedeutet, Freibeträge im Falle von Schenkungen an die nächste Generation in Gänze (und wenn erforderlich alle zehn Jahre) auszuschöpfen, da mit großer Sicherheit davon auszugehen ist, dass der Staat diese zukünftig nicht erheblich senken wird. Ferner ist es keinesfalls auszuschließen, dass die Erbschaftsteuer weiter angehoben wird. Überschreitet der Erbe seinen Freibetrag, so können schnell hohe Steuern anfallen. Ist die Erbschaftsteuer zu hoch, so muss im schlimmsten Fall die geerbte Immobilie veräußert werden.

Stiftungsgründung

Eine weitere Möglichkeit ist die Gründung einer Stiftung. Hierbei gilt es zu überlegen, ob man

- eine gemeinnützige oder eine klassische Familienstiftung gründet und
- ob diese in Deutschland oder im Ausland, beispielsweise in Liechtenstein, beheimatet sein soll.

Die Option einer Familienstiftung ist keinesfalls ausschließlich Superreichen vorbehalten. Bereits ab einem Vermögen von 500.000 Euro kann eine Stiftung unter bestimmten Umständen sinnvoll sein – ab einem Vermögen von einer Million Euro durchaus. Allein Deutschland zählt dem *Global Wealth Report* der Schweizer Bank Crédit Suisse zufolge gut 2,95 Millionen Dollar-Millionäre.[569] Die Unternehmensberatung Capgemini schreibt in ihrem jährlichen *World Wealth Report,* dass 1.633.000 Bürger in Deutschland ein anlagefähiges Vermögen (nicht mitgerechnet selbst genutzte Immobilien, Sammlungen und Verbrauchsgegenstände) von einer Million Dollar oder mehr besitzen.[570]

Ziel einer Stiftung ist es, Vermögen über Generationen zu erhalten.

Die liechtensteinische Familienstiftung als Instrument des Vermögensschutzes und der Vermögensnachfolgeplanung[*]

Viele Menschen, die über den Schutz des von ihnen erarbeiteten Eigentums, die Sicherung und Mehrung des dauerhaften Wohlstands ihrer Familie und die Planung ihrer Vermögensnachfolge nachdenken, stoßen im Zuge ihrer Überlegungen auf die Stiftung liechtensteinischen Rechts. Die Vorteile des Fürstentums Liechtenstein liegen dabei auf der Hand: Der nur rund 50 Kilometer südlich von Deutschland gelegene Kleinstaat gehört demselben Rechtkreis an, die Amtssprache ist Deutsch, das Land

* Gastbeitrag von Christian Steck, Master of Laws. Christian Steck ist als in Deutschland zugelassener Rechtsanwalt bei der liechtensteinischen Kanzlei Rechtsanwälte Lennert Partners AG tätig. Er absolvierte seine juristische Ausbildung in Heidelberg, an der Universität St. Gallen sowie in Liechtenstein. Sein fachlicher Schwerpunkt liegt im Bereich des liechtensteinischen und internationalen Stiftungs- und Gesellschaftsrechts sowie auf steuer- und erbrechtlichen Fragestellungen.

ist für seine Sicherheit und seinen Wohlstand bekannt, und es verfügt über sehr gute Beziehungen und langjährige wirtschaftliche Verflechtungen mit der Schweiz, Deutschland und anderen europäischen Staaten. All diese Umstände sind wesentliche Gründe, weshalb in den vergangenen Jahren ein enorm starkes Interesse an Stiftungen liechtensteinischen Rechts zu verzeichnen ist.

Gleichsam kursieren in Deutschland manche Mythen und Halbwahrheiten in Bezug auf Stiftungen und andere Gesellschaftsformen liechtensteinischen Rechts, die zu falschen Erwartungen und Fehlannahmen beitragen. Das Wichtigste vorweg – und dies ist ein Aspekt, der in der Praxis vieler Berater zu wenig Berücksichtigung findet: Die Stiftung liechtensteinischen Rechts ist kein »juristisches Massenprodukt«, das es an den Mann oder die Frau zu bringen gilt. Sondern in Bezug auf jeden, der sich mit einer Stiftungserrichtung auseinandersetzt, müssen die familiären, wirtschaftlichen und steuerlichen Rahmenbedingungen sorgfältig abgeklärt werden, um eine allen Beteiligten zugutekommende und über Jahre und Jahrzehnte tragfähige Lösung zu erarbeiten.

Aus diesem Grund existieren für die liechtensteinische Stiftung keine Patentrezepte. Vielmehr sollen im Folgenden die liechtensteinische Stiftung im Allgemeinen, ihre Wesensmerkmale und Einsatzmöglichkeiten sowie bei der Errichtung besonders zu beachtende Aspekte aufgezeigt werden.

Liechtenstein als Stiftungsstandort

Obwohl das Fürstentum Liechtenstein mit einer Fläche von lediglich 158 Quadratkilometern das sechstkleinste Land der Erde ist, gehört es zu den wirtschaftsstärksten Zentren Europas und der gesamten Welt.

So lässt es mit einem Bruttoinlandsprodukt (BIP) pro Kopf von rund 170.000 US-Dollar selbst andere wohlhabende Nationen weit hinter sich* und verfügt neben namhaften Bankhäusern über zahlreiche Weltunternehmen. Dazu zählen beispielsweise der vor 80 Jahren in Liechtenstein gegründete Werkzeughersteller Hilti AG, die Thyssen Krupp Steering oder das weltweit führende Dentalunternehmen Ivoclar Vivadent AG.

Die Wirtschaftsstärke Liechtensteins bestand jedoch nicht seit jeher, denn es handelte sich bis Anfang des 20. Jahrhunderts um ein wirtschaftlich und sozial unterentwickeltes Gebiet.** Und die ökonomische Situation des Landes verschlechterte sich nach dem Ersten Weltkrieg weiter, da sich das Fürstentum historisch an Österreich und Deutschland angelehnt hatte. Erste Verbesserungen brachte im Jahr 1923 der Abschluss des bis zum heutigen Tage gültigen Zollvertrags zwischen Liechtenstein und der Schweiz mit sich. Dieser schuf eine Zollunion, machte den Schweizer Franken zur liechtensteinischen Währung und stellte eine außen- und wirtschaftspolitische Orientierung an der benachbarten schweizerischen Eidgenossenschaft sicher.***

Einen noch bedeutenderen Meilenstein für seine positive wirtschaftliche Entwicklung legte Liechtenstein 1926 mit dem Inkrafttreten seines Personen- und Gesellschaftsrechts (PGR). Das Gesetzeswerk vereint eine Vielzahl liechtensteinischer Rechtsformen, und sein Herzstück ist das liechtensteinische Stiftungsrecht. Erklärtes Ziel der Verfasser des Entwurfs zum PGR war es, eine Gesellschaftsrechtsordnung zu schaffen, die ein so hohes Maß an Attraktivität aufweisen würde, dass sie ausländische

---

* Liechtenstein in Zahlen 2019, S. 22. Pro Erwerbstätigem liegt das BIP sogar bei rund 186.000 Schweizer Franken, wobei die liechtensteinische Regierung darauf verweist, dass dazu auch im Ausland ansässige Arbeitnehmer beitragen; Liechtenstein in Zahlen 2022, S. 18.

** Rede des Landtagspräsidenten Albert Frick zum liechtensteinischen Staatsfeiertag am 15. August 2019.

*** https://historisches-lexikon.li/Zollanschlussvertrag

Privatpersonen und Unternehmen zur Gründung liechtensteinischer Rechtsträger und zur Anlage von Vermögen in Liechtenstein bewegen würde.* Die heutige wirtschaftliche Situation Liechtensteins belegt, mit welch enormen Erfolg dieses Ziel erreicht werden konnte.

Grundzüge des liechtensteinischen Stiftungsrechts und Anerkennung im Ausland

Das liechtensteinische Stiftungsrecht zeichnet sich durch ein besonders hohes Maß an Flexibilität aus. Es weist, insbesondere in Ansehung des deutschen Rechts, vergleichsweise wenige zwingende Bestimmungen auf und verleiht folglich der Privatautonomie – also dem Willen der an der Stiftungserrichtung Beteiligten – sehr hohen Stellenwert.

Dies ist der Grund, weshalb sich die liechtensteinische Stiftung für eine Vielzahl von Zwecken eignet und infolgedessen weder die »typische Stiftung« noch eine »klassische Person des Errichters« einer Stiftung existieren.**

Allerdings bot die Kombination aus liberaler Gestaltung des liechtensteinischen Rechts und nur rudimentär ausgeprägter Kontrollmechanismen lange Gelegenheit zum Missbrauch dieser Freiheiten, beispielsweise indem liechtensteinische Rechtsformen bis in das Jahr 2008 genutzt werden konnten, um strafbewehrte Steuerverkürzungen im Ausland zu begehen. Mittlerweile verfolgt das Fürstentum Liechtenstein seit 15 Jahren eine konsequente Weißgeldstrategie und setzte zahlreiche Maßnahmen zur Vermeidung der missbräuchlichen Verwendung liechtensteini-

---

* Gesetzesredaktor Wilhelm Beck im Rahmen der ersten Lesung des PGR im liechtensteinischen Landtag am 11. April 1925.

** Siehe dazu die Abschnitte *Eignung der Stiftung* und *Wesen der Stiftung*.

scher Gesellschaften um.* Doch an seiner Grundentscheidung zugunsten eines liberalen Stiftungs- und Gesellschaftsrechts hielt das Fürstentum Liechtenstein weiterhin fest.

Infolge der zeitweise bestehenden Missbrauchsmöglichkeiten einer liechtensteinischen Stiftung befassten sich zahlreiche deutsche Gerichtsverfahren mit der Stiftung und anderen liechtensteinischen Verbandspersonen, und im Zuge dessen wurden konkrete Kriterien aufgestellt, die zur Versagung der Anerkennung einer liechtensteinischen Stiftung in Deutschland führen konnten. Eine Beleuchtung der diesbezüglichen Gerichtsentscheidungen würde den Rahmen des gegenständlichen Texts sprengen,** doch ein Grundsatz eint die gesamte Rechtsprechung: Will man die zivil- und steuerrechtliche Anerkennung einer liechtensteinischen Stiftung im Ausland nicht gefährden, so darf die Trennung von Stiftungsvermögen auf der einen und dem Privatvermögen von Stifter und Begünstigten auf der anderen Seite nicht nur theoretisch auf dem Papier bestehen, sondern muss wirtschaftlich sichergestellt und in der Praxis auch gelebt werden. Dies bedeutet, dass niemand über die Stiftung wie über Privatvermögen verfügen können darf, sondern im Falle von Ausschüttungswünschen stets die Organe der Stiftung zu involvieren hat.

Obwohl die Begehung strafbewehrter Steuerverkürzungen mittels liechtensteinischer Stiftungen aufgrund der aufgezeig-

---

* Zu nennen seien die Anerkennung internationaler OECD-Standards, die Teilrevision des Stiftungsrechts im Jahr 2009, die Erweiterung der Befugnisse der liechtensteinischen Behörden und Gerichte, der Abschluss von Doppelbesteuerungsabkommen mit der Bundesrepublik Deutschland sowie der 2016 erfolgte Beitritt zum Automatischen Informationsaustausch.

** Exemplarisch zu nennen seien folgende Urteile: OLG Stuttgart vom 29. Juni 2009 – 5 U 40/09; OLG Düsseldorf vom 30. April 2010 – I 22 U126–06; FG Düsseldorf vom 25. Januar 2017 – 4K 2319 15; FG München vom 16. Mai 2018 – 4 K 1112/17; BFH vom 5. Dezember 2018 – II R 9/15.

ten Maßnahmen und Urteile heutzutage nicht mehr möglich ist, sind Steueroptimierungen im Rahmen der Vermögensnachfolgeplanung weiterhin legal und durch die europarechtlich garantierte Personenfreizügigkeit und Niederlassungsfreiheit gewährt.

Eignung der liechtensteinischen Stiftung

Aufgrund der dargelegten großen Flexibilität eignet sich die liechtensteinische Stiftung für eine Vielzahl von Zwecken.

Die grundlegende Unterscheidung besteht zwischen gemeinnützigen und privatnützigen Stiftungen. Gemeinnützige Stiftungen sind solche, die ausschließlich oder überwiegend gemeinnützige Zwecke verfolgen, wozu beispielsweise karitative, religiöse, humanitäre oder kulturelle Tätigkeiten gehören. Gemeinnützige Stiftungen unterstehen der staatlichen Stiftungsaufsicht, müssen über eine Wirtschaftsprüfungsgesellschaft verfügen und sind zwingend im liechtensteinischen Handelsregister einzutragen.

Demgegenüber liegt eine privatnützige Stiftung vor, wenn sie primär zugunsten einer Familie oder eines bestimmten Personenkreises errichtet wurde. Aus diesem Grunde werden privatnützige Stiftungen auch vielfach als »Familienstiftungen« bezeichnet. Familienstiftungen unterliegen nicht den für gemeinnützige Stiftungen geltenden Restriktionen, und ihre Eintragung im Handelsregister ist fakultativ. Ferner sind ihre Einsatzmöglichkeiten und Zwecke nicht beschränkt und lassen sich nahezu beliebig miteinander kombinieren. Das Spektrum der Einsatzmöglichkeiten lautet wie folgt:

- Vermögensnachfolge- und Nachlassplanung,
- Testamentsvollstreckung,
- Versorgung einer Familie oder nahestehender Personen,
- Vermögensschutz,
- Einbringung in- und ausländischer Immobilien,
- Halten von Wertpapierdepots oder Edelmetallen,

- Trägerschaft von Unternehmen und anderen Gesellschaften,
- Mitarbeiterbeteiligungs- und Bonusprogramme,
- Muttergesellschaft für Private-Equity-Beteiligungen,
- Steueroptimierungen,
- Schaffung grenzüberschreitender Mobilität (Umzug ins Ausland) sowie
- professionalisierte Vermögensverwaltung.

Darüber hinaus kann auch eine Familienstiftung teilweise gemeinnützige Zwecke verfolgen, etwa indem sie in gewissen Zeitabständen Ausschüttungen an Organisationen tätigt, die dem Stifter am Herzen liegen beziehungsweise zu Lebzeiten am Herzen lagen. Solange ein größerer Teil ihres Vermögens beziehungsweise ihrer Erträge für ihren familiären Hauptzweck eingesetzt werden, bleibt sie eine privatnützige Stiftung.

Bei der Verfolgung der oben aufgezeigten Zwecke kommt Stiftern zugute, dass das Vermögen der Stiftung auf der ganzen Welt belegen sein kann. Sie darf infolgedessen etwa in Deutschland oder einem Drittstaat belegene Immobilien oder Unternehmen halten, und das Bankkonto einer Stiftung kann zwar bei einem liechtensteinischen oder schweizerischen Finanzinstitut eröffnet werden, zwingend ist dies jedoch nicht.

Ähnlich mannigfaltig gestaltet es sich in Bezug auf die Person des potenziellen Errichters von Stiftungen. Dies kann klassischerweise ein Unternehmer sein, der sich zur Ruhe setzen möchte und eine Stiftung errichtet, die das Unternehmen fortan hält, um feindliche Übernahmen oder Streit der künftigen Generationen zu vermeiden. Ebenso kann eine betagte Privatperson sich dazu entschließen, eine Stiftung liechtensteinischen Rechts zu errichten, deren primäre Aufgabe das künftige Fungieren als Testamentsvollstreckerin sein soll.

Doch es ist die Tendenz zu erkennen, dass Stifter immer jünger werden: So treten mittlerweile Väter und Mütter junger Familien genauso also Stiftungsgründer auf, oder kinderlose Paare sorgen frühzeitig vor, indem sie Stiftungen errichten, die ihre Versorgung im Alter sicherstellen und gleichzeitig gemeinnützige Zwecke verfolgen. Und gerade in den letzten Jahren entdeckte der junge und hippe Start-up-Kosmos das liechtensteinische Stiftungs- und Gesellschaftsrecht für sich.* Viele Unternehmensgründer und vermögende Personen treibt um, dass sie in jungen Jahren hohes Vermögen aufbauen, welches sie aufgrund der steuerrechtlichen Rahmenbedingungen jedoch an Deutschland bindet. Um dieses Problem zu mitigieren und um für allfällige Wohnsitzverlegungen in Drittstaaten vorbereitet zu sein, ist ein wachsendes Interesse daran zu erkennen, den Vermögensaufbau ganz oder teilweise innerhalb einer Stiftung liechtensteinischen Rechts stattfinden zu lassen. Kurzum: So mannigfaltig die Zwecke sind, denen eine liechtensteinische Stiftung zu dienen vermag, so divers ist mittlerweile der Kreis potenzieller Stifter geworden.

In Bezug auf die Höhe des Vermögens einer Stiftung kursieren zahlreiche Halbwahrheiten. So wird nicht selten kolportiert, dass eine Stiftung erst Sinn ergebe, wenn sie mit einem liquiden Vermögen von mindestens einigen Hunderttausenden Euro ausgestattet wird. Selbstverständlich existieren teilweise sehr vermögende liechtensteinische Stiftungs- und Gesellschaftsstrukturen, deren Vermögen sich gar im zwei- bis dreistelligen Millionenbereich bewegen. Doch es ist keineswegs so, dass eine liechtensteinische Stiftung von Anfang an über ein großes Vermögen verfügen muss. Vielfach ist das Gegenteil der Fall: Es kann durchaus Sinn ergeben, dass eine Stiftung Vermögen erst über Jahre und Jahrzehnte langsam aufbaut. Nicht selten ist dies aus

* Zu nennen sei als prominentes Beispiel Oliver Samwer, der seine Anteile an Rocket Internet in eine Familienstiftung liechtensteinischen Rechts einbrachte: https://www.businessinsider.de/gruenderszene/allgemein/oliver-samwer-ubertragt-familienstiftung/

steuerlichen Gründen sogar ein besserer Weg, als wenn die Stiftung von Anfang an über ein erhebliches Vermögen verfügt. Und in einigen Fällen kann eine Stiftung sogar Sinn ergeben, wenn sie selbst auf Dauer nur über geringes liquides und sonstiges Vermögen verfügt.

Auch in Bezug auf den Wohlstand desjenigen, der die Stiftung errichten möchte, gibt es keine universell gültige Regel. Die Beratungspraxis zeigt, dass eine Stiftung liechtensteinischen Rechts in der Regel dann am meisten Sinn ergibt, wenn das Gesamtvermögen der Familie bei über 3 Millionen Euro liegt. Doch auch dies ist keine »in Stein gemeißelte« Zahl, je nach den Umständen des Falls und den Bedürfnissen der involvierten Personen kann die Stiftung ihre Vorteile auch schon bei geringeren Vermögenshöhen entfalten.

Wesen der Stiftung sowie deren Errichtung

Nach dem Verständnis des liechtensteinischen PGR handelt es sich bei der Stiftung um ein sogenanntes verselbstständigtes Zweckvermögen. Hinter diesem sperrig anmutenden Begriff verbirgt sich nichts anderes, als dass die Stiftung über eine eigene Rechtspersönlichkeit verfügt, das ihr gewidmete Vermögen im eigenen Namen hält und während ihrer gesamten Existenz den ihr vom Stifter zugedachten Zweck erfüllt.

Das gesetzliche Mindestkapital einer Stiftung beträgt 30.000 Schweizer Franken, Euro oder US-Dollar, und es muss ihr zum Zeitpunkt ihrer Errichtung zur Verfügung stehen. In der Praxis wird hierzu zunächst ein Gründungssperrkonto errichtet, das nach Errichtung der Stiftung in ein reguläres Zahlungs- und Anlagekonto umgewandelt wird. Sowohl die spätere Zuwidmung von Vermögen als auch ein langsamer Vermögensaufbau sind ohne Hürden möglich.

Die Beteiligten einer Stiftung sind der Stifter, die Stiftungsbegünstigten sowie die Organe der Stiftung. Oberstes Organ der

Stiftung ist der Stiftungsrat, denn ihm obliegt neben der Geschäftsführung der Stiftung auch die Vertretung gegenüber Dritten. Es können darüber hinaus weitere, insbesondere der Überwachung des Stiftungsrats dienende Organe wie ein sogenannter Protektor oder ein Familienkuratorium geschaffen werden. Deren genaue Befugnisse und Pflichten werden in den Stiftungsdokumenten ausgestaltet. Bei der Gestaltung dieser Befugnisse sind vonseiten des liechtensteinischen Rechts kaum Grenzen gesetzt, es muss jedoch darauf geachtet werden, dass die Befugnisse nicht so weit gehen, dass die Gefahr der Nichtanerkennung der Stiftung in Deutschland infolge zu großer Einflussmöglichkeiten von Stifter oder Begünstigten besteht.

Die Errichtung der Stiftung erfolgt in aller Regel durch einen Anwalt in Zusammenarbeit mit einer liechtensteinischen Treuhandgesellschaft. Hinter dem in Deutschland als beinahe ominös geltenden Begriff der Treuhandgesellschaft steckt nichts anderes als ein von der liechtensteinischen Finanzmarktaufsicht überwachtes und konzessioniertes Unternehmen, dem das Recht zukommt, liechtensteinische Stiftungen und andere Rechtsträger zu gründen und zu verwalten.

Da eine Stiftung zwar über Begünstigte, nicht jedoch Gesellschafter oder Anteilsinhaber verfügt, muss bei der Stiftungserrichtung ein besonderes Augenmerk auf die sorgfältige Erarbeitung der Stiftungsdokumente gelegt werden, um zu gewährleisten, dass die Stiftung langfristig dem Willen des Stifters Rechnung trägt und dem Wohl ihrer Begünstigten dient.

Es kann grundsätzlich zwischen vier Arten von Dokumenten unterschieden werden, die im Rahmen der Gründung und Verwaltung einer Stiftung von Bedeutung sind:

- Bei den *Stiftungsstatuten* im Sinne von Artikel 552 § 16 PGR handelt es sich um das grundlegende Dokument der Stiftung, welches das Pendant zum Gesellschaftsvertrag bei einer Personen- oder Kapitalgesellschaft darstellt. Die Statuten, die in

Deutschland auch als »Stiftungsurkunde« oder »Satzung« bezeichnet werden, enthalten neben dem Namen und Zweck der Stiftung insbesondere Bestimmungen zu den Organen der Stiftung mitsamt deren Rechten und Pflichten. Weiterhin sind Details zur Buchhaltung der Stiftung sowie die Möglichkeit einer Sitzverlegung in das Ausland oder die Umwandlung in eine andere Rechtsform üblicher Statuteninhalt. Darüber hinaus kann geregelt werden, unter welchen Umständen die Stiftung aufzulösen und ihr Restvermögen an Begünstigte zu verteilen ist, und theoretisch, wenngleich in der Praxis unüblich, kann die Dauer einer Stiftung von vornherein auf eine bestimmte Zahl von Jahren beschränkt werden.

- Weiterhin kann der Stifter bei Stiftungserrichtung sogenannte *Beistatuten* erlassen (Artikel 552 § 17 PGR). In diesen befinden sich Regelungen, die separat von den Statuten normiert werden sollen, jedoch von nicht minder großer Bedeutung sind. Besonders häufig wird die Bestimmung, wer und unter welchen Umständen Begünstigter der Stiftung sein kann, auf ein Beistatut ausgelagert.
- Sollen weitere Einzelbereiche der Stiftung geregelt werden, so können zu diesem Zweck optional sogenannte *Reglemente* erlassen werden. Diese sind in Artikel 552 § 18 PGR geregelt und enthalten zum Beispiel Vorgaben zur Verwaltung des Vermögens der Stiftung oder zu den Rechten eines bestimmten Stiftungsorgans. Soll ein die Stiftung beratendes oder überwachendes Gremium, beispielsweise bestehend aus Mitgliedern der Familie oder bestehender anwaltlicher oder steuerlicher Berater, geschaffen werden, so werden dessen Kompetenzen häufig in einem Reglement zusammengefasst.
- Und wenngleich dieser nicht gesetzlich geregelt ist und infolgedessen kein offizielles Stiftungsdokument darstellt, kommt dem sogenannten *Letter of Wishes* geradezu herausragende Bedeutung zu: Dabei handelt es sich um einen vom Stifter an

die Stiftung adressierten Brief, mittels dessen der Stifter seinen zum Zeitpunkt der Stiftungserrichtung bestehenden Willen und seine Beweggründe darlegt. Der Letter of Wishes ist nicht nur aufgrund der besonderen Bedeutung des Stifterwillens wichtig, sondern auch deshalb, weil er den Stiftungsorganen als entscheidende Auslegungshilfe dienen kann.

Aufgrund des hohen Stellenwerts der Privatautonomie innerhalb des liechtensteinischen Gesellschafts- und Stiftungsrechts können die Stiftungsdokumente sehr variabel gestaltet werden, sodass sie sich an im Laufe der Jahre ändernde Rahmenbedingungen anpassen können.

Einbringung von Vermögen: Steuerliche Aspekte und Gestaltungsmöglichkeiten

Sofern auf das Verhältnis des Stifters zu der von ihm errichteten liechtensteinischen Stiftung deutsches Steuerrecht anwendbar ist, stellt die Stiftung eine im steuerrechtlichen Sinne nicht mit ihm Verwandte dritte Person dar.* Dies heißt, dass bei Einbringung von Vermögen in die Stiftung grundsätzlich ein Freibetrag von lediglich 20.000 Euro gilt und ein Schenkungsteuersatz von 30 Prozent, ab einem Wert von über 6 Millionen Euro sogar von 50 Prozent, zur Anwendung gelangt.** Die Einbringung größerer Vermögenswerte in eine Stiftung wäre zu derartigen Konditionen häufig unattraktiv. Deshalb gibt es im Ausgangspunkt die vier folgenden Möglichkeiten, um die bei Widmung von Vermögen anfallende deutsche Steuerlast erheblich zu reduzieren.

---

* Siehe dazu § 15 Absatz 1 des deutschen Erbschaft- und Schenkungsteuergesetzes (DE-ErbStG).

** § 15 Absatz Nr. 7 ErbStG sowie § 19 ErbStG

- Eine Variante ist, dass es sich um nach dem ErbStG privilegiertes Betriebsvermögen handelt.* Hinter diesen Regelungen steht die gesetzgeberische Überlegung, dass die Übertragung eines Gewerbebetriebs oder sonstigen wirtschaftlich tätigen Unternehmens auf künftige Generationen faktisch verunmöglicht würde, wenn dafür die üblichen erbschaftsteuerlichen Sätze gälten. Denn in diesem Fall würden bei der Übertragung von Unternehmungen rasch Erbschaftsteuersummen fällig, die die zur Verfügung stehenden liquiden Mittel erheblich übersteigen. Ob die steuerlich privilegierte Übertragung von Betriebsvermögen an eine Stiftung möglich ist, hängt jedoch von verschiedenen Faktoren ab. So kommt es auf die Gesellschaftsform an, und das Unternehmen darf über keine zu hohen Kapitalreserven verfügen.
- Eine weitere steuerlich optimierte Variante besteht darin, dass Vermögen an die Stiftung übertragen wird, das einen verhältnismäßig sehr geringen Wert besitzt. Ein solcher kann etwa daraus resultieren, dass das Vermögen wirtschaftlich noch gering zu bewerten ist. Dies kann der Fall sein, wenn es sich um ein Private-Equity-Investment mit einem erst später anwachsenden Wert handelt oder weil das zu übertragende Wirtschaftsgut mit Schulden belastet ist.
- Die dritte Option besteht in einer schenkweisen Übertragung an die Stiftung unter Nießbrauchsvorbehalt. Der Nießbrauch bedeutet, dass der schenkende Stifter, und gegebenenfalls nach dessen Versterben weitere Personen, sich die wirtschaftlichen Früchte des Schenkungsgegenstands vorbehalten. Konkret bedeutet dies, dass im Fall einer an eine Stiftung übertragenen Immobilie deren Mieteinnahmen weiterhin dem Stifter beziehungsweise seiner Familie zufließen. Wie stark die im Weg einer Schenkung mit Nießbrauchsvorbehalt zu erzie-

---

* Siehe insoweit §§ 13a ff. ErbStG.

lende Steuererleichterung sein kann, hängt maßgeblich vom Alter des Stifters und der sonstigen Nießbrauchsberechtigten sowie vom Wert der erzielbaren jährlichen Einkünfte ab.

- Die vierte Variante einer steuerlich günstigen Übertragung von Vermögen an eine Stiftung besteht in der Wahl einer Darlehenslösung. Dabei verhält es sich so, dass man das Schenkungsrecht gänzlich verlässt und den betroffenen Vermögensgegenstand an die Stiftung veräußert. Da eine neu gegründete Familienstiftung in aller Regel nicht über das notwendige Vermögen verfügt, um den entsprechenden Kaufpreis zu schultern, gewährt der Stifter als bisheriger Eigentümer ein sogenanntes Eigentümerdarlehen in Höhe des vereinbarten Kaufpreises. Anschaulich darstellen lässt sich dies am Beispiel einer fremdvermieteten Immobilie: Infolge des Verkaufs erwirbt die Stiftung schon rasch nach Errichtung Eigentum an der Immobilie, und ihr fließen ab diesem Zeitpunkt die Mieteinahmen zu. Mittels dieser kann sie das Darlehen gegenüber dem Eigentümer tilgen und zugleich die anfallenden Zinsen schultern. Für den Stifter und Darlehensgeber besteht der Vorteil, dass er nur die Zinsen, nicht jedoch die Tilgungszahlungen zu seinem persönlichen Einkommensteuersatz in Deutschland versteuern muss. Um die Steuerlast bezüglich der Zinsen weiter zu senken, gehen einige liechtensteinische Marktteilnehmer so weit, enorm günstige Zinssätze vorzuschlagen. Dabei wird von vielen übersehen, dass zu günstige, nicht marktübliche Zinssätze in Deutschland eine steuerbare Schenkung darstellen können, sodass die erstrebten Steuervorteile wieder wegfallen.

Es ist deshalb – nicht nur in Bezug auf die Darlehenslösung – von entscheidender Bedeutung, dass, gegebenenfalls unter Einbeziehung bestehender Berater in Deutschland, vor der Stiftungserrichtung ein tragfähiges Konzept erarbeitet wird, das nicht nur auf der Seite des liechtensteinischen Rechts funktioniert, sondern auch den steuerlichen und sonstigen Anforderungen im Heimatland des Stifters gerecht wird. Aus ebendiesem Grund kann auch nicht pauschal gesagt werden, dass eine der aufgezeigten Varianten den jeweils anderen überlegen wäre. Dies kommt auf die jeweiligen Umstände des Falls, die Art der Vermögenswerte und die Bedürfnisse der Familie an. Nicht selten werden im Zuge dessen auch verschiedene Arten von Einbringungsvorgängen kombiniert.

Besteuerung der Stiftung in Liechtenstein und sonstige Kosten
Die Einbringung von Vermögen in eine Stiftung wird in Liechtenstein nicht nennenswert besteuert, denn das Fürstentum hat seine Erbschaft- und Schenkungsteuer gänzlich abgeschafft.*

Auch die laufende Besteuerung bei einer liechtensteinischen Stiftung erweist sich als sehr günstig: Während gemeinnützige Stiftungen vollständig von der Besteuerung ausgenommen sind, fällt bei einer privatnützigen Stiftung grundsätzlich die Ertragsteuer von 12,5 Prozent auf den erzielten jährlichen Überschuss an. Allerdings sind nach liechtensteinischem Recht zahlreiche Arten von Einkünften steuerfrei.** Dazu gehören die meisten Arten von Erträgen, welche eine Stiftung in der Regel erwirtschaftet. Dies führt zu dem Ergebnis, dass die steuerliche Belastung einer liechtensteinischen Stiftung normalerweise bei der Mindeststeuer von 1800 Schweizer Franken pro Jahr liegt.

Bezüglich der in Bezug auf die Errichtung einer Stiftung anfallenden Kosten hat es sich in Liechtenstein etabliert, dass diese

* Zur Abschaffung der liechtensteinischen Erbanfalls- und Schenkungsteuer siehe https://www.vaterland.li/importe/archiv/politik/keine-schenkungssteuer-in-liechtensteins-mehr-art-70529 (abgerufen am 23. November 2022); es existiert lediglich die im niedrigen Promillebereich angesiedelte Stempelsteuer, die einmalig auf das gesetzliche Mindestkapital zu zahlen ist.

** Siehe dazu Artikel 48 des liechtensteinischen Steuergesetzes (SteG).

pauschal berechnet werden, wobei die Bepreisung am Markt zwischen 4000 und 7000 Schweizer Franken schwankt und von der Komplexität der jeweiligen Situation abhängig ist. Hinzu kommen die anfallenden staatlichen Gebühren in Höhe von knapp 1000 Schweizer Franken.

Bezüglich der laufenden Kosten einer Stiftung sind auf dem liechtensteinischem Rechtsmarkt zwei Modelle vorherrschend, zum einen die Kombination aus Grundhonorar und Verrechnung von Leistungen auf Stundensatzbasis, zum anderen ein Pauschalhonorar, das sämtliche Leistungen abdeckt. Als Tendenz ist erkennbar, dass das Gros der Stiftungen somit durchschnittliche jährliche Kosten im Bereich zwischen 8000 und 15.000 Schweizer Franken verursacht.

Zusammenfassung

Die Stiftung liechtensteinischen Rechts ist ein vielseitig einsetzbarer Rechtsträger, mittels dessen Stifter ihr aufgebautes Vermögen schützen, außerhalb ihres Heimatlandes mehren und sicherstellen können, dass es ihren Familien, ihnen nahestehenden Personen oder gemeinnützigen Zwecken zugutekommt. Die liechtensteinische Familienstiftung ist keine »Einbahnstraße« und kann bei Bedarf auch aufgelöst werden. Nichtsdestoweniger vermag sie ihre wirtschaftlichen und steuerrechtlichen Vorteile am besten zu entfalten, wenn langfristige Überlegungen verfolgt werden.

Es gibt nicht die »eine idealtypische Stiftung« oder gar das »juristische Massenprodukt Stiftung«. Stattdessen ist jeder, der an der Errichtung einer liechtensteinischen Stiftung interessiert ist, auf kompetente Partner und Berater angewiesen, die bereit sind, individuelle Lösungen zu erarbeiten, die nicht nur in Liechtenstein, sondern auch in Deutschland und jedem anderen potenziell betroffenen Drittstaat tragfähig sind. Hält man sich an diese Maxime, so kann die Stiftung eine Lösung sein, die aufgebautes

Vermögen schützt, es weiterhin vergrößert und von der viele künftige Generationen zu profitieren vermögen.

Auswandern

> *»Wer sich den Gesetzen nicht beugen will, muss die Gegend verlassen, in denen diese Gesetze gelten.«*
>
> *Johann Wolfgang von Goethe, einer der bedeutendsten Repräsentanten deutschsprachiger Dichtung (1749–1832)*[571]

Verstärkt hört man von Bürgern, die sich mit der Politik und den Gesetzen in Deutschland nicht mehr identifizieren können und auch nicht mehr gewillt sind, für diese Politik zu bezahlen. Für all jene gilt das obige Zitat Goethes. Wer sich den Gesetzen nicht mehr beugen will, benötigt eine Exitstrategie, muss die Gegend verlassen. Und dies betrifft in Deutschland seit geraumer Zeit nicht nur eine Handvoll Menschen.

Deutschland: Nicht nur ein Einwanderungsland

Der Tendenz nach verlassen immer mehr Deutsche das Land (siehe Abbildung 54). Nach Angaben der Organisation für wirtschaftliche Zusammenarbeit und Entwicklung (OECD) ist Deutschland nicht nur das zweitgrößte Einwanderungsland innerhalb der OECD, sondern auch eines der Hauptherkunftsländer von Auswanderern.[572]

Dem Anbieter für Markt- und Konsumentendaten Statista zufolge wanderten im Jahr 2021 insgesamt 994.303 Menschen aus Deutschland aus, darunter 746.474 Ausländer und 247.829 Deutsche.[573] Demgegenüber zogen 1.323.466 Menschen nach Deutschland zu. Der Wanderungssaldo, also der Saldo zwischen Zuzügen und Fortzügen, betrug folglich 393.342.[574]

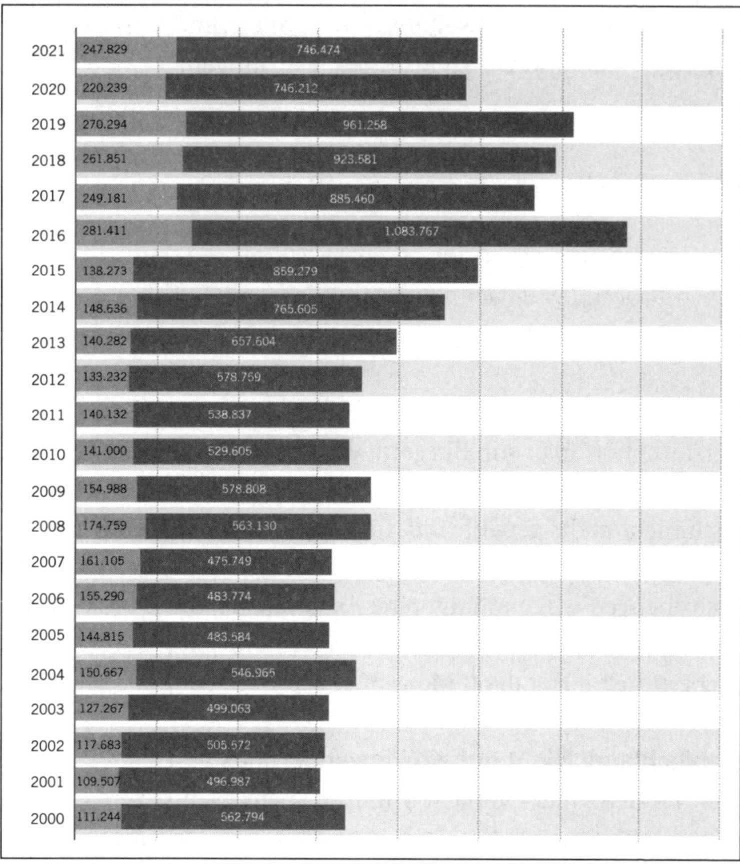

Abbildung 54: Zahl der deutschen und ausländischen Auswanderer aus Deutschland, 1991 bis 2021
Hellgrau: deutsche Auswanderer | dunkelgrau ausländische Auswanderer
Quelle: https://de.statista.com/statistik/daten/studie/76972/umfrage/zahl-der-auswanderer-aus-deutschland/

Gut Ausgebildete verlassen Deutschland

Laut dem Bundesinstitut für Bevölkerungsforschung (BiB) sind knapp 1,8 Millionen deutsche Staatsangehörige im vergangenen Jahrzehnt ins Ausland umgezogen. Etwa 1,3 Millionen Menschen kamen zurück. Pro Jahr wanderten seit 1991 etwa 24.000 mehr Deutsche aus als ein.[575]

Erstmals hat das BiB auch untersucht, wer aus Deutschland auswandert und welches die Gründe dafür sind. Das Resultat ist erstaunlich: Es sind keinesfalls die Verbitterten und Enttäuschten, die Deutschland den Rücken kehren. Das BiB kommt vielmehr zu dem folgenden Ergebnis: Der deutsche Auswanderer ist unter 40 Jahr alt, beruflich erfolgreich und hat einen akademischen Abschluss. Die meisten der 180.000 Auswanderer, 76 Prozent, seien Akademiker. »Auswanderung ist eine Domäne der Hochqualifizierten«, hieß es bei der Vorstellung der Ergebnisse.[576]

Dem Verein Deutsche im Ausland e. V. (DIA e. V.) zufolge arbeiten Deutsche im Ausland häufig in Berufen mit hohem Qualifikationsniveau und in verantwortungsvollen Positionen; Karriereaussichten und familiäre Gründe stärken die Entscheidungen zur Auswanderung. Deutsche Auswanderer zögen häufig aus Job-Gründen weg, kehrten aber eher aus familiären Gründen zurück.[577]

Insbesondere Auswanderer aus dem IT- und naturwissenschaftlichen Sektor kehren Deutschland für immer den Rücken, da, wie bereits erläutert, die Möglichkeiten in puncto Forschung, Vergütung, Firmengründung, digitale Infrastruktur und Steuern im Ausland oftmals wesentlich besser sind als in Deutschland.[578]

Auszuwandern kann sich auch für weniger Qualifizierte lohnen

Nicht ausschließlich Hochqualifizierte profitieren vom Umzug ins Ausland. Insbesondere für Frauen mit Hochschulabschluss und für Geringqualifizierte zahlt sich der Umzug ins Ausland laut der Studie des BiB besonders aus.[579] Der Wegzug lohnte sich nicht nur finanziell. Zudem empfanden mehr als die Hälfte den neuen Lebensstandard als höher und bewerteten ihre Wohngegend nach dem Umzug als attraktiver.[580]

Gründe für Auswanderer

Das Bildungsportal *Planet Wissen* erklärt: »Die ersten deutschen Auswanderer wurden von religiösen, politischen oder wirtschaftlichen Gründen angetrieben. Religiöse Splittergruppen erhofften sich zum Beispiel im ›Land der unbegrenzten Möglichkeiten‹ mehr Religionsfreiheit. Viele politisch Aktive hatten nach der gescheiterten Revolution im Jahre 1848 die Hoffnung auf ein demokratisches Deutschland verloren und verließen deshalb die Heimat. Hauptgrund für die meisten Auswanderer ist und war aber die wirtschaftliche Situation.«[581]

Hohe Steuern und immer weniger Gegenleistungen

Niemand bezahlt gerne Steuern und Abgaben, geschweige denn so hohe wie in Deutschland. Noch weniger sind viele gewillt, einen immer höheren Obolus zu entrichten, wenn die Gegenleistungen des Staats immer weiter abnehmen oder schlechter oder teurer werden – Gegenleistungen in Form von Energieversorgung, Straßen, Brücken, Krankenhäusern, Schwimmbädern,[582] Kindergärten, Schulen, Universitäten, Digitalisierung, Gesundheitsvorsorge, Altenvorsorge, Verwaltung, öffentliche Sicherheit.

Bessere Bedingungen andernorts

Wenn sie im Ausland auf bessere Bedingungen treffen, dann ist es mehr als verständlich, dass bestens ausgebildete, insbesondere junge Bürger sowie jene Älteren mit dem entsprechenden Kapital der Bundesrepublik zusehends den Rücken kehren – bessere Bedingungen in Gestalt eines besseren Forschungsumfelds, eines höheren Gehalts, einer niedrigeren Besteuerung, eines unternehmer- und gründerfreundlicheren Umfelds, einer besseren Infrastruktur, niedrigerer Energiepreise, einer oftmals nicht von Neid zerfressenen Gesellschaft.[583]

Tatsächlich gibt es auf der Erde noch Länder, in denen man keine Einkommensteuern bezahlen muss. Dazu zählen

- Anguilla,
- Antigua,
- Barbuda,
- Bahrain,
- Bermuda,
- die britischen Jungferninseln,
- Brunei,
- die Kaimaninseln,
- Kuwait,
- Monaco,
- Oman,
- die Pitcairninseln,
- Saint Barthélemy,
- Saint Kitts and Nevis,
- Somalia,
- die Bahamas,
- die Vereinigten Arabischen Emirate,
- die Turks- und Caicosinseln,
- Vanuatu,
- Vatikanstadt,
- Wallis und Futuna,
- die Westsahara.[584]

Auch in puncto Unternehmensbesteuerung gibt es deutlich attraktivere Länder als Deutschland. In Japan und Deutschland fallen knapp 30 Prozent Steuern auf Unternehmensgewinne an. Ganz anders in Dubai: Ab Juni 2023 wird dort eine Unternehmensteuer in Höhe von 9 Prozent auf den Jahresgewinn eingeführt. Dabei gilt eine Freigrenze von 375.000 Dirham (entsprechend etwa 90.000 Euro).[585] In Chile liegt die Besteuerung bei 10 Prozent, und in Singapur liegt der Unternehmensteuersatz bei 17 Prozent (Höchststeuersatz) und wird ab einem Ertrag von 300.000 Singapur-Dollar (210.535 Euro) angewendet. Gewinnausschüttungen sind generell steuerfrei.[586] Eine Kapitalertragsteuer gibt es im Steuersystem Singapurs ebenfalls nicht.

Gehen bedeutet gehen

Jedem sollte klar sein, dass Auswandern keinesfalls einfach ist. Darüber hinaus ist es keineswegs ratsam, nur allein den Geldbeutel entscheiden zu lassen. Zweifellos ist es zumeist nirgendwo einfacher als im Heimatland. Man hinterlässt nicht nur seine Heimat, sondern oftmals auch seine Familie und Freunde, seinen Kulturkreis und sein persönliches Netzwerk. Kurzum: Zu

Beginn schwächt man die eigene Basis. Man fängt gesellschaftlich zumeist faktisch wieder bei null an.

Manch einer kommt deshalb auf die Idee, ausschließlich seinen Wohnsitz in einem Land mit einer wesentlich geringeren Besteuerung anzumelden und trotzdem den größten Teil seiner Lebenszeit in Deutschland zu verbringen beziehungsweise seinen Lebensmittelpunkt in Deutschland beizubehalten. Dies geht so lange gut, bis die Finanzbehörden davon Wind bekommen. Und genau dann wird sprichwörtlich die Hölle über eben jene hereinbrechen.

Deutschlands Finanzbehörden sind hartnäckig und kennen keine Gnade. Tennislegende Boris Becker kann ein Lied davon singen. Er musste vor Gericht zugeben, dass er jahrelang als Hauptwohnsitz Monaco angegeben hatte, tatsächlich aber in München lebte. Insgesamt soll er den Fiskus um Einkommen- und Vermögensteuern in Höhe von rund 1,7 Millionen Euro geprellt haben. Und genau hier versteht der Staat keinerlei Spaß. Becker erhielt zwei Jahre Haft auf Bewährung und 500.000 Euro Geldauflagen. Bereits vor dem Prozess hatte er eine Nachzahlung von 3,1 Millionen Euro geleistet und damit noch wesentlich Schlimmeres abgewendet.[587]

Somit sollte jedem klar sein: Gehen heißt tatsächlich gehen, halbe Sachen und Mauscheleien werden langfristig nicht funktionieren. Allein dank Mobiltelefon lassen sich spielend Bewegungsprofile abbilden. Für jene, welche sich für besonders schlau halten und auf verschiedene Mobiltelefone zurückgreifen und ausschließlich bar bezahlen, besteht immer noch die Gefahr, dass sie von jemandem bei den Behörden gemeldet werden, der ihnen nicht wohlgesinnt ist.

Wer sich entscheidet, seiner Heimat den Rücken zu kehren und sich im Ausland niederzulassen, muss sich zuvor mit einer ganzen Reihe von Punkten befassen.

Die Wahl des Ziellands

Die Wahl des Ziellands sollte wohlüberlegt sein. Ebenso die Gründe für die Auswanderung. Manch einer möchte zu Familienmitgliedern oder Freunden im Ausland ziehen, einem anderen liegt ausschließlich das im Winter kühle Wetter in Deutschland nicht. Manchen missfallen die politischen Umstände, wieder andere gehen mit den Eingriffen in die Bürger- und Freiheitsrechte der Politik nicht konform. Manch einer ist nicht mehr gewillt, mit seinen Steuergeldern den Umbau Deutschlands von einer Leistungs- in eine Umverteilungsgesellschaft mitzufinanzieren, und manch einer möchte in einem Land leben, in dem seine Kinder weitaus bessere Zukunftsaussichten haben oder die Kriminalitätsrate geringer ist.

Jeglicher Grund mag für den einen oder anderen plausibel sein. In diesem Buch steht weniger der Aspekt des Familiennachzugs oder des Wetters im Vordergrund als das mikro- und makroökonomische Umfeld. Kurzum: Wohin zu ziehen lohnt sich unter wirtschaftlichen Gesichtspunkten, wohin nicht?

Wichtige Kriterien

Es ist empfehlenswert, ausschließlich Länder mit einer intakten Demokratie, wenig Korruption, geringer Kriminalitätsrate und geringer Staatsverschuldung, einer attraktiven Steuerpolitik, einem guten Gesundheitssystem in Betracht zu ziehen. Länder, deren Sprache man mächtig ist, deren Kultur man versteht und die eine langfristige Zukunftsperspektive bieten. Obendrein sollte man sich mit den klimatischen Bedingungen einer etwaigen zukünftigen Heimat auseinandersetzen.

Vermögensverteilung

Teilt man die Haushalte in eine reichere und eine ärmere Hälfte, so ist das Medianvermögen der Wert, der exakt in der Mitte liegt. Folglich haben, konträr zum Durchschnitt oder arithmetischen

Mittel, wenige »Ausreißer«, die stark vom Mittelwert der Vermögensverteilung abweichen, auf den Median praktisch keine Auswirkung.[588]

Der Gini-Koeffizient ist ein Maß der Vermögensverteilung. Je näher er an dem Wert 1 (oder 100 Prozent) liegt, desto größer ist die Ungleichverteilung, das heißt, desto stärker sind die Vermögen bei wenigen Wohlhabenden konzentriert. Tabelle 6 zeigt, dass Australien und Neuseeland, was die Gleichmäßigkeit der Verteilung des Vermögens betrifft, mit großem Abstand die Spitzenplätze belegen, gefolgt von Großbritannien und Kanada.

Ferner wird aus Tabelle 7 ersichtlich, dass der durchschnittliche Bewohner der Bundesrepublik bei Weitem nicht zu den wohlhabendsten in der Europäischen Union gehört.

Land	**Vermögen pro erwachsene Person (in US-Dollar, 2021)**	**Median-vermögen (in US-Dollar, 2021)**	**Gini-Koeffizient (in Prozent, 2021)**
Schweiz	696.604	168.084	78,1
Vereinigte Staaten	579.051	93.271	86,0
Australien	550.110	273.903	66,2
Neuseeland	472.153	231.257	70,0
Kanada	409.297	151.248	72,6
Singapur	358.204	93.133	78,8
Vereinigtes Königreich	309.375	141.552	70,6
Vereinigte Arabische Emirate	122.841	23.055	88,5
Deutschland	256.985	60.633	78,8

Tabelle 6: Vermögensverteilung in ausgewählten Ländern der Welt
Quelle: https://www.credit-suisse.com/about-us/en/reports-research/global-wealth-report.html, https://de.wikipedia.org/wiki/Mittleres_Verm%C3%B6gen

Land	Vermögen pro erwachsene Person (in US-Dollar, 2021)	Median-vermögen (in US-Dollar, 2021)	Gini-Koeffizient (in Prozent, 2021)
Luxemburg	657.564	350.271	66,3
Dänemark	426.494	171.175	73,9
Belgien	381.114	267.887	59,9
Niederlande	400.828	142.994	75
Deutschland	256.985	60.633	78,8
Frankreich	322.074	139.169	70,2
Italien	231.323	112.138	67,2
Spanien	222.888	104.163	69,1

Tabelle 7: Vermögensverteilung in ausgewählten Ländern der europäischen Union
Quelle: https://www.credit-suisse.com/about-us/en/reports-research/global-wealth-report.html, https://de.wikipedia.org/wiki/Mittleres_Verm%C3%B6gen

Demokratie, Korruption, Kriminalitätsrate

In Ländern, in denen keine stabilen demokratischen Verhältnisse herrschen, kann sich der politische Wind sehr schnell drehen – und aus dem Auswanderertraum kann im Nu ein teurer Albtraum werden.

Ein besonders drastisches Beispiel ist Simbabwe, die einstige Kornkammer des südlichen Afrika. Im Jahr 2000 führte die simbabwische Regierung unter dem damaligen Präsidenten Robert Mugabe eine chaotische, von Korruption geprägte Landreform durch. Neun von zehn der rund 4500 überwiegend weißen Farmer wurden enteignet. Ihre Güter gingen an Politiker und Militärs, die über Landwirtschaft keine Kenntnisse hatten, oder an Kleinbauern, denen die Mittel zur profitablen Bewirtschaftung ihres Landes fehlten.[589] Das Land wurde binnen kurzer Zeit zu einem bettelarmen Staat.

Auch wenn dies ein äußerst extremes Beispiel ist, sollte man wissen, dass in Ländern mit einem hohen Grad an Korruption zumeist derjenige recht bekommt, welcher die besseren Verbindungen oder den größeren Geldbeutel hat – oder bestenfalls beides zugleich.

Kriminalitätsrate

Sicherheit ist ein wichtiger Aspekt des Lebens. Längst gehört Deutschland nicht mehr zu den sicheren Ländern (siehe Tabelle 8). Unter den Top Ten der sichersten Städte befindet sich keine deutsche Stadt.[590]

Platz	Land	Kriminalitätsindex	Sicherheitsindex
43	Deutschland	37,01	62,99
42	Luxemburg	35,58	64,42
41	Spanien	34,97	65,03
40	Ungarn	33,91	66,09
39	Usbekistan	33,68	66,32
38	Norwegen	33,51	66,49
37	Kuwait	33,01	66,99
36	Litauen	32,55	67,45
35	Rumänien	32,5	67,5
34	Israel	32,18	67,82
33	Polen	32,13	67,87
32	Aserbaidschan	31,73	68,27
31	Kuba	31,72	68,28
30	Portugal	31,53	68,47
29	Zypern	31,06	68,94
28	Slowakei	30,54	69,46
27	Brunei	29,55	70,45
26	China	28,82	71,18

Platz	Land	Kriminalitätsindex	Sicherheitsindex
25	Niederlande	27,57	72,43
24	Singapur	27,22	72,78
23	Finnland	26,84	73,16
22	Österreich	26,82	73,18
21	Dänemark	26,34	73,66
20	Südkorea	26,13	73,87
19	Tschechien	25,78	74,22
18	Ruanda	25,54	74,46
17	Georgien	25,25	74,75
16	Bahrain	24,95	75,05
15	Monaco	24,92	75,08
14	Saudi-Arabien	24,62	75,38
13	Island	24,3	75,7
12	Estland	24,14	75,86
11	Kroatien	23,99	76,01
10	Slowenien	23,17	76,83
9	Japan	22,24	77,76
8	Schweiz	22,12	77,88
7	Armenien	21,75	78,25
6	Hongkong	21,62	78,38
5	Oman	19,72	80,28
4	Isle of Man	18,28	81,72
3	Taiwan	16,15	83,85
2	Vereinigte Arabische Emirate	14,87	85,13
1	Katar	14,15	85,85

Tabelle 8: Kriminalitätsindex in ausgewählten Ländern der Welt
Quelle: https://de.numbeo.com/kriminalit%C3%A4t/ranking-nach-land

Im Jahr 2022 wurden in Deutschland im Auftrag des Bundeskriminalamts und der Polizeien der Länder mehr als 45.000 Menschen zu Erlebnissen mit Kriminalität und ihrem Sicherheitsgefühl befragt. Die Befragung ergab, dass die Vorstellung, nachts allein in Bus oder U-Bahn unterwegs zu sein, Unbehagen auslöst und sich nur noch ein Drittel der Frauen und 60 Prozent der Männer nachts ohne Begleitung im öffentlichen Personennahverkehr »sehr sicher« oder »eher sicher« fühlen. Mehr als die Hälfte der befragten Frauen meiden »häufig« oder »sehr oft« bestimmte Straßen, Parks oder Plätze, weichen Fremden nach Möglichkeit aus oder meiden nachts den ÖPNV. Diese Befunde sollten zu denken geben.[591]

Gated Communities

In zahlreichen Ländern ist die Kriminalitätsrate wesentlich höher und somit die persönliche Sicherheit wesentlich stärker gefährdet als in Deutschland.

Insbesondere in den USA, Südamerika, Asien und Afrika wohnen der gehobene Mittelstand und die Oberschicht oftmals in sogenannten Gated Communities, das heißt, innerhalb geschlossener Wohnkomplexe mit verschiedenen Arten von Zugangsbeschränkungen.

»Gated Communities stellen eine Extremform der Privatisierung öffentlicher Räume dar, verbunden mit einer radikalen Veränderung der Stadtlandschaft. Insbesondere in Räumen wie Südkalifornien ist eine hohe Konzentration dieser Wohnform auszumachen. Dabei lassen sich anhand umzäunter Alters- oder Feriensiedlungen sowie familienorientierter Gated Communities unterschiedliche Entwicklungsmuster identifizieren. Gründe für den Erfolg von Gated Communities sind unter anderem der Sicherheitsaspekt, die starke Identifikation mit dem Wohnumfeld sowie eine Organisationsstruktur, welche sich in ausgeprägter Form an den Präferenzen der Bewohner orientiert.

Die größten Vorteile von Gated Communities gegenüber konventionellen Siedlungen liegen bei den auf Effizienz ausgerichteten siedlungsinternen Strukturen.«[592]

Ob es erstrebenswert ist, in einer Parallelgesellschaft hinter Mauern und Stacheldraht mit Wachpersonal zu wohnen, muss ein jeder selbst für sich entscheiden. Sollte sich die Gesellschaft weiter in demselben Tempo auseinanderdividieren, die Schere zwischen Arm und Reich sich immer weiter öffnen und folglich die Kriminalität rasant zunehmen, so werden auch in Deutschland Gated Communities wie Pilze aus dem Boden schießen. In Aachen, Potsdam, Berlin, Münster, Leipzig und München gibt es bereits die ersten.[593]

Gesundheit: Das höchste Gut

Statistisch gesehen wird jeder irgendwann einmal krank mit der Folge, dass er auf fremde Hilfe angewiesen ist. Auch wenn sich viele über das Gesundheitssystem in Deutschland beklagen, so ist dieses im internationalen Vergleich – insbesondere im Vergleich etwa mit Großbritannien – immer noch weit vorn. Obendrein ist es vor allem noch eines: sehr günstig. Somit sollte sich jeder potenzielle Auswanderer mit der Frage beschäftigen, ob er sich eine gute Krankenversicherung andernorts leisten kann. Man kann zwar Gesundheit nicht kaufen, zweifellos aber kann ein gutes Gesundheitssystem das Leben verlängern und einfacher machen.

Sprache und Kultur

Wandert man aus in ein Land, dessen Sprache und gegebenenfalls auch dessen Schrift man nicht beherrscht, dessen Kultur man nicht versteht, so wird das neue Leben dort gewiss nicht einfacher werden. Paradebeispiele hierfür bieten die zahllosen Auswanderersendungen in den Untiefen des Privatfernsehens. Wird für jeden Behördengang, für jedes Dokument, für jeden

Kaufvertrag ein Übersetzer benötigt, dem man faktisch blind vertrauen muss, so ist dies gewiss eine hohe Hürde. Abgesehen davon ist es nicht einfach, privat Anschluss zu finden. Der kulturelle Aspekt ist keinesfalls zu verkennen.

Verlässt man die Heimat, so sollte man sich den lokalen Sitten und Gebräuchen im Zielland anpassen. Andernfalls wird man nie ankommen und höchstens in einer Expat-Blase leben. Was in Deutschland als selbstverständlich gilt, kann in anderen Ländern vollkommen anders aufgefasst werden. Ein sehr aufschlussreiches Beispiel bietet die Zuggesellschaft Japan Railways West, die sich für eine um 25 Sekunden verfrühte Abfahrt entschuldigte.[594] Ganz anders sieht es in puncto Zuverlässigkeit und Pünktlichkeit oftmals etwa in Afrika, Südamerika und Südeuropa aus. Man betrachte etwa die südamerikanischen Handwerker, bei denen in Sachen Pünktlichkeit und Qualitätsansprüchen Wunsch und Wirklichkeit oftmals meilenweit auseinander liegen. Vor allem eines beherrschen sie in Perfektion: Mañana – morgen. (Manch einer übersetzt dies auch mit »der Tag, der niemals kommt«.) Man sollte wissen, dass man in zahlreichen Ländern für viele alltägliche Erledigungen sehr viel Zeit und Geduld aufbringen muss, oftmals wesentlich mehr als selbst auf Berliner Ämtern – und dort finden einer Umfrage zufolge 90 Prozent der Berliner die Ämter zu langsam.[595]

Welche Länder haben langfristig positive Zukunftsaussichten?

Wenn die gegenwärtige Entwicklung sich fortsetzt, dann ist mit großer Wahrscheinlichkeit davon auszugehen, dass sich die Welt abermals in Blöcke unterteilt.

Zuerst Corona und maßgeblich der Krieg in der Ukraine haben die Globalisierung erheblich entschleunigt und die Umbildung ökonomischer Machtblöcke – USA, China, Russland – beschleunigt. Ob Deutschland und Europa zukünftig in der neuen

Weltordnung noch eine tonangebende Rolle spielen werden oder ob Europa und somit Deutschland zwischen den Blöcken USA und China und Russland zermahlen werden, ist äußerst fraglich.

Nach dem gegenwärtigen Stand wird Europa weiterhin global kontinuierlich an Bedeutung verlieren, da von den politischen Kräften keine tiefgreifenden Reformen zu erwarten sind. Vor diesem Hintergrund ist eine Auswanderung unter monetären Gesichtspunkten in ein europäisches Land außer der Schweiz, Liechtenstein, Andorra, Monaco und den Kanalinseln zweifellos zu überdenken.

Hinaus aus der EU oder gleich aus ganz Europa?

Wie an anderer Stelle in diesem Buch eingehend analysiert, sind die Aussichten für die EU mit ihren dazugehörigen Ländern und die Währung Euro langfristig nicht sonderlich vielversprechend. Deutschland und die EU entwickeln sich immer weiter von einer Leistungs- zu einer Umverteilungsgesellschaft. Somit ist davon auszugehen, dass die Steuer- und Abgabenlast zukünftig mit hoher Wahrscheinlichkeit weiter steigen wird. Des Weiteren ist es lediglich eine Frage der Zeit, bis das Währungsexperiment Euro schlussendlich scheitern wird. Obendrein ist keinesfalls klar, ob Deutschland die Energiewende und zusammen mit ihm die weiteren EU-Länder in puncto Digitalisierung den Anschluss an das 21. Jahrhundert tatsächlich noch schaffen werden.

Betrachtet man die Auswanderung rein unter langfristigen monetären Gesichtspunkten, so sind für Leistungsträger und Wohlhabende weder Deutschland noch die EU noch zukunftsträchtig – falls es nicht zügig zu tiefgreifenden Reformen kommt. Für jene, welche die Sorge einer möglichen Ausweitung des Ukrainekriegs auf weitere europäische Länder umtreibt, lautet die Devise: Hinaus aus Europa!

Optionen

Schenkt man allen genannten Kriterien Beachtung, so werden die Möglichkeiten der Wahl unter den gegenwärtig 195 von den Vereinten Nationen anerkannten unabhängigen Ländern, darunter 193 Mitglieder und zwei ständige Beobachterstaaten (Vatikan und Palästina), schon wesentlich weniger. In Europa (außerhalb der EU) stehen für Hochqualifizierte und unter steuerlichen Gesichtspunkten die Schweiz und für jene mit einem etwas größeren Geldbeutel Liechtenstein, Monaco und die Kanalinseln Guernsey und Jersey, Isle of Man und Andorra zur Wahl.

In Übersee kommen unter anderem die Vereinigten Staaten von Amerika, Kanada, Australien, Neuseeland und für Bürger mit dem Wunsch nach Ruhe, Sommer, Sonne, Strand die Karibikinseln Cayman Islands, Anguilla, Antigua und Barbuda, die britischen Jungferninseln, Saint Kitts and Nevis, St. Vincent und die Grenadinen sowie die Turks- und Caicosinseln infrage. Singapur und Dubai sind eine Sache für sich, wobei Singapurs Regierungsform im westlichen Sinne offenkundig dem Autoritarismus näher steht als einer Demokratie.[596] Dubai hingegen ist eine lupenreine absolutistische Monarchie.

Lebensqualität ist unbezahlbar

Beim Thema Lebensqualität streiten sich die Geister. Der eine mag es gerne kühl, der andere lieber heiß. Manch einer bevorzugt das Leben in der Stadt, der andere die Landluft. Für manchen sind die Berge das Nonplusultra, der andere geht am liebsten 365 Tage im Jahr im Meer baden. Da die Geschmäcker verschieden sind, sind die Rankings der lebenswertesten Städte der Welt, etwa das der Experten der Economist Intelligence Unit (EIU), mit Vorsicht zu betrachten.

Ranking der lebenswertesten Städte

Die Positionen in der Rangliste setzen sich aus den folgenden Kategorien zusammen:

- Stabilität – 25 Prozent (zum Beispiel Kriminalitätsrate, Terrorgefahr, Unruhen),
- Kultur und Umwelt – 25 Prozent (Klima, Korruption, staatliche Zensur, sportliche und kulturelle Veranstaltungen),
- Gesundheitsversorgung – 20 Prozent (unter anderem die Qualität des privaten und gesetzlichen Gesundheitswesens),
- Infrastruktur – 20 Prozent (Straßen, ÖPNV, Qualität der Wohnverhältnisse, Versorgung mit Energie, Wasser und Telekommunikation),
- Bildung – 10 Prozent (private und öffentliche Bildungsangebote).[597]

Die Rankings für 2021 und 2022 sind in Tabelle 9 wiedergegeben.

Rang	2021	2022
1	Auckland	Wien
2	Osaka	Kopenhagen
3	Adelaide	Zürich und Calgary
4	Wellington und Tokio	./.
5	./.	Vancouver
6	Perth	Genf
7	./.	Frankfurt am Main
8	Zürich	Toronto
9	Genf und Melbourne	Amsterdam
10	Brisbane	Osaka und Melbourne

Tabelle 9: Ranglisten der lebenswertesten Städte der Welt
Quelle: https://www.capital.de/wirtschaft-politik/das-sind-die-lebenswertesten-staedte-der-welt; https://www.capital.de/leben/das-sind-die-lebenswertesten-staedte-2022-32625600.htm

Wo und wie kommt man überhaupt hinein?

Anders als in Deutschland ist es in vielen Ländern dieser Welt wesentlich schwieriger, in das Land einzureisen, geschweige denn ein dauerhaftes Bleiberecht zu erhalten. Viele Länder sind keinesfalls auf eine Einwanderung in ihre Sozialsysteme erpicht. Dementsprechend muss etwas mitgebracht werden.

Das Thema Einwanderung kraft Eheschließung wird in diesem Buch lediglich knapp gestreift. Allgemein bekannt sein dürfte, dass Einwanderung kraft Eheschließung in fast jedem Land der Erde möglich ist – wenngleich dies auch oftmals mit einem gewissen Aufwand verbunden ist. Voraussetzung ist, dass es sich nicht um eine Scheinehe handelt.

Cash or knowledge

Entweder Geld oder Wissen. So lautet, anders als in Deutschland, die Devise zahlreicher klassischer Einwanderungsländer. Wer über das notwendige Kapital verfügt, ist in fast allen Ländern der Erde willkommen. Jedoch betrifft dies in Relation zur Gesamtbevölkerung lediglich einen kleinen erlauchten Personenkreis.

Neben Kapital ist auch Bildung eine vorzügliche Eintrittskarte. Gut ausgebildete Experten beispielsweise aus dem IT-Bereich werden nicht nur in Deutschland händeringend gesucht. Jedoch besteht auch für junge Menschen zu Beginn ihrer Ausbildung die Option, den Horizont zu erweitern und den Grundstein für eine mögliche Auswanderung zu legen.

Studieren im Ausland

Diese Möglichkeit eröffnet sich entweder im Fall eines Stipendiums dank herausragender schulischer Leistungen oder mithilfe eines oder mehrerer Sponsoren, da die Studiengebühren teilweise immens sind.

Da Bildung bekanntlich eines der besten Investments ist, sollten Eltern beziehungsweise Großeltern, welche es sich leisten können, diese Option ins Auge fassen. Sie können ihren Kindern keine bessere Eintrittskarte ins Leben lösen als ein Studium mit einer Zukunftsperspektive an einer guten Universität im Ausland. Die Kinder werden nicht nur von einem internationalen Studienumfeld mit perfekten infrastrukturellen Bedingungen, sondern auch von internationaler Erfahrung und einem globalen Netzwerk profitieren. Ferner lernen junge Menschen, anders als im »Hotel Mama«, sehr schnell – in guten wie in schlechten Zeiten – Selbstständigkeit, wenn die Eltern oftmals viele Tausend Kilometer entfernt sind.

An dieser Stelle ein Beispiel aus eigener Erfahrung: Studieren in Australien. Ein Studium ist insbesondere in den angelsächsischen Ländern USA, Kanada, England, Australien und Neuseeland nicht günstig. Oftmals müssen die finanziellen Mittel zur Deckung aller Ausgaben (Kursgebühren, Reise- und Lebenshaltungskosten) während des Studiums im Vorhinein nachgewiesen werden. Ebenso ist eine Charakteranforderung (Bescheinigung über Vorstrafenfreiheit) erforderlich. Des Weiteren sind die spezifischen Anforderungen der Universität wie Abitur – oder bei Wechsel des Studienorts die erforderlichen Universitätsbescheinigungen (Immatrikulationsbescheinigung, Zeugnisse) – sowie (außer für Personen mit Englisch als Muttersprache) die Ergebnisse eines bestandenen Tests in englischer Sprache vorzulegen.

Aus eigener Erfahrung kann ich nach meinem vor knapp 20 Jahren abgeschlossenen International-Business-Studium in Australien bestätigen, dass die Studienbedingungen (Zahl der Studenten pro Kurs und Tutorial) sowie die Ausstattung (Bibliothek, Computer Labs, Freizeitmöglichkeiten) damals bei Weitem besser waren als an vielen Universitäten in Deutschland. Dieser Befund gilt auch heute noch in vielen Fällen.

Deutschland verfügt faktisch über keinerlei Bodenschätze und ist dank des Hirnschmalzes seiner Bürger zum Land der Dichter, Denker und Tüftler und schlussendlich zu einer globalen Wirtschaftsmacht aufgestiegen. Dennoch beansprucht das Bundesministerium für Arbeit und Soziales vom Bundeshaushalt das Achtfache dessen, was dem Bundesministerium für Bildung und Forschung zugewiesen wird.[598] Während in Deutschland oftmals insbesondere Professoren in ihrer unantastbaren elfenbeinturmartigen Parallelwelt leben, habe ich diesbezüglich in Australien grundlegend andere Erfahrungen gemacht. Ich habe persönlich erlebt, dass sich Studenten bei einem Dozenten über die nach ihrer Ansicht nach nicht angemessene Qualität der Vorlesung beschwerten. In der Diskussion wurde vorgebracht, dass sie sehr viel Geld für das Studium und letztendlich auch somit einen Teil seines Gehalts bezahlen. Der Dozent nahm sich die Kritik zu Herzen und hob das Niveau an. In Deutschland hätte man nach einer solchen Diskussion an den meisten Hochschulen voraussichtlich keine große Freude mehr gehabt.

Summa summarum kann ich jedem, für den es möglich ist, ein Studium im Ausland wärmstens empfehlen. Wenn man sich nicht in der Blase der Kommilitonen seines Heimatlandes bewegt, sondern diese bewusst meidet, dann erweitert dies maßgeblich den eigenen Horizont, man lernt neue Kulturen, Menschen und Landschaften kennen, fördert die eigene Persönlichkeitsentwicklung, optimiert seine Fremdsprachenkenntnisse, erwirbt wichtige Soft Skills wie Toleranz, Frustrationstoleranz, Anpassungsfähigkeit, interkulturelle Kompetenz, Selbstständigkeit, Selbstorganisation, Selbstvertrauen und im Idealfall ein internationales Netzwerk. All diese Faktoren machen sich gut im Lebenslauf und werden von vielen Personalern rund um den Globus geschätzt.[599] Junge ambitionierte Studenten, bestens ausgebildete Nachwuchskräfte oder Arbeitskräfte mit exakt den Qualifikationen, die gerade gesucht werden sowie Menschen mit dem nötigen Kapital, können sich eine Eintrittskarte in beinahe jedes Land der Erde lösen. In anderen Fällen gestaltet sich eine Auswanderung in viele Traumländer als äußerst schwierig bis unmöglich.

Im Folgenden werden einige interessante Auswanderungsländer in Europa und außerhalb Europas vorgestellt – die Schweiz und Andorra sowie die USA, Kanada, Australien und Neuseeland.

Schweiz – hoher Lebensstandard und leistungsträgerfreundliche Steuerpolitik

In der Schweiz ist fast jeder willkommen – der etwas mitbringt. Mitbringen sollte man entweder ausreichend Kapital oder eine gefragte Qualifikation. Bestenfalls beides. Seit Jahrzehnten zieht es Wohlhabende aus aller Welt in die Schweiz. Die Schweiz wird geschätzt für ein sicheres Umfeld, ihre politische Neutralität, eine hohe Lebensqualität, eine sehr gute Infrastruktur, wunderschöne Landschaften, ihre Banken und deren Diskretion und die leistungsträgerfreundlichen Steuersätze.

Zahlreiche deutsche Staatsbürger und ehemalige deutsche Staatsbürger, nicht nur solche mit einem größeren Geldbeutel, haben sich bereits im Nachbarland niedergelassen. Nirgends sonst ist die Millionärsdichte so hoch wie in der Schweiz, und der Club der Millionäre wächst stetig. Schätzungen der Bank Crédit Suisse zufolge gehörte 2020 fast jeder sechste Einwohner (14,9 Prozent) zum Millionärsclub. Sieht man von Zwergstaaten wie Monaco ab, so kommt kein anderes Land weltweit auf eine derart hohe Millionärsdichte. Auch die Superreichen lassen sich offensichtlich gerne in der Schweiz nieder. Das Land zählt 135 Milliardäre.

Zahlreiche deutsche Milliardäre und Millionäre wie beispielsweise Klaus-Michael Kühne aus Hamburg vom Logistikkonzern Kühne + Nagel, die mit Kaffeehandel in Deutschland groß gewordene Jacobs-Familie, die Familie des Baumaschinenherstellers Liebherr, die Industriellenfamilie von Finck, der Molkereiunternehmer Theo Müller und die Nachkommen Franz Ströhers, des Gründers des Wella-Haarpflegeunternehmens, sind bereits da.[600] Auch Patrick Cloppenburg, jüngster

Sohn von Patron Harro Uwe, will das Modeimperium Peek & Cloppenburg offenbar von Zug aus steuern. Auch sein Wohnsitz sei nun in der Schweiz.[601] Im September 2022 wurde bekannt, dass auch der norwegische Industrie-Tycoon Kjell Inge Rökke, einer der reichsten und bekanntesten Wirtschaftskapitäne Norwegens, seiner Heimat den Rücken gekehrt hat und in die Schweiz gezogen ist. Norwegen entgehen dadurch Millionen an Steuern. Rökkes Unternehmensgruppe Aker ASA ist mit knapp 18.000 Arbeitsplätzen in Norwegen und noch einmal so vielen weltweit der größte private Arbeitgeber Norwegens.[602] Es ist stark davon auszugehen, dass, sollte es in Deutschland, der EU und in weiteren Hochsteuerländern keine umfassenden Reformen und somit Veränderungen geben, noch zahlreiche weitere hochvermögende Personen dazukommen werden.

Deutsche Ärzte sind bereits da

Die Stimmung unter zahlreichen in Deutschland angestellten Ärzten ist schlecht. Einer Befragung der Ärztegewerkschaft Marburger Bund (MB) zufolge dachte 2022 ein Viertel der angestellten Ärzte daran, den Beruf an den Nagel zu hängen. Im Jahr 2019 waren es etwas mehr als ein Fünftel. Die meisten der knapp 8500 Teilnehmer waren in Krankenhäusern tätig. Sechs Prozent von ihnen arbeiteten in ambulanten Einrichtungen und beurteilen ihre Lage in der Regel etwas besser.[603]

Für Unmut sorgen insbesondere die Arbeitszeiten mit massenhaften Überstunden und Bereitschaftsdiensten. Laut Ärzteangaben beträgt die tatsächliche Arbeitszeit – nicht jene auf dem Papier – durchschnittlich 50 Wochenstunden. Ein Fünftel arbeitet sogar 60 Stunden und mehr.[604] Daher ist es verständlich, dass sich diese hochqualifizierte und global gefragte Berufsgruppe nach externen Optionen umsieht. Ein Blick in die Schweiz belegt dies.

Bei einem Besuch in einem Schweizer Krankenhaus wird einem schnell bewusst, wer Deutschland Auf Wiedersehen gesagt hat. Oftmals können Sie sich entscheiden, ob Sie mit einem bayerischen, friesischen, fränkischen, schwäbischen oder sächsischen Arzt sprechen möchten. Aufgrund einer attraktiven Vergütung, hoher Klinikbudgets, flacher Hierarchien, eines geregelten Freizeitausgleichs bei Überstunden und einem geringeren administrativen Aufwand ist die Schweiz insbesondere unter deutschen Ärzten durchaus attraktiv.

Steuern

Auch unter steuerlichen Gesichtspunkten kann die Schweiz als attraktiv betrachtet werden. In der Schweiz gilt für ausländische Staatsangehörige, die ihren Wohnsitz in der Schweiz haben, hier aber keiner Erwerbstätigkeit nachgehen, das vereinfachte Verfahren der Pauschalbesteuerung.[605] Die Besteuerung richtet sich grundsätzlich nach dem Aufwand der Lebenshaltung, und Experten handeln mit dem jeweiligen Kanton den Steuersatz aus. Für Zugezogene ist die Deklaration ihres Besitzes nicht erforderlich. Der Paketpreis von Aufenthaltsbewilligung und Pauschalsteuer bezifferte sich im Kanton Jura beispielsweise laut dem Sender RTS für einen ledigen Nichteuropäer auf umgerechnet rund 135.000 Euro per annum.[606]

Auch ohne solche Vereinbarungen ist die Einkommensteuer je nach Kanton wesentlich leistungsträgerfreundlicher als in Deutschland.[607]

Jedoch bestehen erhebliche Unterschiede zwischen den Kantonen. So liegt die Steuerlast beispielsweise bei einem Single-Jahresgehalt von 100.000 Schweizer Franken in Genf bei rund 28,3 Prozent, in Zürich bei 23,8 Prozent und im Kanton Zug bei 17,7 Prozent. Bei einem Gehalt von 250.000 Schweizer Franken liegt sie in bei Genf 39 Prozent, in Zürich bei 35,1 Prozent und in Zug bei 26,2 Prozent.[608]

In der Schweiz fällt auch eine Vermögensteuer an, und auch diese variiert zwischen den Kantonen erheblich. Im Kanton

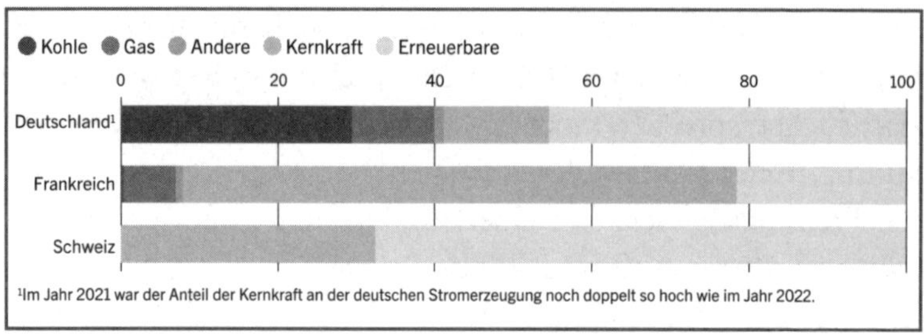

Abbildung 55: Anteil der Energieträger an der öffentlichen Stromerzeugung in Deutschland, Frankreich und der Schweiz, 2021, in Prozent
Quelle: https://www.nzz.ch/meinung/warum-die-energiewende-nur-mit-atomkraft-funktioniert-ld.1710692

Genf beträgt der Steuersatz 10,1 Promille, im Kanton Nidwalden 1,3 Promille.[609] Das Risiko höherer Steuern für Topverdiener, Wohlhabende und Erben in der Schweiz wird – anders als beispielsweise in Deutschland – dank einer stabilen Fiskal- und cleveren Einwanderungspolitik eher als gering eingeschätzt. In der Schweiz liegt die Staatsschuldenquote bei 40 Prozent des Bruttoinlandsprodukts. In Deutschland sind es knapp 70 Prozent, in Frankreich und Spanien über 115 Prozent und in Italien und Griechenland über 150 Prozent.[610]

Energie
Der Schweizer Strom stammt zu einem größeren Teil aus Erneuerbaren, der Rest wird durch Atomkraft abgedeckt. Dementsprechend produziert die Schweiz wesentlich klimafreundlicher als Deutschland (siehe Abbildung 55).[611]

Andorra, die Oase in den Pyrenäen
Das Fürstentum Andorra ist ein Kleinstaat in Südwesteuropa. Es liegt in den östlichen Pyrenäen an der Grenze zu Spanien und

Frankreich. Die Fläche des Landes beträgt lediglich 468 Quadratkilometer, die Einwohnerzahl liegt bei etwa 82.000 Personen.

In Andorra befindet sich nicht nur der höchstgelegene Golfplatz Europas, sondern auch das höchstgelegene Skigebiet Südeuropas. Die offizielle Sprache ist Katalanisch. Spanisch, Portugiesisch und Französisch sind ebenfalls weitverbreitet. Andorra ist weder Mitglied der Europäischen Union noch des Schengen-Raums, hingegen ist es Teil der EU-Zollunion. Die offizielle Landeswährung ist der Euro. Einkommen bis zu einem Betrag von 24.000 Euro ist steuerfrei, bis 40.000 Euro gilt der Satz von 5 Prozent, von da an der Höchstsatz von 10 Prozent.[612]

Andorra kann aus steuerlichen Gesichtspunkten als attraktiv betrachtet werden. Es gibt keine Besteuerung von Vermögen, Kapitalerträgen, Erbschaften, Eigentum. Die Einkommensteuer ist gering.

Investoren bietet Andorra eine permanente Aufenthaltsgenehmigung. Um diesen Status aufrechtzuerhalten, muss man nur 90 Tage im Jahr im Land leben. Eine Immobilie kann problemlos erworben werden.[613]

Andorra hat eine Kriminalitätsrate von fast null, eine der niedrigsten auf der Erde, und gehört mit zu den sichersten Ländern der Welt.

USA – Land der (beinahe) unbegrenzten Möglichkeiten

Die USA rangieren mit einer Gesamtfläche von gut 9,8 Millionen Quadratkilometern und einer Einwohnerzahl von rund 338,3 Millionen auf Platz 2 der weltweit größten Länder. Die durchschnittliche Einwohnerdichte in den Vereinigten Staaten liegt bei 33 Einwohnern pro Quadratkilometer.

Mit 133.312 Kilometern Küstenlinie haben die USA immense Bestände an zum Verzehr geeigneten Meerestieren sowie ausreichend Agrarflächen (rund 4,06 Millionen Quadratkilometer[614]), um ihre Bevölkerung in Krisenzeiten zu ernähren. Unter

Einkommen (US-Dollar, in Klammern: für verheiratete Paare)	Steuersatz (Prozent)
weniger als 10.275 (20.550)	10
über 10.275 (20.550)	12
über 41.775 (83.550)	22
über 89.075 (178.150)	24
über 170.050 (340.100)	32
über 215.950 (431.900)	35
über 539.900 (647.850)	37

Tabelle 10: Einkommensteuertarif in den USA
Quelle: https://www.irs.gov/newsroom/irs-provides-tax-inflation-adjustments-for-tax-year-2022#:~:text=Marginal%20Rates%3A%20For%20tax%20year,married%20couples%20filing%20jointly)%3B

anderem auch dank der umstrittenen Fracking-Methode hat das Land einen direkten, nicht unerheblichen Zugriff auf eigenes Öl und Gas. Im Jahr 2020 beliefen sich die Erdölreserven in den USA auf rund 69 Milliarden Barrel, die Erdgasreserven auf rund 12,6 Billionen Kubikmeter.[615] Obendrein haben die USA dank ihrer Größe und geografischen Bedingungen ein immenses Potenzial für erneuerbare Energien wie beispielsweise Solar- und Windenergie.

Nicht zu verkennen ist, dass die USA ein tief gespaltenes Land mit einem hohen Maß an sozialer Ungerechtigkeit sind. Sollte Donald Trump tatsächlich noch einmal zur Wahl antreten und diese gewinnen, so würde die Spaltung des Landes mit hoher Wahrscheinlichkeit noch vertieft. Ebenfalls bedenklich hoch ist die Kriminalitätsrate (Rang 56 des globalen Kriminalitätsindex).[616] Aufgrund dessen wohnen in den USA zahlreiche Gutsituierte in Gated Communities.

Gesundheitssystem
Die USA stehen einerseits für eine sehr gute und moderne Ausstattung von Praxen und Krankenhäusern, andererseits aber auch für äußerst hohe Gesundheitskosten. Medikamente und medizinische Behandlungen kosten in den USA wesentlich mehr als in Deutschland. Dafür verdient man als Arzt auch ein Vielfaches. Das führt logischerweise zu hohen Kosten bei Krankenversicherungen in den USA.[617]

Einkommensbesteuerung
In den USA gilt für natürliche Personen die sogenannte Progression. Je höher der Verdienst, desto höher ist der Steuersatz. Der Steuertarif ist in Tabelle 10 wiedergegeben.

Kanada – Bodenschätze und jede Menge Platz
In Kanada leben rund 38,5 Millionen Einwohner oder 3,9 Einwohner pro Quadratkilometer. Das Land hat eine Fläche von rund 9,98 Millionen Quadratkilometern. Es nimmt rund 41 Prozent der Fläche Nordamerikas ein und ist fast so groß wie ganz Europa. Knapp 110.000 Quadratkilometer des Landes sind Schutzgebiete. Kanada verfügt mit 265.523 Kilometern über die längste Küstenlinie weltweit und folglich über ausreichend essbaren Fisch und Meerestiere sowie über 626.562 Quadratkilometer landwirtschaftliche Nutzflächen.[618]

Seit Mitte des 20. Jahrhunderts hat sich Kanada zu einem der bedeutendsten Rohstoffproduzenten der Welt entwickelt. Es gehört bei vielen Rohstoffen zu den fünf wichtigsten Lieferländern, beispielsweise bei Kalisalz, Kobalt, Uran, Nickel, Platingruppenelementen und Diamanten.[619] Im Jahr 2020 betrugen die nachgewiesenen Erdgasreserven in Kanada rund 2,4 Billionen Kubikmeter, die Erdölreserven rund 168,1 Milliarden Barrel.[620]

Gesundheitssystem
Das Gesundheitssystem Kanadas Medicare bietet Staatsangehörigen und Personen mit einem ständigen Wohnsitz in Kanada Zugang zu medizinischen Leistungen. In Kanada werden Krankenhäuser und Kliniken von der Regierung finanziert und verwaltet. Zusätzlich gibt es private Kliniken. Allianz Care zufolge können alle, die nach Kanada ziehen, sicher sein, dass es eine ausgezeichnete Gesundheitsversorgung gibt.[621]

Einkommensbesteuerung
Die Höhe der kanadischen Einkommensteuer zeigt Tabelle 11.

Einkommen (in kanadischen Dollar)	Steuersatz (Prozent)
bis 49.020	15
zwischen 49.020 und 98.040	20,5
zwischen 98.040 und 151.978	26
zwischen 151.978 und 216.511	29
über 216.511	33

Tabelle 11: Einkommensteuertarif in Kanada
Quelle: https://www.canada.ca/en/financial-consumer-agency/services/financial-toolkit/taxes/taxes-2/5.html

Australien – Lebensqualität »down under«
Australien hat rund 26,2 Millionen Einwohner und weist eine Fläche von rund 7,74 Millionen Quadratkilometern auf. Es ist damit flächenmäßig der sechstgrößte Staat der Erde und zugleich ein eigener Kontinent. Etwa 59.000 Quadratkilometer sind Wasserfläche. Die durchschnittliche Bevölkerungsdichte liegt bei 3,3 Einwohnern je Quadratkilometer.

Auch Australien ist mit Rohstoffen gesegnet. Das Land verfügt über gigantische Reserven und riesige landwirtschaftliche Nutzflächen (rund 3,66 Millionen Quadratkilometer[622]) sowie

66.530 Kilometer Küstenlinie mit enormen Fischbeständen. Ein großer Teil der riesigen Landfläche Australiens dient als Weideland. Insbesondere im sogenannten Outback, dem mittleren Teil des Landes, wird vorwiegend Viehzucht betrieben. Nur knapp 6 Prozent der Landfläche Australiens werden zum Anbau von Nahrungs- und Futterpflanzen genutzt.

Im Jahr 2015 verfügte Australien über die weltweit größten Reserven an Eisenerz, Blei, Zink, Nickel, Tantal und Gold sowie an Rutil und Zirkon. Die zweit- und drittgrößten Reserven der Welt an Bauxit, Kupfer, Kobalt, Ilmenit, Tantal, Silber und seltenen Erden liegen ebenfalls in Down Under.[623] Des Weiteren verfügte das Land im Jahr 2020 über Erdgasreserven von rund 2,4 Billionen Kubikmetern und Erdölreserven von rund 2,4 Milliarden Barrel.[624]

Geradezu astronomisch ist das Potenzial für erneuerbare Energien, insbesondere Solarenergie, da im Outback gemessen an europäischen Verhältnissen unendlich viel Platz und unfassbar viel Sonnenschein zur Verfügung stehen. In Alice Springs beispielsweise scheint die Sonne unglaubliche 9,5 Stunden am Tag – im Jahresdurchschnitt wohlgemerkt. In den Monaten Januar, Februar, August, September, Oktober, November und Dezember wird dieser Wert sogar noch übertroffen.[625] Der kleinste Kontinent kann sich vollständig selbst mit Energie versorgen. Die Gesamtproduktion aller Anlagen zur Elektrizitätsgewinnung liegt bei über 106 Prozent des Eigenbedarfs.[626]

Australien verfügt über ein sehr gutes Bildungs-, Sozial- und Gesundheitssystem, und nach Angaben des Informationsdienstes *Germany Trade & Invest* gab es noch nie so viele unbesetzte Stellen in Australien.[627]

Gesundheitssystem

Australien hat eines der besten Gesundheitssysteme der Welt. Es bietet eine Kombination aus öffentlicher und privater Gesundheitsversorgung. Das öffentliche Gesundheitssystem Medicare wird von der Regierung unterstützt und übernimmt die Behandlung in öffentlichen Krankenhäusern sowie einen Teil der Kosten für einen Arztbesuch. Arbeitgeber zahlen keine Beiträge, der Pflichtbeitrag von Arbeitnehmerseite beläuft sich auf 2 Prozent des steuerpflichtigen Einkommens, Besserverdienende zahlen einen Zuschlag (Medicare Levy Surcharge) von 1 bis 1,5 Prozent.[628]

Nicht alle Leistungen werden von Medicare abgedeckt. Voraussetzung für eine Inanspruchnahme der Medicare-Leistungen ist ein permanentes Visum oder die Staatsbürgerschaft. Eine private Krankenversicherung ist jedoch auch in Australien ebenso sinnvoll wie in Deutschland.

Einkommensbesteuerung

Tabelle 12 gibt den in Australien geltenden Einkommensteuertarif wieder.

Einkommen (in australischen Dollar)	Steuersatz (Prozent)
bis 18.200	0
zwischen 18.201 und 45.000	19
zwischen 45.001 und 120.000	32,5
zwischen 120.001 und 180.000	37
über 180.000	45

Tabelle 12: Einkommensteuertarif in Australien
Quelle: https://www.ato.gov.au/rates/individual-income-tax-rates/

Neuseeland – Autarkie am Ende der Welt

Neuseeland hat eine Gesamtfläche von 267.710 Quadratkilometern. Dies entspricht ungefähr 75 Prozent der Größe Deutschlands. Das mit seinen rund 5,2 Millionen Einwohnern äußerst dünn besiedelte Land verfügt über immense landwirtschaftliche Nutzflächen (111.160 Quadratkilometer),[629] eine Küstenlänge von insgesamt 15.134 Kilometern mit reichlichen Fischbeständen und Bodenschätze wie Gold, Silber, Platinmetalle, Schwermineralsande sowie nichtersetzliche Rohstoffe wie Bentonit, Bimsstein, Diatomit, Dolomit, Halloysit-7Å, Kalkstein, Perlit, Siliciumdioxid, verschiedene Tonminerale und Zeolithe. Ferner verfügt das Land über umfangreiche Braunkohlevorkommen und ausreichend Gasreserven.[630] Insgesamt ist Neuseeland bei den meisten Brennstoffquellen (Kohle, erneuerbare Energien, Abwärme) autark, mit Ausnahme von Öl.[631]

Das Schulsystem in Neuseeland zählt nach internationalen Standards zu den besten der Welt.[632]

Gesundheitssystem

Neuseelands öffentliche Gesundheitsversorgung zählt weltweit zu den besten. Medizinische Einrichtungen sind gut ausgestattet, Ärzte und Pflegepersonal hochqualifiziert. Ohne eine private Krankenversicherung kann es jedoch ebenso wie in Deutschland zu Wartezeiten für nicht dringende Eingriffe kommen.

Einkommensbesteuerung

Tabelle 13 gibt den in Neuseeland geltenden, für Einwanderer relevanten Einkommensteuertarif wieder.

Einkommen (in Neuseeländischen Dollar)	Steuersatz (Prozent)
bis 14.000	10,5
zwischen 14.001 und 48.000	17,5
zwischen 48.001 und 70.000	30
zwischen 70.001 und 180.000	33
über 180.000	39

Tabelle 13: Einkommensteuertarif in Neuseeland
Quelle: https://home.kpmg/xx/en/home/insights/2021/07/new-zealand-taxation-of-international-executives.html

Staatenlosigkeit: »Perpetual Traveler«

Manch einen reizt vielleicht auch ein Dasein als Vagabund – egal ob für eine Weile oder womöglich gar für immer. Dieses Konzept kann unter anderem interessant sein für digitale Nomaden mit einem adäquaten liquiden Einkommen, welche kein großes Interesse hegen, Steuern in einem Land zu zahlen, in dem sie sich die meiste Zeit des Jahres überhaupt nicht aufhalten. Oder auch für Menschen mit einem größeren Vermögen, die sich gerne an verschiedenen Wohnsitzen aufhalten.

*Wann ist man »staatenlos«?**

Staatenlos zu sein bedeutet nicht, ohne einen Staat zu leben. Tatsächlich leben wir mit vielen Staaten gleichzeitig, weil eine Diversifikation unsere Freiheit erhöht. Tatsächlich Staatenlose sind rechtslos – sie sind an das Land gebunden, das ihnen Asyl gewährt, und können oft nicht oder nur sehr beschränkt reisen. Wir hingegen machen aktiv Gebrauch von der Reisefreiheit eines möglichst guten Reisepasses – im Idealfall von mehreren. Staatenlos bezieht sich auf die mentale Ebene, sich vom Konzept eines Staates zu lösen, der von der Wiege bis zum Tod für einen da ist. Paradoxerweise erhöht sich unsere Freiheit, wenn wir verschiedenste Lebensaspekte an möglichst verschiedene Staaten binden. »Geh dorthin, wo du am besten behandelt wirst« – wie unsere Strategie der sogenannten Flaggentheorie sagt.

Wir können uns eben nicht ohne unschöne Konsequenzen völlig von staatlichen Systemen abkoppeln. Wir müssen einige Herausforderungen lösen und uns an bestimmte Regeln halten, denen wir nicht entkommen können. Anstatt die Existenz von Staaten zu leugnen, kennen wir sie eher sehr gut – so gut, dass wir uns die Staaten sorgfältig aussuchen, die wir zu unserem Vorteil nutzen.

---

* Gastbeitrag von Christoph Heuermann (https://staatenlos.ch/).

Die Logik der Staatenlosigkeit besteht darin, sich anhand der individuellen Situation für bestimmte Länder zu entscheiden, die einem am besten dienen. Dafür nutzen wir die Gesetze und Vorschriften der einzelnen Staaten, um unsere Freiheit zu erhöhen, unseren Wohlstand zu steigern und unsere Privatsphäre zu schützen. Gesetzes- und Geo-Arbitrage sind zwei Stichwörter dafür.

Die Fragen, wo man am besten eine Firma gründet, wo man einen Wohnsitz, Steuerwohnsitz oder eine zweite Staatsbürgerschaft erhält, wo man ein Bankkonto eröffnet, wo man seine Kinder zur Schule schickt (und ob), wo man Mitarbeiter einstellt und wo man die meiste Zeit verbringt, das sind einige Beispiele für internationale Konfigurationen. Hierbei handelt es sich um die wesentlichen »Flaggen« der Strategie der Flaggentheorie. Dabei kann beziehungsweise soll unser Wohnsitz oft vom Lebensmittelpunkt abweichen. Wir können steuerfrei in Panama, Dubai oder Monaco gemeldet sein, aber trotzdem unser ganzes Jahr (halbes Jahr pro Land) in Steuerhöllen wie Argentinien, Frankreich oder sogar Deutschland verbringen.

Jeder muss zum Beispiel mindestens eine Staatsbürgerschaft haben, sonst kann man nicht reisen. Jeder muss bei der Eröffnung eines Bankkontos seine Wohnadresse nachweisen.

Deshalb ist Staatenlos ein so starkes Konzept: Man trennt sich von seinem Heimatland, seinem einzigen Bankkonto, seinem lokalen Unternehmen, um sich mit »neuen« Systemen zu verbinden, die einem besser passen. Man sieht den Zwang zur Compliance im Finanzsystem nicht als ungerecht an, sondern passt sich mit der besten KYC-(*Know your Customer-*)Lösung dabei an.

Wir verbinden Strukturen, die sich gegenseitig stärken, und suchen nach Schlupflöchern in den Gesetzen, die uns helfen, zum Beispiel legal weniger bis gar keine direkten Steuern zu zahlen. Jeder Fall ist spezifisch und kann definitiv international optimiert werden. Die Faktoren, die dabei berücksichtigt werden, sind persönliche Vorlieben, Geschäftsanreize, Erreichbarkeit, Einkommen, Business, Einsatzgebiet, Bedürfnisse und viele andere. Die Weltkarte ist die gleiche, aber die geschickten Kombinationen sind unzählig. Es gibt 193 von der UN anerkannte Länder, die Staatenlos-Gründer Christoph Heuermann allesamt bereist hat. Es gibt zum Zwecke der Flaggentheorie aber 266 autonome Territorien, die eigene Gesetzesmacht haben. Kombiniert mit mehr als 15 Flaggen ergibt dies Billionen möglicher Kombinationen.

Wer kann zum Staatenlosen werden?

Natürlich hat jeder die Chance, staatenlos zu werden. Allerdings werden Menschen, die bereits über einen offenen Geist und unternehmerische Fähigkeiten verfügen, besser abschneiden. Das Staatenlos-Konzept ist allerdings nicht für jeden geeignet. Es funktioniert nur für die, die bereit sind, die Sicherheit einer staatlichen Wiege gegen eine Freiheit einzutauschen, die man sich innerhalb des Systems kaum vorstellen kann. Auch Angestellte können zum Beispiel im Homeoffice diesen Weg gehen, haben aber zum Beispiel steuerlich dann kaum Vorteile (beschränkte Steuerpflicht).

Gerade anfangs sollte man in der Lage sein, Kompromisse zu finden und langsam verschiedene Einkommensquellen ortsunabhängig aufzubauen. Jeder Deutschsprachige hat den großen Vorteil, kaum Konkurrenz aus Billiglohnländern zu haben. Selbst mit absoluten Basisarbeiten unter dem Mindestlohn kann bereits halbtags ein Gehalt erreicht werden, mit dem man in vielen Ländern nicht nur überleben, sondern sehr gut leben kann. Den anderen halben Tag kann man für den Aufbau seines eigenen Unternehmens nutzen oder um seine Fähigkeiten auszubauen, um deutlich höhere Summen als Freiberufler in Rechnung zu stellen.

Staatenlos ist für diejenigen, die bereit sind, die Welt so zu sehen, wie sie ist, und nicht immer durch dasselbe Fenster. Sie distanzieren sich emotional und rational von verschiedenen Ländern und betrachten deren Vor- und Nachteile nüchtern. Sie sind bereit, Kompromisse anhand ihrer eigenen Einkommens- und Vermögenssituation zu machen. Vielleicht muss man mit Kambodscha oder Nicaragua anfangen, bevor man mit wachsendem Wohlstand auch in den USA oder Australien Zeit verbringen kann.

Staatenlos kann man eine Person nennen, die wachsen und sich spezialisieren, ihre Lebensqualität verbessern, ihr Vermögen und ihren Privatbesitz schützen will – und darüber hinaus auch gewillt ist, den Weg dahingehend zu beschreiten. Staatenlos sind Menschen, die ihre Werte von Freiheit und Unabhängigkeit ausleben und optimieren. Die sich nicht mit dem Status quo zufriedengeben, sondern Freiheit im Hier und Jetzt spüren wollen, die im demokratischen Prozess niemals möglich wäre. Staatenlose machen nicht den Fehler von Auswanderern: sie wandern zwar aus, aber sie wandern niemals ein. Sie binden sich höchstens pro forma an ein System, weil es ihnen viele Vorteile ermöglicht.

Die zwei Seiten der Medaille des Daseins als Staatenloser

Es ist schwierig, ein Szenario zu haben, in dem es nur Vorteile gibt. Viele von ihnen sind immer mit Nachteilen oder Herausforderungen verbunden. Doch alles ist relativ, und jeder kann für sich selbst entscheiden, wie er diese gewichtet. Schließlich ist man in der Regel so mobil und flexibel, dass man seine Situation jederzeit nach eigenem Gusto anpassen kann.

Die größten Anreize, sich in anderen Ländern umzusehen, sind die Präferenzen in Bezug auf Wohlfahrt, medizinische Versorgung, Lebenshaltungskosten, Klima, Offenheit, Sicherheit, Bildungssystem, Infrastruktur, Demografie, Glück, Rechtssystem, Sozialsystem, Religion, Toleranz und Ideale. Als Staatenloser richtet sich jede Strategie nach den Präferenzen ihres Urhebers.

Der Grad der Globalisierung und Digitalisierung in der Welt ist heute höher als je zuvor – das bedeutet mehr Chancen und logischerweise auch mehr Wettbewerb. Aber man muss daran denken, dass das erste Setup nicht unbedingt das endgültige ist. Man kann klein anfangen und sich mit der Flaggentheorie nach und nach das beste Setup bauen, das zu einem passt.

Sich ständig zu verändern, ist für viele sehr quälend und stressig. Man muss aber in der Ungewissheit handeln, immer einen Plan B und C haben; nicht nur aktuelle Trends nachahmen, sondern langfristig denken; den Mut haben, seinen Lebensstil beizubehalten, wie zum Beispiel sich von Habseligkeiten, von Gewichten und Lasten, von den »gleichen alten Dingen« zu befreien. Staatenlos-Gründer Christoph Heuermann reist seit jeher etwa rein mit Handgepäck.

Dazu muss man bereit sein, die Komfortzone zu verlassen, neue Kulturen kennenzulernen und sogar mit Unterschieden umzugehen; sich nicht von Vorurteilen und Klischees mitreißen zu lassen sowie experimentieren zu wollen und Neues auszuprobieren; sich zu internationalisieren, um die Chancen und Risiken zu diversifizieren.

Das Leben als Staatenloser ist eine Lebensphilosophie, die vielen unbekannt ist. Es ist möglich, sowohl dauerhaft reisend zu leben als auch sich ein paar Stützpunkte auf der ganzen Welt auszusuchen, um es sich dort gemütlich zu machen. Wer will, kann jede Woche in einem anderen Land sein. Aber wer das nicht will, kann sich auch einfach zwei Standorte suchen, zwischen denen er pendelt. Ja, theoretisch lässt sich die Staatenlosigkeit auch bereits mit sechs Monaten auf Mallorca und sechs Monaten in Deutschland umsetzen. Oder jedem anderen Länderpaar, das einem gefällt. Selbst ein klassischer Auswanderer, der es vorzieht, mehr als ein halbes Jahr an einem Ort zu verbringen, kann bei guter Länderwahl viele Vorzüge der Flaggentheorie nutzen.

Das Wichtigste von allem ist, dass man nicht in ungewünschte Systeme hineinfällt – was grob gesagt an der Länge des Aufenthalts in einem Land und Themen wie der Verfügbarkeit einer Wohnung und Lebensmittelpunkt der Familie liegt. *Wir werden nochmals darauf zu sprechen kommen.*

Mit welchen Strukturen kann man sich breit aufstellen?

Wie bereits erwähnt, gibt es unzählige Kombinationsmöglichkeiten. Wir wollen hier einmal die populärsten Optionen vorstellen.

Ein erwähnenswertes Beispiel ist eine Limited Liability Company (kurz LLC) in den USA, steuerlich eine Personengesellschaft, aber gesellschaftsrechtlich haftungsbeschränkt wie eine GmbH. Die USA sind für Staatsbürger und Residents eines der strengsten Steuersysteme weltweit, dem man nur mit Abgabe der Staatsbürgerschaft oder Greencard entkommen kann. Für alle anderen ist es aber eine grandiose Steueroase: Richtig strukturiert gibt es keinerlei Besteuerung, keine Buchhaltung, keine Steuererklärung, und das bei guter Reputation, guten Konten und hoher Anonymität. Noch immer kann man eine LLC komplett anonym und ohne Datenaustausch von Bankkonten gründen. In Europa wäre das undenkbar.

Dies kombiniert man mit einem (Schein-)Wohnsitz in einem Land, das kein Auslandseinkommen besteuert. So kann sichergestellt werden, dass zum Beispiel Freelancer und Online-Unternehmer möglichst steuerfrei leben und ihre Rechnungen immer anerkannt werden. Denn direkt aus Panama werden Rechnungen in Deutschland zum Beispiel gar nicht mehr anerkannt und abgesetzt (Steueroasen-Abwehrgesetz). So kann man trotzdem in Panama wohnen, rechnet aber eben mit einer anerkannteren Firma ab. Für die meisten Staatenlosen ist dies ungeachtet der Einkommens- und Vermögenssituation das beste Setup.

Wer zum Beispiel noch in Deutschland lebt, sollte sich mal die Genossenschaft anschauen. Dies ist die optimale Lösung zum Vermögens- und Enteignungsschutz, gerade bei einem erwarteten Lastenausgleich. Eine Genossenschaft eignet sich auch hervorragend, um die hohen Kosten der Wegzugsbesteuerung zu umgehen, da diese nur auf den Nennwert der Anteile von im Regelfall 3000 Euro durchgreifen, selbst wenn das Vermögen der Genossenschaft ein Vielfaches ist. Eine GmbH kann man ganz einfach umwandeln oder durch einen qualifizierten Anteilstausch steuerneutral in eine Genossenschaft einbringen.

Über die sogenannte Mitgliederförderung können Genossen ihr Privatleben in Deutschland steuerfrei finanzieren und das sogar als Betriebskostenabzug geltend machen. Mit quasi unveränderten Gesetzen seit der Kaiserzeit ist die deutsche Genossenschaft zu systemrelevant, um ihre Vorteile zu zerstören. Fast der komplette soziale Wohnungsmarkt, der große Einzelhandel, die meisten Banken und Lebensmittelversorger sind nämlich als Genossenschaften strukturiert.

Sollte ein Unternehmen innerhalb der Europäischen Union notwendig sein, kommen einige Länder infrage. Viele osteuropäische Länder haben etwa Sondersteuern für kleinere Unternehmer. In Rumänien zahlt man etwa nur 1 Prozent bis 500.000 Euro unter Voraussetzung eines lokalen Angestellten, in Litauen sind es 5 Prozent bis 300.000 Euro Gewinn, in Polen 9 Prozent bis 2 Millionen Euro Umsatz. Die niedrigste Körperschaftsteuer hat weiterhin Malta mit 5 Prozent ungeachtet des Umsatzes.

Um eine zweite Staatsbürgerschaft zu erhalten, besteht unter anderem die Möglichkeit, einen Geburtstourismus zu planen, bei dem das Kind auch die Staatsbürgerschaft des Landes erwirbt, in dem es geboren ist (und die Eltern das Aufenthaltsrecht für das Land erhalten). In fast ganz Lateinamerika und der Karibik wird die Staatsbürgerschaft nämlich vergeben, wenn im entsprechenden Territorium geboren wird. Oft erhalten die Eltern damit die Aufenthaltsgenehmigung und nach kurzer Zeit die Staatsbürgerschaft, zum Beispiel nach einem Jahr Aufenthalt in Brasilien.

Natürlich ist es möglich, durch Investitionen (wie den Kauf von Immobilien und Schenkungen) in Malta, Saint Kitts and Nevis und/oder einen Aufenthalt im Lande eingebürgert zu werden. Mischformen sind ebenfalls umsetzbar. In der Regel gilt: Je mehr Reisepässe, desto größer der Freiheitsgrad. Das muss gar nicht mal so teuer sein. Ein Immobilien-Investment von 200.000 bis 400.000 Euro reicht für recht gute karibische Pässe bereits aus.

Ideal ist es, Reisepässe zu haben, mit denen man in eine größere Zahl von Ländern einreisen kann, ohne ein Visum beantragen zu müssen. Während der COVID-19-Pandemie beschlossen mehrere Länder, strenge Lockdowns zu verhängen. Teilweise gab es sogar Ausreiseverbote. Ein Wohnsitz in einem freundlichen, weniger kontrollierten Land ermöglicht mehr Flexibilität, um ein Leben frei von Einschränkungen, Masken und sogar Impfungen zu führen.

Die Anschaffungs- und Unterhaltskosten und die jeweilige Steuerlast jeder Struktur sind für jeden relativ. In vielen Ländern gibt es zum Beispiel einen Umsatzsteuerfreibetrag – oder je nach Rechtsform ist die Besteuerung unterschiedlich. Für Unternehmen, die keine Kapitalgesellschaften sind, sondern zum Beispiel Personengesellschaften, sind die Kosten minimal, und die Steuern richten sich nach der persönlichen Ebene.

In Deutschland ist das Finanzamt sehr restriktiv. In anderen Ländern ist es ziemlich egal, wie viel Gehalt man als Geschäftsführer bekommt, oder ob andere Strukturen, die in Deutschland als »Steuerhinterziehungsvehikel« gelten, verwendet werden – abgesehen von allen internationalen und bilateralen Verträgen und dem Informationsaustausch zwischen Ländern.

Lebensqualität: Wo soll man leben?

Das Staatenlos-Konzept stützt sich auf das Leben als Tourist. Deshalb ist der Begriff »Perpetual Traveler« (PT) ein Synonym dafür: Denn ein »Traveler« fällt nicht in das System des Landes, in dem er auf der Durchreise ist oder Urlaub macht. Er ist nicht dafür verantwortlich, die soziale Hilfe oder die staatlichen Kosten für Infrastruktur, Bildung, Gesundheit, Stromnetz und Abwasserentsorgung zu tragen.

Eine Person hat ihren Wohnsitz in einem Land, wenn sie rund 183 Tage im Jahr innerhalb der Landesgrenzen verbringt. Natürlich ist dies eine konventionelle Methode, und jedes Land hat seine eigenen Besonderheiten. Aber die 183-Tage-Regel ist ein guter Anfang, um die Frage des Wohnsitzes zu verstehen. Indem eine Person ihren Wohnsitz in dem Land begründet, wird sie steuerlich ansässig und muss daher zum Beispiel Steuererklärungen abgeben.

Es gibt Länder wie Paraguay, die Menschen nach 120 Tagen als Einwohner betrachten. Zypern hat eine Regelung von 60 Aufenthaltstagen im Jahr. Es gibt Länder, die den Fiskalkalender berücksichtigen (von Januar bis Dezember), und es gibt Länder, die die Tage innerhalb der Grenzen in einem Zeitraum von 365 Tagen berücksichtigen (das kann von Juni bis Juni sein).

In Hongkong gibt es zum Beispiel eine Ansammlung von 300 Tagen in zwei Steuerjahren. In Deutschland hingegen berechtigt bereits der Zugang zu einer verfügbaren Wohnung (Schlüsselbesitz) zu einem steuerlichen Wohnsitz. Noch gemeiner ist Frankreich: Hier unterliegt theoretisch der Steuerpflicht derjenige, der die längste Zeit innerhalb eines Kalenderjahres im Land verbringt. Selbst wenn es nur zwei Wochen sein sollten – sofern alle anderen Länder ebenfalls weniger als zwei Wochen Aufenthalt hatten.

Es ist wichtig, die spezifischen Regeln jedes Landes zu kennen. Allerdings beträgt ein sicherer Maßstab etwa zwei bis drei Monate in einem Land – so kann ein automatischer Zwangswohnsitz vermieden werden. Es ist eine angenehme Zeit, die nicht mit ständigem Reisen verbunden ist, aber auch davor schützt, alle Kosten für das lokale staatliche Instrument zu tragen.

Was die Freizügigkeit in der Europäischen Union betrifft: Die EU ist berühmt für ihre offenen Grenzen. Für EU-Bürger und mit Schengen-Visa ist es möglich, Länder zu durchqueren, ohne einen Stempel in den Pass zu bekommen oder die Reise zu dokumentieren. Gerade innerhalb Europas ist die Staatenlosigkeit damit auch leicht ohne Flugzeug umsetzbar.

Damit diese 183-Tage-Regel überhaupt zum Tragen kommt, muss also zunächst die Aufenthaltsdauer nachgewiesen werden – und davor muss der Verdacht einer amtlichen Stelle bestehen, dass der Bürger gegen die Regeln verstößt und sich als Einwohner mit Touristenstatus im Land aufhält. Dies passiert fast nie – außer in von den Medien sensationalisierten Fällen von Steuerhinterziehern wie Boris Becker oder Shakira. In Deutschland entspringen 95 Prozent aller Fälle vor den Finanzgerichten aus Denunziation von Ex-Partnern, Nachbarn oder gar Familienmitgliedern. Am besten hält man sich an die Regeln – oder posaunt seine eigenen Vorteile einfach nicht heraus.

Der Lebensmittelpunkt

Ein Abgeltungskriterium ist der sogenannte Lebensmittelpunkt. Dieser muss in allen Fällen vermieden werden.

Lebensmittelpunkte sind auf der Welt unterschiedlich definiert. Jedes Land hat eine eigene Regelung dazu. Letztlich ist der Lebensmittelpunkt synonym zur Steuerpflicht – er zählt die zu erfüllenden Bedingungen auf, die das Besteuerungsrecht eines Landes auslösen.

Wer bei seinen Eltern in Deutschland übernachten will, kann dies tun, sollte aber tunlichst vermeiden, sein altes, voll ausgestattetes Kinderzimmer in einem Zustand zu hinterlassen, der auf mehr als nur vorübergehendes Wohnen schließen lässt. Gewisse Kleider oder Dokumente kann man ohne Weiteres einlagern, nicht jedoch in einem jederzeit bezugsfähigen eigenen Zimmer. Wer das Gästezimmer von Familienmitgliedern benutzt, sollte darauf achten, dass dies auch jederzeit von anderen Gästen benutzt werden könnte.

Wer lieber in Hotels übernachtet, der ist vor einem Lebensmittelpunkt längst nicht gefeit. Wer über Jahre hinweg immer im selben Hotel im gleichen Zimmer absteigt, der wird sehr wahrscheinlich dort seinen Lebensmittelpunkt haben. Grundsätzlich sollte man zum Beispiel in Deutschland darauf achten, zwischen zwei Aufenthalten drei Wochen Zeit vergehen zu lassen, damit diese nicht als zusammenhängend gewertet werden. Kurze Urlaubs- und Geschäftsreisen führen nämlich nicht zur Annahme eines ausländischen Lebensmittelpunkts.

Doch auch die Partnerwahl birgt Fallstricke. So kann auch die eigene Familie dazu führen, dass man seinen Lebensmittelpunkt in Deutschland behält. Maßgeblich ist hier die staatliche Heirat, sprich, der Lebensmittelpunkt kann nur durch einen gemeinsamen Ehepartner und/oder minderjährige Kinder in Deutschland ausgelöst werden. Geteiltes Sorgerecht ist aber etwa kein Problem – eine Trennung oder Scheidung heißt nicht automatisch, bis zur Volljährigkeit an Deutschland gebunden zu sein.

Kein Wunder, dass bei solchen Regelungen Konflikte mit anderen Ländern über das Besteuerungsrecht vorprogrammiert sind. Diese zu klären, ist eine Sache zum Beispiel der Doppelbesteuerungsabkommen. Im sogenannten Tie-Breaker-Test werden verschiedene Faktoren wie Wohnung, wirtschaftliche und persönliche Interessen sowie der Aufenthalt einander gegenübergestellt – bei Gleichwertigkeit aller Faktoren kann dann letztlich die Staatsbürgerschaft den Ausschlag geben. Dies spielt aber nur eine Rolle bei einem Besteuerungskonflikt zweier Staaten – wenn uns kein Staat rechtlich besteuern kann, heißt es nicht, dass unsere Staatsbürgerschaft an das entsprechende Land steuerlich bindet. Zumindest noch nicht: eine Einführung der Besteuerung nach Staatsbürgerschaft ist von linken Parteien seit Jahren gefordert. Falls dies kommt, steht die bittere Entscheidung an, seine Staatsbürgerschaft vielleicht tatsächlich aufzugeben.

Krankenversicherung

»Staatenlose« liegen keinesfalls dem Sozialstaat zur Last, wenn sie krank werden. Die Versicherungsoptionen außerhalb Deutschlands sind meist sogar deutlich besser als die des Systems. Oft zahlt man bei internationalen privaten Krankenversicherungen nicht mehr als ein Drittel. Viele dieser Versicherungen sind modular aufgebaut und erlauben eine sehr angepasste Auswahl des Versicherungsschutzes.

In den Verträgen wird explizit festgehalten, dass kein Wohnsitz für den Versicherungsschutz notwendig ist. Die Prämien richten sich in der Regel nach dem Land, in dem man sich am meisten aufhält. Beispielsweise kann man sich für den besten Krankenhaustarif (garantiert unbefristet ein Krankenhausaufenthalt mit Leistungen in allen Ländern der Welt) entscheiden, aber Arztkosten aller Art ausschließen. Schließlich kosten ärztliche Untersuchungen, wenn man sie denn mal braucht, oft nur zwei- bis dreistellige Summen, die man in bar begleichen kann. Ein Selbstbehalt von 2500 Euro macht einen nicht arm und drückt die monatliche Prämie zusätzlich auf nur 80 Euro. Zum Vergleich: In der gesetzlichen Krankenversicherung (GKV) in Deutschland würde ein Gutverdiener ein Vielfaches bezahlen.[633] Dieser Tarif garantiert unbefristet ein Krankenhaus in allen Ländern der Welt. Die meisten Länder auf der Welt binden die Steuerpflicht ungleich Deutschland nicht an die Verfügbarkeit einer Wohnung. Fast im gesamten Mittelmeerraum inklusive Spanien kann man so problemlos dauerhaft eine Wohnung mieten oder ein Ferienhaus besitzen, ohne steuerliche Konsequenzen auszulösen. Wesentlich ist, sich an die 183 Tage Aufenthalt zu halten.

Letztlich hat jedes souveräne Land seine eigenen Kriterien zur Steuerpflicht. Dort, wo eine dauerhaft für den Besitzer/Mieter verfügbare Wohnung für eine Steuerpflicht herangezogen werden kann, kann man sich aber oft mit dem Vorhandensein einer weiteren Wohnung in einem anderen Land schützen. Nur die einzige Hauptwohnung darf zum Beispiel nicht in Ländern wie Ungarn oder Portugal sein. Kombiniert man dies mit einer Wohnung in Spanien, so wird auch keine Steuerpflicht ausgelöst.

Für wen und ab wann lohnt es sich, die Heimat zu verlassen?

Studenten

Zweifellos lohnt es sich für junge smarte Menschen, im Ausland an oftmals wesentlich besseren Universitäten in einem internationalen Umfeld zu studieren und somit einen Fuß in die Tür ihres möglichen Traumlandes zu bekommen. Mit hoher Wahrscheinlichkeit werden nur äußerst wenige Länder Absolventen mit einem sehr guten Abschluss in einem gesuchten Berufsfeld ein Arbeitsvisum verwehren. Insbesondere Ärzte und MINT-Absolventen (MINT steht für Mathematik, Informatik, Naturwissenschaft und Technik) werden in den USA, der Schweiz, Australien oder Neuseeland willkommen sein und mehr verdienen und weniger Steuern bezahlen.

Hochqualifizierte/Fachkräfte

Angestellte hochqualifizierte Menschen, welche aufgrund ihrer Qualifikation und ihrer harten Arbeit im internationalen Vergleich in Deutschland schlecht bezahlt werden und obendrein kraft exorbitant hoher Steuersätze für ihre Leistungsbereitschaft

»bestraft« werden – auch für diese Gruppe lohnt es sich unter Umständen. Für Fachkräfte wie Manager, Ärzte, Banker, IT-Experten, aber auch Ingenieure besteht oftmals die Möglichkeit, in einem Land mit einer hohen Lebensqualität und einer besseren Zukunftsperspektive besser zu verdienen und weniger Steuern zu bezahlen als in Deutschland. Vor 15 bis 20 Jahren wanderten zahlreiche Frauen und Männer aus meinem Freundes- und Bekanntenkreis aus Deutschland aus. Sie sind heute zumeist zwischen 45 und 55 Jahre alt. Ihre Zielländer waren die USA, Kanada, Australien, Neuseeland, Großbritannien und die Schweiz. Alle sind Akademiker – Ärzte, Informatiker, Banker und Investmentbanker, Ingenieure oder Unternehmer. Sie haben entweder bereits im Ausland studiert und teilweise promoviert oder zumeist kurz nach ihrem Studium oder ihrer Promotion das Land verlassen. Keiner von ihnen ist bisher zurückgekehrt. Alle besuchen in unregelmäßigen Abständen ihre alte Heimat, um Familie und Freunde zu treffen. Durchweg alle berichteten mir, dass sich Deutschland seit ihrer Auswanderung zum Negativen verändert hat und sie sich nicht mehr vorstellen könnten, wieder in Deutschland zu leben.

Alle haben mir mitgeteilt, dass sie wahrscheinlich in Deutschland nicht den Lebensstandard erreicht hätten, den sie mittlerweile in ihrer neuen Heimat erreicht haben. Alle haben ihr eigenes Haus und zumeist noch ein Ferienhaus, die Kinder besuchen oder besuchten zumeist einst eine gute Privatschule, teils studieren sie mittlerweile an einer privaten Universität. Auch die Eltern meiner australischen Freunde und Bekannten – vorwiegend Akademiker –, welche ihre Heimat – England, Wales, Irland, Deutschland, Frankreich, Spanien, Italien oder Vietnam – in den 1970er-Jahren verlassen haben, haben es in ihrer neuen Heimat alle zu einem eigenen großen beziehungsweise sehr großen Haus und zu nicht unerheblichen Wohlstand gebracht.

Unternehmer/Unternehmensgründer

Deutschland hat bereits heute mit die höchsten Energiepreise weltweit. Für immer mehr Unternehmer lohnt sich infolgedessen aus betriebswirtschaftlichen Gründen eine Expansion nicht mehr, geschweige denn eine Neugründung am Standort Deutschland. Deutschland steht mit seiner zermürbenden und ungenügend digitalisierten Bürokratie und einer unattraktiven Steuerpolitik nicht für ein unternehmer- und gründerfreundliches Umfeld.

Für Unternehmensgründer lohnt sich oftmals eine Gründung im Ausland aufgrund einer besseren Infrastruktur und qualifizierterer Arbeitskräfte sowie einer wesentlich unternehmerfreundlicheren Steuerpolitik.

Unternehmern, die mit den Gegebenheiten in Deutschland nicht mehr zufrieden sind, macht es der Staat keinesfalls leicht, der Heimat den Rücken zu kehren. Das Problem heißt in diesem Fall: Wegzugsbesteuerung.

Körperschaftsteuergesetz
Zweiter Teil – Einkommen (§§ 7–22)
Erstes Kapitel – Allgemeine Vorschriften (§§ 7–13)
§ 12 Entstrickungs- und Wegzugsbesteuerung

(1) 1 Wird bei der Körperschaft, Personenvereinigung oder Vermögensmasse das Besteuerungsrecht der Bundesrepublik Deutschland hinsichtlich des Gewinns aus der Veräußerung oder der Nutzung eines Wirtschaftsguts ausgeschlossen oder beschränkt, gilt dies als Veräußerung oder Überlassung des Wirtschaftsguts zum gemeinen Wert; § 4 Absatz 1 Satz 5, § 4g und § 15 Abs. 1a des Einkommensteuergesetzes gelten entsprechend. 2 Ein Ausschluss oder eine Beschränkung des Besteuerungsrechts hinsichtlich des Gewinns aus der Veräußerung eines Wirtschaftsguts liegt insbesondere vor, wenn ein bisher einer inländischen Betriebsstätte einer Körperschaft, Personenver-

einigung oder Vermögensmasse zuzuordnendes Wirtschaftsgut einer ausländischen Betriebsstätte dieser Körperschaft, Personenvereinigung oder Vermögensmasse zuzuordnen ist. 3 Entfällt die Beschränkung des Besteuerungsrechts der Bundesrepublik Deutschland hinsichtlich des Gewinns aus der Veräußerung eines Wirtschaftsguts und erfolgt in einem anderen Staat eine Besteuerung auf Grund des Ausschlusses oder der Beschränkung des Besteuerungsrechts dieses Staates hinsichtlich des Gewinns aus der Veräußerung des Wirtschaftsguts, gilt dies auf Antrag als Veräußerung und Anschaffung des Wirtschaftsguts zu dem Wert, den der andere Staat der Besteuerung zugrunde legt, höchstens zum gemeinen Wert.

(1a) § 4 Absatz 1 Satz 3 zweiter Halbsatz, Satz 8 zweiter Halbsatz, Satz 9 und Satz 10 des Einkommensteuergesetzes gilt im Fall der Begründung des Besteuerungsrechts oder des Wegfalls einer Beschränkung des Besteuerungsrechts der Bundesrepublik Deutschland hinsichtlich des Gewinns aus der Veräußerung eines Wirtschaftsguts, das der außerbetrieblichen Sphäre einer Körperschaft, Personenvereinigung oder Vermögensmasse zuzuordnen ist, entsprechend.[634]

Digitale Nomaden, Influencer, Künstler

Für all jene (zumeist unverheirateten) jungen Menschen, welche nicht sonderlich orts- und heimatverbunden sind, ist Auswandern auch aus steuerlichen Gründen eine Option. Ein Single mit einem Durchschnittsverdienst musste in Deutschland 2021 knapp 48,1 Prozent seines Gehalts in Form von Steuern und Sozialbeiträgen an den Fiskus abführen.[635] Dank Digitalisierung gibt es heute zahlreiche Jobs, welche lediglich eine schnelle Internetverbindung erfordern.

Hierzu gehören unter anderem die folgenden Berufe:

- Amazon-FBA-Unternehmer,
- Animations-Designer,
- App-Entwickler,

- Autor,
- Blogger,
- Coach,
- Content Creator,
- Content Writer,
- Copywriter,
- Data Scientist,
- Datenanalyst,
- Drop-Shipping-Unternehmer,
- Editor,
- Fotograf,
- Formatierer,
- Grafikdesigner,
- Headhunter,
- Illustrator,
- Instagram-Influencer,
- Interior E-Designer (3D CAD),
- Kommentator,
- Korrekturleser,
- Lektor,
- Moderator (Forum, Community),
- Online-Finanzberater,
- Online-Marketing-Berater,
- Online-Shop-Besitzer,
- Online-Therapeut,
- Online-Tutor,
- Podcaster,
- PR-Berater,
- Programmierer,
- SEO-Spezialist,
- Softwareentwickler,
- Sprachlehrer,
- Sprecher,
- Trader,
- Transkriptionist,
- Übersetzer,
- Untertitler,
- UX-Designer,
- Usability-Tester,
- Video-Cutter,
- Videographer,
- Virtual Recruiter,
- Virtueller Assistent,
- Vlogger (Youtuber),
- Web-Designer,
- Werbetexter.

Für all jene, die einen der oben genannten Berufe ausüben, ist es unter monetären Gesichtspunkten durchaus sinnvoll, den Hauptwohnsitz in ein Land mit einer leistungsträgerfreundlichen Besteuerung zu verlegen und binnen kurzer Zeit wesentlich mehr auf die hohe Kante zu legen als die daheim gebliebenen Kollegen. Insbesondere etwa für Influencer oder Künstler ist eine Verlegung des Wohnsitzes durchaus zu bedenken. Verdienen sie doch oftmals für einen begrenzten Zeitraum teilweise viel bis sehr viel Geld, das bestenfalls bis zum Lebensende reichen sollte, und werden folglich hoch besteuert.

Vermögende

Stetig steigende Steuern und Abgaben sind kein böser Traum, sondern Realität. Insbesondere drohende Vermögensteuern, eventuell sinkende Freibeträge, eine Erhöhung der Erbschaftsteuer oder gar ein Lastenausgleichsgesetz anno 1954 sowie die Angst davor, dass Deutschland dazu übergehen könnte, Auslandsvermögen und Transaktionen ins Ausland zukünftig hart zu besteuern, veranlasst immer mehr Wohlhabende dazu, den Taschenrechner auszupacken.

In Deutschland leben ungefähr 1.633.000 Menschen, die ein anlagefähiges Vermögen von umgerechnet einer Million US-Dollar oder mehr besitzen, nicht mitgerechnet selbst genutzte Immobilien, Sammlungen und Verbrauchsgegenstände. Zählt man Letzteres hinzu, dann zählt Deutschland gut 2,95 Millionen Dollar-Millionäre.[636] Das Gesamtvermögen der Dollar-Millionäre in Deutschland kletterte 2021 um 7,4 Prozent auf rund 6,3 Billionen Dollar. Gestiegene Aktienkurse, eine höhere Sparquote und der Immobilienboom waren dafür die Hauptgründe.[637]

Abbildung 56 zeigt, dass nicht nur Wohlhabende in Deutschland ihrer Heimat den Rücken kehren, sondern dass dieser Trend weltweit zu verzeichnen ist. Ganz oben auf der Liste der populärsten Einwanderungsländer Vermögender standen dem *Visual Capitalist* zufolge die Vereinigten Arabischen Emirate, Australien, Singapur, Israel, die Schweiz, die USA und Kanada.

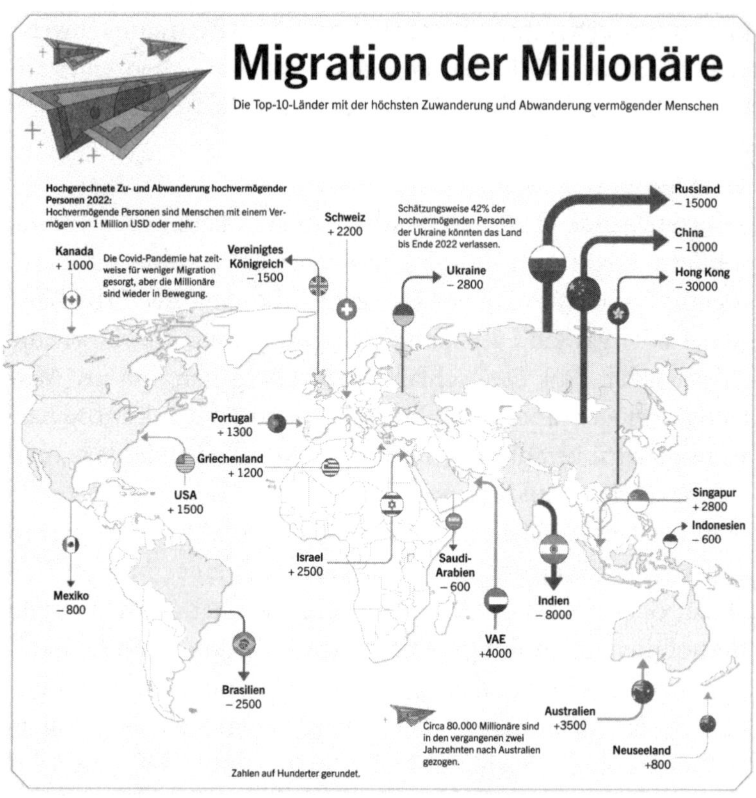

Abbildung 56: Migration Vermögender weltweit
Quelle: https://www.visualcapitalist.com/migration-of-millionaires-worldwide-2022/

Zukünftige Erben

Wie bereits an anderer Stelle aufgezeigt, wird das Schenken und Vererben nicht günstiger. Mithilfe des Erbschaftsteuerrechners kann jeder potenzielle Erbe seine Erbschaftsteuern berechnen.[638]

Nach dieser Kalkulation wird so mancher glückliche potenzielle Erbe mit hoher Wahrscheinlichkeit feststellen, dass es für ihn ökonomisch sinnvoller wäre, schnellstmöglich gemeinsam mit jenem, der das Erbe vermachen wird, in ein Land ohne Erbschaftsteuer auszuwandern. »Das deutsche Erbschaft- und Schenkungsteuergesetz knüpft für die unbeschränkte Steuerpflicht nicht nur an die Person des Erblassers/Schenkers, sondern immer auch an die Person des Erben/Beschenkten an und lässt im Rahmen der beschränkten Steuerpflicht die Belegenheit des Vermögens im jeweiligen Staat ausreichen. So reicht es für eine unbeschränkte Steuerpflicht in Deutschland schon, wenn eine der beiden beteiligten Personen Inländer i. S. d. ErbStG ist.«[639]

Jene, die ein sehr großes Erbe erwarten und gemeinsam mit dem künftigen Erblasser in ein Land ohne Erbschaftsteuer auswandern und ihre Arbeit in Gänze einstellen, haben unter Umständen schlussendlich ein höheres Vermögen, als wenn sie in Deutschland bleiben und weiter arbeiten würden. Im letzteren Fall könnte nämlich die Erbschaftsteuer den Betrag übersteigen, den sie in ihrer noch zur Verfügung stehenden Lebensarbeitszeit verdienen würden.

Exkurs: Besteuerung nach Staatsangehörigkeit

Spannend wird es für Auswanderer, wenn die von den Grünen geforderte Besteuerung nach Staatsangehörigkeit kommen sollte. In diesem Fall würde die Besteuerung nicht mehr auf Basis der steuerlichen Ansässigkeit (de facto ist das der Hauptwohnsitz) erfolgen, sondern nach der Staatsangehörigkeit. Die USA besteuern beispielsweise nach Staatsangehörigkeit. Besitzer eines US-Passes müssen eine Steuererklärung in den USA abgeben, ganz egal, wo sie leben, auch wenn sie schon vor Jahren von dort endgültig weggezogen sind.[640]

Jedoch wird man oftmals nicht direkt mit der Einwanderung in das Traumland einen neuen Pass und somit die Staatsbürgerschaft erhalten. Im Vergleich mit Deutschland verfahren einige Länder bei der Vergabe von Staatsbürgerschaften wesentlich restriktiver. In der Schweiz beispielsweise kann ein Ausländer ein Einbürgerungsgesuch stellen, wenn er seit mindestens zehn Jahren in der Schweiz lebt. Ferner müssen weitere Voraussetzungen erfüllt werden: Man soll integriert sein, die Traditionen und Lebensgewohnheiten des Landes kennen, die schweizerische Rechtsordnung beachten, die Sicherheit der Schweiz nicht gefährden und sich mündlich und schriftlich in mindestens einer Landessprache ausdrücken können.[641] In Australien beispielsweise haben selbst Ehe- oder Lebenspartner australischer Staatsbürger nicht automatisch das Recht auf die australische Staatsbürgerschaft. Auch sie müssen zahlreiche Anforderungen erfüllen.[642]

Zehn Jahre sind eine lange Zeit – und vielleicht auch eine zu lange Zeit. Dennoch gibt es heutzutage immer Wege und Möglichkeiten. Falls eine Kreditkarte nicht funktioniert, ist es durchaus hilfreich, eine zweite Karte zur Hand zu haben. Sollte eine Besteuerung nach Staatsbürgerschaft auch in Deutschland kommen, so kann ein zweiter Pass absolut hilfreich sein. Demnach gilt es zu überlegen, welcher Pass Sinn ergibt und welchen man sich leisten kann. Die Superreichen dieser Erde geben ihr Geld schon lange nicht mehr nur für kostspielige Dinge wie Privatjets, Yachten, Kunst oder Oldtimer aus, sondern kaufen sich auch einen zweiten oder auch dritten Pass.[643] Dies allerdings liegt längst nicht nur für das obere Prozent im Bereich des Möglichen.

Zahlreiche Länder bieten spezielle Programme auch für nicht Ultra-High-Net-Worth Individuals an, das heißt für Personen mit einem Vermögen von jeweils mehr als 30 Millionen US-Dollar. (In Deutschland gibt es davon insgesamt17.820.) Bei diesen Programmen kann man eine Staatsbürgerschaft durch Investitionen erhalten. In der Regel handelt es sich um Investitionen in Immobilien. Tatsächlich aber investiert man im Hintergrund in eine zweite Staatsbürgerschaft. Neben exotischen Inselstaaten wie Vanuatu, Grenada, Saint Kitts and Nevis, Antigua und Barbuda, Dominika oder den Komoren haben selbst die drei europäischen

Staaten Österreich, Malta und Zypern das monetäre Potenzial des Passhandels erkannt. Los geht es ab 100.000 US-Dollar.[644]

Corona hat bereits aufgezeigt: Es spielt eine zentrale Rolle, wo man sich im Falle eines Falles aufhalten darf. Der richtige Pass vereinfacht nicht nur das Reisen.

Rentner

Auch für Rentner mit dem entsprechenden Geldbeutel kann eine Auswanderung in ein Land mit einer niedrigen Steuerlast attraktiv sein. Im Jahr 2020 lebten Daten der Deutschen Rentenversicherung zufolge 247.500 Rentenbezieher im Ausland. Am populärsten waren Österreich (rund 27.100), die Schweiz (etwa 26.800), die USA (rund 23.000) und Spanien (rund 22.100).[645]

Rentner sind in Deutschland zur Abgabe einer Steuererklärung verpflichtet, wenn der steuerpflichtige Teil ihrer Jahresbruttorente den Grundfreibetrag übersteigt. Der Grundfreibetrag betrug 2022 für Alleinstehende 10.347 Euro pro Jahr. Für Verheiratete galt der doppelte Wert. Wer in einen Staat auswandert, mit dem Deutschland ein Doppelbesteuerungsabkommen abgeschlossen hat, der entgeht einer Steuerpflicht in Deutschland in Gänze. In diesem Fall ist die neue Heimat für Steuern zuständig.[646]

Drum prüfe …

The grass is always greener on the other side.

Spontan alle Zelte abzubrechen und auszuwandern, ist nicht sinnvoll. Unabdinglich ist es insbesondere für Rentner, Privatiers und jene am Ende ihres Berufslebens, die potenzielle neue Heimat vor einem Entschluss intensiv zu studieren. Das bedeutet mehr als einen mehr oder weniger ausgedehnten Urlaub in einem Hotel.

Sinnvoll ist es, für einen gewissen Zeitraum eine Immobilie zu mieten und im Zielland während der verschiedenen Jahreszeiten für einige Zeit zu leben. Sollte man sich tatsächlich dazu entschließen, Deutschland zu verlassen, so ist es ratsam, die eigenen vier Wände zunächst zwischenzuvermieten, anstatt sogleich alles zu verkaufen. Man weiß niemals, ob man in seiner neuen Heimat tatsächlich glücklich wird. Sicher ist jedoch eines: Allein durch Ersparnisse von Steuern und Abgaben finden nur ganz wenige ihr Lebensglück.

Man sieht sich bekanntlich immer zweimal. Verbrannte Erde und offene Rechnungen zu hinterlassen, ist nicht empfehlenswert – insbesondere dann nicht, wenn das Finanzamt der Gläubiger ist. Wer auswandert, beginnt einen neuen Lebensabschnitt – weit entfernt von einer Flucht. Folglich ist es von höchster Bedeutung, dass der Wegzug gemeinsam mit einem Steuerberater in Deutschland und einem guten Steuerberater im Zielland geplant und umgesetzt wird. Ferner ist es oftmals sinnvoll, zusätzlich einen Fachanwalt für Migrationsrecht im Zielland zu konsultieren.

Wo, wie und worin sollte man im Zielland investieren?

Auswanderungswillige, die über gewisse finanzielle Ressourcen verfügen, sollten für einen Teil ihres Ersparten eine externe Option in Betracht ziehen. Gegebenenfalls sollten Teile des Vermögens rechtzeitig ins Nicht-EU-Ausland transferiert werden, bevor dies möglicherweise zukünftig aufgrund von Kapitalausfuhrkontrollen und -beschränkungen teuer oder gar unmöglich wird. Heute lässt sich beispielsweise problemlos ein Depot in der Schweiz oder Liechtenstein eröffnen. Ebenso ist es noch immer möglich, ein Schließfach bei einer Bank oder auch ein bankenunabhängiges Schließfach zu mieten. Ferner können auch im Ausland Edelmetalle im Tafelgeschäft erworben werden.

Analysen der Boston Consulting Group zufolge liegt in keinem Land der Welt so viel Vermögen von Ausländern, die nicht im Land wohnen, wie in der Schweiz. Dort sind es gut 2,4 Billionen US-Dollar. Das ist ein Viertel sämtlicher Auslandsvermögen. Somit liegt bei den Eidgenossen mehr als in Hongkong und Singapur zusammengenommen.[647]

Als nächsten Schritt ist der Erwerb einer Wohnung oder eines Hauses gewiss nicht verkehrt. Je nach Vermögen kann im Anschluss weiter diversifiziert werden. Zusätzlich zur eigenen selbstgenutzten Immobilie, zu Aktiendepot, zu Edelmetallen kann auch in Immobilien als Renditeobjekt, in Diamanten, Wald oder andere Ländereien investiert werden.

9
Was muss sich ändern? Lösungsvorschläge

»Kompetenz agiert – Inkompetenz reagiert.«

Stefan Rogal, Autor, Herausgeber und Kolumnist[648]

Es ist an der Zeit, dass sich einiges in Deutschland, aber auch in der EU und nicht zuletzt auf dem gesamten Globus ändert. Was die Welt braucht, ist ein rascher Übergang vom Reagieren zum Agieren. Es ist an der Zeit, tiefgreifende, teilweise auch schmerzhafte Reformen durchzuführen – Reformen, die mit Gewissheit manch einem nicht schmecken werden, die so manches Weltbild ins Wanken bringen werden. Geschieht dies nicht, so heißt tatsächlich die Devise für jene, die etwas können oder etwas haben: Deutschland, rette sich, wer es sich noch leisten kann.

Politik: Mehr Bürgernähe

»Bei uns ist ein Berufspolitiker im Allgemeinen weder ein Fachmann noch ein Dilettant, sondern ein Generalist mit dem Spezialwissen, wie man politische Gegner bekämpft.«

Richard von Weizsäcker, ehemaliger Bundespräsident (1920–2015)

Vertrauensrückgang in Deutschland: Anteil der Befragten, die zum Jahreswechsel 2022/23 angeben, in die genannten politischen Institutionen zu vertrauen, in Prozent mit Veränderung zum Vorjahr in Prozentpunkten

politische Institution	Vertrauen	Veränderung zum Vorjahr	Ost	West
Bundespräsidenten	**63%**	-12	53%	65%
Landesregierung	**46%**	-9	40%	47%
Bürgermeister/Oberbürgermeister	**44%**	-11	40%	45%
Gemeindevertretung	**43%**	-9	44%	43%
Stadt-/Gemeindeverwaltung	**43%**	-9	42%	43%
Bundestag	**37%**	-13	28%	39%
Bundesregierung	**34%**	-22	26%	36%
Bundeskanzler	**33%**	-24	29%	34%
Europäische Union	**31%**	-7	20%	33%
politische Parteien	**17%**	-7	11%	18%

Datenbasis: 4003 Befragte (Befragung im Zeitraum 15. bis 22. Dezember 2022), Stand: Januar 2023

Abbildung 57: Politik, Vertrauen in Institutionen
Quelle: https://www.n-tv.de/politik/Bundespolitik-verliert-stark-an-Vertrauen-article23819526

Das Vertrauen in die politischen Institutionen nimmt in Deutschland rapide ab. Dies ist besorgniserregend für die Demokratie im Land und sollte eine Warnung für Politik und Gesellschaft sein.[649]

Ein Bundeskanzler mit gravierenden Gedächtnislücken, der offenbar mit in den Cum-Ex-Skandal verwickelt ist, die Vorgängerregierung hart kritisiert, unter der er selbst Vizekanzler war, eine Außenministerin mit frisiertem Lebenslauf und einem Buch, das nach einer Plagiatsaffäre zurückgezogen wurde, ein Wirtschaftsminister, der niemals in leitender Funktion in der freien Wirtschaft gearbeitet hat und dem offenkundig das Verständnis für Wirtschaft in Gänze fehlt, eine mittlerweile zurückgetretene Verteidigungsministerin ohne tiefgreifende Kenntnisse über die Bundeswehr, zahlreiche Politiker und Politikerinnen, deren Doktortitel aberkannt wurden, dubiose Maskendeals zur persönlichen Bereicherung auf Kosten der Steuerzahler, Lobbyarbeit für autoritäre Länder … all dies kann durchaus die Politikverdrossenheit in Deutschland erklären.[650]

Das Interesse an Politik nimmt in Deutschland stetig zu – und zugleich damit die Politikverdrossenheit. Dies zeigt sich insbesondere auch an den kontinuierlich abnehmenden Mitgliederzahlen der Parteien, seien es die großen Volksparteien CDU/CSU und SPD oder sei es die FDP. Verzeichnete die CDU im Jahr 1990 noch knapp 790.000 Mitglieder, so waren es 2021 nur noch 384.000. Bei der Schwesterpartei CSU sank die Zahl von 186.000 auf 83.000. Auch bei der FDP weisen die Mitgliederzahlen nach unten – von 168.000 auf 77.000. Dramatisch ist der Mitgliederschwund auch bei der Kanzlerpartei SPD. Seit 1990 ist die Zahl ihrer Mitglieder von über 943.000 auf 384.000 geschrumpft. Lediglich die Grünen erleben einen Boom der Mitgliederzahlen – von rund 41.000 im Jahr 1990 auf über 125.000 im Jahr 2021.[651]

Nichtwähler als stärkste Kraft

An den Wahlen am 15. Mai 2022 in Nordrhein-Westfalen, dem bevölkerungsreichsten deutschen Bundesland, nahmen nur 55,5 Prozent der Wahlberechtigten teil. Das sind so wenige wie noch nie seit dem Ende des Zweiten Weltkriegs.[652] Somit war die mit Abstand stärkste Kraft bei Weitem weder die CDU mit 36,6 Prozent noch die SPD mit 29,4 Prozent aller Stimmen, sondern die »Partei« der Nichtwähler.[653]

EU fördert Politikverdruss

Noch dürftiger ist das Interesse an der EU. Die Wahlbeteiligung bei den EU-Parlamentswahlen spricht Bände. Zwar hat sie seit 2004 tendenziell zugenommen, doch die Partei der Nichtwähler war auch zuletzt mit 50,7 Prozent die bei Weitem stärkste Kraft (Abbildung 58). Wie es aussieht, sind die Bürger zur Hälfte nicht

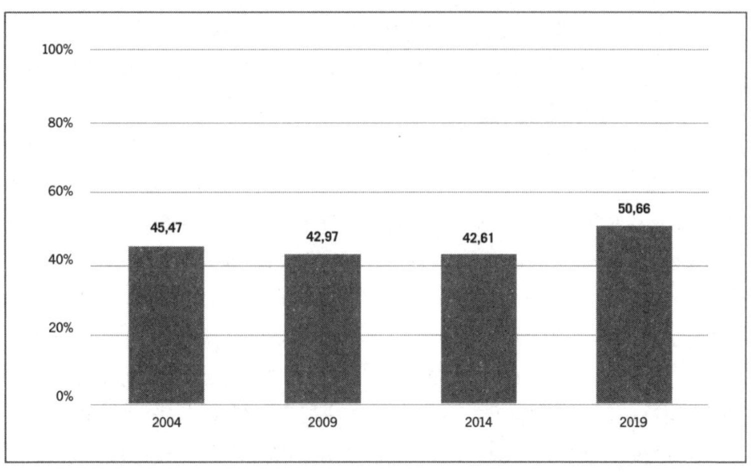

Abbildung 58: Beteiligung an den Wahlen des EU-Parlaments, 2004 bis 2019
Quelle: https://www.europarl.europa.eu/election-results-2019/de/wahlbeteiligung/

zur Wahlurne gegangen, weil sie kein Interesse an der EU haben oder weil sie sich mit keinem der zahlreichen Protagonisten und keiner der Parteien identifiziert haben. Dennoch wurden seitens der Politik keine gravierenden Veränderungen durchgeführt.

Die Entfremdung von den Bürgern dürfte langfristig fatal sein. Wenig hilfreich war gewiss die Wahl zum EU-Kommissionspräsidenten. Nachdem sich die Wähler der EU-Länder 2019 gegen Frans Timmermans und für Manfred Weber entschieden hatten, wurde im Hinterzimmer des Europäischen Rats Ursula von der Leyen als neue Präsidentin der EU-Kommission bestimmt. Heftiger konnte man all jene Wähler, die an die Demokratisierungsfähigkeit der EU geglaubt hatten, nicht enttäuschen. Abgesehen davon gilt es zu hinterfragen, warum ausgerechnet Deutschlands damals unbeliebteste Ministerin für ihre zahlreichen Misserfolge sowie eine unappetitliche Berateraffäre im Verteidigungsministerium mit dem wichtigsten politischen Amt in ganz Europa belohnt wurde.[654] Als wenig vertrauensbildende Maßnahme in die EU-Institutionen kann die unter Korruptionsverdacht stehende Ex-Vizepräsidentin des Europaparlaments Eva Kaili und weitere Personen bewertet werden.[655]

Politiker ist kein Beruf

Es ist an der Zeit, die Frage zu stellen, ob Deutschland und die EU tatsächlich Berufspolitiker benötigen, oder ob die Abgeordnetentätigkeit in Landtag, Bundestag und EU-Parlament auf maximal zwei Legislaturperioden beschränkt werden sollte. Oberstes Ziel eines Berufspolitikers dürfte es sein, seinen Job zu behalten. Dies kann er nur dann, wenn er wiedergewählt wird – mag es kosten, was es wolle. Auch diese Motivlage führt mit dazu, dass sich immer mehr Menschen von der Politik abwenden.

Politiker ist kein Beruf. Wäre die Parlamentstätigkeit auf maximal zwei Legislaturperioden beschränkt, so würde dank Bürgern aus der Mitte der Gesellschaft ein frischerer Wind durch die Parlamente wehen. Würde man die Abgeordneten für ihre Tätigkeit mit demselben Betrag vergüten, den sie für ihre berufliche Tätigkeit erhalten, so würden voraussichtlich einerseits höher qualifizierte Bürger in den Parlamenten sitzen und andererseits für manch einen die Tätigkeit als Abgeordneter weniger attraktiv erscheinen.

Die Frage sei erlaubt, ob ein Politiker tatsächlich den anspruchsvollen äußeren Anforderungen gerecht werden und inhaltlich schwierige Forderungen durchbringen kann, wenn er nicht das Durchhaltevermögen besaß, einen Berufs- oder Hochschulabschluss zu erreichen. Auch Politiker sollten einen Berufs- oder Hochschulabschluss und eine gewisse Berufserfahrung haben, bevor sie ein politisches Amt übernehmen. Dies erhöht die Chance, dass sie tatsächlich mitten aus der Gesellschaft kommen und nicht ausschließlich in der Politikblase agieren. Es kann und darf nicht sein, dass Volksvertreter noch niemals einer geregelten Arbeit außerhalb der Politik nachgegangen sind. Es wirkt absurd, wenn Politiker jungen Menschen die Wichtigkeit von Bildung predigen, während sie selbst in puncto Bildung bestenfalls nur wenig zustande gebracht haben. Ebenso obskur wirken Politiker, die von Vergesellschaftung und Enteignungen fabulieren, ohne in der freien Wirtschaft gearbeitet beziehungsweise etwas Nennenswertes zustande gebracht zu haben. Gravierend wird es, wenn eine Politikerin mit abgebrochenem Studium ohne jegliche Berufserfahrung in den Aufsichtsrat des Volkswagen-Konzerns, Deutschlands größtem Autobauer, gehievt wird.[656]

Auch das sogenannte Listensystem sollte überdacht werden. In Deutschlands Parteienlandschaft kommen, abgesehen von den Inhabern von Direktmandaten, jene ins Parlament, die auf den oberen Plätzen der Listen rangieren. Um sich dort als Kandidat wiederzufinden, spielen mit hoher Wahrscheinlichkeit Linientreue und persönliche Netzwerke eine größere Rolle als Kompetenz.

Die Begrenzung der Abgeordnetentätigkeit auf maximal zwei Legislaturperioden hat zahllose Vorteile, als da wären:

- Der politische Filz samt Postenschacher hätte es sehr viel schwerer, sich zu entfalten.
- Parteien würden aufgrund ihres Parteiprogramms und nicht aufgrund von Personen gewählt werden.
- Politiker würden das Parteiprogramm umsetzen, für das sie gewählt wurden, anstatt im Zweifelsfall aufgrund der Gefahr einer künftigen Wahlniederlage und des damit verbundenen Jobverlusts von ihm abzuweichen.
- Es würde ein frischerer Wind durch die Parlamente wehen und die Entscheidungen würden sich stärker am Willen der Bürger orientieren.

- Da ein jeder nach seiner Abgeordnetentätigkeit wieder in seinen Beruf zurückkehren würde, würden die Parlamente ein wesentlich breiteres Bild der Gesellschaft widerspiegeln.
- All jene – gewiss nicht alle – Berufspolitiker, welche von der freien Wirtschaft aufgrund mangelnder Ausbildung und/oder Berufserfahrung als gescheiterte Existenzen betrachtet werden und niemals das Salär erhalten würden, das sie als Abgeordnete erhalten, müssten sich um einen Berufs- oder Studienabschluss kümmern, um dann im Job zum Wohlstand der Gesellschaft beizutragen. Somit könnten sie der Gesellschaft beweisen, dass sie mehr sein können als Berufspolitiker, und mit allen Bürgern gemeinsam das Land mit aus dem Schlamassel ziehen.

Ministerposten nach Kompetenz besetzen

> *»Immer dort, wo das Ego die Kompetenz überholt, versagen irgendwann die Bremsen.«*
>
> Matthias Scharlach, Prof. a. D., selbstständig[657]

Zu jedem Arbeitsplatz gehören eine Stellenbeschreibung und ein Anforderungsprofil. Beispielsweise sind die Anforderungen an einen Sachbearbeiter ohne Budget- und Personalverantwortung geringer als diejenigen, die an einen Abteilungsleiter oder einen Vorstand zu stellen sind. Zweifellos wäre manch ein Sachbearbeiter auf dem Posten eines Vorstands in einem Konzern reichlich überfordert, weil ihm die Qualifikation, die Erfahrung und vielleicht auch der Intellekt fehlen.

Die Besetzung eines Jobs nach Qualifikation zählt in der freien Wirtschaft ebenso wie im öffentlichen Dienst und für Beamte in jeder Behörde. Der kleine, aber feine Unterschied besteht jedoch darin, dass beim Staat die Top-Führungspositionen mehr nach politischen Kriterien als nach Qualifikation besetzt werden. Beispielsweise haben Juristen mit einem bestenfalls durchschnittlichen Staatsexamen beim Staat faktisch keine Chance auf eine Anstellung. Für Minister oder Staatssekretäre – ironischerweise selbst solche im Justizministerium – zählt dieses Ausschlusskriterium augenscheinlich nicht. Genau hier muss angesetzt werden. Es ist unabdingbar, dass Ministerposten und Staatssekretärsposten ebenso ein Jobprofil erhalten und davon ausgehend, ebenso wie Topmanagerposten, strikt nach Kompetenz und nicht nach Parteibuch besetzt werden.

Volksabstimmungen als Korrektiv

> *»Demokratien verlieren nie. Das Schlachtfeld der Demokratie ist die Volksabstimmung – die Mehrheit siegt und die Minderheit liefert den Siegern Gründe.«*
>
> Billy, eigentlich Walter Fürst, Schweizer Aphoristiker (1932–2019)

Dieses Zitat trifft den Nagel auf den Kopf. Direkte Demokratie belebt die Demokratie als solche. Die flächenmäßig kleine, kulturell äußerst verschiedenartige Schweiz, in der neben Schweizerdeutsch, Französisch und Italienisch auch Rätoromanisch gesprochen wird, ist ein leuchtendes Vorbild. Die Bürger der Schweiz haben die Demokratie in den letzten 200 Jahren zu einem global einmaligen Modell entwickelt und im Vergleich mit Deutschland so manches irrsinnige und menschenverachtende politische Experiment verhindert sowie sich an zwei Weltkriegen nicht beteiligt.

Die Schweiz hat von allen Demokratien mit Abstand die weitreichendsten direktdemokratischen Elemente. Seit Generationen ist die direkte Demokratie ein fester Bestandteil der politischen Kultur und das entscheidende Fundament für den wirtschaftlichen Erfolg des Landes. In keinem Land werden jährlich so viele Abstimmungen durchgeführt wie in der Schweiz. Mit hoher Wahrscheinlichkeit belegt die geringe Wahlbeteiligung in Deutschland, dass viele Bürger sich von der Politik nicht vertreten fühlen, was im Umkehrschluss bedeuten würde, dass ihre Stimme nicht gehört wird. Somit ist zu fragen, ob das langjährig erfolgreiche Schweizer Modell der direkten Demokratie in Form von Volksabstimmungen nicht auch in Deutschland funktionieren kann.

Allerdings sind Volksabstimmungen der Albtraum vieler Politiker, weil sie es den Bürgern erlauben, direkt in politische Entscheidungen einzugreifen. Gegenwärtig sind in Deutschland Volksabstimmungen zu Einzelfragen der Politik auf Bundesebene nicht zulässig. Jedoch lässt sich dies auch ändern.

Doch wie wahrscheinlich ist es, dass die Politiker in Berlin aus freien Stücken ihre Macht beschneiden werden? Tun sie es nicht, so dürfte die Politikverdrossenheit weiter zunehmen.

Bürokratie: Neues Personal

Das Thema Bürokratieabbau ist in Deutschland seit Jahrzehnten Gegenstand der politischen Debatten. Geändert hat sich bestenfalls wenig. Nach unzähligen Worten müssen endlich Taten folgen.

Es kann lediglich zwei Gründe geben, die die digitale Misere in Deutschlands Verwaltung erklären. Entweder besteht ein Mangel an Kompetenz der Verantwortlichen, oder es besteht ein Mangel an Geld, um die Digitalisierung der deutschen Ämter und Behörden energisch voranzutreiben.

Liegt es an der Kompetenz, so müssen, wie in der freien Wirtschaft üblich, die Verantwortlichen ausgetauscht werden. Liegt es am Geld, so gilt es zu überlegen, warum beispielsweise zahllose EU-Länder, die zu den Nettoempfängern gehören, in puncto Digitalisierung von Ämtern und Behörden wesentlich weiter sind als Deutschland. In diesem Kontext drängt sich die Frage auf, warum mit deutschen Steuergeldern das Leben von Bürgern und Unternehmen außerhalb Deutschlands vereinfacht wird – und somit diese Länder einen Wettbewerbsvorteil erlangen –, während diese Vereinfachung in Deutschland auf sich warten lässt. Liegt es tatsächlich am Geld, dann stellt sich die Frage, warum Steuergelder aus Deutschland heraus verteilt werden, obwohl sie im Lande offensichtlich dringend benötigt werden.

Migration: Ja, aber kontrolliert

> *»Ironie ist, wenn Politiker ohne Berufsabschluss sich über einen Fachkräftemangel beklagen.«*
>
> www.istdaslustig.de

Deutschland muss für Fachkräfte und Hochqualifizierte attraktiver werden. Dies wird es nur, wenn Fleiß wieder belohnt und nicht kraft hoher Steuern und Abgaben »bestraft« wird. Die Spitzensteuersätze müssen gesenkt und der Spitzensteuersatz darf erst ab einem wesentlich höheren Betrag (so wie beispielsweise in Australien oder den USA) greifen. Andernfalls werden die gewünschten und dringend benötigten Fachkräfte nicht nach Deutschland einwandern; darüber hinaus werden immer mehr High Potentials Deutschland den Rücken kehren.

Obendrein werden eine kontinuierliche Zuwanderung ungelernter oder mit geringer Qualifikation und überschaubaren deutschen Sprachkenntnissen ausgestatteter Menschen und eine Abwanderung Hochqualifizierter ökonomisch und gesellschaftlich langfristig nicht zu bewältigen sein. Durchaus muss denen Asyl gewährt werden, die politisch verfolgt werden. Setzt sich jedoch die unkontrollierte Einwanderung zumeist männlicher, schlecht ausgebildeter Menschen fort wie bisher, so wird dies auf Dauer den Sozialstaat überfordern und den sozialen Frieden beschädigen.

Ob ein sozialer Wohlfahrtsstaat und offene Grenzen möglich sind, ist fraglich. Der sozialdemokratische dänische Innen- und Wohnungsminister Kaare Dybvad Bek verneinte dies bereits Ende Dezember 2021. Damals sagte er: »Entweder Sie haben regulierte Migration und einen starken Wohlfahrtsstaat, oder Sie haben unregulierte Migration.«[658] Ohne Zweifel könnte die Politik an der bisherigen Migrationspolitik festhalten. Dann wird jedoch weder das Problem des Fachkräftemangels noch das der Abwanderung Hochqualifizierter noch das der Rentenkasse gelöst werden. Deutschland ist ein Einwanderungsland und benötigt aufgrund des demografischen Wandels sehr viele Fachkräfte. Deswegen muss Deutschland – so wie die klassischen Einwanderungsländer USA, Kanada, Australien und Neuseeland dies bereits seit Jahrzehnten erfolgreich praktizieren – jene ins Land holen, die zur Steigerung des Bruttosozialprodukts und somit zu einem nachhaltigen Wohlfahrtsstaat beitragen.

Infrastruktur: Massiv investieren

Marode Autobahnen, Straßen, Brücken, Bahnhöfe und Bahntrassen, Schleusen, Stellwerke, Schulen, Universitäten, Kindergärten und Krankenhäuser und eine heruntergewirtschaftete Bundeswehr sind das Resultat über Jahrzehnte versäumter Investitionen in die Infrastruktur des Landes. Sie sind die Zeichen einer desaströsen Politik der regierenden Parteien. Wird infrastrukturtechnisch weiterhin auf Verschleiß gelebt und bröckelt die Infrastruktur weiter, so wird Deutschland einen maßgeblichen Standort- und somit Wettbewerbsvorteil verlieren.

Jetzt lautet die Devise: Investieren – und zwar massiv in die digitale Infrastruktur des Landes. Obendrein muss in die Verkehrsinfrastruktur investiert werden und zwar zuerst dort, wo die ökonomischen Vorteile für das Land am größten sind: in die Hauptverkehrsadern und erst dann in wirtschaftlich schwächeren Regionen. Nur wenn die Wirtschaft wächst, wächst auch das Steueraufkommen, nur dann kann der Staat in großem Stil weiter investieren, denn gigantische Investitionen ausschließlich auf Pump können und werden langfristig nicht funktionieren.

Bildung: Elitenförderung statt Gesamtschule

Alle Menschen haben gleiche Rechte, aber sie sind gewiss nicht alle gleich. Es gab schon immer clevere und weniger clevere, und so wird es auch immer bleiben. Anstatt alles gleichzumachen und das Niveau nach unten anzupassen, ist es essenziell, auch die geistige Elite mit aller Macht zu fördern. Andernfalls wird sie mit hoher Wahrscheinlichkeit in nicht unerheblichem Ausmaß das Land verlassen.

Es ist bedenklich, dass sich aus dem Kreis der 49 weltweit besten Universitäten keine einzige im einstigen Land der Dichter und Denker befindet und dass Deutschland auch laut PISA-Studie fernab von der Weltspitze rangiert. Genau hier muss angesetzt werden. So hart es klingt, aber Deutschland benötigt weniger Gemeinschaftsschulen, weniger Gleichmacherei, weniger Sozialromantik und stattdessen mehr »Fördern und Fordern«. Deutschland braucht Eliteschulen und Eliteuniversitäten und zwar staatliche für alle und nicht nur für diejenigen, deren Eltern sich die Gebühren teurer Privatschulen leisten können. Anstatt Steuergelder weiter umzuverteilen, müssen sie in die Zukunft des Landes investiert werden, das heißt in Schulen und Universitäten. Und zwar nicht nur ein paar Millionen, sondern Abermilliarden. Andernfalls wird Deutschland im globalen Wettbewerb – der nun einmal ein Leistungswettbewerb ist – gnadenlos überrannt. Ferner werden die Besten des Landes fortgesetzt das Land verlassen oder wegen Unterforderung ihr volles Potenzial nicht entfalten können.

Sozialstaat: Leistung statt Umverteilung

Arbeit muss sich wieder lohnen. Das bedeutet, dass der Lohn im Niedriglohnsektor erheblich höher sein muss als staatliche Sozialleistungen. Ohne Zweifel: Ein Sozialstaat muss diejenigen unterstützen, die Unterstützung brauchen. Wer krankheitsbedingt nicht arbeiten kann, soll selbstredend von der Gemeinschaft unterstützt werden. Dennoch ist Deutschlands Sozialsystem in seiner jetzigen Form auf Dauer nicht finanzierbar und muss folglich geändert werden.

Wer arbeitsfähig ist und kein Interesse daran hat, einer geregelten Arbeit nachzugehen, dem steht es in einem demokratischen Land selbstverständlich frei, nicht zu arbeiten. Jedoch steht es einem demokratischen Land auch zu, ihm infolgedessen staatliche Leistungen zu streichen. Ferner sollte diskutiert werden, ob es nicht sinnvoll wäre, Leistungsverweigerern Sach- anstelle von Geldleistungen auszugeben. Ob jenen Arbeitsfähigen, welche konsequent und auf Dauer jegliche Art von Arbeit verweigern, jegliche Art staatlicher Unterstützung gestrichen werden soll, muss die Gesellschaft entscheiden.

EU und Euro: Wirtschaftsunion anstatt politischer Union

> *»Die Europäische Union war eine glänzende Idee. Leider hat Europa diese Chance vertan, weil es viel zu viele zentrale Regeln eingeführt hat.«*
>
> James McGill Buchanan jr., Wirtschaftsnobelpreisträger (1919–2013)[659]

Europa zeichnet sich durch seine Vielfalt aus – viele verschiedene Menschen, Kulturen, Traditionen, Sprachen, Landschaften, kulinarische Köstlichkeiten, Sitten und Gebräuche auf engstem Raum – und kann ohne Zweifel als einer der besten Kontinente der Welt betrachtet werden. Deutschland braucht ein starkes Europa. Und zwar eines, dessen Länder nicht gegen, sondern miteinander arbeiten.

Allein wäre Deutschland in der Welt zweifelsohne verloren. Jedoch ist die EU nicht Europa. Zu Europa gehören geografisch betrachtet auch Albanien, Andorra, Belarus, Bosnien und Herzegowina, Island, Kasachstan, Kosovo, Liechtenstein, Moldau, Monaco, Montenegro, Nordmazedonien, Norwegen, Russland, San Marino, die Schweiz, Serbien, die Türkei, die Ukraine, Vatikanstadt, das Vereinigte Königreich, die Färöer, Gibraltar, Guernsey, die Isle of Man und Jersey.

Hier gilt es anzusetzen. Die politische Gleichmacherei muss ein Ende haben, denn gerade das Verschiedenartige macht Europa aus. Es ist an der Zeit, sich von der Illusion eines Superstaats Europa zu verabschieden, da dies von vielen Bürgern auch überhaupt nicht gewünscht wird. Abgesehen davon wurde und wird auch zukünftig das Wichtigste in der EU nicht vereinheitlicht – die Steuerpolitik. Steueroasen für internationale Konzerne mitten in der EU und für sehr Wohlhabende eine Pauschalbesteuerung wie in Italien in Höhe von 100.000 Euro auf alle Auslandseinkommen für zehn Jahre dürften kaum die

EU-Begeisterung des Steuerzahlers aus Deutschland für Europa steigern.[660]

In noch engeren Grenzen dürfte sich die Begeisterung für das Bürokratiemonster EU mit seinen unzähligen Verordnungen und Richtlinien halten, geschweige denn für die Idee eines Superstaats Europa.[661] Diese Idee wird nicht tragen, weil sehr viele Bürger in den EU-Ländern sie ablehnen. Der Brexit war ein Warnschuss, der in Brüssel offenbar nicht angekommen ist. Das Bürokratiemonster der Brüsseler Behörden muss sich gravierend ändern. Diese Veränderung ist nicht zu erkennen. Folglich werden immer weniger Bürger abgeholt, und extremistische Kräfte vom linken und rechten Flügel werden immer stärker, was beispielsweise die jüngsten Wahlen in Schweden, Frankreich und Italien bewiesen haben.[662]

Was für die Zukunft benötigt wird, ist eine sehr starke und enge Wirtschaftsunion, aber gewiss keine politische Union, geschweige denn ein Superstaat Europa. Wenn es nicht zu einer starken Wirtschaftsunion mit wesentlich mehr Ländern als den derzeitigen EU-Mitgliedern kommt, dann wird Deutschland mit großer Wahrscheinlichkeit zukünftig zwischen den Blöcken USA und China zermalmt.

Bei der EZB sind ebenfalls zügige und drastische Reformen erforderlich. Statt auf den Erhalt der Preisstabilität richtet die EZB ihre Politik auf den Erhalt des Euro. Die Folgen dieser Politik sind unverkennbar. Langfristig wird sie nicht aufgehen. Sollten keine Reformen stattfinden, so wird die EU langfristig nicht fortbestehen.

Euro: Kontrolliert abwickeln

> *»Nicht die einheitliche Währung ist das Vordringlichste, die Stabilität unserer Währungen ist es.«*
>
> Helmut Schlesinger, ehemaliger Präsident der Deutschen Bundesbank[663]

Mein zweites Buch, erschienen im Jahr 2012,[664] enthielt ein Kapitel mit der Überschrift *Der Euro – eine Währung, die zum Scheitern verurteilt ist.* Heute, mehr als zehn Jahre später, stehe ich nach wie vor zu dieser Aussage. Zwar existiert der Euro noch immer, doch der Preis, den Deutschland für das politische Projekt bezahlt, wird immer höher.

Führende Ökonomen und auch ein Großteil der Bevölkerung haben die Zukunftsfähigkeit des Euro von Beginn an bezweifelt. Der ehemalige Bundeskanzler Helmut Kohl (CDU) brachte dies in einem Interview im Jahr 2003 folgendermaßen zum Ausdruck: »Eine Volksabstimmung über die Einführung des Euro und die Abschaffung der D-Mark hätten wir mit großer Wahrscheinlichkeit verloren.«[665]

De facto ist es unmöglich, dass einerseits volkswirtschaftlich sehr starke Länder wie beispielsweise Deutschland und andererseits volkswirtschaftlich wesentlich schwächere Länder wie Griechenland, Spanien, Portugal und Italien ein und dieselbe Währung haben und sich für denselben Zinssatz Geld leihen können. Ein solches Konstrukt funktioniert ausschließlich im Rahmen einer Transferunion. Es stellt sich lediglich die Frage, wie lange die Nettozahler noch gewillt sind, die Transferunion aufrechtzuerhalten.

Auch wenn es mit unfassbaren Kosten verbunden ist: Der Euro muss kontrolliert abgewickelt werden. Geschieht dies nicht, so werden zuerst die TARGET2-Forderungen Deutschlands exorbitant steigen, und schlussendlich wird der Euro unkontrolliert implodieren. Die ökonomischen Konsequenzen wären für die Euroländer von unermesslicher Tragweite.

Indes gibt es gegenwärtig keine Anzeichen dafür, dass dieses Problem ernsthaft diskutiert wird, geschweige denn, dass Möglichkeiten erörtert werden, wie man den Euro kontrolliert abwickeln könnte. Wird die deutsche Politik weiterhin aus ideologischen Gründen krampfhaft am Euro festhalten, so wird der Euro die EU-Länder trennen, anstatt sie zu einen.

Man kann das ganze Volk eine Zeit lang täuschen und man kann einen Teil des Volkes die ganze Zeit täuschen, aber man kann nicht das ganze Volk die ganze Zeit täuschen.

Abraham Lincoln; ehemaliger Präsident der Vereinigten Staaten von Amerika; 1809–1865

Dank

Ich möchte mich bei allen Personen bedanken, die es möglich gemacht haben, dass dieses Buch erschienen ist. Insbesondere bei den zwei Wolken, meiner Familie und dem Team von Penguin Random House, das an dem Buch mitgewirkt hat, Christian Steck, Christoph Heuermann, Steffen von querschuesse.de, Roland Flier, Jonathan, Fritz, Sven, Schatzi, Consti, Sascha, Schatz, Magge, Dieter & dem Rest der SG-K, Toni, Rhod, Iva, Vroni, Christof, Mo, Marco, Flo, Julia, Markus, Nic, Martin, Bine, Helmut, the dutch & italian crew, Anna, José und allen, die mich unterstützt haben.

Kontakt

Kritik, Anregungen, Fragen bezüglich Exitstrategien, rund um das Thema Auswandern und Vortragsanfragen:

Matthias Weik
Lange Str. 64
71332 Waiblingen
info@matthias-weik.com
Telefon: 07151 25 78 877
www.matthias-weik.com
instagram: matthias_weik_mw
https://www.facebook.com/matthweik

Anmerkungen

Einleitung

1 Rede von Bundespräsident Dr. Frank-Walter Steinmeier beim Festakt zum Tag der Deutschen Einheit am 3. Oktober 2020 in Potsdam: Bulletin 107–2; 12. Oktober 2020 (abgerufen am 16.01.2023)
2 ZDF heute; »Tafeln am Limit«: Mehr Bedürftige, weniger Lebensmittel; 10.12.2022 (abgerufen am 16.01.2023)
3 Tagesschau; Steigende Mieten; Millionen Sozialwohnungen fehlen; 12.01.2023 (abgerufen am 16.01.2023)
4 Berliner Zeitung; Inflation: Jeder Dritte hat kein Geld für Weihnachtsgeschenke; 7.11.2022 (abgerufen am 16.01.2023); Welt; Ein Drittel der Deutschen lebt ohne Ersparnisse; 12.12.2022 (abgerufen am 16.01.2023)
5 Focus; Jeder fünfte Deutsche hat kein Geld für eine Woche Urlaub; 25.07.2022 (abgerufen am 16.01.2023)
6 Berliner Zeitung; 33 verletzte Einsatzkräfte, 103 Festnahmen: Berliner Feuerwehr und Polizei schockiert von »massiven Angriffen« in der Silvesternacht; 1.01.2023 (abgerufen am 16.01.2023) ; Dresdner Neuste Nachrichten; Dresden: »Querdenker« greifen Polizisten an 28.12.2021; (abgerufen am 16.01.2023); Welt; »Klima-Aktivisten« werfen Steine auf Polizisten; 08.01.2023 (abgerufen am 16.01.2023); FAZ, Gewalt gegen Rettungskräfte: Die Verrohung der Gesellschaft schreitet voran, 1.01.2023 (abgerufen am 16.01.2023); Münchner Merkur; Polizei: Steine in Richtung der Einsatzkräfte geworfen, 12.01.2023 (abgerufen am 16.01.2023); ZDF heute; Befragung zu Kriminalität: Frauen fühlen sich an vielen Orten unsicher; 08.11.2022 (abgerufen am 16.01.2023)
7 Stuttgarter Zeitung; Weihnachtsmarkt in Stuttgart; Polizisten mit Maschinenpistolen wachen an den Eingängen; 29.11.2022 (abgerufen am 16.01.2023); t-online.de; Wüste Prügelei mit Pfefferspray; Angreifer schlagen Freibad-Security in die Flucht; 21.07.2022
8 ifo; Pressemitteilung; Zwei Drittel der Jugendlichen weltweit haben keine grundlegenden Fähigkeiten; 18.11.2022 (abgerufen am 16.01.2023)
9 Zeit; Bevölkerungsforschung: Drei Viertel der deutschen Auswanderer sind Akademiker; 4.12.2019 (abgerufen am 16.01.2023)

10 Handelsblatt; Freiheitsindex: Nur zwölf Prozent sind mit dem Funktionieren der Demokratie sehr zufrieden; 5.01.2023 (abgerufen am 16.01.2023)
11 FAZ; Die 100 wertvollsten Unternehmen: Deutschland verliert an der Börse dramatisch an Einfluss; 29.12.2022 (abgerufen am 16.01.2023)
12 rnd; 777 Millionen Euro; Größer als das Weiße Haus: Millionenschwerer Plan zum Ausbau des Kanzleramts sorgt für Kritik; 29.10.2022 (abgerufen am 16.01.2023)
13 Süddeutsche Zeitung; Preissteigerung: Inflation so hoch wie zuletzt 1951; 29.09.2022 (abgerufen am 16.01.2023)
14 Handelsblatt; OECD-Studie: Die höchsten Steuern und Abgaben: Deutschland ist Weltmeister; 29.04.2021 (abgerufen am 16.01.2023)
15 BdSt; Steuerzahlergedenktag – Von 1 Euro bleiben nur 47 Cent; 13.07.2022 (abgerufen am 16.01.2023)
16 bundesregierung.de; Bundeshaushalt 2021 beschlossen; Scholz: »Ein gelungenes Paket« (abgerufen am 16.01.2023)
17 Welt; Umverteilung statt Investitionen – Das macht der Staat mit unserem Geld; 6.10.2022 (abgerufen am 16.01.2023)
18 IW Köln; Wer finanziert die EU?; 2.11.2022; (abgerufen am 16.01.2023)
19 Statista; Höhe der Nettozahlungen von Deutschland an die Europäische Union (EU) bezogen auf den EU-Haushalt von 2000 bis 2020 (abgerufen am 16.01.2023)
20 bundestag.de; Bundestag steht hinter der Entwicklungsagenda (abgerufen am 16.01.2023); Welt; »Ohne Umverteilung gibt es keine linke Politik«; 16.03.2018; (abgerufen am 16.01.2023); Spiegel.de; Juso-Vorsitzende vermisst Umverteilung; 16.10.2021 (abgerufen am 16.01.2023); FAZ; Umverteilung nach ökologischem Fußabdruck; 29.05.2021 (abgerufen am 16.01.2023); Oldenburger Onlinezeitung; Grünen-Chefin für Umverteilung der Belastungen durch Ukraine-Krieg; 22.04.2022 (abgerufen am 16.01.2023); Rheinische Post; »Der Krieg verschärft soziale Schieflagen im Turbogang«; 08.04.2022 (abgerufen am 16.01.2023)

Kapitel 1

21 Frankfurter Allgemeine; Deutschland verliert an der Börse dramatisch an Einfluss; 29.12.2022; finanzen.net; Platz 1 verteidigt: Die wertvollsten Unternehmen der Welt 2022; 28.12.2022
22 EY; Pressemitteilung; Ausländische Investitionen in Deutschland sinken um ein Zehntel; 31.03.2022 (abgerufen am 16.01.2023)
23 Stiftung Familienunternehmen; Tiefstand im Standortranking: Deutschland rutscht im Länderindex Familienunternehmen um drei Plätze ab. USA, Großbritannien und Niederlande an der Spitze; 11.01.2021 (abgerufen am 16.01.2023)

24 Stiftung Familienunternehmen; Tiefstand im Standortranking: Deutschland rutscht im Länderindex Familienunternehmen um drei Plätze ab. USA, Großbritannien und Niederlande an der Spitze; 11.01.2021 (abgerufen am 16.01.2023)
25 Stiftung Familienunternehmen; Länderindex Familienunternehmen 9. Auflage; Januar 2023 (abgerufen am 16.01.2023)
26 KPMG; Internationale Unternehmen fahren Investitionen in Deutschland zurück; 18.11.2021 (abgerufen am 16.01.2023)
27 manager magazin; Deutschland fällt in Digital-Ranking auf vorletzten Platz Europas; 2.09.2021; European Center for Digital Competitiveness – Digital Riser Report 2021 (abgerufen am 16.01.2023)
28 Augsburger Allgemeine; Telekom-Chef appelliert an Beschäftigte: Kommt zurück in die Büros; 21.08.2022 (abgerufen am 16.01.2023)
29 KPMG; Internationale Unternehmen fahren Investitionen in Deutschland zurück; 18.11.2021 (abgerufen am 16.01.2023)
30 Ebenda.
31 web.de; Marode Straßen und kein Internet: So ist der Wirtschaftsstandort Deutschland nicht konkurrenzfähig, 19.11.2021 (abgerufen am 16.01.2023)
32 FAZ; Kapitalisierung der Konzerne: Studie: USA hängen Europa an der Börse weiter ab; aktualisiert am 29.12.2022 (abgerufen am 16.01.2023)
33 Focus online; Ifo-Chef Fuest im Interview: »Am Ende wird aus uns noch eine Kohlerepublik« 28.12.2022 (abgerufen am 16.01.2023)
34 Statista; Veränderung der Produzentenpreise in der Schweiz von September 2021 bis September 2022 (abgerufen am 16.01.2023)
35 Destatis; Pressemitteilung Nr. 488 vom 21.11.2022 (abgerufen am 16.01.2023)
36 Destatis; Index der Einfuhrpreise – ausgewählte Indizes (abgerufen am 16.01.2023)
37 Destatis; Branchen-Unternehmen/Industrie-Verarbeitendes-Gewerbe; (abgerufen am 16.01.2023)
38 Welt; Chemieindustrie am Abgrund – »We walk alone«; 16.12.2022 (abgerufen am 16.01.2023)
39 VCI; Quartalsbericht 1.2022; (abgerufen am 16.01.2023)
40 Ihre Chemie; Ohne bezahlbare Energie droht Deutschlands Wirtschaft der Infarkt (abgerufen am 16.01.2023)
41 NZZ; Erdgas ist sündteuer, doch die Geschäfte blühen (noch): die Gaskrise am Beispiel von BASF; 27.07.2022 (abgerufen am 16.01.2023)
42 Münchner Merkur; Das Gespenst der Deindustrialisierung; 07.10.2022 (abgerufen am 16.01.2023)
43 Focus; Wird in Deutschland zu teuer – Ausland verdient mit Düngemitteln großes Geld – und wir sind abhängig; 18.09.2022 (abgerufen am 16.01.2023)

44 ntv; Chemieindustrie in der Krise »Viele Mittelständler stehen mit dem Rücken zur Wand«; 22.09.2022 (abgerufen am 16.01.2023)
45 Welt; Chemieindustrie am Abgrund – »We walk alone«; 16.12.2022 (abgerufen am 16.01.2023)
46 Bundesministerium für Wirtschaft und Klimaschutz; – Wirtschaftsbranchen- Automobilindustrie; (abgerufen am 16.01.2023)
47 Statista; Exportquote der Automobilindustrie in Deutschland von 2011 bis 2021 (abgerufen am 16.01.2023)
48 Welt; Standort D verliert sein Rückgrat – und der Staat setzt auf falsche Subventionen; 28.12.2022 (abgerufen am 16.01.2023)
49 Querschuesse; Deutschland: PKW-Produktion; 6.01.2023
50 Produktion; Energiekosten stellen Firmen vor Probleme – Das Gespenst der Deindustrialisierung; 10.10.2022 (abgerufen am 16.01.2023)
51 Spiegel; Jede zwölfte Industriefirma will Produktion verlagern; 1.11.2022
52 https://volksentscheid-berlin-autofrei.de/ (abgerufen am 16.01.2023)
53 Bayerische Staatszeitung; Nürnberg verschärft den Kampf gegen das Auto; 8.12.2022
54 rbb24; »Autofahrer zu ärgern ist keine sinnvolle Politik«; 02.12.22 (abgerufen am 16.01.2023)
55 rbb24; »Autofahrer zu ärgern ist keine sinnvolle Politik«; 02.12.22 (abgerufen am 16.01.2023)
56 Tagesspiegel, Grüne Pläne für die Verkehrswende: »Wir wollen die Zahl der Parkplätze in Berlin halbieren«; 8.01.2023 (abgerufen am 16.01.2023)
57 Zeit; Immer mehr Autos – selbst in den Städten; 14.11.2022 (abgerufen am 16.01.2023)
58 So haben beispielsweise Unilever und Shell ihren Hauptsitz von den Niederlanden nach London verlegt. FAZ; Auch Shell verlässt die Niederlande; 15.11.2021 (abgerufen am 16.01.2023)
59 rnd; Finanzierung fürs 9-Euro-Ticket? Darum geht es im Streit über das Dienstwagenprivileg; 23.08.2022 (abgerufen am 16.01.2023)
60 bfp; Weltautomarkt sinkt um über fünf Prozent; 19.05.2022 (abgerufen am 16.01.2023)
61 Auto Motor Sport; Aus für die A-Klasse; 27.06.2022 (abgerufen am 16.01.2023)
62 Rabatte gibt es derzeit (Stand Ende 2022) noch für Elektrofahrzeuge und Plug-in-Hybride, wenn sie nicht mehr als 50 Gramm CO_2 pro Kilometer ausstoßen oder eine elektrische Reichweite von mindestens 60 Kilometern haben; ADAC; Plug-in-Hybrid: Modelle, Verbrauch, Technik, Kosten, Ökobilanz; 24.02.2022
63 Süddeutsche Zeitung; Milliarden-Quelle Dienstwagen: Chance fürs 9-Euro-Ticket? 13.8.2022; Focus online; Wer das Dienstwagenprivileg abschafft, zieht der Autoindustrie den Stecker; 1.09.2022 (abgerufen am

16.01.2023); Capital; Was folgt auf das 9-Euro-Ticket – und wie wird es finanziert?; 1.09.2022

64 The Pioneer; Technologie als chinesisches Druckmittel; 05.01.2023 (abgerufen am 16.01.2023)

65 Tagesschau; Lieferprobleme drücken VW-Verkäufe; 12.01.2023 (abgerufen am 16.01.2023)

66 Tagesschau; Chinas Einfluss bei Daimler gewachsen; 13.12.2021 (abgerufen am 16.01.2023)

67 Tagesschau; Sixt will Zehntausende E-Autos in China kaufen; 04.10.2022 (abgerufen am 16.01.2023)

68 Elektroauto News; Betrachtung: Tesla, BYD, NIO, XPeng und Zeekr im Jahr 2022; 4.01.2022 (abgerufen am 16.01.2023)

69 WiWo; Chinesische E-Autos sind so gut wie Volkswagen – oder besser; 5.10.2022 (abgerufen am 16.01.2023)

70 Financial Times; *Electric vehicles accelerate China's looming dominance as a car exporter*; 01.06.2022 (abgerufen am 16.01.2023)

71 Financial Times; *Electric vehicles accelerate China's looming dominance as a car exporter*; 01.06.2022 (abgerufen am 16.01.2023)

72 Tagesschau; Europa schon 2025 Auto-Importeur?; 04.11.2022 (abgerufen am 16.01.2023)

73 Tagesschau; Mehr Corona-Fälle, weniger iPhones?; 31.10.2022 (abgerufen am 16.01.2023)

74 Der Gesetzgeber hatte prophylaktisch eine Klausel eingebaut, wonach die Maßnahme im Jahr 2026 überprüft werden müsse; Berliner Zeitung; EU kriegt kalte Füße: Scheitert der Umstieg auf Elektroautos?; 6.11.2022 (abgerufen am 16.01.2023)

75 Tagesschau; Welche Folgen hat das Verbrenner-Aus?; 28.10.2022 (abgerufen am 16.01.2023)

76 Motor Zeitung; China fördert den Verbrennungsmotor; 07.07.2022 (abgerufen am 16.01.2023)

77 Stern; Kein Aus des Verbrennungsmotor in China: Duale Strategie; 21.02.2022 (abgerufen am 16.01.2023)

78 ZDF heute; Was das Verbrenner-Aus für Autofahrer heißt; 29.06.202 (abgerufen am 16.01.2023)

79 Focus online; China fördert den Verbrennungsmotor – und könnte bald eine deutsche Lücke füllen; 08.07.2022 (abgerufen am 16.01.2023)

80 Cicero; »Wir sind dabei, die Weltmarktführerschaft abzugeben«; 17.11.2022 (abgerufen am 16.01.2023)

81 Sonnenseite; Die Solarindustrie kommt nach Deutschland zurück; 18.05.2021 (abgerufen am 16.01.2023); Tagesschau; Energiewende – Die neue Abhängigkeit von China; 16.05.2022 (abgerufen am 16.01.2023)

82 photovoltaik.one; Solarmodulhersteller (abgerufen am 16.01.2023)

83 Die Presse.com; China dominiert Produktion von Photovoltaik-Anlagen; 07.07.2022 (abgerufen am 16.01.2023)

84 Focus online; 200 neue Kohlekraftwerke im Bau: China trickst die EU klimapolitisch brutal aus; 09.11.2022 (abgerufen am 16.01.2023)

85 Energieverbraucherportal; Solardeckel statt Corona: Politik bremst Branche; 14.05.2020 (abgerufen am 16.01.2023)

86 Business Insider; Billig-Konkurrenz aus China: Solarworld ist wieder pleite; 29.03.2018 (abgerufen am 16.01.2023)

Kapitel 2

87 Spiegel; Leopoldina-Präsident warnt vor Ende der chemischen Industrie in Deutschland; 07.10.2022 (abgerufen am 16.01.2023)

88 BDI; Substanz der Industrie bedroht; 30.08.2022; Business Leaders, Deindustrialisierung in Deutschland; 11.09.2022 (abgerufen am 16.01.2023)

89 bpb; Morgenthau-Plan (abgerufen am 16.01.2023)

90 Münchner Merkur; Das Gespenst der Deindustrialisierung; 07.10.2022 (abgerufen am 16.01.2023)

91 Welt; SPD-Chef Lars Klingbeil: »Gefahr einer De-Industrialisierung in Deutschland ist real«; 17.11.2022 (abgerufen am 16.01.2023)

92 Focus online; Wenn Deutschland nicht gegensteuert, flieht die Industrie ins Ausland; 29.10.2022 (abgerufen am 16.01.2023)

93 Welt; »We walk alone«; 16.12.2022; Handelsblatt; Unternehmer Stihl in Sorge vor Deindustrialisierung; 18.12.2022 (abgerufen am 16.01.2023)

94 Welt; Die Regierung nimmt die Deindustrialisierung mutwillig in Kauf; 28.11.2022 (abgerufen am 16.01.2023)

95 Financial Times; BASF to downsize ›permanently‹ in Europe; 26.10.2022 (abgerufen am 16.01.2023)

96 Welt; »We walk alone«; 16.12.2022; Handelsblatt; Unternehmer Stihl in Sorge vor Deindustrialisierung; 18.12.2022 (abgerufen am 16.01.2023)

97 Handelsblatt; Energiekrise: Jeder vierte Kleinunternehmer denkt ans Aufhören; 5.12.2022 (abgerufen am 16.01.2023)

98 Deutsche Bank Research; Energiekrise trifft Industrie bis ins Mark; 5.10.2022 (abgerufen am 16.01.2023)

99 Destatis; Pressemitteilung Nr. 247 vom 15. Juni 2022 (abgerufen am 16.01.2023)

100 Business Insider, Deutschland droht die Deindustrialisierung: Deutsche Bank sieht die Gaskrise als Anfang vom Ende des deutschen Erfolgsmodells; 7.10.2022 (abgerufen am 16.01.2023)

101 Welt; »Existenzbedrohend, was sich in der Industrie abspielt«; 30.12.2022 (abgerufen am 16.01.2023)

102 Business Leaders; Deindustrialisierung in Deutschland – Angriff auf die Substanz; 11.09.2022 (abgerufen am 16.01.2023)
103 Handelsblatt; Deutsche Unternehmen bauen ihre Standorte in den USA immer weiter aus; 29.09.2022 (abgerufen am 16.01.2023)

Kapitel 3

104 Handelsblatt; Unternehmer Stihl in Sorge vor Deindustrialisierung; 18.12.2022 (abgerufen am 16.01.2023)
105 Bei Spitzenpolitikern und Prominenten sollte laut Konzernrichtlinie 199, Modul 1, Reisen nach Sondervorschrift (RnS) der Bahnbetrieb absolut störungsfrei ablaufen; Welt; Deutsche-Bahn-Richtlinie bevorzugt offenbar Spitzenpolitiker; 14.10.2022 (abgerufen am 16.01.2023)
106 Matthias Weik und Marc Friedrich, Der Crash ist die Lösung. Warum der finale Kollaps kommt und wie Sie Ihr Vermögen retten, Eichborn 2014.
107 Augsburger Allgemeine; Telekom-Chef appelliert an Beschäftigte; 21.08.2022 (abgerufen am 16.01.2023)
108 ISP review; 2022 Full Fibre Country Ranking Sees UK Overtake Germany; 24.03.2022 (abgerufen am 16.01.2023)
109 Focus online; Neue Schock-Aussagen bringen Dreyer in Not; 16.10.2022 (abgerufen am 16.01.2023)
110 DW; Gesundheitsämter: Mit Papier, Stift und Fax gegen Corona; 26.01.2021 (abgerufen am 16.01.2023)
111 bpb; Nettozahler und Nettoempfänger in der EU; 25.03.2022 (abgerufen am 16.01.2023)
112 Zeit; Wahl könnte in Hunderten Berliner Wahllokalen wiederholt werden; 17.08.2022 (abgerufen am 16.01.2023); Business Insider, Wie Estland zum wohl digitalsten Staat der Welt wurde, 16.01.2022 (abgerufen am 16.01.2023)
113 Business Insider, Wie Estland zum wohl digitalsten Staat der Welt wurde, 16.01.2022 (abgerufen am 16.01.2023)
114 IWD; Bildungsmonitor 2022: Schwächen im Bildungssystem; 17.08.2022 (abgerufen am 16.01.2023)
115 OECD;PISA 2018 Results (Volume V); (abgerufen am 16.01.2023)
116 Welt; Pisa-Studie: Das große Problem der deutschen Lehrer; 29.09.2020 (abgerufen am 16.01.2023)
117 bitkom; Digitales Homeschooling im internationalen Vergleich (abgerufen am 16.01.2023)
118 Tagesspiegel; Die Kanzlerin und das Internet; 19.06.2013 (abgerufen am 16.01.2023)
119 https://gutezitate.com/zitat/129016 (abgerufen am 16.01.2023)

120 https://www.topuniversities.com/university-rankings/world-university-rankings/2023 (abgerufen am 16.01.2023)
121 https://www.topuniversities.com/university-rankings/world-university-rankings/2023 (abgerufen am 16.01.2023)
122 ifo; Zwei Drittel der Jugendlichen weltweit haben keine grundlegenden Fähigkeiten; 18.11.2022 (abgerufen am 16.01.2023)
123 KMK; KMK stellt sich neuesten Befunden des IQB-Bildungstrends: Gezielte Maßnahmen zur Sicherung der Mindeststandards sind notwendig; 17.10.2022 (abgerufen am 16.01.2023)
124 ZDF; Viertklässler schlechter in Mathe und Deutsch; 17.10.2022; KMK; KMK stellt sich neuesten Befunden des IQB-Bildungstrends: Gezielte Maßnahmen zur Sicherung der Mindeststandards sind notwendig; 17.10.2022; Humboldt-Universität zu Berlin Institut zur Qualitätsentwicklung im Bildungswesen; IQB-Bildungstrends 2021; 17.10.2022 (abgerufen am 16.01.2023)
125 onvista; Lehrerverband fordert bessere Förderung von Migrantenkindern; 24.11.2022 (abgerufen am 16.01.2023)
126 iwd; Bildungsmonitor 2022: Schwächen im Bildungssystem; 17.08.2022 (abgerufen am 16.01.2023)
127 rnd; Trend zur Eins vor dem Komma: Abiturienten schneiden schon wieder gut ab; 14.07.2022 (abgerufen am 16.01.2023)
128 mdr; Immer mehr Einser-Schüler: Inflation bei den Abiturnoten? 16.07.2022, (abgerufen am 16.01.2023)
129 Deutschlandfunk Kultur; Boom der Privatschulen: Die Mittel- und Oberschicht setzt sich ab; 18.02.2019 (abgerufen am 16.01.2023)
130 Zaster Magazin; Die fünf teuersten Privatschulen in Deutschland, in Österreich und der Schweiz 14.09.2021 (abgerufen am 16.01.2023)
131 Münchner Merkur; Lage in Kinderkliniken spitzt sich zu: Großteils »so voll, dass keine Kinder mehr aufgenommen werden können«; 29.11.2022 (abgerufen am 16.01.2023)
132 BR24; RSV-Welle: Kinderkliniken in Bayern vor dem Kollaps; 26.11.2022; Münchner Merkur; Lage in Kinderkliniken spitzt sich zu: Großteils »so voll, dass keine Kinder mehr aufgenommen werden können«; 29.11.2022; Focus online; Dramatische Lage in Kliniken: Frust eines Intensivpflegers: »Viele haben einfach die Schnauze voll«; 02.12.2022 (abgerufen am 16.01.2023)
133 Süddeutsche Zeitung; Grippewelle schwappt höher: Kliniken überlastet; 25.2.2015; aerzteblatt; Grippewelle sorgt für überlastete Kliniken; 07.02.2017; Spiegel; Grippe legt Krankenhäuser und Ämter lahm; 16.03.2018 (abgerufen am 16.01.2023)
134 Opta data Zukunftsstiftung; Vollversion der WeCare4Us Pflegestudie; 02.09.2022; gesundheit adhoc; Pressemittelung: WeCare4Us Studie 2022:

Jetzt kommen die Pflegekräfte zu Wort: Wie sieht die Zukunft Deutschlands stationärer Pflege aus?; 02.09.2022 (abgerufen am 16.01.2023)

135 Twitter; karl_lauterbach; 2.05.2019 (abgerufen am 16.01.2023)

136 Querschuesse; Corona-Faktencheck; 22.05.2021 (abgerufen am 16.01.2023)

137 Tagesspiegel; »Wir lassen sie in dieser Energie- und Inflationskrise nicht im Stich«; 08.09.2022 (abgerufen am 16.01.2023)

138 Berliner Zeitung; Ein Wahnsinn, wie in Berlin öffentliches Geld verschwendet wird; 07.01.2023 (abgerufen am 16.01.2023)

139 Häusliche Pflege; Bis 2026 fehlen 77.000 Stellen in der Altenpflege; 31.08.2022 (abgerufen am 16.01.2023)

140 Destatis; Bevölkerungspyramide 2021 (abgerufen am 16.01.2023)

141 Altenpflege; Immer mehr offene Stellen in der Altenpflege; 31.08.2022 (abgerufen am 16.01.2023)

142 Häusliche Pflege; Bis 2026 fehlen 77.000 Stellen in der Altenpflege; 31.08.2022 (abgerufen am 16.01.2023)

143 evangelisch.de; Umfrage: Jeder Dritte würde Suizid dem Pflegeheim vorziehen; 04.09.2022 (abgerufen am 16.01.2023)

144 Die Rheinpfalz; Wochenspiegel; 10.01.2015 (abgerufen am 16.01.2023)

145 Welt; Tausende Aufbau-Anträge: Flut-Kreis kämpft mit Bürokratie; 01.10.2022 (abgerufen am 16.01.2023)

146 Focus online; Bürokratie-Monster Deutschland: Politik lässt Flutopfer nochmal absaufen; 15.07.2022 (abgerufen am 16.01.2023)

147 The Pioneer; Neubau Kanzleramt: Aktion Größenwahn; 05.01.2023 (abgerufen am 16.01.2023)

148 The Pioneer; Neubau Kanzleramt: Aktion Größenwahn; 05.01.2023 (abgerufen am 16.01.2023)

149 The European; Ohne Reform wird der Bundestag zum Chinesischen Volkskongress, 16.01.2023 (abgerufen am 16.01.2023)

150 ntv; Kostenexplosion beim Anbau fürs Kanzleramt; 17.06.2021, rnd; 777 Millionen Euro – Größer als das Weiße Haus: Millionenschwerer Plan zum Ausbau des Kanzleramts sorgt für Kritik; 29.10.2022 (abgerufen am 16.01.2023)

151 Die Bundesregierung; Alles Wichtige zur Erweiterung des Kanzleramtes (abgerufen am 16.01.2023)

152 Die Bundesregierung; Alles Wichtige zur Erweiterung des Kanzleramtes (abgerufen am 16.01.2023)

153 The Pioneer; Neubau Kanzleramt: Aktion Größenwahn; 05.01.2023 (abgerufen am 16.01.2023)

154 BZ; Sie bauen es wirklich: Monster-Kanzleramt für 600 Millionen Euro; 01.05.2022; Welt; Merkels Machtmaschine; 16.10.2020 (abgerufen am 16.01.2023)

155 NZZ; Wuchernder Staat: Deutschlands Regierungsapparat wird grösser und grösser; 10.04.2021 (abgerufen am 16.01.2023)
156 NZZ; Wuchernder Staat: Deutschlands Regierungsapparat wird grösser und grösser; 10.04.2021 (abgerufen am 16.01.2023)
157 Focus online; Ampel-Regierung schafft eine hochbezahlte Top-Stelle nach der anderen; 26.11.2022 (abgerufen am 17.01.2023)
158 Welt; 10.000 neue Stellen – »Ampel-Minister haben jedes Maß verloren«, kritisiert Merz; 22.11.2022 (abgerufen am 17.01.2023)
159 Tagesschau; Grundsteuererklärung Steuerportal Elster überlastet; 11.07.2022 (abgerufen am 17.01.2023)
160 Tagesschau; Grundsteuererklärung Steuerportal Elster überlastet; 11.07.2022 (abgerufen am 17.01.2023)
161 Ebenda.
162 Tagesschau; Viel Frust bei Grundsteuer-Erklärungen; 18.08.2022 (abgerufen am 17.01.2023)
163 Handelsblatt; Grundsteuer: Jetzt scheitert der Staat auch an sich selbst; 29.09.2022 (abgerufen am 17.01.2023)
164 Rheinische Post; »Bund ist selbst nicht in der Lage« – Neue Forderung nach Fristverlängerung bei der Grundsteuer; 17.01.2023 (abgerufen am 17.01.2023)
165 Handelsblatt; Bürokratie: Wie sie Deutschlands Wirtschaft drosselt; 03.11.2021 (abgerufen am 17.01.2023)
166 Zeit; Zitate von Guido Westerwelle; 18.03.2016 (abgerufen am 17.01.2023)
167 Zeit; Bund erwirtschaftet Milliardenüberschuss; 13.01.2020 (abgerufen am 17.01.2023)
168 Welt; Hochsteuerland Deutschland; 01.12.2022 (abgerufen am 17.01.2023)
169 WiWo; Die Beitragsbombe: Wird der Sozialstaat unbezahlbar?; 09.12.2022 (abgerufen am 17.01.2023)
170 FAZ; Sehnsucht nach Freizeit: Arbeit? Nicht mehr so wichtig!; 27.09.2022 (abgerufen am 17.01.2023)
171 BdSt; Steuerzahlergedenktag – Von 1 Euro bleiben nur 47 Cent (abgerufen am 17.01.2023)
172 BdSt; Steuerzahlergedenktag – Von 1 Euro bleiben nur 47 Cent (abgerufen am 17.01.2023)
173 Focus online; Schäubles Winter-Tipps – »Dann zieht man halt einen Pullover an. Darüber muss man nicht jammern«; 11.10.2022 (abgerufen am 17.01.2023)
174 De facto reichen die Einkommensteuersätze im Einkommensteuertarif bis 45 Prozent, dieser Höchstsatz gilt allerdings erst für Einkommensteile oberhalb von 277.825 Euro; Bundesministerium der Justiz; Einkommensteuergesetz (EstG) § 32a Einkommensteuertarif (abgerufen am 17.01.2023)

175 sozialpolitik-aktuell.de; Einkommensteuertarif, Grenz- und Durchschnittssteuersätze 2023 (abgerufen am 17.01.2023)
176 IRS; IRS provides tax inflation adjustments for tax year 2022; 10.11.2022; Statista; Jährliche Entwicklung des Wechselkurses des Euro gegenüber dem US-Dollar von 1999 bis 2022 (abgerufen am 17.01.2023)
177 Australian Government; Individual income tax rates (abgerufen am 17.01.2023)
178 Government of Canada; Tax brackets and rates (abgerufen am 17.01.2023)
179 KPMG; New Zealand – Taxation of international executives; 1.2021 (abgerufen am 17.01.2023)
180 WKO; Steuersätze in den EU-Ländern (abgerufen am 17.01.2023)
181 WKO; Steuersätze in den EU-Ländern (abgerufen am 17.01.2023)
182 Die Bundesregierung; Scholz: »Ein gelungenes Paket« (abgerufen am 17.01.2023)
183 Welt; Umverteilung statt Investitionen – Das macht der Staat mit unserem Geld; 06.10.2022 (abgerufen am 17.01.2023)
184 Statista; Körperschaftsteuersätze in ausgewählten Ländern weltweit im Jahr 2022 (abgerufen am 17.01.2023)
185 Einen Überblick über die Körperschaftsteuersätze in ausgewählten Ländern weltweit im Jahr 2021 bietet die Webseite: https://de.statista.com/statistik/daten/studie/1225581/umfrage/unternehmenssteuern-ausgewaehlter-laendern/ (abgerufen am 17.01.2023)
186 BR; Erbschaftsteuer wird für viele steigen: Wie gerecht ist das?; 28.11.2022 (abgerufen am 17.01.2023)
187 Ebenda.
188 Deutscher Bundestag; Oppositionsantrag gegen höhere Erbschaftsteuer abgelehnt (abgerufen am 17.01.2023)
189 Zur Ausgestaltung der deutschen Schenkung- und Erbschaftsteuer siehe beispielsweise: https://www.steuerklassen.com/erbschaftssteuer/schenkungssteuer/steuerpflichtig/«; steuertipps.de; Freibeträge bei der Erbschaftsteuer und Schenkungsteuer; 20.09.2021 (abgerufen am 17.01.2023)
190 steuertipps.de; Freibeträge bei der Erbschaftsteuer und Schenkungsteuer; 20.09.2021 (abgerufen am 17.01.2023)
191 Focus online; Ein Gesetz könnte das Erben von Immobilien bald richtig teuer machen; 13.10.2022 (abgerufen am 17.01.2023)
192 BR; Krankenkassenbeiträge steigen auf neuen Rekordwert; 19.10.2022 (abgerufen am 17.01.2023)
193 Börsen Zeitung; »Über einen Energie-Soli nachdenken«; 30.09.2022 (abgerufen am 17.01.2023)
194 WiWo; EZB-Chefvolkswirt Lane plädiert für Steuererhöhungen für Reiche; 27.09.2022 (abgerufen am 17.01.2023)

195 Welt; Saskia Esken fordert Vermögenssteuer zum Aufbau der Ukraine; 26.10.2022 (abgerufen am 17.01.2023)

196 Tagesschau; Schlechtere Startchancen in Deutschland; 17.01.2022 (abgerufen am 17.01.2023)

197 bundestag.de: https://www.bundestag.de/webarchiv/textarchiv/2015/kw09_de_nachhaltigkeitsziele-36046; rnd; Göring-Eckardt zu Lindner: Finanzminister sollte »nicht nur für den obersten Teil« da sein; 25.06.2022; Welt; »Ohne Umverteilung gibt es keine linke Politik«; 16.03.2018s; Spiegel; Juso-Vorsitzende vermisst Umverteilung; 16.10.2021; FAZ; Umverteilung nach ökologischem Fußabdruck; 29.05.2021; OZ; Grünen-Chefin für Umverteilung der Belastungen durch Ukraine-Krieg; 22.04.2022; Rheinische Post; Grüne-Jugend-Sprecher Timon Dzienus »Der Krieg verschärft soziale Schieflagen im Turbogang«; 8.04.2022 (abgerufen am 17.01.2023)

198 Welt; Jetzt macht sich die SPD an die große Umverteilung; 8.11.2022

199 Tagesspiegel; »Überwindung des Kapitalismus«: Juso-Chef Kühnert will Unternehmen wie BMW kollektivieren; 01.05.2019 (abgerufen am 17.01.2023)

200 Bundesministerium für Arbeit und Soziales; Informationen zum Bürgergeld (abgerufen am 17.01.2023)

201 Arbeitsagentur.de; Einführung Bürgergeld; Vorwärts; Kompromiss: Welche Sanktionen beim Bürgergeld nun möglich sind; 23.11.2022; Focus online; Jobcenter-Mitarbeiterin rechnet mit Bürgergeld ab: »Vollzeit lohnt sich nicht mehr«; 18.10.2011; Tagesspiegel; Gutachten vom Bundesrechnungshof: Geplantes Bürgergeld könnte zu massivem Missbrauch führen; 17.10.2022; Focus online; Europäischer Vergleich – Wir zahlen Bürgergeld – so gehen unsere Nachbarn mit Arbeitslosen um; 23.09.2022 (abgerufen am 17.01.2023)

202 Focus online; Neue Studie zeigt Umfrage unter Hartz-IV-Empfängern: »Viele nutzen das System aus«; 05.08.2022 (abgerufen am 17.01.2023)

203 Tagesspiegel; Gutachten vom Bundesrechnungshof: Geplantes Bürgergeld könnte zu massivem Missbrauch führen; 17.10.2022 (abgerufen am 17.01.2023)

204 Handelsblatt; Ampelkoalition lässt Bundesrechnungshof nicht bei Bürgergeld-Anhörung auftreten; 20.10.2022 (abgerufen am 17.01.2023)

205 Focus online; »Viele fragen sich, warum soll ich morgen um 7 Uhr schon arbeiten?«; 12.09.2022 (abgerufen am 17.01.2023)

206 ZDF; IAB-Studie: Deutschland droht hoher Arbeitskräfteverlust; 21.11.2022 (abgerufen am 17.01.2023)

207 Die Bundesregierung; Arbeitsmarkt auch am Jahresende robust (abgerufen am 17.01.2023)

208 ifo; Fachkräftemangel steigt auf Allzeithoch; 02.08.2022 (abgerufen am 17.01.2023)

209 IWD; Bildungsmonitor 2022: Schwächen im Bildungssystem; 17.08.2022 (abgerufen am 16.01.2023)
210 bitkom; IT-Fachkräftelücke wird größer: 96.000 offene Jobs; 03.01.2023 (abgerufen am 17.01.2023)
211 Statista; Anzahl der offenen Stellen für IT-Fachkräfte in Unternehmen in Deutschland in den Jahren 2007 bis 2022 (abgerufen am 17.01.2023)
212 BCG; The Future of Jobs in the Era of AI; 18.03.2021 (abgerufen am 17.01.2023)
213 Stern; Tesla-Hacker will auswandern: »IT-Talente versauern in Deutschland«; 27.06.2022 (abgerufen am 17.01.2023)
214 rnd; Verband: Rund 250.000 Handwerker fehlen bundesweit – nicht nur Energiewende in Gefahr; 03.07.2022 (abgerufen am 17.01.2023)
215 iW; KOFA-Studie 3/2022 (abgerufen am 17.01.2023)
216 WiWo; Warum Hochqualifizierte Deutschland den Rücken kehren; 04.08.2021
217 Destatis; Pressemitteilung Nr. N 069 vom 29. November 2022 (abgerufen am 17.01.2023)
218 Uno Flüchtlingshilfe; Zahlen & Fakten zu Menschen auf der Flucht (abgerufen am 17.01.2023)
219 BAMF; Asylberechtigung; 14.11.2019
220 NZZ; Mattias Tesfaye: »Die Hälfte der Asylbewerber in Europa ist in keiner Weise schutzbedürftig, und es sind mehrheitlich junge Männer«; 20.01.2022 (abgerufen am 17.01.2023)
221 Ebenda.
222 Tagesschau; EU-Kommission fordert mehr Zusammenarbeit; 25.11.2022
223 Frankfurter Allgemeine; Bandengewalt in Stockholm: Opfer und Täter werden immer jünger; 22.01.2023
224 NZZ; Mattias Tesfaye: »Die Hälfte der Asylbewerber in Europa ist in keiner Weise schutzbedürftig, und es sind mehrheitlich junge Männer«; 20.01.2022 (abgerufen am 17.01.2023)
225 Trading Economics, Denmark Asylum Applications (abgerufen am 17.01.2023)
226 Statista, Anzahl der Asylanträge (Erstanträge) in Deutschland von Dezember 2021 bis Dezember 2022 (abgerufen am 17.01.2023)
227 Mediendienst Integration; Syrische Flüchtlinge; ntv; Drei Millionen mehr seit 2014 Flüchtlinge lassen Deutschland wachsen; 30.11.2022 (abgerufen am 17.01.2023)
228 Evangelisch.de; Ökonom Fratzscher: Flüchtlinge werden Renten der Babyboomer zahlen; 12.03.2016 (abgerufen am 17.01.2023)
229 Zeit; Erwerbstätigenquote unter Zuwanderern aus Syrien steigt; 14.07.2021 (abgerufen am 17.01.2023)
230 Ärzteblatt; In Deutschland arbeiten: Woher kommen ausländische Ärztinnen und Ärzte?; 12.05.2022 (abgerufen am 17.01.2023)

231 Zeit; Erwerbstätigenquote unter Zuwanderern aus Syrien steigt; 14.07.2021 (abgerufen am 17.01.2023)
232 MDR; Arbeit: Haben es Menschen aus Syrien in Deutschland schwerer?; 11.05.2022 (abgerufen am 17.01.2023)
233 WSJ; Germany Is Short of Workers, but Its Migrants Are Struggling to Find Jobs; 12.12.2022 (abgerufen am 17.01.2023)
234 Statista; Höhe der Kosten des Bundes in Deutschland für Flüchtlinge und Asyl von 2021 bis 2026 (abgerufen am 17.01.2023)
235 NZZ; Deutschland sucht dringend Fach- und Hilfskräfte – und versorgt viele Flüchtlinge zugleich seit Jahren auf Staatskosten; 08.10.2022 (abgerufen am 17.01.2023)
236 Der Westen; Hartz 4 und Bürgergeld: ARD-Talk über heißes Eisen Ausländeranteil – »Völlig anderer Kreis«; 22.11.2022; ARD Presseclub: https://www.ardmediathek.de/sendung/presseclub/Y3JpZDovL2Rhc2Vyc3RlLmRlL3ByZXNzZWNsdWI (abgerufen am 17.01.2023)
237 Münchner Merkur; Hartz IV: Ansprüche von Ausländern haben sich fast verdoppelt; 26.07.2021 (abgerufen am 17.01.2023)
238 Der Westen; Hartz 4 und Bürgergeld: ARD-Talk über heißes Eisen Ausländeranteil – »Völlig anderer Kreis«; 22.11.2022; ARD Presseclub: https://www.ardmediathek.de/sendung/presseclub/Y3JpZDovL2Rhc2Vyc3RlLmRlL3ByZXNzZWNsdWI (abgerufen am 17.01.2023)
239 FAZ; Wie die Sozialpolitik Flüchtlinge ausblendet (abgerufen am 17.01.2023)
240 Bayerisches Staatsministerium des Innern, für Sport und Integration; Herrmann: Wo bleibt die Rückführungsoffensive?; 04.11.2022 (abgerufen am 17.01.2023)
241 Bundesagentur für Arbeit; Kindergeld für Menschen im oder aus dem Ausland (abgerufen am 17.01.2023)
242 Rheinische Post, BAMF-Chef moniert falsche Anreize für potenzielle Flüchtlinge, 09.07.2019 (abgerufen am 17.01.2023)
243 NZZ; Deutschland steht vor einer neuen Migrations- und Flüchtlingskrise – und kaum einer will es wahrhaben; 28.09.2022 (abgerufen am 17.01.2023)
244 Welt; Bürgergeld bedeutet wohl höchste Sozialhilfe für Asylzuwanderer in EU; 20.11.2022 (abgerufen am 17.01.2023)
245 Welt; Bürgergeld bedeutet wohl höchste Sozialhilfe für Asylzuwanderer in EU; 20.11.2022 (abgerufen am 17.01.2023)
246 Süddeutsche Zeitung; Debatte über Leistungen für Flüchtlinge; Kritik an Gentges; 12.08.2022 (abgerufen am 17.01.2023)
247 SWR; »Fehlanreize«: Gentges kritisiert höhere Sozialleistungen für Flüchtlinge; 10.08.2022 (abgerufen am 17.01.2023)
248 Welt; CSU fordert Sachleistungen statt Bargeld für Asylbewerber; 20.05.2018 (abgerufen am 17.01.2023)

249 Welt; Asylbewerber zieht es vor allem nach Deutschland; 28.06.2022; Welt; In keinem anderen EU-Land wurden so viele Asylanträge gestellt wie in Deutschland; 28.12.2022 (abgerufen am 17.01.2023)
250 Welt; Asylbewerber zieht es vor allem nach Deutschland; 28.06.2022 (abgerufen am 17.01.2023)
251 FAZ; Unruhe in der Türkei: Hetze und Hass gegen syrische Geflüchtete nehmen zu; 08.10.2022 (abgerufen am 17.01.2023)
252 BAMF; aktuelle Zahlen; Tagesschau; Bilanz für 2022; Zahl der Asylanträge steigt um 27,9 Prozent; 11.01.2023 (abgerufen am 17.01.2023)
253 Focus online; Wer die neue Flüchtlingskrise verstehen will, muss diese Orte kennen; 01.12.2022 (abgerufen am 17.01.2023)
254 Tagesschau; Flucht über das Mittelmeer EU-Kommission fordert mehr Zusammenarbeit; 25.11.2022 (abgerufen am 17.01.2023)
255 Welt; Deutschland ist das Land der Obergrenzen – außer bei Flüchtlingen; 3.11.2022 (abgerufen am 17.01.2023)
256 Spiegel; Knapp 300.000 Menschen in Deutschland sind ausreisepflichtig; 24.06.2022 (abgerufen am 17.01.2023)
257 Cicero; Polizeigewerkschaft schlägt Alarm – »Wir stecken schon mittendrin in der nächsten Flüchtlingskrise«; 30.09.2022 (abgerufen am 17.01.2023)
258 ntv; Bahn stellt Waggons bereit: Schweiz winkt Migranten durch zu deutscher Grenze; 02.11.2022 (abgerufen am 17.01.2023)
259 Focus online; »Wir erlauben formell die Weiterreise«; Die Schweiz wird zum Schlupfloch für Flüchtlinge nach Deutschland; 11.01.2023 (abgerufen am 17.01.2023)
260 Welt; Deutschland ist das Land der Obergrenzen – außer bei Flüchtlingen; 03.11.2022 (abgerufen am 17.01.2023)
261 DW; Flüchtlinge in Deutschland – Faktencheck: Kommen 2022 mehr Flüchtlinge als 2015/2016?; 16.11.2022 (abgerufen am 17.01.2023)
262 NZZ; Deutschland steht vor einer neuen Migrations- und Flüchtlingskrise – und kaum einer will es wahrhaben; 28.09.2022 (abgerufen am 17.01.2023)
263 Welt; Illegale Migration nimmt zu – Grenzschützer kritisieren Faeser; 30.10.2022 (abgerufen am 17.01.2023)
264 DW; Gauck: »Unser Herz ist weit, doch unsere Möglichkeiten sind endlich«; 27.09.2015 (abgerufen am 17.01.2023)
265 Welt; Deutschland ist das Land der Obergrenzen – außer bei Flüchtlingen; 03.11.2022 (abgerufen am 17.01.2023)
266 FAZ; Wer kommt, darf bleiben, und seien es noch so viele; 03.11.2022 (abgerufen am 17.01.2023)
267 Berlin Institut; Die Zukunft der globalen Migration (abgerufen am 17.01.2023)

268 Focus online; »Armutsmigration nach Europa ein Mythos«: Experte erklärt, wer wirklich zu uns kommt; 06.07.2022 (abgerufen am 17.01.2023)
269 Bundesministerium der Verteidigung; Fluchtursachen (abgerufen am 17.01.2023)
270 InterNations; Germany Is the Toughest Country to Handle the Basics of Expat Life (abgerufen am 17.01.2023)
271 Zeit; Drei Viertel der deutschen Auswanderer sind Akademiker; 04.12.2022 (abgerufen am 17.01.2023)
272 bpb; Bevölkerung mit und ohne Migrationshintergrund; 01.01.2022 (abgerufen am 17.01.2023)
273 KMK; KMK stellt sich neuesten Befunden des IQB-Bildungstrends: Gezielte Maßnahmen zur Sicherung der Mindeststandards sind notwendig; 17.10.2022 (abgerufen am 17.01.2023)
274 Querschuesse; Deutschland: Reallohnindex mit Rekordeinbruch; 29.11.2022 (abgerufen am 17.01.2023)
275 Netzwoche; Zürcher IT-Firmen zahlen die zweithöchsten Löhne weltweit; 06.01.2021 (abgerufen am 17.01.2023)
276 Welt; Der Wohlfahrtsstaat mit offenen Grenzen ist ein rot-grünes Luftschloss; 05.12.2022; Der Standard; Flüchtende und Europa: Ein strenges Modell – aber mit Asyloption; 03.01.2023 (abgerufen am 17.01.2023)
277 Welt; Altkanzlerin Merkel verteidigt Entscheidung für russisches Gas; 14.10.2022 (abgerufen am 17.01.2023)
278 Reuters; Trump lashes Germany over gas pipeline deal, calls it Russia's ›captive‹; 11.07.2018 (abgerufen am 17.01.2023)
279 Welt; »Deutschland wird vollkommen abhängig werden von russischer Energie«; 26.09.2018 (abgerufen am 17.01.2023)
280 YouTube; Deutsche Delegation lacht Trump bei UN-Vollversammlung aus; »Abhängigkeit von Russland«; Welt; Maas weist Trumps Kritik an Nord Stream 2 zurück; 27.09.2018 (abgerufen am 17.01.2023)
281 BGR Studie; https://www.bgr.bund.de/DE/Themen/Energie/Downloads/bgr_literaturstudie_methanemissionen_2020.pdf?__blob=publicationFile&v=2 (abgerufen am 17.01.2023)
282 Statista; Vergleich der aus Russland importierten Gasmenge mit den gesamten deutschen Gasimporten von 2011 bis 2020 (abgerufen am 17.01.2023)
283 BP; Statistical Review of World Energy2021; 70th edition https://www.bp.com/content/dam/bp/business-sites/en/global/corporate/pdfs/energy-economics/statistical-review/bp-stats-review-2021-full-report.pdf (abgerufen am 17.01.2023)
284 Zukunft Gas; Die Lage der Gas-Versorgung in Deutschland ist angespannt, aber stabil (abgerufen am 17.01.2023)

285 Der Primärenergieverbrauch entspricht der »benötigte[n] Energiemenge, die mit den natürlich vorkommenden Energieformen bzw. Energiequellen – etwa aus Kohle, Gas, Öl oder von Sonne, Wind etc. – zur Verfügung steht. Mit einem oder mehreren Umwandlungsschritten werden aus der Primärenergie die Sekundärenergieträger wie Strom, Heizöl und Benzin gewonnen.« Umweltbundesamt; Glossar; Primärenergieverbrauch (abgerufen am 17.01.2023)
286 FNR; Bioenergie, Energiedaten (abgerufen am 17.01.2023)
287 Focus online; Die Wahrheit zum drohenden Gasnotstand: 10 Fragen – 10 (unbequeme) Antworten; 05.07.2022 (abgerufen am 17.01.2023)
288 Nord Stream; Die Pipeline (abgerufen am 17.01.2023)
289 Stern; Jürgen Trittin lobt Bau der Ostsee-Pipeline; 09.04.2010 (abgerufen am 17.01.2023)
290 Nord Stream; Die Pipeline (abgerufen am 17.01.2023))
291 Wikipedia; Nord_Stream (abgerufen am 17.01.2023)
292 Focus online; Der deutsche Gasverbraucher ist der Dumme – und zwar gleich doppelt; 30.08.2022 (abgerufen am 17.01.2023)
293 Effizienzhaus-online; Förderung Gasheizung: Unterstützung von BAFA und KfW (abgerufen am 17.01.2023)
294 Handelsblatt; Deutsche installieren 2021 so viele Gasheizungen wie seit 25 Jahren nicht mehr; 15.02.2022 (abgerufen am 17.01.2023)
295 Focus online; Die Wahrheit zum drohenden Gasnotstand: 10 Fragen – 10 (unbequeme) Antworten; 05.07.2022 (abgerufen am 17.01.2023)
296 FAZ; Energie in Deutschland – in täglich aktualisierten Grafiken https://www.faz.net/aktuell/wirtschaft/zahlen-zu-strom-und-gas-so-hart-trifft-die-krise-deutschland-18232227.html (abgerufen am 17.01.2023)
297 Statista; Statistiken zum Thema Wohnen (abgerufen am 17.01.2023)
298 Spiegel; Heizen mit Gas und Öl ist doppelt so teuer wie 2020; 27.09.2022 (abgerufen am 17.01.2023)
299 Spiegel; USA wohl bald wichtigster LNG-Lieferant für die EU; 22.09.2022 (abgerufen am 17.01.2023)
300 Tagesschau; Energiepreise senken Wirtschaftsleistung; 08.11.2022; WiWo; Hohe Energiepreise: Deutschland verliert fast 110 Milliarden; 08.11.2022 (abgerufen am 17.01.2023)
301 Münchner Merkur; »Verantwortungslos, Geschwätz, Narrenschiff Utopia«: Baywa-Chef rechnet mit Ampel ab; 23.11.2022 (abgerufen am 17.01.2023)
302 Berliner Zeitung; Sagenhafte Profite bei LNG: »Es ist eine unglaubliche Arbitrage«; 17.08.2022 (abgerufen am 17.01.2023)
303 Berliner Zeitung; Sagenhafte Profite bei LNG: »Es ist eine unglaubliche Arbitrage«; 17.08.2022 (abgerufen am 17.01.2023)
304 Berliner Zeitung; Sagenhafte Profite bei LNG: »Es ist eine unglaubliche Arbitrage«; 17.08.2022 (abgerufen am 17.01.2023)

305 Market Insider, LNG ships now cost a record high near $400,000 per day as Europe scrambles to resolve its gas crisis, 11.10.2022 (abgerufen am 17.01.2023)
306 FAZ; Habeck beklagt »Mondpreise« für Gas aus befreundeten Ländern; 05.10.2022 (abgerufen am 17.01.2023)
307 Bundesregierung; Bulletin 133–120. Oktober 2022 (abgerufen am 17.01. 2023)
308 Handelsblatt; Rekordgewinne: Norwegen profitiert von den stark gestiegenen Gaspreisen; 19.10.2022 (abgerufen am 17.01.2023)
309 ntv; Netzagentur mit Jahresbilanz: Jetzt ist Norwegen der wichtigste Gaslieferant; 6.01.2023 (abgerufen am 17.01.2023)
310 Business Insider; Bis zu 200 Millionen Dollar pro Lieferung: Wie Händler mit dem Export von US-Erdgas nach Europa ein Vermögen machen; 17.08.2022 (abgerufen am 17.01.2023)
311 Market Insider, LNG ships now cost a record high near $400,000 per day as Europe scrambles to resolve its gas crisis, 11.10.2022 (abgerufen am 17.01.2023)
312 Bloomberg; Macron Accuses US of Trade ›Double Standard‹ Amid Energy Crunch; 21.10.2022
313 Bloomberg; Macron Accuses US of Trade ›Double Standard‹ Amid Energy Crunch; 21.10.2022 (abgerufen am 17.01.2023)
314 BGR; Literaturstudie zur Klimarelevanz von Methanemissionen bei der Erdgasförderung sowie dem Flüssiggas- und Pipelinetransport nach Deutschland 01/2020 (abgerufen am 17.01.2023)
315 Greenpeace; LNG – sechs Mythen zu Flüssiggasterminals Hintergrund 28.04.2022 (abgerufen am 17.01.2023)
316 WiWo; Jetzt werden wir bei LNG-Tankern von China abhängig; 22.10.2022 (abgerufen am 17.01.2023)
317 Bündnis90/Die Grünen; Erneuerbare und Energieeffizienz statt Fracking; 31.10.2022 (abgerufen am 17.01.2023)
318 Der Westen; Gas: Deutschland hätte eigene Vorräte für 30 Jahre – aber Habeck will sie nicht; 03.07.2022 (abgerufen am 17.01.2023)
319 Bündnis90/Die Grünen; Erneuerbare und Energieeffizienz statt Fracking; 31.10.2022 (abgerufen am 17.01.2023)
320 Der Standard; Deutsche Grüne billigen Einsatzreserve von zwei Atomkraftwerken; 14.10.2022 (abgerufen am 17.01.2023)
321 Spiegel; Minister für Doppelmoral; 12.07.2022 (abgerufen am 17.01.2023)
322 Finanz Nachrichten; Wirtschaftsweise Grimm warnt vor Kostenlawine; 16.10.2022 (abgerufen am 17.01.2023)
323 https://strom-report.de/strompreise-europa/ (abgerufen am 17.01.2023)
324 https://www.verivox.de/strom/verbraucheratlas/strompreise-weltweit/ (abgerufen am 17.01.2023)

325 rnd; Stromkosten erreichen Rekordhöhe; 28.01.2021 (abgerufen am 17.01.2023)
326 rnd; Stromkosten erreichen Rekordhöhe; 28.01.2021 (abgerufen am 17.01.2023)
327 https://www.verivox.de/strom/verbraucheratlas/strompreise-weltweit/ (abgerufen am 17.01.2023)
328 Bundesministerium für Umwelt, Naturschutz, nukleare Sicherheit und Verbraucherschutz (BMUV); 30.07.2004 | Pressemitteilung Nr. 231/04 | Energieeffizienz (abgerufen am 17.01.2023)
329 Bundesministerium der Finanzen; Glossar (abgerufen am 17.01.2023)
330 bundesregierung.de; EEG-Umlage fällt weg: Stromkunden werden entlastet; 28.05.2022 (abgerufen am 17.01.2023)
331 https://www.eon.de/de/pk/strom/preisbildung-strom.html (abgerufen am 17.01.2023)
332 https://www.benzinpreis.de (abgerufen am 17.01.2023)
333 https://ourworldindata.org/grapher/oil-production-by-country?time=1945.latest&country=QAT~OMN~SAU~NOR~IRQ~USA~ARE~RUS (abgerufen am 17.01.2023)

Kapitel 4

334 WiWo; Deutschland im Wohlstandsstress; 09.01.2022 (abgerufen am 17.01.2023)
335 KAS; Ausgabe 575; Interview: Greenflation?; 25.07.2022 (abgerufen am 17.01.2023)
336 WSJ; World's Dumbest Energy Policy; 29.01.2019 (abgerufen am 17.01.2023)
337 Sachverständigenrat; Sondergutachten 2019 – Aufbruch zu einer neuen Klimapolitik (abgerufen am 17.01.2023)
338 pv-magazine; Europäische Experten sehen deutsche Energiewende kritisch; 19.12.2019; Weltenergierat Deutschland; German Energy Policy – a Blueprint for the World?Summary Results – World Energy Council – Germany 12.2019: https://www.weltenergierat.de/wp-content/uploads/2019/12/Blueprint_Highlights_22019.pdf (abgerufen am 17.01.2023)
339 Twitter; Karl_Lauterbach; 17.10.2022 (abgerufen am 17.01.2023)
340 Querschuesse; Deutschland installierte Windkraftanlagen (abgerufen am 17.01.2023)
341 Bundesministerium für Wirtschaft und Klimaschutz; Überblickspapier Osterpaket; 6.04.2022: https://www.bmwk.de/Redaktion/DE/Downloads/Energie/0406_ueberblickspapier_osterpaket.pdf?__blob=publicationFile&v=12 (abgerufen am 17.01.2023)
342 Querschuesse; Deutschland installierte Windkraftanlagen (abgerufen am 17.01.2023)

343 FAZ; Ausbau von Windrädern kommt nicht in Schwung; 20.10.2022 (abgerufen am 17.01.2023)

344 https://globalwindatlas.info/en/ (abgerufen am 17.01.2023)

345 FAZ; Weniger Genehmigungen: Ausbau von Windrädern kommt nicht in Schwung; 20.10.2022 (abgerufen am 17.01.2023)

346 Tagesschau; Habeck will 500.000 Wärmepumpen jährlich; 29.06.2022 (abgerufen am 17.01.2023)

347 Ebenda.

348 Focus online; Für Ingenieurin ist Habecks Wärmepumpenplan ein unbegreiflicher »Irrsinn«; 19.09.2022 (abgerufen am 17.01.2023)

349 Focus online; Für Ingenieurin ist Habecks Wärmepumpenplan ein unbegreiflicher »Irrsinn«; 19.09.2022 (abgerufen am 17.01.2023)

350 Spiegel, Expertin über die Wärmepumpenpläne des Wirtschaftsministers »Habeck sollte diesen Irrweg beenden«; 15.09.2022 (abgerufen am 17.01.2023)

351 Focus online; Für Ingenieurin ist Habecks Wärmepumpenplan ein unbegreiflicher »Irrsinn«; 19.09.2022 (abgerufen am 17.01.2023)

352 Deutsche Energieagentur; Dena Experten-Umfrage zeigt: Hauseigentümer wollen Wärmepumpen; 18.08.2022 (abgerufen am 17.01.2023)

353 Focus online; Für Ingenieurin ist Habecks Wärmepumpenplan ein unbegreiflicher »Irrsinn«; 19.09.2022 (abgerufen am 17.01.2023)

354 Focus online; Für Ingenieurin ist Habecks Wärmepumpenplan ein unbegreiflicher »Irrsinn«; 19.09.2022 (abgerufen am 17.01.2023)

355 Welt; »Völlig unrealistisch, dass diese Menschen ihre Häuser für Wärmepumpen ertüchtigen«; 21.10.2022 (abgerufen am 17.01.2023)

356 Focus online; Für Ingenieurin ist Habecks Wärmepumpenplan ein unbegreiflicher »Irrsinn«; 19.09.2022 (abgerufen am 17.01.2023)

357 Zeit; Energieversorgung: Netzagentur warnt vor Stromausfällen durch E-Autos und Wärmepumpen; 14.01.2023

358 Hasepost; Lang erwartet Zustimmung für AKW-Streckbetrieb bei Grünen-Parteitag 30.09.2022 (abgerufen am 17.01.2023)

359 Münchner Merkur; Mehrheit für AKW-Weiterbetrieb auch nach April 2023; 21.10.2022; Zeit; Industrie und Parteien fordern AKW-Weiterbetrieb über April hinaus; 19.10.2022 (abgerufen am 17.01.2023)

360 Tagesschau; Atomkraft und Gas Ökolabel – Übergang oder Irrweg?; 6.07.2022 (abgerufen am 17.01.2023) Die Taxonomie ist ein von der EU entwickeltes System zur Festlegung, welche wirtschaftlichen Handlungen klima- und umweltfreundlich sind.

361 ZDF; Markus Lanz 14.12.2022 https://www.zdf.de/gesellschaft/markus-lanz/markus-lanz-vom-14-dezember-2022-100.html (abgerufen am 17.01.2023)

362 Statista; Anzahl der geplanten Atomreaktoren in ausgewählten Ländern weltweit im Juli 2022 (abgerufen am 17.01.2023)

363 Welt; Polen steigt mit Tempo in die Atomkraft ein – und staunt über Deutschland; 02.11.2022; Berliner Zeitung; Polen plant Atomkraftwerk an der Ostsee; 12.01.2023 (abgerufen am 17.01.2023)
364 Spiegel; Fertigstellung bis 2035: Niederlande bauen zwei neue Atomkraftwerke;09.12.2022 (abgerufen am 17.01.2023)
365 Tagesschau; Mehr Standorte für AKW geplant – Schwedens Regierung setzt auf Atomkraft; 11.01.2023 (abgerufen am 17.01.2023)
366 Berliner Morgenpost; Atomkraft: Italien plant Kehrtwende in der Eergiepolitik; 10.12.2022 (abgerufen am 17.01.2023)
367 https://www.gutzitiert.de/zitat_autor_friedrich_duerrenmatt_thema_ideologie_zitat_11732.html (abgerufen am 17.01.2023)
368 Watson; Greta Thunberg: «Es wäre ein Fehler, AKWs in Deutschland abzuschalten»; 11.10.2022 (abgerufen am 17.01.2023)
369 Welt; Die 166 Dokumente, die den Mythos vom fairen AKW-Entscheid entlarven; 28.10.2022 (abgerufen am 17.01.2023)
370 Twitter; Quarks WDR; 24.09.2021 (abgerufen am 17.01.2023)
371 Tagesschau; Längere AKW-Laufzeit würde Strom verbilligen; 14.09.2022 (abgerufen am 17.01.2023)
372 FAZ; Wissing will AKW-Laufzeiten von Experten festlegen lassen; 02.01.2023 (abgerufen am 17.01.2023)
373 Tagesschau; Längere AKW-Laufzeit würde Strom verbilligen; 14.09.2022 (abgerufen am 17.01.2023)
374 NZZ; Längere Laufzeiten der deutschen AKW könnten den Strompreis dämpfen; 7.10.2022 (abgerufen am 17.01.2023)
375 Welt; Die 166 Dokumente, die den Mythos vom fairen AKW-Entscheid entlarven; 28.10.2022; Focus online; Debatte um Laufzeitverlängerung – Habeck ignorierte bei AKW-Frage seine eigenen Fachleute; 29.10.2022 (abgerufen am 17.01.2023)
376 ntv; Wirtschaftsweise für höheren Spitzensteuersatz; 07.11.2022 (abgerufen am 17.01.2023)
377 The European; Hans-Werner Sinn: Wie viel Zappelstrom verträgt das Netz?; 16.11.2022 (abgerufen am 17.01.2023)
378 Spiegel; Leopoldina-Präsident warnt vor Ende der chemischen Industrie in Deutschland, 07.11.2022 (abgerufen am 17.01.2023)
379 Bundesministerium für Wirtschaft und Energie; Entwicklung des Bruttostromverbrauchs bis 2030; 22.10.2021 (abgerufen am 17.01.2023)
380 Fachagentur Nachwachsende Rohstoffe e. V. (FNR); Basisdaten Bioenergie (abgerufen am 17.01.2023)
381 EWI; EWI-Analyse: Das bedeutet der Koalitionsvertrag für den Stromsektor; 6.12.2021 (abgerufen am 17.01.2023); ntv; Studie: Viel mehr Gaskraftwerke benötigt; 06.12.2021 (abgerufen am 17.01.2023)
382 https://app.electricitymaps.com/zone/DE (abgerufen am 17.01.2023)

383 Münchner Merkur; »Verantwortungslos, Geschwätz, Narrenschiff Utopia«: Baywa-Chef rechnet mit Ampel ab; 23.11.2022 (abgerufen am 17.01.2023)
384 Welt; SPD-Politiker Schulz kritisiert Baerbocks Politik »mit dem moralischen Zeigefinger«; 16.09.2022 (abgerufen am 17.01.2023)
385 https://countrymeters.info/de/World (abgerufen am 17.01.2023)
386 ARD; Alpha; Mehr als 8 Milliarden Menschen auf der Erde; 15.11.2022 (abgerufen am 17.01.2023)
387 Destatis; Bevölkerungsstand: Amtliche Einwohnerzahl Deutschlands 2022 (abgerufen am 17.01.2023)
388 https://ourworldindata.org/co2-emissions (abgerufen am 17.01.2023)
389 Statista; CO_2-Emissionen: Größte Länder nach Anteil am weltweiten CO_2-Ausstoß im Jahr 2021 (abgerufen am 17.01.2023)
390 https://ourworldindata.org/co2-emissions (abgerufen am 17.01.2023)
391 2021 stiegen nach einer Analyse der Internationalen Energieagentur (IEA) alleine Chinas CO_2-Emissionen auf über 11,9 Milliarden Tonnen, was 33 Prozent der weltweiten Gesamtemissionen ausmachte; Tagesschau; CO_2-Ausstoß so hoch wie noch nie; 08.03.2022 (abgerufen am 17.01.2023)
392 ZDF heute; Für globalen Klimaschutz »völlig irrelevant«; 02.01.2023 (abgerufen am 17.01.2023)

Kapitel 5

393 pv magazine; Photovoltaik-Zubau von 108 Gigawatt in China 2022 erwartet; 03.06.2022 (abgerufen am 17.01.2023)
394 Scinexx; China führt beim Ausbau der Offshore-Windenergie; 12.08.2022 (abgerufen am 17.01.2023)
395 Digital pioneers; Windenergie: China baut größtes Windrad der Welt – Strom für 30.000 Haushalte; 21.10.2022 (abgerufen am 17.01.2023)
396 Tagesschau; Was die neuen Lieferungen bringen; 29.11.2022 (abgerufen am 17.01.2023)
397 Twitter; Qatar News Agency; 21.11.2022 (abgerufen am 17.01.2023)
398 Focus online; 200 neue Kohlekraftwerke im Bau: China trickst die EU klimapolitisch brutal aus; 09.11.2021 (abgerufen am 17.01.2023)
399 Stern; Greenpeace: China beschleunigt trotz Klimazusagen Genehmigungen für Kohlekraftwerke; 20.07.2022 (abgerufen am 17.01.2023)
400 Statista; Anzahl der geplanten Atomreaktoren* in ausgewählten Ländern weltweit im Juli 2022; Statista; Anzahl der betriebsfähigen* Reaktoren in Kernkraftwerken weltweit nach Ländern im Juli 2022 (abgerufen am 17.01.2023)
401 Focus online; 200 neue Kohlekraftwerke im Bau: China trickst die EU klimapolitisch brutal aus; 09.11.2021 (abgerufen am 17.01.2023)
402 Twitter; Kathrin Henneberger; 27.09.2022 (abgerufen am 17.01.2023)

403 Lexikon der Nachhaltigkeit; Postwachstum und Degrowth (abgerufen am 17.01.2023); Twitter; Kathrin Henneberger; 27.09.2022 (abgerufen am 17.01.2023)

404 European Union; EU Ambassadors Annual Conference 2022: Opening speech by High Representative Josep Borrell; 10.10.2022 (abgerufen am 17.01.2023)

405 Destatis; Pressemitteilung Nr. 068 vom 18.02.2022 (abgerufen am 17.01.2023)

406 Focus online; Deutschland ringt um härteren Kurs; 22.09.2022 (abgerufen am 17.01.2023)

407 Focus online; Deutschland ringt um härteren Kurs; 22.09.2022 (abgerufen am 17.01.2023)

408 NDR; Hamburger Hafen: Kanzleramt will China-Geschäft offenbar durchsetzen; 20.10.2022 (abgerufen am 17.01.2023)

409 ARD; https://www.ardmediathek.de/video/panorama/cum-ex-olaf-scholz-und-die-wahrheit/das-erste/Y3JpZDovL25kci5kZS9lOTJiZjczMi00NTkxLTQ1ZmItYjU3Ni05YTE0MjE1MjY4Y2Q; https://www.ardmediathek.de/video/panorama/cum-ex-olaf-scholz-und-die-wahrheit/das-erste/Y3JpZDovL25kci5kZS9lOTJiZjczMi00NTkxLTQ1ZmItYjU3Ni05YTE0MjE1MjY4Y2Q; Süddeutsche Zeitung; Chinas Beteiligung wird zur Belastungsprobe für die Ampel; 26.10.2022; Spiegel; China verpflichtet ehemalige britische Kampfpiloten als Ausbilder; 19.10.2022 (abgerufen am 17.01.2023)

410 Welt; »Nie wieder von einem Land so abhängig machen, das unsere Werte nicht teilt«; 30.10.2022 (abgerufen am 17.01.2023)

411 Handelsblatt; Wie verschlossen ist China für fremde Investoren wirklich?; 14.11.2022 (abgerufen am 17.01.2023)

412 Berliner Zeitung; Cosco in Hamburg: Wie China Europas Häfen beherrscht; 25.10.2022 (abgerufen am 17.01.2023)

413 DW; Nicht nur Gas: Deutschlands Abhängigkeit von Rohstoffen; 21.10.2022 (abgerufen am 17.01.2023)

414 Welt; Chinesische Polizeistationen im eigenen Land – aber Deutschland zögert; 04.11.2022 (abgerufen am 17.01.2023)

415 Rheinische Post; Deutsche Wirtschaft am Tropf chinesischer Rohstoffe – Abhängigkeit von fast 50 Prozent; 03.06.2022 (abgerufen am 17.01.2023)

416 Focus online; Deutschlands Abhängigkeit von Rohstoffen; 23.10.2022 (abgerufen am 17.01.2023)

417 ZDF heute; 80 Prozent der Solarpaneele werden in China produziert; 07.07.2022 (abgerufen am 17.01.2023)

418 Belfer Center Paper Dezember 2021; https://www.belfercenter.org/sites/default/files/GreatTechRivalry_ChinavsUS_211207.pdf (abgerufen am 17.01.2023)

419 Focus online; Deutschlands Abhängigkeit von Rohstoffen; 23.10.2022 (abgerufen am 17.01.2023)
420 Welt; Deutschland fehlt neue Munition – und ist dabei abhängig von China; 29.11.2022 (abgerufen am 17.01.2023); ntv; Deutschland hat nur Munition für ein bis zwei Tage Krieg; 11.10.2022
421 Die Palladium-Produktion in Russland beläuft sich auf 42 Prozent der weltweiten Produktion von Palladium. Russische Exporte machen insgesamt fast 20 Prozent der Gesamtexporte von Palladium weltweit aus.
422 IW; Kurzbericht Nr. 31; 3.04.2022 https://www.iwkoeln.de/studien/cornelius-baehr-manuel-fritsch-thomas-obst-rohstoffabhaengigkeiten-der-deutschen-industrie-von-russland.html ; AT; Russlands Rohstoffe; Übersicht der Minenindustrie in Russland; Welt Exporte; Made in Russia – die meist exportierten Güter Russlands; 14.06.2022; forstpraxis; Holzverkauf und Holzpreise – Folgen von Russlands Exportverbot von Rundholz; 20.02.2021 (abgerufen am 17.01.2023)
423 Focus online; Mit Diktator-Freund Xi errichtet Putin eine Sowjetunion Superior; 02.09.2022 (abgerufen am 17.01.2023)
424 NZZ; Sollte China wirklich die Chip-Hochburg Taiwan angreifen, drohte der Weltwirtschaft eine Katastrophe; 03.08.2022 (abgerufen am 17.01.2023)
425 Bloomberg; Xi's Fiery Taiwan Rhetoric Raises Risk of War in His Third Term; 17.10.2022 (abgerufen am 17.01.2023)
426 Welt; »Nie wieder von einem Land so abhängig machen, das unsere Werte nicht teilt«; 30.10.2022 (abgerufen am 17.01.2023)
427 FAZ; Die Industrie verlässt Deutschland; 26.09.2022 (abgerufen am 17.01.2023)

Kapitel 6

428 NDR; Erich Maria Remarque: Mit »Im Westen nichts Neues« zum Star; 09.09.2020 (abgerufen am 17.01.2023)
429 ZDF heute; 300.000 Reservisten eingezogen: Russland verkündet Ende der Teilmobilmachung; 28.10.2022 (abgerufen am 17.01.2023)
430 Der Standard; Putin beruft 300.000 Reservisten in den Krieg gegen die Ukraine; 21.09.2022 (abgerufen am 17.01.2023)
431 ZDF Atomwaffen; Putins Drohungen: Nato plant für Ernstfall; 13.10.2022 (abgerufen am 17.01.2023)
432 Zeit; Scholz rechtfertigt Energielieferungen aus Russland; 23.03.2022 (abgerufen am 17.01.2023)
433 Euronews; Baerbocks Bekenntnis zur Ukraine: »Bereit, selber hohen wirtschaftlichen Preis zu bezahlen«; 07.02.2022 (abgerufen am 17.01.2023)

434 Focus online; Sanktionen funktionieren anders als gedacht – 5 Lektionen aus dem Ukraine-Krieg; 20.09.2022 (abgerufen am 17.01.2023)
435 Focus online; Baerbock will, dass Russland »jahrelang nicht mehr auf die Beine kommt«; 02.05.2022 (abgerufen am 17.01.2023)
436 Ebenda.
437 Trading Economics; Russia Monthly GDP (abgerufen am 17.01.2023)
438 ntv; Russland verdient deutlich mehr mit Gas und Öl; 16.01.2023
439 In der Leistungsbilanz werden sämtliche Transaktionen mit dem Ausland, das heißt der Warenhandel, der Handel mit Dienstleistungen und die laufenden Übertragungen erfasst.
440 Onvista; Russland vor Rekordüberschuss in Leistungsbilanz durch hohe Exporteinnahmen; 10.12.2022 (abgerufen am 17.01.2023)
441 Deutschlandfunk; Sanktionen gegen Russland: Von Wirkung und Wirkungslosigkeit wirtschaftlicher Strafmaßnahmen; 07.11.2022 (abgerufen am 17.01.2023)
442 ntv; Nächstes LNG-Terminal geht ans Netz; 14.01.2023 (abgerufen am 17.01.2023)
443 Tagesschau; Die Macht des Gazprom-Konzerns; 15.02.2022; Focus online; Putins Machtmaschine; 9.10.2022 (abgerufen am 17.01.2023)
444 abgeordnetenwatch.de; Christoph Hoffmann; Wann und durch wen wurden die aktuell noch bis 2030 laufenden Gaslieferverträge mit Russland abgeschlossen?; 18.07.2022 (abgerufen am 17.01.2023)
445 WiWo; Infografik: Welche Länder Russland sanktionieren – und wer sich enthält; 06.05.2022 (abgerufen am 17.01.2023); Die Webseite https://www.russiafossiltracker.com/ zeigt mit einem knappen Zeitversatz, wohin wie viel Energie von Russland exportiert wird und wie viel Geld jeweils für Gas, Kohle und Öl nach Russland fließt.
446 Tagesschau; Hohe Energiepreise: Deutsche Stahlwerke haben das Nachsehen; 29.09.2022 (abgerufen am 17.01.2023)
447 TIAM Fundresearch; Hohe Energiepreise: Chemieindustrie drosselt Produktion weiter; 14.11.2022 (abgerufen am 17.01.2023)
448 Berliner Zeitung; »Wenn die Politik so weitermacht, wird die Aluminiumindustrie aus Deutschland verschwinden«; 28.10.2022 (abgerufen am 17.01.2023)
449 ARD; Monitor vom 09.06.2022; https://www.ardmediathek.de/video/monitor/monitor-vom-09-06-2022/das-erste/Y3JpZDovL3dkci5kZS9C-ZWl0cmFnLTg5YjdkZDMzLTM4YWMtNGQ0YS1iNDkzLTU0NDY-yMDgzNjBlZQ (abgerufen am 17.01.2023)
450 Tagesschau; Trotz Embargo der EU Griechische Tanker für Putins Öl; 09.06.2022 (abgerufen am 17.01.2023)
451 Stuttgarter Nachrichten; Erfolgreich wie der Tankerkönig; 14.03.2022 (abgerufen am 17.01.2023)

452 Tagesschau; Trotz Embargo der EU Griechische Tanker für Putins Öl; 09.06.2022 (abgerufen am 17.01.2023)
453 Ebenda.

Kapitel 7

454 Ludwig Erhard Stiftung; Es wird Zeit!; 15.11.2021 (abgerufen am 17.01. 2023)
455 manager magazin; DIW-Chef Marcel Fratzscher »Die Inflation ist eigentlich meine geringste Sorge«; 18.09.2021 (abgerufen am 17.01.2023)
456 Statista; Deutsche sehen Inflation als größtes Problem; 16.08.2022 (abgerufen am 17.01.2023)
457 Tagesspiegel; Höchste Rate seit 70 Jahren: Inflation steigt im September auf 10 Prozent; 29.09.2022 (abgerufen am 17.01.2023)
458 DW; Inflation in Deutschland auf höchstem Stand seit 70 Jahren; 29.09.2022 (abgerufen am 17.01.2023)
459 DW; Inflation in Deutschland auf höchstem Stand seit 70 Jahren; 29.09.2022 (abgerufen am 17.01.2023)
460 FAZ; Von 3600 Euro netto bleibt jetzt nichts mehr übrig; 13.09.2022 (abgerufen am 17.01.2023)
461 WiWo; Drohen der Mittelschicht jetzt wirklich Pleite und Altersarmut?; 16.09.2022 (abgerufen am 17.01.2023); FAZ; Von 3600 Euro netto bleibt jetzt nichts mehr übrig; 13.09.2022 (abgerufen am 17.01.2023)
462 Welt; Arbeitgeberpräsident sieht Rentensystem vor Zusammenbruch; 30.10.2022 (abgerufen am 17.01.2023)
463 msn; Lagarde says inflation crisis came from ›nowhere‹; describes Putin as ›a terrifying man‹, 29.10.2022 (abgerufen am 17.01.2023)
464 Tagesgeldvergleich; Bilanzsummen der Zentralbanken (abgerufen am 17.01.2023)
465 Handelsblatt; Was von Friedman bleibt; 20.11.2006 (abgerufen am 17.01. 2023)
466 Focus online; Euro-Architekt Issing: »Notenbank hat Lage nicht mehr unter Kontrolle« (abgerufen am 17.01.2023)
467 web.de; »Madame Inflation« schafft jeden Tag 5,7 Milliarden Euro neu; 26.11.2021 (abgerufen am 17.01.2023)
468 Handelsblatt; Anzeige: 10 Prozent Inflation: Die Inflationsrate in Deutschland von 2005 bis 2022; 30.12.2022 (abgerufen am 17.01.2023)
469 bip; Das Lexikon der Wirtschaft; Geldmenge (abgerufen am 17.01.2023)
470 Statista; Entwicklung der Geldmenge M3 in der Eurozone von 1999 bis August 2022; 30.09.2022 (abgerufen am 17.01.2023)
471 Statista; Bestand des erweiterten Anleihekaufprogramms der EZB von März 2015 bis September 2022; 13.10.2022 (abgerufen am 17.01.2023)

472 ntv; Energiewende heizt Preise an: Experten warnen vor »Greenflation«; 09.01.2022 (abgerufen am 17.01.2023)
473 Stiftung Warentest; CO_2-Steuer – einfach erklärt; 13.09.2022 (abgerufen am 17.01.2023)
474 WiWo; Wirtschaftsexperten: Rohstoffpreise gefährden Energiewende; 9.01.2022 (abgerufen am 17.01.2023)
475 ntv; Energiewende heizt Preise an: Experten warnen vor »Greenflation«; 09.01.2022 (abgerufen am 17.01.2023)
476 inderes; We might be stuck with high inflation for a while; 29.09.2022 (abgerufen am 17.01.2023)
477 IW; Inflation: Regierung entlastet kurzfristig alle Steuerzahler; IW-Kurzbericht; 6.03.2020; https://www.iwkoeln.de/studien/martin-beznoska-tobias-hentze-regierung-entlastet-kurzfristig-alle-steuerzahler.html (abgerufen am 17.01.2023)
478 Focus online; 60 Milliarden Euro mehr Einnahmen DIW-Präsident Fratzscher: »Der Staat ist gerade der große Gewinner der Inflation«; 01.10.2022 (abgerufen am 17.01.2023)
479 Gabler Banklexikon; Definition – Geldwertstabilität (abgerufen am 17.01.2023)
480 Matthias Weik und Marc Friedrich: Der größte Raubzug der Geschichte – warum die Fleißigen immer ärmer und die Reichen immer reicher werden, Tectum Verlag, Marburg 2012; *siehe auch Manager Magazin:* Euro-Krise. EZB beschließt Kauf von Staatsanleihen, 10. Mai 2010.
481 Welt online: Euro-Schuldensünder. Griechenland hortet vier Millionen Unzen Gold, 27. Juni 2011; Ludwig von Mises Institut Deutschland; Die EZB und das Verbot der monetären Staatsfinanzierung. Ein (Er-)Klärungsversuch; 19.05.2020; FAZ; Anleihe-Kaufprogramm : Warum die EZB Verbotenes tut; 24.01.2018 (abgerufen am 17.01.2023)
482 Focus online; Italien wird für die Eurozone einmal mehr zur Zeitbombe; 16.01.2023 (abgerufen am 17.01.2023)
483 The Spectator; Mervyn King said the unsayable about Britain's economy; 23.10.2022 (abgerufen am 17.01.2023)
484 https://www.finanzen.net/devisen/dollarkurs (abgerufen am 17.01.2023)
485 EZB; Unser Geld (abgerufen am 17.01.2023)
486 https://www.boerse.de/historische-kurse/EUR-CHF/EU0009654078 (abgerufen am 17.01.2023)
487 https://www.finanzen.net/devisen/euro-schweizer_franken-kurs/historisch (abgerufen am 17.01.2023)
488 Tagesschau; Wie gefährlich sind die Target2-Salden für Deutschland? 21.09.2020 (abgerufen am 17.01.2023)
489 Bundesbank; TARGET2-Saldo; (abgerufen am 17.01.2023)
490 Welt; Die Währungsunion wird zerfallen – Anleger sollten frühzeitig Konsequenzen ziehen; 18.11.2022 (abgerufen am 17.01.2023)

491 Statista; Höhe der Nettozahlungen von Deutschland an die Europäische Union (EU) bezogen auf den EU-Haushalt von 2000 bis 2020 ; 10.06.2022 (abgerufen am 17.01.2023); IW; Wer finanziert die EU; IW Report Nr. 55; 2.11.2022 (abgerufen am 17.01.2023)

492 IW; Wer finanziert die EU; IW Report Nr. 55; 02.11.2022 (abgerufen am 17.01.2023)

493 IW; Wer finanziert die EU; IW Report Nr. 55; 02.11.2022 (abgerufen am 17.01.2023)

494 Deutschlandfunk; Italien; Parteien ohne Volk; 21.02.2018 (abgerufen am 17.01.2023)

495 Spiegel; Was der Rechtsruck für Italien bedeutet; 26.09.2022 (abgerufen am 17.01.2023)

496 Bundesministerium des Innern und für Heimat; Rechtsextremismus bekämpfen: Mit Prävention und Härte (abgerufen am 17.01.2023)

497 Tagesspiegel; »Keine Regierung unter der Postfaschistin Meloni«: EU-Politiker warnen vor Rechtsbündnis in Italien; 26.09.2022 (abgerufen am 17.01.2023)

498 »Um den Median (Zentralwert) zu berechnen, werden alle Personen ihrem Vermögen nach aufsteigend sortiert. Der Median ist der Vermögenswert derjenigen Person, die die Bevölkerung in genau zwei Hälften teilt. Das heißt, die eine Hälfte hat ein höheres, die andere ein niedrigeres Vermögen.«; https://www.bpb.de/kurz-knapp/zahlen-und-fakten/soziale-situation-in-deutschland/61781/vermoegensverteilung/ (abgerufen am 17.01.2023)

499 Siehe dazu Tagesschau; EU-Vermögensvergleich: Schlechtere Startchancen in Deutschland; 17.01.2022 (abgerufen am 17.01.2023)

500 Correctiv; Diese Zahlen zum Rentenniveau in Deutschland, Frankreich und Italien sind veraltet und es fehlt Kontext; 17.06.2022/; Wohneigentumsquote in ausgewählten europäischen Ländern im Jahr 2021; 10.11.2022 (abgerufen am 17.01.2023)

501 Tagesspiegel; Studie zur Gemeinschaftswährung: Der Euro hat Italiener und Franzosen ärmer gemacht; 26.02.2019; manager magazin; Studie – Jeder Deutsche bekommt einen Golf, jeder Italiener zahlt einen Maserati; 28.02.2019

502 eurostat; Bruttoverschuldung des Staates – jährliche Daten; 21.10.2022; Italien Bruttostaatsschulden Juni 2022; 17.08.2022; Deutsche Bundesbank; Maastricht-Defizit und -Schuldenstand; 23.04.2018 (abgerufen am 17.01.2023)

503 Deutschland steht bei 68 Prozent. Gemäß den EU-Konvergenzkriterien (»Maastricht-Kriterien«) darf der öffentliche Schuldenstand nicht mehr als 60 Prozent des BIP betragen. Statista; Prognose zum Umfang der Schattenwirtschaft in ausgewählten Ländern der OECD im Jahr 2022; 16.02.2022 (abgerufen am 17.01.2023)

504 Der Standard; Offene Rechnungen: Mangelhafte Steuermoral: Mario Draghis Kampf gegen die Windmühlen; 10.06.2022 (abgerufen am 17.01.2023)
505 Der Standard; Offene Rechnungen Mangelhafte Steuermoral: Mario Draghis Kampf gegen die Windmühlen; 10.06.2022 (abgerufen am 17.01.2023)
506 Twitter; Dr. Daniel Stelter; 2.11.2022 (abgerufen am 17.01.2023)
507 Statista; Länder mit den größten Goldreserven; 18.11.2022 (abgerufen am 17.01.2023)

Kapitel 8

508 https://beruhmte-zitate.de/zitate/130106-seneca-dj-schimpflich-ist-es-nicht-zu-gehen-sondern-sich-t/ (abgerufen am 18.01.2023)
509 https://www.aphorismen.de/zitat/5130 (abgerufen am 18.01.2023)
510 Bundesbank; Der digitale Euro – Eine Chance für Europa; Rede auf der CashCon 2022; 07.09.2022 (abgerufen am 18.01.2023)
511 The Pioneer; Die Dollar-Dominanz; 05.01.2023 (abgerufen am 18.01.2023)
512 Focus online; Acht Punkte, die gegen Lagarde als EZB-Chefin sprechen; 29.08.2022 (abgerufen am 18.01.2023)
513 inflation.eu; Aktuelle Inflation Schweiz (abgerufen am 18.01.2023)
514 Destatis; Pressemitteilung Nr. 529 vom 13.12.2022 (abgerufen am 18.01.2023)
515 Destatis, Europäische Union: Inflationsraten in den Mitgliedstaaten im November 2022, 19.12.2022 (abgerufen am 18.01.2023)
516 Siehe hierzu beispielsweise https://www.onvista.de/index/DAX-Index-20735, https://www.onvista.de/index/Dow-Jones-Index-324977; https://www.onvista.de/index/MSCI-WORLD-Index-3193857 (abgerufen am 18.01.2023)
517 BaFin; Aktie auf einen Blick; 22.11.2021 (abgerufen am 18.01.2023)
518 Handelsblatt; Welche Aktie war die erste?; 11.09.2013 (abgerufen am 18.01.2023)
519 https://www.wallstreet-online.de/fonds/top-performance-fonds#tab=Jahre10 (abgerufen am 18.01.2023)
520 Auf der Website https://www.justetf.com/de/ werden die unterschiedlichsten ETFs benannt und untereinander verglichen. Sie bietet eine ETF-Übersicht nach Anlageklasse, beliebten Indizes, ETF-Anbietern, Sparplan-ETFs, Aktions-ETFs, nachhaltigen ETFs, Themen-ETFs, Strategie- und Smart-Beta-ETFs, Branchen-ETFs, Regionen-ETFs, Länder-ETFs, Anleihen-ETFs, Krypto-ETFs, Rohstoff-ETFs.
521 https://www.tagesgeldvergleich.net/tagesgeldvergleich/fondssparplan.html (abgerufen am 18.01.2023); https://www.justetf.com/de/etf-sparplan/ (abgerufen am 18.01.2023)

522 Central Banking; Central banks' gold demand hits record level; 04.11.2022 (abgerufen am 18.01.2023)

523 Zur Entwicklung der Preise der drei genannten Edelmetalle siehe https://www.gold.de/kurse/silberpreis/, https://www.gold.de/kurse/platinpreis/ sowie https://www.gold.de/kurse/palladiumpreis/ (abgerufen am 18.01.2023)

524 Capital; Krypto 2022: Bitcoin auf 100.000 Dollar?; 4.01.2022; digital pioneers; Der Bitcoin steigt 2022 auf 100.000 Dollar – sagt El Salvadors Präsident Nayib Bukele: 05.01.2022; Der Aktionär; Bitcoin-Kursziel 4,5 Millionen Dollar? – Twitter-CEO glaubt an Weltwährung; 22.03.2018 (abgerufen am 18.01.2023)

525 https://coinmarketcap.com/de/; Statista; Drei Billionen Dollar in Kryptowährung; 10.11.2022 (abgerufen am 18.01.2023)

526 Wikipedia; Nassim Nicholas Taleb (abgerufen am 18.01.2023)

527 Saifedean Ammous: The Bitcoin Standard. The Decentralized Alternative to Central Banking, Wiley, Hoboken 2018.

528 Business Insider; Bitcoin sei eine »Krankheit« und etwas für »Trottel«: Warum dieser Risikoanalyst vom Krypto-Fan zum Skeptiker wurde; 8.02.2022 (abgerufen am 18.01.2023)

529 finanzen.net; Finanzmathematiker Nassim Nicholas Taleb: »Bitcoin ist was für Trottel«; 08.02.2022; Bitcoin, Currencies, and Fragility Nassim Nicholas Taleb; Universa Investments Tandon School of Engineering, New York University Forthcoming, Quantitative Finance https://www.fooledbyrandomness.com/BTC-QF.pdf (abgerufen am 18.01.2023)

530 Bundesverband deutscher Banken; Krypto und Steuer: Das sollten Sie beachten; 15.09.2022 (abgerufen am 18.01.2023)

531 ntv; Studie: Immobilienpreise fallen im kommenden Jahr deutlich; 24.11.2022 (abgerufen am 18.01.2023)

532 ntv; Folge der Zinswende Preise für Wohnimmobilien sinken erstmals seit zwölf Jahren; 10.11.2022 (abgerufen am 18.01.2023)

533 Süddeutsche Zeitung; Nachfrage nach Baufinanzierungen bricht ein; 8.11.2022 (abgerufen am 18.01.2023)

534 Der Europace German Houseprice Idex ist ein mittelwertbasierter Index. Die Daten für seine Errechnung werden aus den anonymisierten Immobilienfinanzierungstransaktionen der unabhängigen Europace-Plattform gewonnen. https://report.europace.de/index-epx-mean/ (abgerufen am 18.01.2023)

535 Tagesschau; Platzt nun die Immobilienblase?; 12.10.2022 (abgerufen am 18.01.2023)

536 Allianz; House of cards? Perspectives on European housing Allianz SE; 01.12.2022 (abgerufen am 18.01.2023)

537 DIW; Immobilienpreise steigen weiter – Erhöhtes Risiko für Preiskorrekturen; 23.11.2022 (abgerufen am 18.01.2023)

538 DIW; Immobilienpreise steigen weiter – Erhöhtes Risiko für Preiskorrekturen; 23.11.2022 (abgerufen am 18.01.2023)
539 FAZ; Scholz' Frau für den Bau; 27.04.2022; Tagesspiegel; Bald 400.000 neue Wohnungen?: Union wirft Bauministerium Tatenlosigkeit bei Wohnraummangel vor; 12.10.2022 (abgerufen am 18.01.2023)
540 Focus online; 400.000 neue Wohnungen pro Jahr? »Es droht ein Absturz mit Ansage«; 01.12.2022 (abgerufen am 18.01.2023)
541 Welt; Zu hohe Klimaziele? Gebäudesanierung nach Plan würde drei Billionen Euro kosten; 06.12.2022 (abgerufen am 18.01.2023)
542 Berliner Morgenpost; Mietendeckel-Aus: Das müssen Mieter und Vermieter wissen; 09.02.2022 (abgerufen am 18.01.2023)
543 ntv; Sanierungspflicht einplanen: Das kommt auf neue Eigentümer alter Häuser zu; 17.08.2022 (abgerufen am 18.01.2023)
544 Ministerium für Umwelt, Klima und Energiewirtschaft Baden-Württemberg; Gesetz des Bundes (seit 1. November 2020); 04.01.2023 (abgerufen am 18.01.2023)
545 Tagesschau; Vermieter werden an CO_2-Abgabe beteiligt; 09.11.2022; Vermieterwelt; CO_2-Abgabe: Neuer Gesetzesentwurf beschließt Zuzahlungen der Vermieter; 4.11.2022 (abgerufen am 18.01.2023)
546 KSK-Immobilien; Kommt die Spekulationssteuer für alle?; 20.10.2022 (abgerufen am 18.01.2023)
547 Das Zukunftsprogramm der SPD; 2021; https://www.spd.de/fileadmin/Dokumente/Beschluesse/Programm/SPD-Zukunftsprogramm.pdf (abgerufen am 18.01.2023)
548 Bündnis 90 / Die Grünen; Deutschland. Alles ist drin. Bundestagswahlprogramm 2021; https://cms.gruene.de/uploads/documents/Wahlprogramm-DIE-GRUENEN-Bundestagswahl-2021_barrierefrei.pdf (abgerufen am 18.01.2023)
549 Wahlprogramm der Partei DIE LINKE zur Bundestagswahl 2021; Juni 2021; https://www.die-linke.de/fileadmin/download/wahlen2021/Wahlprogramm/DIE_LINKE_Wahlprogramm_zur_Bundestagswahl_2021.pdf (abgerufen am 18.01.2023)
550 Spiegel; Volksentscheid über »Deutsche Wohnen«: Expertenkommission hält Enteignung von Wohnungskonzernen wohl für möglich; 09.12.2022 (abgerufen am 18.01.2023)
551 Tagesspiegel; Berliner Linke-Spitzenkandidat: Lederer hält Enteignungsgesetz innerhalb eines Jahres für möglich; (abgerufen am 18.01.2023)
552 Focus online; DLD Summer 2016: Siemens-Chef Joe Kaeser: »Die Digitalisierung wird die Mittelschicht vernichten« https://www.focus.de/digital/internet/dld-2016/dldsummer-2016-siemens-chef-joe-kaeser-die-digitalisierung-wird-die-mittelklasse-vernichten_id_5640629.html; Stuttgarter Zeitung; Kevin Kühnert will Immobilienbesitz beschränken – »Jeder sollte

maximal den Wohnraum besitzen, in dem er selbst wohnt«; 01.05.2019 (abgerufen am 18.01.2023)

553 Immobilienpreise und Mietspiegel für die Schweiz: https://www.immomapper.ch/de/immobilienpreise/ch (abgerufen am 18.01.2023)

554 https://www.ch.ch/de/auslander-in-der-schweiz/in-der-schweiz-leben/immobilienerwerb/ . Eine Liste mit den aktuellen Bewilligungskontingenten findet sich unter https://www.fedlex.admin.ch/eli/cc/1984/1164_1164_1164/de . Siehe auch das Merkblatt des Bundesamts für Justiz, https://www.bj.admin.ch/bj/de/home/wirtschaft/grundstueckerwerb.html (abgerufen am 18.01.2023)

555 Weiterführende Informationen unter https://www.handelskammer-journal.ch/de/grenzueberschreitender-immobilienbesitz (abgerufen am 18.01.2023)

556 https://de.numbeo.com/immobilienpreise/land/Andorra

557 Monaco Tribune; Real estate: 50,000€/m2 barrier broken; 07.02.2022 (abgerufen am 18.01.2023)

558 Investing.com; Immobilienpreise fallen in Großbritannien auf den niedrigsten Stand seit 29 Monaten; 10.12.2022 (abgerufen am 18.01.2023)

559 BBC; UK house prices forecast to fall for the next two years; 18.11.2022 (abgerufen am 18.01.2023)

560 FRED; S&P/Case-Shiller U.S. National Home Price Index: https://fred.stlouisfed.org/series/CSUSHPINSA (abgerufen am 18.01.2023)

561 The Business Journals; Here's what economists are predicting for the US housing market in 2023; 07.12.2022 (abgerufen am 18.01.2023)

562 Cayman compass; House prices have increased exponentially in last 5 years; 25.08.2022, Cayman News Service; Hint of slowdown in runaway property market; 03.10.2022 (abgerufen am 18.01.2023)

563 Cireba: https://www.cireba.com/cayman-condos-for-sale/filterby_PLH/page_1 (abgerufen am 18.01.2023)

564 Du Puch Real Estate: https://www.dupuchrealestate.com/bahamas-condos-for-sale/under-100000/ (abgerufen am 18.01.2023)

565 Open agent: https://www.openagent.com.au/blog/10-cheapest-houses-in-australia-right-now; https://www.openagent.com.au/blog/most-expensive-suburbs-in-sydney (abgerufen am 18.01.2023)

566 https://propertyupdate.com.au/about-us/: https://propertyupdate.com.au/the-latest-median-property-prices-in-australias-major-cities/ (abgerufen am 18.01.2023)

567 https://www.news.com.au; House prices to plummet by as much as 22.3 per cent by 2023: NAB; 7.10.2022 (abgerufen am 18.01.2023)

568 Handelsblatt; In Australien und Neuseeland brechen die Immobilienmärkte ein – Welche Länder werden folgen?; 16.09.2022 PlanRadar; Immobilienmarkt in Australien 2022; Aug 20, 2022 (abgerufen am 18.01.2023)

569 Zeit; Zahl der Dollar-Millionäre in Deutschland stark gewachsen; 23.05.2021 (abgerufen am 18.01.2023)

570 Zeit; In Deutschland leben jetzt 1,6 Millionen Millionäre; 14.06.2022 (abgerufen am 18.01.2023)

571 https://www.aphorismen.de/zitat/447 (abgerufen am 18.01.2023)

572 OECD; Über drei Millionen deutsche Auswanderer in OECD-Ländern; 01.06.2015 (abgerufen am 18.01.2023)

573 Statista; Anzahl der deutschen und ausländischen Auswanderer aus Deutschland von 1991 bis 2021; 28.06.2022 (abgerufen am 18.01.2023)

574 Statista; Anzahl der Zuwanderer nach Deutschland von 1991 bis 2021; 28.06.2022

575 WiWo; Warum Hochqualifizierte Deutschland den Rücken kehren; 24.09.2021 (abgerufen am 18.01.2023)

576 Bundesinstitut für Bevölkerungsforschung – Ausgabe 6/2019 – 40. Jahrgang: https://www.bib.bund.de/Publikation/2019/pdf/Bevoelkerungsforschung-Aktuell-6-2019.pdf?__blob=publicationFile&v=4 (abgerufen am 18.01.2023)

577 Deutsche im Ausland; Daten und Fakten – Zahlen zu deutschen Auswanderern: https://www.deutsche-im-ausland.org/im-ausland-leben-und-arbeiten/leben-im-ausland/daten-und-fakten.html (abgerufen am 18.01.2023)

578 WiWo; Warum Hochqualifizierte Deutschland den Rücken kehren; 24.09.2021 (abgerufen am 18.01.2023)

579 DW; Deutsche Auswanderer überwiegend Akademiker; 04.12.2019 (abgerufen am 18.01.2023)

580 WiWo; Warum Hochqualifizierte Deutschland den Rücken kehren; 24.09.2021 (abgerufen am 18.01.2023)

581 planet wissen; Auswanderer; 21.04.2022 (abgerufen am 18.01.2023)

582 Im Jahr 2019 gab es rund 6420 öffentliche Bäder in Deutschland, also Hallenbäder, Freibäder und Naturbäder. Gegenüber dem Jahr 2000 ist das ein Rückgang um knapp 1400 Bäder – durchschnittlich etwa 70 Bäder pro Jahr; Statista; Vergleich des Bäderbestandes in Deutschland in den Jahren 2000 und 2019; 24.01.2022 (abgerufen am 18.01.2023)

583 In den USA und Großbritannien beispielsweise neigen 48 beziehungsweise 49 Prozent der Menschen *nicht* zu Sozialneid, in Deutschland sind es lediglich 34 und in Frankreich nur 27 Prozent; wallstreet:online; Erste internationale Studie über Sozialneid: Wie neidisch sind die Deutschen?; 11.02.2019 (abgerufen am 18.01.2023)

584 Monito; Welche steuerfreien Länder gibt es?; 05.04.2022 (abgerufen am 18.01.2023)

585 Finanzmarktwelt; Dubai kein Steuerparadies mehr? Ab 2023 gibt es eine Unternehmenssteuer; 02.02.2022 (abgerufen am 18.01.2023)

586 Statista; Körperschaftsteuersätze[1] in ausgewählten Ländern weltweit im Jahr 2022; 06.12.2022; Hawksford; Leitfaden zur Unternehmenssteuer in Singapur; 30.03.2021 (abgerufen am 18.01.2023)
587 Focus online; Von Boris Becker bis Klaus Zumwinkel: Jetset zwischen München und Monaco: Boris Becker; 19.10.2013 (abgerufen am 18.01.2023)
588 Wikipedia; Mittleres Vermögen (abgerufen am 18.01.2023)
589 Stuttgarter Nachrichten; Simbabwe weit hinten beim Welthunger – Von der Kornkammer Afrikas zum Armenhaus; 11.10.2018 (abgerufen am 18.01.2023)
590 The Economist; Safe Cities Index 2021: https://safecities.economist.com/safe-cities-2021-whitepaper/ (abgerufen am 18.01.2023)
591 ZDF heute; Befragung zu Kriminalität: Frauen fühlen sich an vielen Orten unsicher; 08.11.2022; wie es tatsächlich um die Kriminalität in Deutschland bestellt ist, ist unter https://www.bka.de/DE/AktuelleInformationen/StatistikenLagebilder/PolizeilicheKriminalstatistik/PKS2021/PKSTabellen/BundFalltabellen/bundfalltabellen.html?nn=194208 ersichtlich (abgerufen am 18.01.2023)
592 Research Gate; Gated communities: ein Vergleich privatisierter Wohnsiedlungen in Südkalifornien; September 2000; 2000: https://www.researchgate.net/publication/274680194_Gated_communities_ein_Vergleich_privatisierter_Wohnsiedlungen_in_Sudkalifornien (abgerufen am 18.01.2023)
593 Süddeutsche Zeitung; Abgeschlossene Luxus-Wohnsiedlungen – Reiche hinter Gittern; 22.11.2011 (abgerufen am 18.01.2023)
594 Welt; Zuggesellschaft entschuldigt sich wegen verfrühter Abfahrt; 16.05.2018 (abgerufen am 18.01.2023)
595 Tagesspiegel; Frusthauptstadt mit Wartenummer; 02.06.2022 (abgerufen am 18.01.2023)
596 Südostasien; Die politische Ökonomie des Neuen Autoritarismus; 22.10.2019 (abgerufen am 18.01.2023)
597 Capital; Das sind die lebenswertesten Städte der Welt; 17.09.2021
598 Statista; Geplante Ausgaben im Bundeshaushalt nach Ressorts* im Jahr 2023 laut Eckwertebeschluss der Bundesregierung; 19.08.2022; Statista; Ausgaben im Bundeshaushalt nach Ressorts im Jahr 2022; 09.09.2022 (abgerufen am 18.01.2023)
599 Ausführliche Informationen zu einem Studium in Australien bietet die offizielle Webseite der australischen Regierung https://www.studyaustralia.gov.au/ (abgerufen am 18.01.2023)
600 WiWo; Schweiz boomt als Tummelplatz für Millionäre; 31.07.2021 (abgerufen am 18.01.2023)
601 Handelszeitung; Peek & Cloppenburg gründet einen Konzernsitz in Zug; 21.01.2022 (abgerufen am 18.01.2023)

602 NZZ; Von Oslo nach Lugano: Einer der reichsten Norweger kehrt den nordischen Steuern den Rücken; 14.09.2022 (abgerufen am 18.01.2023)
603 FAZ; Jeder vierte Klinikarzt will hinwerfen; 11.08.2022 (abgerufen am 18.01.2023)
604 FAZ; Jeder vierte Klinikarzt will hinwerfen; 11.08.2022 (abgerufen am 18.01.2023)
605 Eidgenössisches Finanzdepartement EFD; Besteuerung nach dem Aufwand: https://www.efd.admin.ch/efd/de/home/steuern/steuern-national/besteuerung-nach-dem-aufwand.html (abgerufen am 18.01.2023)
606 Münchner Merkur; Schweiz: Verhandelbare Steuersätze und Diskretion – Immer mehr Deutsche flüchten ins Alpenparadies; 28.07.2021 (abgerufen am 18.01.2023)
607 WiWo; Schweiz boomt als Tummelplatz für Millionäre; 31.07.2021 (abgerufen am 18.01.2023)
608 Talent; Brutto Netto Rechner und Gehaltsrechner Schweiz; Brutto Netto Rechner und Gehaltsrechner Schweiz: https://ch.talent.com/tax-calculator (abgerufen am 18.01.2023)
609 Statista; Vermögenssteuersätze in der Schweiz nach Kantonen im Jahr 2018; 23.09.2021; weitere Informationen bietet das Staatssekretariat für Migration SEM unter https://www.sem.admin.ch/sem/de/home/themen.html (abgerufen am 18.01.2023)
610 Statista; Europäische Union: Staatsverschuldung in den Mitgliedstaaten im 2. Quartal 2022 in Relation zum Bruttoinlandsprodukt (BIP); 14.11.2022 (abgerufen am 18.01.2023)
611 NZZ; Es wird höchste Zeit, dass Deutschland die Energiepolitik bekommt, die es verdient – mit weniger Ideologie und mehr Kernkraft; 07.11.2022 (abgerufen am 18.01.2023)
612 Wirtschaftskammer Steiermark: https://www.wko.at/service/aussenwirtschaft/andorra-wirtschaft-recht-steuern-reisen.html (abgerufen am 18.01.2023)
613 Weitere Informationen bietet die Website https://www.exteriors.ad/en (abgerufen am 18.01.2023)
614 Wikipedia; Liste der Länder nach landwirtschaftlicher Nutzfläche (abgerufen am 18.01.2023)
615 Statista; Entwicklung der Erdölreserven der USA in den Jahren von 1980 bis 2020; 08.07.2022; Statista; Nachgewiesene Erdgasreserven der USA in den Jahren 1980 bis 2020: 06.07.2022 (abgerufen am 18.01.2023)
616 Numbeo; Kriminalitäts-Index nach Land 2023: https://de.numbeo.com/kriminalit%C3%A4t/ranking-nach-land (abgerufen am 18.01.2023)
617 Weiterführende Informationen bietet https://www.uscis.gov/ (abgerufen am 18.01.2023); Wikipedia; Liste der Länder nach landwirtschaftlicher Nutzfläche (abgerufen am 18.01.2023)

618 Wikipedia; Liste der Länder nach landwirtschaftlicher Nutzfläche (abgerufen am 18.01.2023)

619 Bundesanstalt für Geowissenschaften und Rohstoffe (BGR): https://www.deutsche-rohstoffagentur.de/DERA/DE/Rohstoffinformationen/L%C3%A4nderkooperationen/Laender/Kanada/kanada_node.html (abgerufen am 18.01.2023)

620 Statista; Nachgewiesene Erdgasreserven in Kanada in den Jahren 1980 bis 2020; 06.07.2022 (abgerufen am 18.01.2023)

621 Allianz Care; Das Gesundheitssystem in Kanada https://www.allianzcare.com/de/ressourcen/gesundheit-und-wellness/national-healthcare-systems/gesundheitssystem-in-kanada.html; Weiterführende Informationen bietet https://www.canada.ca/en/services/immigration-citizenship.html; Wikipedia; Liste der Länder nach landwirtschaftlicher Nutzfläche (abgerufen am 18.01.2023)

622 Wikipedia; Liste der Länder nach landwirtschaftlicher Nutzfläche (abgerufen am 18.01.2023)

623 Bundesanstalt für Geowissenschaften und Rohstoffe (BGR): https://www.deutsche-rohstoffagentur.de/DERA/DE/Rohstoffinformationen/L%C3%A4nderkooperationen/Laender/Australien/australien_node.html (abgerufen am 18.01.2023)

624 Statista; Nachgewiesene Erdgasreserven in Australien in den Jahren 1980 bis 2020; 06.07.2022; Statista; Entwicklung der Erdölreserven in Australien in den Jahren von 1980 bis 2020; 8.07.2022 (abgerufen am 18.01.2023)

625 klimatabelle.de: https://www.klimatabelle.de/klima/ozeanien/australien/klimatabelle-alice-springs.htm (abgerufen am 18.01.2023)

626 Länderdaten.info: https://www.laenderdaten.info/Australien/Australien/energiehaushalt.php (abgerufen am 18.01.2023)

627 Germany Trade and Invest; Australien; Lohnkosten; 13.06.2022; weiterführende Informationen bietet https://immi.homeaffairs.gov.au/ (abgerufen am 18.01.2023)

628 Germany Trade and Invest; Australien; Lohnkosten; 13.06.2022; der Zuschlag wird im Fall Alleinstehender ab einem Jahreseinkommen von 90.001 Australischen Dollar, im Fall von Familien ab einem Jahreseinkommen von 180.001 Australischen Dollar erhoben (abgerufen am 18.01.2023)

629 Wikipedia; Liste der Länder nach landwirtschaftlicher Nutzfläche (abgerufen am 18.01.2023)

630 Länderdaten.info: Neuseeland; Wikipedia; Geologie Neuseelands: (abgerufen am 18.01.2023)

631 University of Southampton; Energy Demand & Supply in New Zealand: Early Impressions: https://energy.soton.ac.uk/energy-demand-supply-in-new-zealand-early-impressions/ ; Ministry of Business, Innovation & Employment: https://www.mbie.govt.nz/building-and-energy/energy-

and-natural-resources/energy-statistics-and-modelling/energy-statistics/oil-statistics/; worldometer; New Zealand Natural Gas: https://www.worldometers.info/gas/new-zealand-natural-gas/; (abgerufen am 18.01.2023)

632 Weiterführende Informationen bietet die Website https://www.immigration.govt.nz/ (abgerufen am 18.01.2023)

633 Bundesministerium für Gesundheit; Beiträge: https://www.bundesgesundheitsministerium.de/beitraege.html (abgerufen am 18.01.2023)

634 dejure.org; Körperschaftsteuergesetz (abgerufen am 18.01.2023)

635 Handelsblatt; Steuern und Abgaben: Deutschland ist Vize-Weltmeister; 25.05.2022 (abgerufen am 18.01.2023)

636 WiWo; Zahl der Millionäre in Deutschland wächst besonders stark; 22.05.2021; ZEIT; Zahl der Dollar-Millionäre in Deutschland stark gewachsen; 23.05.2021 (abgerufen am 18.01.2023)

637 Tagesschau; Vermögen der Reichen deutlich gewachsen; 14.06.2022 (abgerufen am 18.01.2023)

638 Akademische Arbeitsgemeinschaft Verlagsgesellschaft mbH: https://www.steuertipps.de/service/rechner/erbschaftsteuerrechner/ (abgerufen am 18.01.2023)

639 Handelsblatt; Erbschaften und Schenkungen – Steuerpflicht in Deutschland bei grenzüberschreitenden Sachverhalten; 20.01.2022 (abgerufen am 18.01.2023)

640 Onvista; FDP wirft Grünen ›billigen Steuernationalismus‹ vor; 04.04.2021 (abgerufen am 18.01.2023)

641 swissinfo.ch; 10 Fragen zur Schweizer Bürgerschaft; 18.07.2017 (abgerufen am 18.01.2023)

642 visapath; Australische Staatsbürgerschaft und Permanent Residency (abgerufen am 18.01.2023)

643 Business Insider; 23 Länder, in denen ihr für Geld einen Pass oder eine Elite-Staatsbürgerschaft kaufen könnt; 18.09.2018 (abgerufen am 18.01.2023)

644 Business Insider; 23 Länder, in denen ihr für Geld einen Pass oder eine Elite-Staatsbürgerschaft kaufen könnt; 18.09.2018 (abgerufen am 18.01.2023)

645 Deutsche Rentenversicherung; Rentenzahlungen ins Ausland: https://www.deutsche-rentenversicherung.de/SharedDocs/Downloads/DE/Statistiken-und-Berichte/Rentenatlas/2021/rentenatlas_2021_rentenzahlungen_ins_ausland.html (abgerufen am 18.01.2023)

646 Zu Doppelsteuerabkommen Deutschlands mit anderen Ländern siehe https://www.bundesfinanzministerium.de/Content/DE/Standardartikel/Themen/Steuern/Internationales_Steuerrecht/Staatenbezogene_Informationen/doppelbesteuerungsabkommen.html (abgerufen am 18.01.2023)

647 WiWo; Schweiz boomt als Tummelplatz für Millionäre; 31.07.2021 (abgerufen am 18.01.2023)

Kapitel 9

648 https://www.aphorismen.de/zitat/214087 (abgerufen am 18.01.2023)
649 ntv; Bundespolitik verliert stark an Vertrauen; 03.01.2023 (abgerufen am 18.01.2023)
650 Stern; Maskenaffäre und Co. Es häuft sich: Die Lobby-Verfehlungen der Union im Überblick; 20.03.2021; YouTube; Jung & Naiv; Das »Nicht Mehr Grünen Wähler Forum« mit Annalena Baerbock & Robert Habeck; 21.08.2018; Welt; »Scholz hat die Vorgängerregierung richtig hart gedisst«; 11.08.2022; nordbayern.de; Geschummelt? Diese Politiker haben ihren Doktortitel verloren; 10.05.2022; Süddeutsche Zeitung; Verteidigung – Eine peinliche Ministerin; 02.01.2023 (abgerufen am 18.01.2023)
651 Wikipedia; Mitgliederentwicklung der deutschen Parteien (abgerufen am 18.01.2023)
652 DW; Nichtwähler auf dem Vormarsch; 25.05.2022 (abgerufen am 18.01.2023)
653 Wikipedia; Mitgliederentwicklung der deutschen Parteien (abgerufen am 18.01.2023)
654 Spiegel; Das halten die Deutschen von Ursula von der Leyen; 03.07.2019; Spiegel; Von der Leyen und die Beraterafäre – »Faktisches Komplettversagen«; 23.06.2020 (abgerufen am 18.01.2023)
655 Tagesschau; EU-Korruptionsskandal: Kaili bleibt in U-Haft; 22.12.2022; FAZ; Korruptionsskandal um Kaili: Belgischer EU-Abgeordneter Tarabella räumt Einladung von Qatar ein; 18.01.2023; DW; Korruption wie im Drehbuch: Der EU-Skandal um Eva Kaili; 22.12.2022 (abgerufen am 18.01.2023)
656 manager magazin; Grüne Autokritikerin zieht in VW-Kontrollgremium ein; 09.11.2022 (abgerufen am 18.01.2023)
657 https://www.aphorismen.de/suche?f_thema=Kompetenz&f_autor=11029_Matthias+Scharlach (abgerufen am 18.01.2023)
658 Welt; »Offene Grenzen und sozialer Wohlfahrtsstaat passen nicht zusammen«; 18.01.2023 (abgerufen am 18.01.2023)
659 https://www.zitate.eu/autor/james-mcgill-buchanan-jr-zitate/171122 (abgerufen am 18.01.2023)
660 Beispiele bilden Luxemburg sowie Irland mit einem Körperschaftsteuersatz von bisher 12,5 Prozent und bald 15 Prozent (Ausnahme: Firmen mit einem Jahresumsatz von bis zu 750 Millionen Euro zahlen weiterhin 12,5 Prozent); Handelsblatt; Kampf gegen Steuerdumping: Irlands Abkehr

vom Steuersatz von 12,5 Prozent war überfällig; 11.10.2021 (abgerufen am 18.01.2023)

661 Verordnungen sind Teil des Sekundärrechts der Union. Der Unterschied zu Richtlinien besteht hauptsächlich darin, dass letztere erst von den Mitgliedstaaten in nationales Recht umgewandelt werden müssen.

662 WiWo; Die EU und der Nord-Süd-Rechtsruck; 28.12.2022 (abgerufen am 18.01.2023)

663 https://www.zitate.de/autor/schlesinger%2C+helmut (abgerufen am 18.01.2023)

664 Marc Friedrich und Matthias Weik, Der größte Crash aller Zeiten, Eichborn Verlag, 2019

665 NDR; »Ich musste den Euro durchsetzen, gegen das Gerede zu Italien und Griechenland« – Zitate aus »Helmut Kohl – das Interview«; 23.03.2015 (abgerufen am 18.01.2023)